普通高等学校规划教材

Pavement Maintenance Management and Maintenance Technology

路面养护管理与维修技术

刘朝晖　秦仁杰　主编
李宇峙　主审

人民交通出版社

内 容 提 要

本书结合作者近年来的研究成果和国内外最新研究成果与工程经验，全面系统地阐述路面养护管理系统的基本原理、方法及路面养护维修技术与工程应用。全书共分九章，以介绍路面管理的基本知识为基础，强调在路面管理与养护维修中应用系统工程的基本理论。

本书可作为高等院校交通运输工程专业、土木工程专业硕士研究生必修或选修课教材，也可作为土木工程专业本、专科必修或选修课教材，同时可供有关道路工程技术人员与管理人员参考。

图书在版编目(CIP)数据

路面养护管理与维修技术/刘朝晖，秦仁杰主编.
--北京：人民交通出版社，2014.1
普通高等学校规划教材
ISBN 978-7-114-11149-5

Ⅰ.①路… Ⅱ.①刘… ②秦… Ⅲ.①路面－公路养护－高等学校－教材 ②路面－维修－高等学校－教材
Ⅳ.①U418.6

中国版本图书馆 CIP 数据核字(2014)第 016065 号

普通高等学校规划教材
书　　名：路面养护管理与维修技术
著 作 者：刘朝晖　秦仁杰
责任编辑：孙　玺　王文华
出版发行：人民交通出版社
地　　址：(100011) 北京市朝阳区安定门外外馆斜街 3 号
网　　址：http://www.ccpress.com.cn
销售电话：(010) 59757973
总 经 销：人民交通出版社发行部
经　　销：各地新华书店
印　　刷：北京鑫正大印刷有限公司
开　　本：787×1092　1/16
印　　张：20.5
字　　数：490 千
版　　次：2014 年 1 月　第 1 版
印　　次：2018 年 7 月　第 2 次印刷
书　　号：ISBN 978-7-114-11149-5
定　　价：42.00 元

前　言

公路是我国的重要基础设施、国民经济的大动脉和综合交通运输体系的基础网络。截止到2012年底，全国公路总里程达410多万公里，其中高速公路9.1万公里，二级以上公路44.7万公里。今后一段时期，我国公路交通发展处于由注重建设向建设、养护、管理、运输协调并举转变的关键阶段。《"十二五"公路养护管理发展纲要》指出："十二五"期间将迎来周期性的公路养护高峰，面临集中大修和改造的压力，养护任务极为艰巨；同时，随着汽车保有量的快速增长和机动化社会的到来，公众对公路交通出行服务的期望和要求不断增高，交通拥堵和安全问题被高度关注并逐步成为社会问题；此外，我国已进入资源环境矛盾的凸显期，发展绿色养护、促进资源循环利用成为一项紧迫而又长期的任务。

伴随着公路建设事业的快速发展，面对空前繁重的养护任务和日益提高的公众出行要求，公路养护事业已悄然进入"养护转型、管理升级、改革加速、服务提高"的新阶段，传统的养护理念、养护机制、养护决策与养护方法正在发生深刻变革。同时国家发展和改革委员会、交通运输部联合建立了依托长沙理工大学的"公路养护技术国家工程实验室"、依托交通运输部公路科学研究院的"公路养护技术国家工程研究中心"，以开展相关公路养护快速检测、路况评价与病害诊断分析、养护管理与决策、大修与旧路升级改造设计、养护维修技术、检测与养护装备等方面的深入研究。

为了适应更高的新要求，实现我国公路养护的科学化、智能化、规范化和精细化，交通运输部于2007年颁布了《公路技术状况评定标准》(JTG H20—2007)，于2009年修订颁布了《公路养护技术规范》(JTG H10—2009)。同时，近年来公路养护管理系统研究和养护快速检测技术发展迅速，养护维修与升级改造的新技术、新工艺、新材料与新设备层出不穷，为此，根据长沙理工大学和国内外近年来的相关研究成果及工程实践编成此书，以便广大在校学生和公路养护技术人员参考使用。

本书第1章、第9章由刘朝晖编写，第2章、第3章由刘朝晖、周科峰编写，第4章、第5章、第8章由秦仁杰编写，第6章、第7章由李盛、刘朝晖编写。全书由刘朝晖、秦仁杰统稿，由长沙理工大学李宇峙教授主审。

由于编者水平有限，在内容安排和取材等方面难免有不妥之处，敬请读者批评指正。

编　者

2013年10月

目　　录

第1章 概论

交通运输事业是国民经济的重要组成部分,是国民经济的命脉。中国现处于经济高速发展阶段,国民生活水平的提高和日益增长的物质文化需要不断刺激着交通运输事业向前发展。公路(道路)作为交通运输事业的承载主体,担负着国家建设中原材料与产品的集散、城乡间的物资交流运输任务,是联系工业和农业、城市和乡村、生产和消费的纽带,它在国家的政治、经济、军事、文化建设中具有重要作用。

路面又是道路最重要的组成部分和最主要的工程结构物,路面的投资在整个道路建设费用中占很大的比例,通常可达10%~30%,是一笔极为可观的资产。路面状况的好坏不仅影响车辆行驶的畅通性、舒适性和运营费用,同时也直接影响到社会经济效益和国民经济的发展。因此,路面养护管理与维修技术的发展特别符合当前中国经济发展的需要,如何有效地改进路面的养护管理以及维修技术正在成为中国道路高速发展过程中的重大议题。

路面使用过程中,其使用性能会因行车荷载和环境因素的不断作用而逐渐变差,路面使用性能的恶化,将增加车辆的运行费用,包括燃油、轮胎和保修材料的消耗以及行驶时间等费用。在路面使用期内,还需不断投入资金用以维护(包括养护和改建)路面,使之保持一定的使用性能;在资金充足的情况下,可以对所有不满足使用性能最低要求的路段及时采取养护或改建措施;然而,资金通常是不充足的,这就需要考虑怎样把有限的资金分配到最需要采取措施并能取得最佳效果的路段上,使现有的路网保持合理的服务水平。因而,无论是新建路面还是维护现有路面,都需要进行有效的管理。

1.1 路面管理和路面管理系统

20世纪70年代中期,在经历了大规模的公路建设之后,突如其来的巨大的公路养护需求、养护资金短缺和公众对快速安全出行要求的提高,使西方发达国家的公路养护管理部门遇到了前所未有的新问题。面对突然到来的大规模公路养护时代,西方国家投入了巨大的人力、物力和财力,实施了系统的科学研究,开发了新的检测技术、检测装备,科学的决策理论、决策方法,基于全寿命的养护设计技术和新型养护材料,建立了路面养护管理系统和现代养护决策制度体系。通过新技术的广泛应用,改变了传统的路面养护模式,缓解了路面养护的压力,使路面养护走上了可持续发展的道路。

1.1.1 路面管理

公路(道路)工程是由"点、线、面、体"所组成的带状构造物,主要为汽车交通提供安全、稳定、畅通、舒适的平台。路面使用过程中,在交通荷载和自然环境因素的反复综合作用下,其使用性能将逐渐衰退,最终达到不能满足使用要求的状态。在路面使用期内,需投入大量资金来保养、维护和改建路面，使之保持一定的使用性能和水平，以满足车辆使用要求。

在现有路网的日常管理工作中，路面管理（也称路面养护管理）是最重要的管理内容，而通常养护资金有限，尤其我国正在进行大量的公路新建以及贷款融资，不能对所有不满足使用性能最低要求的路段进行及时养护或改建，需要考虑怎样把有限的资金分配到最需要采取措施并能取得最佳效果的路段上，使现有路网总体保持合理的服务水平，从而实现资金的有效使用与路面使用性能的有机结合。

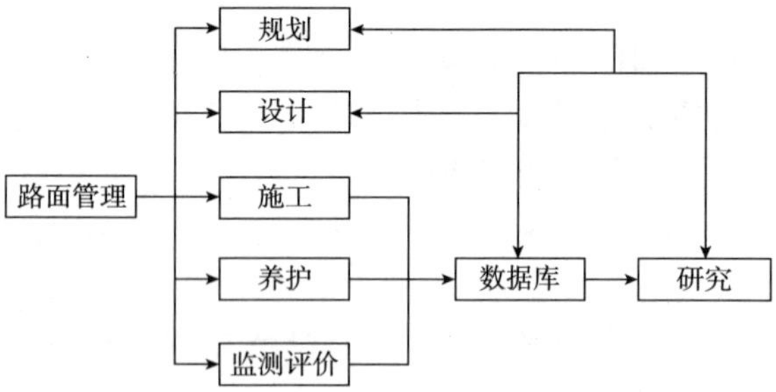

图 1-1 路面管理内容及其相互关系

路面管理工作的基本内容包括规划、设计、施工、养护、路况监测和评价及研究等方面，其相互关系如图 1-1 所示。

（1）规划：评价现有路网的不足，提出需改善的项目，建立改善项目的优先排序，制订计划并编制预算。

（2）设计：采集原材料、交通、环境、费用等数据，提出养护设计方案，进行结构分析和经济评价，优化设计方案，提出费用—效益最佳方案。

（3）施工：拟定施工须知和招标文件，提出施工要点、编制施工计划、控制施工质量。

（4）养护：拟定养护须知，编制养护规划。

（5）监测和评价：确定控制或评价路段，定期监测路况变化。

路面养护管理工作分别隶属不同的管理单位，这些单位往往在其管辖的工作范围内各自做出有关的管理决策，而这些决策有时是相互不协调的。例如规划活动主要指整个路网的投资决策和计划安排；而设计或施工活动则涉及各个工程项目的技术管理。管理部门应及时提供充分的信息以沟通各下属单位，并协调各单位的管理决策。实际上路面管理并不是一个新概念，各个道路管理部门的日常工作，就是不断地做出与路面有关的各项管理决策，并加以实施。

每个道路管理部门都必须考虑如何从上级申请投资，并决定如何使用所分配到的资金，所以需要对路网内路面的使用性能进行监测，对其现状做出评价，由此确定哪些项目需要投资，在预算容许的范围内按优先次序资助尽可能多的急需项目。需要投资的项目及其优先次序的确定，则可采用不同的标准和方法，从简单地汇总和取舍下属单位提出的项目申请清单，到应用计算机管理系统分析路网内所有候选项目的效益后，提出费用—效益最佳方案。

项目优先次序的安排主要依据该项目的使用性能或服务水平现状。而路面的现有状况则显然与其结构、荷载、环境和其他因素等历史状况有关，它是以前的某些管理决策的结果。同样，目前所做出的管理决策也将对未来的路面状况产生影响。因此，在做出管理决策时既要考虑它们的直接影响，也要预测它们对未来的路面是否会带来不良后果。

申请投资的过程中，除了以路面的现状和需要作为依据外，还应对投资的效益进行分析和论证：如果申请得以批准，路网的服务能力或路况将会得到多大的改善？反之会恶化到什么程度？投资一定时，路网的服务能力或路况将会得到多大的改善？增加或减少投资额，对今后的路况和投资会有什么影响?

上述分析表明,管理部门在进行管理决策时需要对所采取行动的后果做出预估。当决策者采用"工程经验判断"进行预估时,这种方式的预估有时可能是合理的,但其最大的缺点是如果预估产生偏差,很难分析错误预估的原因。当采用某些特定的方法进行预估时,应能对预估方法的可靠性进行分析,以确定预估方法中哪些部分需要修正,才能不断地更新和改善预估方法,使之逐步与实际吻合。

在路面养护管理过程中,路况的评价与预测、计划的制订、资金的合理调配等问题,涉及许多部门和环节,每个环节之间都是相互联系、相互制约的。这种联系和制约在空间轴和时间轴上同时得到反映。采用何种评价标准,采用什么类型的对策和方法,现有路网应维持在什么水平上,资金如何分配等,又都与管理人员的价值观密切相关。

由此可见,路面养护管理是协调和控制与路面有关各项活动的一系列过程,其目的是使路面管理部门通过这一过程能有效地使用资源(资金、劳力、机具设备、材料、能源等),并以最低的资源消耗,提供并维持在预定使用期内具有足够服务水平的路面。

1.1.2 路面管理系统

路面管理系统 PMS(Pavement Management System),也称路面养护管理系统,是近 30 年来在道路工程界出现的一个新研究领域,它的研究起源于美国和加拿大,最初针对的是路面的养护和改建。路面管理系统通过系统分析的方法,综合考虑技术、经济、社会和政治等各方面因素,协调各项路面管理活动,促使路面管理过程系统化、科学化、智能化、规范化和精细化。

不同国家甚至同一国家的不同研究人员,对路面管理系统有着不同的定义。美国 AASHTO 路面管理系统指南将 PMS 定义为:用于决策者在公路养护评价中寻找有效投资分配方案的工具;澳大利亚道路研究所则认为:PMS 是用于优化利用路面养护可用资源,包含信息采集、信息分析和方案决策的管理方法。

最初的路面管理系统属于项目级的系统,本质上就是一个设计系统,目标在于消除公路路面、线形以及道路容量等路网技术缺陷,提供优化的设计方案,比较有代表性的系统有加拿大安大略省的 OPAC 系统。之后,美国、德国等一些发达国家的公路网建设已经基本完成,公路管理部门的注意力开始从扩展公路网和新建公路转向通过养护和改建来改善和维护现有的路网。网级的路面管理系统得到了蓬勃发展,从系统体系和管理内容可以分成档案管理系统、专家系统、智能型决策支持系统这几个阶段。

随着我国经济建设的不断发展,我国公路建设事业日新月异,尤其是高速公路建设取得了巨大的成就。在东部沿海经济发达地区,公路网的建设已经基本完成,路面养护和管理的问题已经突显。

我国"八五"期间将路面管理系统(PMS)列入重点新技术推广应用项目,形成了技术先进、数据完整、具有广泛应用价值的多层次、跨学科的综合管理技术。能够综合运用计算机技术、系统工程、运筹学和管理学知识,通过对路网中的路面技术状况进行从定性到定量的分析,实现科学评价、预测、决策和有效管理。通过该管理系统的应用,可以帮助基层管理人员适时了解路况水平,指导养护生产;可以辅助高层管理人员制订年度养护计划及中长期养护规划,合理分配养护资金;还可根据投资水平优化养护资金的利用率,在更合理应用有限的公路养护资金的基础上,达到延长路面使用寿命和尽可能高地维持路网通行能力、服务水平的目的,因此其宏观经济效益和社会效益非常显著。

路面管理系统为我国公路管理部门的决策者提供分析的工具和方法,帮助他们考虑和分析比较各项可能的对策,定量地预估各项对策的后效,在预定的标准和约束条件的基础上,选用费用—效果最佳的方案。路面管理系统的建立和实施,帮助管理部门改善所作出的决策的效果,扩大决策的范围,为决策的效果提供反馈信息,并积累管理经验,保证部门内各级单位决策的协调一致性。

作为公路管理部门,应该尽快建立起自己辖区内的路面养护管理系统,运用现代管理科学理论、系统的分析方法和计算机技术手段,为路面的养护、改建提供科学的数据和分析方法,以便有效地使用有限的资源,提供具有良好服务水平的路面,最终达到降低整个社会的交通运输成本、节约社会资源的目的。

1.1.3 公路资产管理

自从进入21世纪以来,世界各国的公路管理部门都面临着一系列的挑战,主要的任务已经从道路的规划、设计、建设转移到了管理基础设施的养护和维修。在美国,联邦公路局FHWA(Federal Highway Administration)的公路建设任务早在20世纪70年代就已经基本结束,目前的任务就是要维护好这些耗资10 000亿美元的公路以及桥梁等基础设施。随着经济和社会的发展,公路资产管理系统HAMS(Highway Asset Management System)作为一种有效管理交通资产的工具,在20世纪90年代后期由美国首先提出。

资产管理是目前交通产业的一个新兴概念,并没有完全实现。其目的就是要通过费效管理、规划以及资源的配置来优化交通资产,使其能够在较长时间内保持良好的使用状态。资产管理是对物理资产进行有效维护、改善和运作的系统过程。它利用工程原理、商业惯例和经济理论,提供一个更具条理性、逻辑性的决策工具。因此,资产管理提供了一个处理短期规划和长期规划的框架。资产管理不是特定的产品或服务,而是一种管理方式或方法。资产管理是一个为了有效使用和有效分配资源的决策框架,它包括人员、资金、信息和物理资源等。

公路交通基础设施作为国有资产的重要组成部分,是国民经济持续健康发展的重要基础。因此,构建新的公路资产管理体制对加快我国公路建设,维护公路资产保值、增值具有深远意义。

1)公路资产的特点

公路是国民经济发展的重要基础设施,公路资产是国有资产的重要组成部分,公路资产与其他国有资产相比具有以下显著的特点:

(1)公路资产的公益性特征显著。公共经济学理论将物品分为私人物品和公共物品两类,私人物品具有消费上的排他性,而公共物品具有共享性。公路作为国民经济重要基础设施,具有公共物品的共享性特点,决定了公路具有公益性特征。

(2)公路资产的分散性。由于公路具有点多、线长、面广等特点,公路在地域分布上遍及全国城乡,公路资产与其他国有资产相比具有分散性。

(3)公路资产数量庞大,单位价值高。我国公路经过几十年的建设,到2012年底全国公路通车里程达410多万公里,其中高速公路9.1万公里,形成了一笔数额庞大的国有资产。公路作为资本密集型产业,单位价值非常高,以西部地区为例,四车道高速公路平均每公里造价一般需要5 000万~9 000万元。

公路资产这些特征决定了公路资产管理与一般国有资产管理要有所区别。

2)公路资产管理的主要内容

(1)确定期望的施工状态以及系统目标、可用的预算资金、组织策略等,这些目标将会指导后续的分析以及决策过程;

(2)采集基础数据,确定系统需求;

(3)在满足管理者以及使用者要求的条件下,利用分析工具进行资金分配;

(4)选择优先项目并实施;

(5)设施的性能监测及反馈。

公路资产管理程序如图1-2所示。

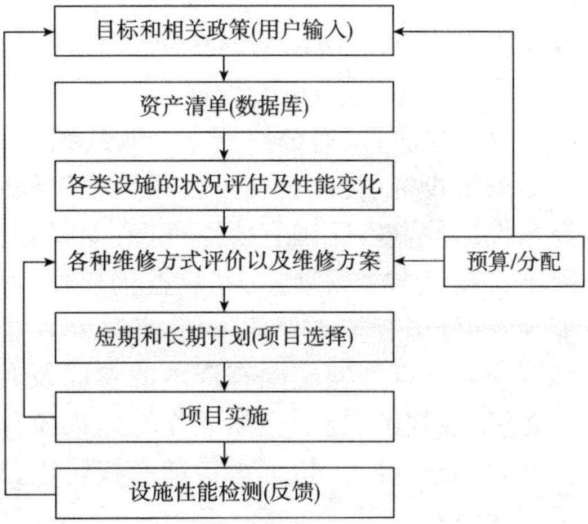

图1-2 公路资产管理程序

3)公路资产管理系统的基本要点

(1)必须是决策结构。公路资产管理系统要求建立一个逻辑的决策结构,将工程、商业、经济的原理、惯例和理论整合起来。它的结果要求反映出系统的、有组织的、逻辑的,并且可移植的方法。

(2)采用的方法必须是基于分析的基础上。为工程、经济、性能以及行为模型的相关数据提供寻求最有投资策略的途径。

(3)信息必须能够有效交流。公路资产管理系统不是各种系统的简单叠加,而是要求各个子系统之间必须可以进行有效的信息交流。

(4)必须是目标驱动。公路资产管理系统侧重于使用者的目标,而设施的性能目标为管理部门提供了一个有效的依据来评价各种设施管理的效果。

(5)必须可以进行假定性分析。公路资产管理系统要求管理者能够进行因果性的假定性分析,通常对于同一个路段或者桥梁的某一构件将会有不同的维修方式,并且管理者常常还需要进行预算资金的敏感性分析,因此,假定性分析在资产管理中非常重要。

公路资产管理系统应该满足以下原则:以用户为中心、任务驱动、面向系统、注重长期、用户友好、系统灵活。

4)我国公路资产管理体制的发展

目前,对于国有资产管理体制的设计、新的国有资产管理机构职能等问题在政府层面还没有公开,但在理论界已有许多的意见和建议:如由人大以所有权代表的身份委托政府管理国有资产,由政府根据人大的委托自行组建国有资产管理体系;由人大对涉及全民利益的有关重大问题制定出相应的法律法规,然后交由政府执行,与此同时,建立法定的由政府向人大负责的国有资产管理报告制度,提交给人大进行审议;为确保监督系统的公正性、权威性,监督系统与执行系统不能同归政府主管,监督系统本身又必须受到人民意志的强有力约束,因而监督系统应直接或间接地接受人大管理、指导。根据我国国有资产管理体制改革的基本原则,结合我国公路资产现有管理体制的特点,从理论上提出公路资产管理体制设计思路:对国有公路资产应实行分类管理,即根据现有公路资产中存在的经营性公路资产和非经营性公路资产分别进行管理,合理界定中央、地方公路产权关系，理顺委托与受托代理的法律关系。由于经营性公路资产涉及所有权、管理权、经营权、分配权等关系，因此，作者将重点对经营性公路资产的管理体制进行讨论。

(1)建立国有公路资产管理运行体系

国有资产管理运行体系的建立涉及所有权、管理权、经营权、分配权四大关系。因此，在理论上该体系应由政府独立构建运行，至少应分为三个层次。

第一层次：国有资产管理机构。在国家和省、市一级成立国有资产管理专门机构，分别直属于国务院、地方各级政府，作为全权管理国有资产的主管部门。在这一层次中，中央级国有资产管理机构应设立职能部门对经营性公路资产进行管理，非经营性公路则交由地方政府负责管理；省级以下国有资产管理机构应设立职能部门对本辖区的公路资产(包括经营性和非经营性公路)进行管理。

第二层次：国有公路资本经营组织，即国有投资、控股或者开发公司。在国家一级，拟成立若干投资、控股公司。公司为授权经营国有公路资本的法人实体，其经营对象为具有经营性质的资本化国有公路资产，即国有资本，而非实物形态的公路资产。公司经营范围限于公路资本经营项目，其收益仍应作为公路建设再投资资金。各级公路经营公司的职能为：确保国有资本保值增值，获取尽可能高的营运收益。其职责主要是：负责参与公路经营企业制订和实施国有资本的参股及其他形式的再投资计划；负责管理国有资本的权益，进行股权的转让、交易。作为约束条件，必须规定各级经营公司只能以其他企业为载体，通过委托经营、招标承接和产权转让、交易等途径实现资本经营目标，公司本身不得从事实业经营。

第三层次：国有公路资产营运企业，即通常所称的国有企业及拥有国有资产份额的股份制企业、联营企业、中外合资企业等。对这类企业，应将笼统的国家权益具体化为中央、地方各级所代表的国家权益，并赋予相应的投资收益主体地位。把现有国有公路资产由原来的按收益在国家和地方各级之间进行分配，转换成按产权份额在国家和地方各级之间进行分配，这一转移是机制性转换。

(2)合理界定中央和地方政府对国有公路资产的所有权关系

进行国有公路资产的产权界定对于明晰产权关系、维护国有资产所有者和其他产权主体的合法权益、促进公路事业的发展具有十分重要的意义。合理界定产权的原则应按照国家所有、分级管理，谁投资、谁拥有产权，以及兼顾中央、地方利益的原则进行。对于新建公路按照中央、省级、地市投资比例分别确定；值得关注的是实行BOT方式经营的公路资产，至少在特许经营期内尚未移交政府之前，产权应归属特许经营企业，除根据特许经营合同禁止的行为外，特许经营企业应依法享有经营权、收益处分权等，以确保特许经营企业的合法权益不受到损害。对于非经营性公路资产，由于其只涉及所有权、管理权关系，在没有转化为经营性资产行为之前，维持现行的产权关系，对于调动各方的积极性、维护国有公路资产完整性、实现公路资产的保值、使之更好地为国民经济服务仍是十分有利的。

(3)建立起有序而清晰的委托与代理的法律关系

国有资产管理、运营体系的核心问题是明确一系列委托代理与授权的法律关系。就公路资产管理而言，由国务院按照中央和地方政府的职能，授权中央和地方国资管理机构以代理者身份分别承担运营责任。由于公路具有公益性设施的特点，对于非经营性公路资产，由中央政府直接授权地方国资管理机构进行管理;对于经营性公路资产,按照投资比例分别由中央、地方国资经营机构以出资者身份依法行使相应的职权,实现公路国有资产保值增值的刚性目标。就法律关系来说,有如下几层:

首先,国有资产,顾名思义,其所有权归国家所有、全民所有。从法律地位来说,国有资产所有权属各级人民代表大会。然而,人大是权力机构、立法组织,执行的职能归政府。立法机构与执法机构必须相对独立,必须建立起相互制衡关系。因此,从法律关系上讲,只能是由人大委托政府代表国家对国有资产进行管理,同时,建立起政府对人大负责的报告制度。人大在国有资产管理、营运体系中的地位、作用:一是立法,二是审议政府所做的"关于国有资产保值增值情况的报告",三是质询、弹劾有关责任者。新近成立的国家资产管理委员会基本上是按照这一法律关系运作。这样,就在法律上确立起人大与政府之间的委托代理关系。

其次,政府在接受委托后,自行独立地建立起国有资产管理体系。各级政府应设立直属于政府的国资管理机构。政府与直属国资管理机构之间的法律关系,应是授权与被授权关系,国资管理机构是代表政府管理国有资产的行政机构。其职责主要是依据人大通过的目标要求,制订国有资产保值增值年度计划与长期规划,制定有关的政策、规章及管理制度、办法,确定各资本经营组织的目标责任及奖惩办法,并与之签订合同。

第三,具体负责公路资产保值增值的组织应是各公路经营企业,国资管理机构与各公路经营企业之间的法律关系是委托代理关系,企业的经营者由国资管理机构聘任,其经营指标由国资管理机构确定。直接从事公路资产运营的各企业均是独立法人,拥有法人财产权,国资管理机构与公路生产营运企业之间的法律关系应是法人与法人之间的关系,是平等的,绝不是上下级关系。两者之间的不同在于功能的不同,即经营对象、经营方式的不同。前者经营的是资本,后者经营的是资产;前者以出资者的身份行使职能,参加管理;后者以法人财产拥有者的身份负责资产的具体运营,独立承担民事责任。

(4)建立公路资产经营预算

国有公路资产经营预算收入主要包括国有公路资产经营公司依照投资份额分配的投资收益和国有公路资产转让经营权取得的收入。目前,在公路建设资金短缺的情况下,国有公路资产经营预算支出应主要用于国道主干线及重要的经济干线公路投资,以加快我国公路建设步伐,提高全国道路等级,为国民经济快速、健康发展奠定基础。每年初,公路国有资产管理机构根据编制资产经营预算,交财政部门纳入预算体系,报人民代表大会审批后执行,每年由公路资产管理机构负责对经营资产预算执行情况进行报告。

1.2 路面管理系统的组成

路面管理系统分为网级路面管理系统和项目级路面管理系统,适应不同管理层次的需要,具有不同的功能和结构。网级路面管理系统着眼于整个路网,而项目级路面管理系统是针对某一具体公路路面养护维修策略。不同层次的管理系统在内容和结构上各有侧重,但都包括了路面状况数据采集、现状分析、未来预测、对策选择和系统实施等过程,需应用多门学科的知识,即以路面工程为基础、以系统工程为指导,并吸收管理学科的研究成果,应用计算机学科的新方法综合形成,用于路面管理决策的辅助决策系统。

从功能上划分,路面管理系统一般由以下两个部分组成:①数据采集系统。通常情况下,需要采集的数据包括:路面平整度、路面损坏程度(含车辙损坏)、结构承载力和抗滑能力四个方面,它们是道路养护和改建计划编制的依据。②数据库管理系统。数据库管理系统由路网参照系统、数据文件和数据管理三部分组成。各个路面管理系统大体上具有类似的组成结构,它们的差别主要在于使用性能参数的指标和测定方法的选用、各项决策标准、分析的方法和输出报表的不同。路面管理系统的建立和实施,不是短时间内就能完成的,需要耗费大量的人力和物力,应该是一个逐步补充和完善的过程。

1.2.1 网级路面管理系统

网级路面管理系统的范围,包括一个地区(省或市)的公路网或一大批工程项目。其主要任务是为管理部门在进行关键性的行政决策时提供对策。其内容主要包括路况分析、路网规划、计划安排、预算编制以及资源分配。

1)基本输入要素

网级路面管理系统在管理方面和工程方面均需要输入一定的基本要素,才能具有以上各项功能。

管理方面的输入要素包括如下几个方面:

(1)使用性能标准和目标。为路网内各项目规定使用性能(行驶质量、损坏程度、结构强度和抗滑能力)的最低要求,预定路面使用性能应达到的总体水平等。

(2)政策约束条件。项目优先排序的特定原则,事先规定的地区投资分配比例或养护、改建和新建项目投资分配比例等。

(3)预算约束条件。各年度可用于路面工程的资金等。

工程方面的输入要素包括如下几个方面:

(1)路面现有状况。通过路况监测系统定期采集到的路面使用性能数据(平整度、路况、弯沉、抗滑指数等)以及依据这些数据所做出的路况现有水平评价。

(2)养护和改建对策。为不同类型和不同路况的路面按当地的经验、条件和政策,制订出若干典型的养护和改建对策,供选择对策方案时参考。

(3)路面使用性能预估模型。建立各类路面(包括采取各种养护和改建措施后)的使用性能随时间或交通荷载作用而变化的关系,据此分析比较各种对策方案的效果,以期得到最佳对策。

(4)费用模型。通常包括建设费用、养护费用和用户费用部分。建设费用是指新建或改建时的一次性投资费用。养护费用指路面在使用期间的日常维护费。用户费用则是使用道路者所担负的运行费、行程时间费和延误费等。它反映了公路部门提供的投资和服务水平所产生的直接社会效益。

2)分析结果输出

上述管理方面和工程方面的输入要素为系统分析提供了基础。建立管理系统的主要目的之一是提供最佳的路网养护和改建对策。这些对策能使整个路网在预算受约束的条件下维持最高的路况(服务)水平,或者使整个路网在满足最低使用性能标准的条件下所需的投资最少。为了实现这一目标,可以采用不同的优先规划或优化方法,从最简单的排序方法到利用数学规划模型考虑时序影响的全面优化方法。

优化分析的结果可为路网提供养护和改建项目的优先排序表。据此可以编制年度计划、中长期规划和财务计划,即:(1)年度改建、养护或改建和养护综合计划;(2)中长期改建、养护或改建和养护综合规划;(3)财务计划或规划。

3)数据库

路面管理系统必须建立在大量信息的基础上,以数据作为支撑,这样,才能使系统提出的对策具有客观性和针对性,因此,系统须包含一个数据管理系统,它由监测(数据采集)系统和数据库两部分组成。路况监测的主要工作是定期采集路面使用性能参数和交通参数,而数据库则为数据的检索和储存提供方便,它通常包含下述四类信息:

(1)设计和施工数据。道路等级、几何参数、路面结构和厚度、所用材料及其性质试验结果、路基土的性质及试验结果等。

(2)养护和改建数据。曾采取过的养护和改建措施的类型、日期和费用等。

(3)路面使用性能数据。主要包括行驶质量、路面损坏状况、结构强度和抗滑能力参数等的定期测定结果。

(4)其他。环境(降水、温度等)、交通(日交通量,标准轴载作用次数)和单价等。

1.2.2 项目级路面管理系统

项目级路面管理系统仅针对一个具体的工程项目。其主要任务是为管理部门对某一工程进行技术决策时提供对策,以选择费用—效果最佳的方案。

1)项目级系统和网级系统之间的关系

由网级路面管理系统的输出得到的某一计划项目的目标,包括措施目标(采取哪一类养护、改建或新建措施)、费用目标(可得到的最高投资额)和使用性能目标(在预定期限内应具有的使用性能指标)三个方面。这三个方面的目标便是项目级方案的约束条件。

项目级路面管理系统根据网级系统所给定的约束条件,将该计划项目有关的设计、施工、养护和改建活动组织协调在一起进行分析和考虑,通常新建或改建路面的设计都是按预定的服务年限(设计年限)提出结构方案,并不分析寿命周期内的经济性,也不考虑初期修建同养护和改建(加铺层)的相互影响。项目级路面管理系统可以考虑设计、施工、养护和改建各个方案的费用和效益并进行比较,得出分析期内以最低的总费用提供要求的服务水平或效益的最佳对策方案。实现这一功能的直接方式就是建立项目级路面管理系统。

项目级路面管理系统的工作程序:利用所采集的路面使用性能参数及交通、材料和环境等数据,按预定的分析期初拟路面养护方案,应用路面结构分析模型进行结构损坏的计算分析和路面使用性能预估分析,证明其在寿命周期(分析期)内可行,即可进行寿命周期费用分析,并对各方案的分析结果进行经济评价,按达到预定的可靠度水平时费用最小的目标进行优化,并按预算约束条件选择最佳方案。

2)基本输入要素

项目级路面管理系统的基本输入要素主要指从网级系统输出的约束条件和路面状况数据。从网级路面管理系统的输出,可以得到某一计划项目的目标(措施、费用及使用性能),该目标便是项目级方案的约束条件。通过对路面状况数据的采集和分析,可以建立路面结构分析模型、使用性能预估模型和经济分析及评价模型。

由上述分析可知,无论是网级还是项目级路面管理系统,均包含以下基本的输入要素。

(1)道路使用性能状况日常检查和数据库管理系统

采集、储存、处理、检索路面管理系统所需的各种数据,包括各项结构设计数据、施工数据、养护改建历史数据、使用性能状况数据、费用数据、交通环境数据等。数据的准确程度直接影响到路面管理系统的运行质量。因此,它是路面管理系统的核心。

(2)使用性能评价模型

依据采集来的数据,选择能反映道路设计结构特点、功能特点、服务特点、管理特点的指标,按照一定的标准进行评定,其结果是进行道路设施养护对策分析、需求分析以及项目优化排序的重要依据。

(3)养护对策模型

依据技术状况,综合考虑技术、材料和环境、经济等因素,选择技术先进、经济合理的对策方案。

(4)工程设施使用性能预估模型

从资源合理分配的角度出发,结合上述的各个模型考虑各项道路工程设施在寿命周期内的费用与效益情况,利用多目标决策和数学规划原理,将有限的道路养护维修资金进行合理分配,尽可能地提供最好服务水平的道路设施。它是进行项目规划和排序的重要依据之一。

1.2.3 路面管理系统的基本结构

路面管理系统的运行一般都是尽可能多地通过调查获得有关路面状况及其他数据,进行路面状况的评价,根据评价结果按一定的原则确定养护对策,制订养护计划,并且通过路况预测达到对策优化,以实现养护资金和资源最佳利用的管理目的。

路面管理活动的通用结构包括数据、决策标准、分析、选择和实施五个方面,见表1-1。不同层次的路面管理系统的通用结构是一致的,但每个项目的具体内容有所不同。

路面管理活动(决策)的通用结构 表1-1

管理活动	网级系统(行政和技术决策)	项目级系统(技术管理决策)
数　据	1.路段划分; 2.数据采集(使用性能及其他); 3.数据处理	1.详细数据采集(结构、材料、交通、气候、价格); 2.子路段划分; 3.数据处理
决策标准	1.最低服务能力、抗滑指数、结构能力、最大损坏; 2.方案选择标准:效益最大、费用—效果最佳	1.最大不平整度、最小结构能力、最小抗滑指数; 2.最大项目费用; 3.方案选择标准
分　析	1.目前需要、性能预估、将来需要; 2.养护改建方案、技术经济评价; 3.优序分析、预算方案评价	1.项目方案; 2.试验和技术分析; 3.寿命周期费用分析
选　择	1.改建项目的优序计划; 2.养护计划	1.项目最佳方案(新建或改建); 2.养护措施
实　施	1.日程计划、合同; 2.计划实施的监督; 3.预算和财务计划变更	1.施工:施工记录、合同监督; 2.养护:养护管理和记录

网级路面管理系统基本要素见图1-3,项目级路面管理系统基本要素见图1-4。

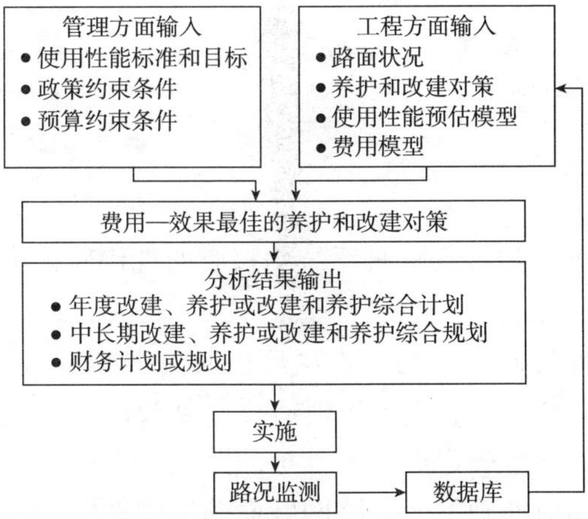

图 1-3　网级路面管理系统基本要素

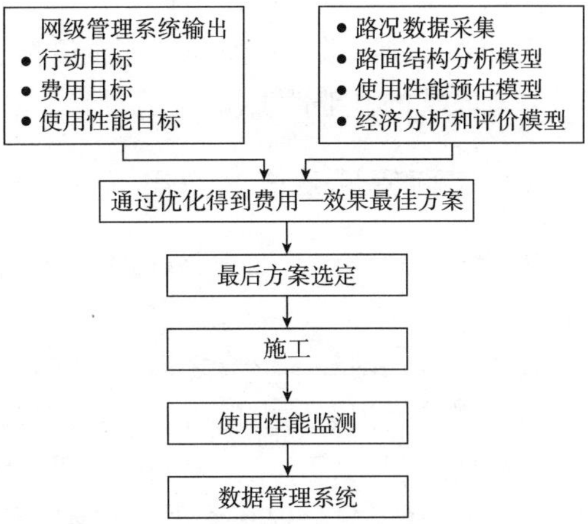

图 1-4　项目级路面管理系统基本要素

1.3　路面管理系统的功能与作用

1.3.1　路面管理系统的功能

路面管理系统的功能主要体现在以下几个方面：

(1)利用路面使用性能评价模型，通过对路网使用性能的评价，分析现有路网内路面状况及今后路面状况变化，了解路网的基本状况。

(2)利用速度预测模型，针对路网中不同的道路和交通条件，分析预测各路段的道路通行能力及车流速度，进行路网内需养护、新建、改建项目的规划。

(3)规定路网各级道路的养护标准，估计路网的养护需求，并对新建、改建项目进行优先排序。

(4)分析年度内路网达到不同预定服务水平时所需的最小投资额。

(5)利用优化决策模型对各行政区域或不同等级道路的养护、新建、改建项目的资金进行优化分配，分析不同投资水平对路网使用性能的影响，确定最佳和合理的投资水平。

(6)项目的敏感性及风险性分析。

(7)在新建或改建可选方案间进行分析比较，确定技术可行及经济效益最好的新建、改建方案。

总之，路面管理系统的功能给管理部门提供了一个平台，使其对道路的管理科学化、规范化、高效化，提高道路总体服务水平，节约整个社会的交通运输成本。

网级路面管理系统包括如下功能。

(1)路况分析：对路网内路面现状进行分析评价，并对路面状况的变化进行预估分析。

(2)路网规划：根据路况分析的结果，确定路网内需要养护、改建和新建的项目。

(3)优化排序：根据预定标准、约束条件决定项目应进行养护、改建和新建的时间，各项目的优先排序，制订维修计划。

(4)经济分析：分析确定使路网达到不同的预定服务水平时，各年度所需的投资额。

(5)计划实施：根据上述分析结果，进行各行政区域或不同等级道路的养护、改建和新建项目之间的资源分配，并积累实施计划后的反馈信息。

路面管理系统的功能作用建立在路面基础数据库和路面养护决策模型的基础上，而基础数据和路面状况数据是路面性能预测模型和养护方案制订的基础，数据库的建立是路面养护管理系统的基础性工作，至关重要。

1.3.2 路面管理系统的作用

20 世纪 70 年代以来，公路养护管理的标志技术是以路面管理系统为核心的现代养护决策技术。

在干线公路网基本形成之后，西方发达国家将公路发展的重点由建设转为养护管理。伴随着大量路面损坏的出现和加剧，公路管理人员体会到了养护管理的技术复杂性和路面修复工作的难度；也意识到，为了在不断损坏的公路网中确定最需要养护的路段并实施及时的损坏修复，还需要解决一系列的关键技术难题：如何准确了解公路网路面的使用性能变化状况？如何对路面的技术状况在时间与空间上进行标准统一的客观评价？如何科学地预测公路网的养护需求？用什么样的方法把有限的公路养护资金分配到最需要养护的路段上？如何修复已经损坏的路面才能使良好的路面使用性能得到更长久的保持？

基于上述技术需求，20 世纪 70 年代，北美洲公路建设发达的国家首先提出基于现代检测、评价与决策技术的路面管理系统的概念。路面管理系统概念一经提出，即被世界主要国家的公路管理部门、研究院所、学校、国际金融组织等机构采用。其中，美国、英国、德国、法国、芬兰、新西兰、澳大利亚、南非、世界银行和亚洲银行等国家和金融机构为了提高公路管理水平和公路投资的使用效益，投入了大量资金和技术力量，重点研究了路面使用性能评价技术和评价标准、路面长期使用性能预测技术、基于系统工程理论的路面养护决策技术、公路养护资金优化分配技术、包含道路用户费用的养护投资效益分析技术、全寿命周期费用分析技术和路面大中修养护设计技术。公路养护管理的标志性技术是以路面管理系统为核心的现代养护决策技术。

历时 30 余载，在关键技术研究的基础上，逐步完善和丰富了路面管理系统技术体系，建立了不同版本、适合不同公路管理体制和养护需求的路面管理系统，实现了公路评价、养护项目优先排序、路面使用性能预测、养护需求分析、资金优化分配和路面大中修养护全寿命周期设计的现代化、科学化和规范化。在几乎全面推广应用的同时，各国也制定了相关的路面管理系统及配套检测技术的应用规范、标准和制度。西方许多发达国家甚至通过立法，将基于路面管理系统评价与决策结果的公路养护规划与养护计划，作为“国会”每年一度的公路养护预算审批及养护资金使用效益评估的依据。

因此，路面管理系统在路面养护维修工程中起到了重要的作用，主要有：

(1)可以利用由监测系统采集到的客观资料说明路面的现有状况，以便及时采取适当的措施。

(2)可迅速、及时地查询有关管理信息、数据、资料等，利用客观的数据来分析解决日常管理工作中所遇到的问题，提高决策的科学性和效率。

(3)可以利用具有一定可靠度的路面使用性能预估模型来预测各种养护改建对策的后效，以及路网内路况今后的发展变化情况。

(4)可以利用客观的数据作为申请投资的依据，并可论证不同的投资水平对路网状况和服务水平的影响。

1.3.3 路面管理系统的效益

路面管理系统的推广应用有效提高了各国公路养护管理的水平和养护资金的使用效益,促进了公路养护管理的现代化、科学化、规范化建设,主要效益表现在:

(1)与路面管理系统配套的路面检测技术与装备的应用,使公路养护部门能够准确、客观和快速地掌握路面使用性能和公路技术状况的变化趋势,为合理有效地分配投资及其他资源提供费用—效果最佳方案。

(2)路面管理系统的应用,使公路管理部门能够准确评估路面的技术状况,预测未来路面使用性能和公路养护需求,科学编制公路养护预算报告、年度养护计划和长期养护规划;可合理评价各种设计方案,选择费用—效果最佳方案。

(3)利用监测系统采集到的数据可考察和评价设计、施工和养护工作,为改善和更新设计、施工、养护方法及规范的修订提供依据;基于路面管理系统的养护分析报告,已经成为许多国家政府部门(如国会、财政、审计等部门)年度财政预算审批和养护工程审计的基本依据。

(4)路面管理系统的实施将带来管理方式和观念上的更新,有关现代化的管理制度、规范和标准的制定,可促进现代养护决策模式的形成与普及。

(5)路面管理系统可带动相关新技术的广泛应用和相关产业的发展,提高了管理水平、养护效率和养护资金的使用效益。

在全面应用路面管理系统的同时,为了适应新的公路养护管理要求,西方发达国家对路面管理系统的模型、参数、标准、规范、装备、软件和政策进行了进一步的研究。许多国家,如英国公路署已经完成了第三代路面管理系统的开发。在西方发达国家,路面管理系统已经是公路养护管理工作的重要组成部分,通过开发、推广和维护路面管理系统,来完成艰巨、复杂和年复一年的公路网检测、路况评定、养护分析、规划编制、计划制订和绩效评定等工作。在今天看来,没有路面管理系统,完成上述复杂的任务不可想象,也正因为如此,路面管理系统的作用与效益在西方国家才愈显突出。

1.4 路面管理系统的发展

路面管理系统的研究起源于美国和加拿大,最初的关注点是路面设计。1966 年美国全国公路合作研究计划(NCHRP)设立了改善路面设计方法的研究课题,在路面设计中引入系统分析方法,并首先提出路面设计系统的概念,旨在解决道路工程中的规划、设计、施工和养护等一系列问题。

目前70%以上的国家和地区正在使用不同的路面管理系统。这些系统的应用在很大程度上促进了公路检测技术、检测装备、数据管理技术、数据分析技术、养护决策技术、养护规划及养护计划技术的进步。为了对公路资产实施全面有效的科学管理,英国、芬兰、南非、澳大利亚等国家还研究开发了以路面管理系统为核心的,包含路基、桥隧构造物和沿线设施的公路资产管理系统 HAMS(Highway Asset Management System)。

1.4.1 路面设计系统的研发

路面设计系统的研究使道路设计者认识到,仅通过路面设计不可能得到性能优良的路面,施工质量的控制水平和路面使用周期内的养护水平,对于所设计的路面结构是否具有预期的使用性能或使用寿命有重大的影响。同时,预期的使用性能或使用寿命是否符合实际,也须通过对使用期内的路面状况进行定期的监测和评价予以检验,设计系统应能在系统中很好地反映出这些因素的影响。同时,路面设计不能仅考虑一次修建及初期修建的费用和路面的使用寿命,还应考虑分析期内可能采用的各种修建方案,这些方案包括各种初期修建、养护和改建措施的不同组合。因此,设计系统应包含使用性能预估、经济分析和优化分析等组成部分,以便能通过分析比较得到费用—效果最佳的方案。

1.4.2 路面管理系统的兴起

20 世纪 70 年代初期,许多研究者致力于建立和改善路面设计系统,将系统分析过程和运筹学引入路面设计系统(如柔性路面设计系统 FPS 和路面系统分析方法 SAMP 等),并在设计系统的逐步完善过程中将其扩展成为项目级路面管理系统。1971 年首次出现路面管理系统的概念。

网级路面管理系统研究的建立与实施,得益于发达国家公路管理部门工作重点的转变,从 20 世纪 70 年代开始,公路管理部门的工作从扩展公路网及新建公路转变到养护、维修、改建和改善现有公路网。由于养护和改建得到重视,投资比例也得到增加,公路管理部门的工作重点转变为合理分配和使用养护及改建资金,使路网具有尽可能好的使用性能和服务水平,从而使研究工作实现了由项目级路面管理系统到网级路面管理系统的转变。

现代管理方法在这一时期的重大发展为路面管理系统的建立提供了理论基础,计算机技术的发展为其提供了高效率的工具;平整度仪、弯沉仪、抗滑系数仪等一系列新的使用性能量测仪器的研制和改进,为数据采集和路况评价,也即为路面管理决策提供了信息支持;世界银行等单位进行的路面状况和车辆营运费之间定量关系的建立,为进行经济分析、选择费用—效果最佳方案提供了可能性,从而推动了路面管理系统的发展。

1.4.3 路面管理系统的发展

从 20 世纪 70 年代后期开始,美国和加拿大等国的许多州和省相继建立和实施了网级路面管理系统。到 80 年代中期,已有 35 个州和省建成或基本建成路面管理系统,其中以美国加利福尼亚州路面管理系统(1978 年),华盛顿州路面管理系统(1980 年),亚利桑那州路面管理系统(1980 年),丹麦路面管理系统(1980 年),英国运输和道路研究所(TRRL)的公路养护评价系统(CHART,1980 年),美国陆军工兵团的 PAVER 系统(1983 年),加拿大阿尔伯达省的路面信息和需求系统(PINS,1983 年)、改建信息和优序系统(RIPPS,1984 年)及城市路面管理系统(MPMS,1987 年)等较有代表性。

路面管理系统的兴起和迅速发展,其主要推动力是社会的需要和系统实施所带来的效益。公路路面是投资额很大的资产,理应对它进行科学的管理。为了保持和改善现有路网的路面状况和服务水平,各国政府每年都要花费大量的资金,且各国都面临着资金严重不足的问题。怎样用有限的资金提供尽可能高的服务水平的路面,是各级管理部门需优先解决的问题;而路况的好坏将直接影响到用户的支出和全社会能源的节约。因此,路面管理系统这项研究专题引起了各国道路管理部门和研究人员的极大兴趣,成为路面工程领域内的一个研究热点,不到 20 年即取得了巨大的进展,使路面管理系统的理论和方法达到成熟。

随着越来越多的国家与地区建立和实施路面管理系统，路面管理的技术也得到了进一步的完善。路面评价技术，如应用光学和声学方法量测路面平整度，采用图像分析技术的自动化路面损坏量测设备，高速度的弯沉与摩擦系数测定方法等，已迅速得到推广应用，从而提高了路况数据采集的效率和可靠度。以知识为基础的专家系统也得到重视，在路面管理系统的路况评价、养护和改建对策选择、排序等方面，众多管理专家的经验能融入系统中。路面设计与施工技术的研究进展，如路面结构设计与施工质量控制同路面使用性能的直接结合，使路面使用性能得到保证，推动了项目级路面管理系统的发展。

（1）北美洲国家

北美地区是路面管理系统的发源地，许多研究机构、咨询公司和大学从事了路面管理系统技术、软件、装备和标准的研究工作。这些大学、研究所和咨询公司为加拿大各省和美国各州公路局开发了从简单到复杂的路面管理系统。其中，加拿大 Deighton 路面管理系统软件开发公司为加拿大四个省和美国部分州开发了路面养护分析决策软件 dTIMS 及公路地图管理软件 dMAP；美国陆军工程技术研究所开发了用于机场管理的 PAVER 路面管理系统。在美国和加拿大，路面管理系统是不统一的，各自开发各自的技术，自家使用自家的软件，由此导致软件功能不一致、数据格式不统一、软件无法定期更新等问题。在发现上述问题之后，美国联邦公路局（FHWA）委托美国运输研究所，针对路面管理系统的概念、功能、数据采集方法、检测设备、评价标准、养护分析要求等内容，进行了多项专题性研究，发布了用于统一和约束全国路面管理系统研究与应用的指南、方法、标准和规范。

北美主要国家对路面管理系统的最大贡献是：①提出了包含网级（network level）和项目级（project level）的路面管理系统（PMS）的概念；②发起了三年一次的路面管理系统国际会议。到 2008 年为止，由美国运输研究所（TRB）参与组织的路面管理系统国际会议已经举办了六届。

（2）世界银行

正当路面管理系统被广泛关注，许多公司热衷于开发路面管理系统软件的时候，国外公路研究机构及世界银行等的道路养护管理专家发现，路面管理系统的关键技术不是软件，而是与路面状况变化相联系的长期性能、评价方法、检测理论、检测装备、用户费用（油耗、事故、时间）、行驶质量（车速与拥挤）和养护决策理论与方法等模型技术研究。意识到上述问题的重要性，20 世纪 80 年代世界银行投入了大量资金，在巴西进行了大规模的车速观测和道路油耗试验，通过研究建立了道路平整度、坡度、曲度、路面宽度和交通量与车速及油耗的关系，奠定了路面管理系统及路面养护设计技术的基础，许多国家的路面管理系统养护分析模型都采用了巴西试验结果。基于巴西试验，世界银行开发了著名的 HDM-Ⅲ公路设计与养护模型，并在许多国家和世界银行贷款地区使用。世界银行的另一项重要贡献是，基于巴西试验，提出了国际平整度指数 IRI（International Roughness Index）的概念和模型，统一了道路平整度的评价尺度与计算方法。

（3）南亚洲印度

在巴西速度与油耗试验之前，南亚地区的印度中央道路研究所（CRRI，1982 年），实施了一个大规模的速度与油耗道路试验和用户调查。根据试验结果，建立了包含拥挤速度在内的车辆运行速度预测模型和五种车型的发动机油耗预测模型。印度速度模型的重要成果是道路通行能力研究成果和对通行能力速度的定义。印度油耗模型的重要突破是增加了道路平整度对油耗模型的影响。印度速度与油耗试验与早期的肯尼亚试验、加勒比海试验及后来的巴西试验统称为世界银行四大试验，试验成果构成了HDM-Ⅲ模型知识库的基本知识内容。

由于路面管理系统技术研究成本高、技术难度大，许多国家，如东南亚的新加坡、马来西亚和文莱，自己不开发路面管理系统，而是采用国外的技术。在引进检测装备的同时，引进了诸如英国的路面管理系统，节省了资金。其缺点是，后期技术服务无法保障，任何一点的技术改进都需要很长周期，技术标准受制于国外。随着路面管理系统重要性的提高，为了改变上述被动局面，新加坡有关机构正在寻求通过与国外研究机构合作，通过联合技术研究，开发自主的路面管理系统及相关标准。

（4）澳大利亚和新西兰

澳大利亚在检测技术、装备和养护分析模型方面为路面管理系统的发展作出了重要贡献。如前所述，澳大利亚道路研究所开发了许多公路检测设备，是最早开发道路几何数据检测技术和装备的国家之一。除此之外，澳大利亚道路研究所还通过对发动机油耗特性曲线（Engine Map）的分析，建立了具有理论性特征的油耗与功率转换模型，开发了ARFCOM汽车油耗预测模型（Biggs，1988a）。这一模型后来被世界银行、亚洲银行、瑞典国家公路局和英国伯明翰大学共同开发的HDM-4（公路开发与管理模型，路面管理系统的核心技术，1998年）所采用。

新西兰通过引进和标定澳大利亚的ARFCOM模型、世界银行的HDM-Ⅲ养护分析模型和南非的油耗模型，建立了能适合新西兰公路交通条件的NZVOC（Bennett，1987年）车辆运营费用预测模型。在软件系统开发方面，为了吸取美国早期无组织开发路面管理系统的经验教训，新西兰运输部（Transit New Zealand）组织有关单位，实施了公路信息管理系统（RIMS）的研究开发，其中路面管理系统的核心技术是经过标定了的加拿大的dTIMS养护分析模型和世界银行的HDM-4模型。

在路面管理系统使用组织方面，新西兰运输部借鉴了英国的经验，规定了全国统一的数据检测方法、设备标定方法、数据检测标准、养护分析要求和统一配置的软件系统等法规。目前新西兰76个公路管理部门正在使用由运输部组织开发的路面管理系统，占全国用户的90%以上。新西兰运输部制订的路面管理系统政策有许多特点，其中包括便于数据统一管理、节省软件重复开发费用、有利于软件统一升级换代、软件统一培训、模型参数统一更新和分析结果的快速汇总。新西兰运输部利用基于路面管理系统评价与决策结果的公路养护分析报告（养护规划与养护计划），向新西兰国会申报公路养护预算。公路养护分析报告由路面技术状况、10年养护规划、年度养护需求和年度养护计划组成。国会根据公路网技术状况、年度养护需求和计划，参考10年滚动式养护规划，审批年度养护预算。运输部则将国会批准的养护资金，用路面管理系统优化分配到公路网最需要养护的路段及部门，实际上新西兰采用的是完整的英国式公路养护科学决策模式。

（5）非洲南非

非洲地区的南非，尽管一度遭到世界的经济制裁，但是在路面管理系统技术研究方面并没有停滞不前，而且在路面管理系统经济评价模型方面提出了多项突出的技术成果，其中包括Bester（1981b）提出的油耗模型。Bester假设能量与油耗之间存在着线性关系，开发了能适应不同车辆性能和道路状况的理论油耗预测模型。南非的油耗预测理论，成功地解释了20多年前英国科学家在肯尼亚开发的统计油耗预测模型的合理构造，及印度中央道路研究所油耗模型的非逻辑性。基于各种模型技术，南非公路科学研究院开发了南非的公路养护管理系统。

(6)欧洲国家

路面管理系统已经在英国、法国、德国、芬兰、瑞典、意大利、奥地利和瑞士等欧洲地区普遍使用。芬兰早在20世纪50年代就开发了芬兰国家道路数据库;1978年开发了项目级路面管理系统;1985年开发了网级路面管理系统(FPMS)。FPMS曾被我国原交通部公路司引进(1988年),在山东试点推广使用。

在路面管理系统研究、开发、推广组织和养护分析方面,英国积累了丰富的经验。与美国一样,英国早期的路面管理系统是从大学和咨询公司发展起来的,英国运输部所属的英国运输研究所(TRL)早期做了大量的基础性研究工作,包括路面养护分析模型、养护投资模型(如COBA)、检测技术和检测装备。为了避免在英国出现类似美国路面管理系统不统一的局面,英国运输部委托TRL负责整合、开发新一代面向全国使用的具有统一格式、统一标准和统一软件的英国路面管理系统(UKPMS)。UKPMS具有标准的数据输出输入接口,能与公路数据库等各种信息系统,包括英国公路市场使用的各种快速检测装备实现数据转换。为了规范UKPMS的使用,英国公路署制订了各种规章、制度和管理办法,其中包括:①路况快速检测装备的市场准入许可。除了TRL外,英国WDM设备公司、国外的设备制造厂家也在英国出售各种路面损坏指标的检测设备,质量好坏不一。为了保证检测数据的精度,英国运输部委托TRL负责设备包括检测数据分析软件(例如路面损坏识别软件)的标定与把关。TRL则研究了各种设备检测指标的检测标定方法。例如,2004年英国Jacob-Babtie公司从瑞典采购一套基于数字相机的路况检测装备,由于路面损坏图像自动分析软件的识别率一直达不到TRL的要求,多年以来仍在进行技术完善。②引进路况快速检测监理制度。英国干线公路路况一般通过招标委托咨询公司检测,但是政府规定,中标咨询公司在路况检测时,必须由第三方实施全过程的监理、经常性的设备标定和数据检验。③委托权威研究部门定期研究、更新UKPMS模型参数,使公路养护分析能及时反映材料价格、车辆特性和新技术的变化。UKPMS模型参数的更新一般通过网站,经交通主管部门批准发布。④定期发布详细的养护分析技术指南和规范。⑤定期进行技术培训和技术交流。

UKPMS是英国公路署实施路网公路技术状况监测、制订公路养护规划、编制公路养护预算、向国会申请公路养护资金和向全国9个公路养护分局、90个县级养护代理机构分配资金的工具。UKPMS也是英国公路养护管理部门和咨询公司基本的养护分析工具。在英国公路养护管理中,相当一部分的工作(规划、检测、分析、计划、项目管理)是围绕UKPMS实施的,UKPMS是英国公路管理部门工作的重要组成部分之一。

1.4.4 我国路面管理系统的发展

1)我国路面管理系统的发展

我国路面管理系统的研究始于20世纪80年代初期,主要是在引进国外技术的基础上加以研究分析,使之符合我国的实际情况,并应用于我国的道路系统。1986年首先在辽宁营口地区移植了英国的BSM沥青路面养护管理系统,随后又引进了芬兰FPMS路面管理系统及世界银行HDM-Ⅲ公路投资效益分析模型。之后,北京、广东、河北、山东、河南和江西等省市的公路部门相继建立了省市级或地区级沥青路面管理系统。在“七五”期间,许多科研院所和公路管理部门联合(或单独)开发了一系列的路面管理系统。交通运输部公路科学研究院提出了我国公路路面管理系统基本框架,路面管理系统大致包括数据库管理、路面性能评价、路面性能预测和路面养护决策四部分,并在参考国外模型方法的基础上,建立了符合我国实际的一些模型。同济大学在其研究的水泥混凝土路面管理系统中提出了水泥路面使用性能的评价体系、养护对策模型和相应费用模型等，并采用马尔可夫法预测了路面使用性能。

"七五"期间，原交通部在引进消化的基础上，通过对国家重点攻关项目"干线公路路面评价养护系统成套技术"的研究，建立了我国的干线公路（沥青）路面评价养护系统，即路面管理系统 CPMS（China Pavement Management System）。此后，CPMS 被列为"八五"国家新技术重点推广项目，并在全国省（市）级上全面推广现代化的 PMS。另外，北京、天津、上海等地也相继进行了地区级路面管理系统的研制和投入试运行，均取得了较大成果。如同济大学与原北京市公路局共同完成的"路面养护决策支持系统"等，都是我国对路面维护管理系统的实际应用或深入研究的成果。

近几年来，由于地理信息系统（Geographic Information System，简称 GIS）的广泛引用，研究者逐渐发现 GIS 应用到 PMS 中的潜力与广阔前景。广东省高速公路数据库管理系统开发时加入了 GIS 子模块，实现了简单数据的图形及文字之间的相互查询，由于没有动态分段功能，故不能实现路段数据的动态显示功能。同济大学研发的基于 GIS 的城市道路管理系统中，在实现基本的道路管理及分析功能的基础上，在数据管理部分通过 GIS 功能实现了数据的可视化管理，使得系统软件交互性、直观可读性增强。总的说来，我国路面管理系统在近 20 年时间里取得了长足的进步，同时在 GIS 应用方面也做了有益的探索，其进一步应用还有待深入研究。此外，我国目前所拥有的路面管理系统大多应用程度不高，应用范围狭窄，许多时候只是个数据的查询系统，路面管理系统的主要功能并没有得到发挥和利用。因此，在路面管理系统的建立和实施方面还需要进一步努力。

路面管理系统发展至今已有几十年的历史，虽取得了很大的进展，但还是存在一些问题。综合来看，问题主要集中在以下几个方面：①数据的采集和处理；②相关模型的建立与分析；③评价指标及其标准化；④路面管理系统本身的优化；⑤专家系统。

由于我国公路有不同于发达国家的特点，与其他发展中国家也不尽相同，在路面管理系统的建立和实施过程中主要存在如下问题：

（1）各级管理部门和管理人员对路面管理系统的认识和接受，需要一个较长的熟悉和适应过程。

（2）理论的引入必须与我国实际相结合，这就使得某些模型或公式的引用必须转化成与我国道路特点相适应的新的模型或公式。这些问题有的已经得到了很好的解决，有些仍没有得到很好的解决。

（3）路况数据采集手段落后，数据采集的时间很短，数据的数量和精度难以满足建立可靠而有效的路面管理系统的要求。

（4）在我国的路面管理系统中，大部分的研究局限在沥青路面这一类型上，包括交通运输部开发并在全国范围内推广的 CPMS Vn97，国内对水泥混凝土路面维护管理系统的专门理论研究还不多，涉及这方面的应用研究则更少。

目前，数据采集及处理是我国路面管理系统建立和实施面临的一个最大问题，没有可靠的基础数据作为依据，再好的模型、再好的分析方法也是无用的。国外就很注意路面各方面数据的收集，而我国一直没有重视这个问题，导致在建立路面管理系统时，数据库的建立存在很大困难。此外，我国数据采集的手段及方法也存在很大的问题。人工采集数据不仅效率低，而且存在很大的主观性，数据离散性大。因此，开发快速、先进的路面数据采集设备极其重要，使路面数据的采集快速、准确，从而保证路面管理系统数据库的科学性。这里面有很多工作可以做，可以考虑结合 GIS 技术，实现数据采集的自动化。

路面管理系统中涉及很多的预测模型，这些模型的建立主要采用的是力学法、经验力学法和经验（回归）法。对于模型中许多参数的取值是否合理，以及模型本身的改进及优化等仍是需要研究的问题。对于评价指标的问题，需要结合各地区的实际情况加以确定，不能搞一刀切，毕竟每个地方路面所处的环境条件、交通量、路面结构和类型不一样，破坏的主要类型自然也不同。对于同一个地区，一旦路面的评价指标确定了，就应该对各个指标进行标准化处理，否则就无法对采集的数据进行分析和处理。

对于路面管理系统本身而言，也有许多需要改进的地方。首先，目前各个地区已建立的路面管理系统彼此之间是孤立的，没有任何的联系。这不利于相互之间的交流，也会导致资源的浪费。因此，路面管理系统应该具有开放性，不同地区的路面管理系统彼此之间可以进行数据的传输和交换。此外，路面管理系统还应该扩大覆盖的范围，不仅限于路面的养护、管理和改建，对于桥梁、隧道等其他交通设施也可以考虑补充到路面管理系统中，使路面管理系统的功能更加强大，服务面更加广。最后，随着土木工程新技术的产生和发展，新的设计理论与方法及新的施工技术不断涌现，应该将这些新理念、新方法及时补充到专家系统中，从而不断充实和完善现有的专家系统，只有这样，才能最终做出最合理有效的处治对策。

总之，路面管理系统是为适应大规模、高效率和高质量的公路养护管理要求而发展起来的现代综合管理技术，它改变了传统落后的公路管理模式，使公路管理决策更加客观化、信息化和科学化。各国路面管理系统应用的实践表明，建立和实施路面管理系统是未来发展的必然趋势。尽管目前路面管理系统在实际应用中还存在一些不足，但随着人们研究的不断深入，各种新技术、新方法的不断出现，最终必将促进路面管理系统的发展和完善。

2）我国公路养护管理的现状与发展

（1）我国公路养护管理体制

我国现行的公路管理体制是按照“统一领导、分级管理”的原则建立起来。公路建设、养护和管理的事权均以地方为主。总体看，已经形成中央、省、地、县四级较为健全的公路管理体系，基本模式是：交通运输部主管全国公路工作，主要从事法律法规、宏观政策、国道规划、技术标准和业务上指导各地的公路工作；省、自治区、直辖市人民政府设立交通运输厅（局、委），负责辖区内公路的建设、养护和管理，具体管理工作由交通运输厅（局、委）下设的公路局（处）、高速公路管理局（公司）等机构负责；各地市以下机构基本与省级机构对应设置，地市级、县级政府设交通局，在地市级交通局下设公路总段（局、分局、处）；县级设公路段（局、分局、站），部分乡镇政府还设有交通管理站（所），业务上接受县交通局领导。各地的公路管理机构设置、运行模式均有不同程度的差别，不尽相同。下面分别从高速公路、普通干线公路和农村公路三方面对各地的公路管理模式作简要描述。

①高速公路。我国高速公路的管理是伴随着 1988 年我国第一条高速公路的竣工通车相应产生的。尽管经历了二十多年的时间，由于其投资主体的多元化以及作为收费公路的特殊性，从融资、建设到运营管理，各省（市）形成了多种管理模式，显示出较为复杂的局面。目前，主要呈现以国有高速公路集团公司和高速公路管理局为主体，以非国有公司和上市公司为补充，多种模式并存的发展态势。归纳起来，大致可分为三种模式：

第一种，组建省政府授权并直接领导的国有独资性质的高速公路集团公司。这种模式下的高速公路集团公司一般归省国有资产管理机构统一管理，直属省政府领导，基本脱离了与省交通运输厅的行政隶属关系。

第二种，组建由省交通运输厅领导的高速公路融资实体。省交通运输厅将辖区内高速公路予以整合，成立独资或控股的公路经营集团公司。

第三种，组建事业性质的高速公路管理局或者其他类似的事业机构。这种管理模式下，省交通运输厅下设省高速公路管理局对全省绝大部分的高速公路进行管理，高速公路管理局根据路段下设高速公路管理处，全面负责收费、经营、养护、路政和其他管理工作；其余路段由企业负责经营，高速公路管理局负责行业管理。

此外，以转让经营权、BOT、TOT为代表的特许经营模式，例如某些高速公路路段由非国有独资或控股的民营、外资股份公司管理，另一些由经股份制改造并在资本市场上市的公众公司管理等，也成为以上三种模式的有益补充。

②普通国省干线公路。主要是指除高速公路以外的国省干线公路，目前这部分公路的总里程约为47万km。按照省和地市级公路管理机构之间的关系划分，全国主要有三种管理模式。

a.条条管理：省级公路管理机构直接负责国道、省道及部分重要县道的建设、养护和其他管理。地市公路总段（局、分局、处）、县公路段（局、分局、站）的人、财、物由省公路局实行垂直管理。县乡道路以地市交通局为主实施规划、设计、建设和养护管理，省公路局给予技术指导和一定的资金补助。

b.块块管理：省交通运输厅公路局只是在业务上对各地市公路管理机构实施归口管理和指导。地市公路管理机构的人、财、物均在地方政府受各地市交通局管理。养路费由省交通运输厅根据收入情况，在各地市间切块包干，建设、养护计划按区域制订并落实。地市以下的公路管理体制由各地市人民政府确定，一般来说包括两种，即地市以下垂直管理和条块结合管理。

c.条块结合：一般是省公路管理部门将国省干线公路的管理下放到地市，但计划、财权在省级公路管理机构。地市公路管理部门的包括人事权在内的行政领导归属当地政府。县乡公路仍由地市、县交通部门负责。

③农村公路。目前，全国农村公路总里程约为380万km，其中部分重要的县、乡道公路和普通国省道一起由地市、县公路管理部门代管，其余县道建设、养护和管理工作由市、县政府负责，乡道的建设、养护和管理由乡镇政府负责。2005年9月，国务院办公厅颁布了《农村公路管理养护体制改革方案》，指出农村公路包括县、乡、村道，并明确了"以县为主、乡村配合"的管理养护体制。尽管我国村道总里程在公路网中占了很大比重，但是由于《公路法》没有明确其身份，目前村道主要还是由村委会负责建设，养护工作局限于群众突击和季节性养护，路政管理也基本未开展。

（2）我国公路养护机制

1990年以前，我国的公路养护实行的是行业内部封闭运行的生产模式，养护工程的计划由公路管理机构制订下达，经费由公路管理机构按计划划拨，施工由隶属于公路管理机构的工程队或道班（工区）实施，质量监督由公路管理机构负责，公路养护从计划、施工到质量控制全部由各级公路管理机构承担。1990年以后，随着社会主义市场经济体制的逐步确立和完善，情况开始出现了变化，原交通部提出要实行"管养分开、事企分开"。据此，各地开始对原有的养护生产运行模式进行改革。

(3)我国公路养护管理存在的主要问题

与快速发展的公路建设和日益高涨的公众出行需求相比，我国公路养护管理工作仍然存在一些亟待解决的问题，主要体现在以下五个方面。

①公路养护资金缺口进一步扩大。随着我国公路里程的不断增长、交通流量的快速增加以及公众需求的日益提高，公路养护管理任务越来越艰巨、资金需求越来越大。但是一些地方对公路养护的重要性认识依然不足，重建轻养、以建代养问题依然存在，导致公路养护投入不足。燃油税费改革后，普通公路建设、养护面临巨大的资金压力，农村公路养护资金严重短缺。

②路网结构有待完善。高速公路网络尚未形成，断头路依然存在；一些主要高速公路的通行能力不足，且可替代路线少；部分重要省际通道相邻省区市的公路技术等级不匹配的问题突出；路网整体服务能力和通行保障水平不高，部分公路交通拥堵较为严重；少数普通国道干线公路技术等级低、通行能力不足、服务水平低。

③公路服务水平亟待提高。公路网尤其是普通公路的监控设施不够完善，公路数据库的动态更新机制和应用支撑体系尚未建立，路况信息采集和发布机制还需进一步完善，公路服务信息量少且更新不及时，特别是普通公路信息服务体系尚未建立，公路交通出行信息服务难以满足公众出行服务多样化和个性化的需求。高速公路服务区、收费站的服务功能与水平还有待提高。

④公路安全形势依然严峻。普通公路特别是农村公路的安全防护设施不够完善，部分公路安全设施标准偏低；重载货车和船舶压垮、撞毁桥梁的安全事件时有发生，桥梁安全形势依然十分严峻；公路基础设施的耐久性和抗灾能力还有待进一步提高；公路应急物资储备和保障能力依然不足，有效的公路跨区联动协调机制尚未建立，公路网管理与应急处置平台体系尚未形成。

⑤公路养护管理的基础支撑仍然薄弱。地方公路管理体制不适应公路网络化运行管理与应急处置需要的矛盾日益突出，公路养护管理标准规范体系有待完善，公路养护技术力量薄弱，特别是高速公路养护施工技术和工艺难以满足快速、安全、环保的要求。预防性养护技术体系和科学决策体系尚待完善。公路网运行监测与应急处置缺乏有效的技术手段，部分公路安全技术难题尚未得到彻底解决。

(4)公路养护管理面临新的形势与挑战

从养护任务角度看，“十二五”期间将迎来周期性的公路养护高峰期，加之公路交通流量特别是重载交通量的持续快速增长，公路将面临集中大修和改造的压力，养护任务极为艰巨。

从资金保障角度看，“十二五”期间公路养护资金不足的矛盾更为突出，特别是政府还贷二级公路取消收费后，随着普通公路融资难度加大，公路养护资金缺口进一步加大，而燃油税费改革后，公路养护资金的拨付程序与管理方式发生了变化，这将对公路养护资金的使用规模和养护管理模式产生一定影响。

从服务需求和安全保障角度看，随着汽车保有量的快速增长和机动化社会的快速到来，公众对公路交通出行服务的期望和要求不断高涨，交通拥堵和安全问题日益被高度关注并逐步成为社会问题。加之，随着全球气候变暖，极端恶劣天气不断增多，由此引发的重特大自然灾害及突发性事件日益增加，交通运输安全风险持续加大，这对公路交通安全应急保障能力和服务水平提出了更大的挑战。

此外，我国已进入资源环境矛盾的凸显期，公路养护管理是建设资源节约、环境友好社会的重要领域。发展绿色养护，促进资源循环利用，有效保护和改善生态环境，已成为一项紧迫、艰巨而又长期的任务。因此，"十二五"期间，公路养护管理工作必须立足于"十二五"经济社会发展，特别是中央转变经济发展方式的要求，适应新变化，满足新需求，不断提高路网的服务能力和水平，更好地管理和维护公路基础设施网络，更好地为公众服务。

(5)我国公路养护管理的发展趋势

今后一段时期，是我国全面建设小康社会的重要战略机遇期，也是我国和谐社会建设和新农村建设的关键时期。立足科学发展，更加注重提高经济增长的质量和效益，更加注重资源节约和环境保护，将是这一时期的鲜明特点。面对持续快速增长的公路交通需求和日益多样化的公路出行要求，公路交通的发展不能仅靠新建工程和总量扩张，必须要同步加强养护管理，充分挖掘现有公路网的通行潜力，改善路网品质，提高通行能力和效率，才能适应发展需求。2006 年 5 月，原交通部在山东济南召开的全国公路养护管理工作会议上指出，当前我国的公路养护管理工作已经步入了"养护转型、管理升级、改革加速、服务提高"的新阶段，并确定了"六个一"的长远工作目标和"更安全、更畅通、更和谐、更高效"的总体工作要求。这些，都为公路养护管理工作的长期持续发展提供了良好机遇。

借鉴国外发达国家的发展经验，可以预见，今后一段时期我国公路养护管理将朝着检测自动化、决策科学化、养护专业化、施工机械化的方向发展。

①检测自动化。及时、准确的公路基础数据信息是开展公路养护管理工作的前提和基础。与传统的人工检测相比，自动化检测具有准确、安全、高效等显著优点。特别是高等级公路承担着大量的客、货流量，具有交通流量大、车速快的特点，传统的人工检测方法根本无法适应实际工作需求。因此，世界各国都十分重视公路养护检测自动化技术的发展，研制、开发了多种用于养护的自动化检测装备，并普遍将自动化检测结果作为公路养护分析决策、编制资金预算的必要依据。我国在这一方面的发展起步相对较晚，但发展速度很快。近年来，研制成功了多功能路况快速检测系统(CiCS)、自动弯沉仪等多种路面养护检测装备，为提高我国公路科学养护水平提供了重要的技术支撑。

②决策科学化。20 世纪 90 年代初开始，原交通部在全国范围内推广使用路面管理系统和桥梁管理系统，其主要目的就是要提高公路养护的科学决策水平，提高养护资金使用效率，减少决策中的人为因素。但是，受公路管理体制、养护资金筹措和分配模式的影响，推广工作没有达到预期效果。沿袭多年的"以供定需"的人为决策模式并没有得到根本转变，公路养护的科学决策水平还处于较低水平。科学的管养是建立在长期稳定的跟踪检测和评价系统之上的，必须根据科学的评价结果决定养护维修工程实行的日期、间隔以及内容和流程。有的公路管理机构虽然也定期或不定期开展道路检测与评价工作，但由于没有标准的操作流程和工作手册指导，导致检测的数据量不足或数据可靠性差，不足以为科学地制订长期养护计划提供详实的数据参考。近年来，随着公路预防性养护理念的逐步建立，再加上燃油税改革、财政预算管理制度改革等外部政策环境的变化，提高公路养护决策科学化水平既是公路交通行业内规范管理的迫切要求，也已成为政府公共财政管理的客观要求。科学的养护决策的核心内容主要包括以下五个方面：一是公路使用状况科学评价；二是特定条件下的养护需求分析；三是特定条件下的养护决策分析；四是科学编制养护规划；五是科学确定年度养护计划。

③养护专业化。目前，我国养管分离尚未取得实质性突破，养护市场专业化水平低，特

别是有竞争力的大型养护企业发展缓慢，再加上法规建设滞后，缺乏公平、公正、有序竞争的机制和活力，养护市场对养护资源的配置作用还远没有发挥出来。这在一定程度上对提高我国公路养护管理技术水平产生了不利影响。而反观国外发达国家，一般都采取了专业化的养护组织模式。公路养护市场的参与方主要包括：政府公路管理机构、养护中介组织和养护施工企业三个层次，三者之间形成分工合作的伙伴关系。养护中介组织和养护施工企业都属于独立的专业化、社会化组织，承担具体的养护实施任务，共同对政府公路管理机构负责。在这种模式下，利用市场机制，政府公路管理机构可以确保获得最好的技术支持和服务，养护管理的工作水平和质量能得到有效保证。因此，随着我国社会主义市场经济体制的逐步建立，以及公共服务型政府职能的逐步到位，公路养护管理工作也必将逐步向专业化、社会化方向迈进。

④施工机械化。公路养护机械化是提高养护作业质量、速度和效率的重要手段，是实现传统养护方式向现代养护方式转变的物质基础和重要标志。改革开放以前，我国公路主要以砂石路为主，再加上当时国家对公路养护的投入十分有限，公路养护主要以人工方式为主。改革开放后，我国开始引进、生产国外先进的公路养护机械和装备。进入20世纪90年代后，随着高等级公路的快速发展，我国公路养护的机械化水平得到了明显提高。但是，由于受到资金、政策和重视程度等多种因素的制约，从总体上看，我国的公路养护机械化发展步伐还相对迟缓，仍处于较低的发展水平，存在高速公路和普通公路发展不平衡、机械配置不合理、使用效率不高、工艺材料研究滞后等突出问题。翻斗车、拖拉机、农用车以及手动工具依然是普通国省干线公路和农村公路养护中最为常见的生产工具。随着公路养护事业日益得到重视和加强，公路养护机械化发展将迎来前所未有的历史机遇和广阔前景。

1.5 路面养护维修技术的发展

1.5.1 路面养护工作内容

路面使用过程中，在行车荷载和自然环境因素的不断作用下，随着时间的推移，路面状况和服务能力将逐渐地恶化，为了保持路面良好的使用性能并延长它的使用寿命，在路面寿命周期的各个不同阶段需要采用不同的养护维修措施经常进行养护，路面的养护维修工作对保持路面的服务能力，延长其寿命周期，以及改善噪声、振动等对周边环境的污染有着重要的作用。路面养护维修的目的，就是通过路政管理、技术管理和生产管理，为道路运输提供快速、安全、舒适、经济的服务。在我国高速公路建设的初期，路面养护的工作量还不是很大，人们容易产生重建设、轻养护的思想，但是随着我国公路建设的重点逐步向中、西部地区推移，在东南沿海地区将迎来一个路面养护维修的高潮，因而养护维修技术正日益成为人们关注的一个热点。

公路养护维修的基本任务是：①经常保持公路的完好状态，及时修复损坏部分，保证行车安全、舒适、畅通，以提高运输经济效益；②采取正确的技术措施，提高工作质量，延长公路的使用年限，以节省资金；③对原有技术标准过低的路线和构造物进行分期改善和扩建，逐步提高公路的使用质量和服务水平。

路面养护是通过对路面各部分的日常检查、雨季前后检查，恶劣气候、灾害情况下的应急检查和定期检查，发现路面存在的病害及可能引起路面出现病害的因素，采用正确有效的预防、抢修、维修及加固措施，保证路面处于良好的技术状态及使用状态。路面养护工作的

内容包括:

(1)清扫路面、路肩上的泥土和杂物,当设有中间带、变速车道、爬坡车道、应急停车带时,其上的泥土和杂物亦应清扫干净。

(2)水泥路面各种接缝料出现缺损的溢出时应及时填补和清除,并防止泥土、砂石及其他杂物挤压进入接缝内,影响混凝土路面板的正常伸缩。

(3)经常检查和疏通路基路面(包括路肩、中央分隔带)排水设施,防止积水,保护路面不受地面水和地下水的损害。

(4)路面各种标线、导向箭头及文字标记,应及时清洗和恢复,经常保持各种标线、标志完整无缺,清晰醒目。保持辅助和加强标线作用的突起路标无损坏、松动或缺失,并保持其反射性能。

(5)及时浇灌、剪修路肩外和中央分隔带内种植的乔木、绿篱和花草,以保持路容美观、整齐,如有空缺或老化,应及时补植或更新。及时防治病虫害,对影响视距和路面稳定的绿化栽植,应予以处理。

(6)对路面、路肩和路缘石等的布局损坏应查清原因,采用合适的材料并采取相应的措施进行修复,以保持路面具有各级公路所要求的使用状态和服务水平。

(7)对路面的较大损坏,根据路面检测评定结果确定的养护对策,安排大、中修和专项工程进行维修和整治;局部路段路面损坏严重的应予以翻修,以达到设计标准;整个路段平整度、抗滑能力不足的,可采取罩面、铺筑加铺层,以恢复其表面功能;水泥路面整个路段路面接缝料失效的,应予以全面更换。

(8)对承载力不足和不适应交通发展要求的路面,可根据不同情况进行加铺、加宽,以提高承载能力和通行能力。

1.5.2 路面养护技术的发展

路面养护技术主要包括路面养护管理技术和路面养护工程技术。路面养护管理技术包括路面检测技术、路面评价技术、路面养护决策技术和路面数据库技术等;路面养护工程技术包含路面养护设计与养护维修施工技术,其中路面养护维修施工技术又包括路面预防性养护技术、路面修复技术、路面翻修技术和路面重建技术。

路面养护技术的发展是基于经济高速发展对交通运输行业的不断需求条件下,为保持路面的使用性能和服务水平,降低养护维修成本和提高养护维修效率,应运而生的路面养护管理与养护维修技术,同时也为此后的道路建设提供参考经验。在世界许多国家公路建设发展的过程中都经历过“重建设轻养护、重维修轻预防”的阶段。

1)沥青路面养护技术的发展

(1)国外沥青路面养护技术的发展

美国等西方国家将沥青路面的养护维修作业主要分为以下四类:预防性养护(preventive maintenance);修复性养护(corrective maintenance);路面翻修(pavement rehabilitation);路面重建(pavement reconstruction)。这种分类方法的核心是作业的功能和目的,因而不仅在概念上十分清晰,而且有着很强的目的性和针对性。

预防性养护是指那些以保护路面、防止病害的进一步扩展,和以减缓路面使用性能的恶化速率以及延长路面使用寿命为目的的养护作业,它通常用于没有发生损坏或只有轻微缺陷与病害迹象的路面。预防性养护没有路面补强的功能,因而不应期望预防性养护具有改善路面强度和承载能力的作用。

修复性养护是指那些用来修复路面的局部损害或某种特定病害的养护作业,它通常用于路面已经发生局部的结构性损坏,但还没有波及全局的情况。

路面翻修是指路面的损坏已经波及到路面的大部分面积,使之发生全面性的结构性损坏,从而需要在一定的深度下进行面层的再生和重铺的修理作业。

路面重建是指当路面的损坏由于没有及时进行翻修、补强而进入整个路面各结构层发生结构性破坏时,不仅路面的面层,而且它的基层和底基层,甚至于路基也需进行翻修,这样的养护维修作业称为重建。当路基也需翻修时则称为道路的重建。

从20世纪20年代末到70年代初,德国首先就预防性养护技术的沥青路面表面处理开展研究。科学家们从常规的乳化沥青稀浆混合料配方着手,加入特殊的高分子聚合物和添加剂,制成聚合物改性乳化沥青稀浆封层混合料,摊铺层较大的封层用以修复路面上的车辙而不破坏昂贵的道路标线。封层的固化速度提高,与原路面黏附十分牢固。美国、澳大利亚于20世纪80年代初开始采用这项技术。时至今日,聚合物改性乳化沥青稀浆封层已被认为是修复道路车辙及其他多种路面病害最有效、最经济的手段之一。它在欧美和澳大利亚已得到普及,并且正在向着全世界推广和发展。

(2)我国沥青路面养护技术的发展

相比欧美等发达国家,我国在路面养护技术方面总体水平仍较为落后。我国路面养护管理技术存在的不足主要体现在检测和决策上面:检测方面由于配备的路况检测设备和手段落后或数量不足,不能及时采集和更新数据;决策方面没有真正建立起预防性养护的理念,往往错过最佳养护时机,仍然实行“坏路优先”的原则,决策不够科学,不能有针对性地采取合理的养护措施。

在路面养护工程技术方面存在的不足则主要集中体现在维修养护技术研究工作和标准规范制、修订工作滞后,不能满足公路养护的实际需要,以及采用的养护技术仍以补坑和铣刨罩面等传统手段为主,措施单一,针对性不强,养护成本高,效果不佳等。

我国现行的《公路沥青路面养护技术规范》通常根据工程量的规模大小、技术的难易程度将沥青路面的养护维修作业分为保养小修、中修、大修、改善(改建)等四类。这种分类方法的核心是“修理”,但是随着路面养护维修技术在材料、工艺、设备方面的不断发展和进步,这种分类方法已经很难反映出现代路面养护维修技术的特点和要求,因而也越来越显示出难以与现代养护维修技术的发展相适应。

现行分类方法所反映的并不仅仅是一个分类的方法问题,其实质是反映了一种“重修理,轻预防”的观念。更为合理的分类方法是根据病害的类型、路面损害的程度,以及所需采用养护维修措施的性质和功能来对养护维修作业进行分类。

我国正面临即将到来的公路养护维修的高潮期,国外的经验教训是值得借鉴的,加强预防性养护将是一项有远见的战略决策。我国最早应用稀浆封层是在20世纪80年代初,当时在援建赞比亚的赛曼公路上铺筑了乳化沥青稀浆封层双层表面处治,经行车使用效果良好。

虽然我国的路面养护技术总体水平较为落后,但鉴于路面养护技术的重要性,在引进国外先进技术的基础上,发展与推良改进以使其适应于国内路面养护技术的需要,同时在国内也并行路面养护技术的开发研究。经过我国广大公路技术人员在养护技术方面开展的大量工作,取得了大量有重要价值的成果。

特别在沥青路面养护技术的研究过程中,微表处技术、雾封层技术、裂缝灌缝技术、柔性基层技术等得到了长足发展。在今后一定时期内,维修养护工程技术的热点将会主要集中在沥青路面再生技术、碎石封层技术、温拌沥青混合料技术、超薄罩面技术等方面。

面对我国路面养护工作的严峻形势,必须加大科技创新力度,促进维修养护新技术、新材料、新工艺的开发和应用,提高维修养护质量,全面提高我国路面维修养护技术水平。面对我国路面养护管理和养护决策工作的现状,必须提高认识,改变“不坏不养”的传统观念,全面推行预防性养护新理念,降低全寿命周期养护成本,提高路面的服务水平,从而使我国路面养护管理与维修技术迈上新的台阶。

沥青路面的养护技术是一门材料、工艺、设备之间紧密结合、相互制约、共同发展的综合性技术,加强对材料、工艺、设备的综合研究,不论是对发展国产养护机械,还是引进、消化、吸收国外的先进技术,都是值得关注和重视的。

(3)预防性养护技术的发展

利用在已有路面上敷设一层防护层来保护原有路面的方法在很早以前就有了,但是预防性养护作为一个完整的概念出现在20世纪的80年代,它是许多国家在公路网的重建过程中总结了以往经验教训的基础上提出来的。

路面预防性养护(Pavement Preventive Maintenance,简称预养护)是指在不增加路面结构承载力的前提下,对结构完好的路面或附属设施有计划地采取某种具有较高效益费用比的措施,以达到保养路面系统、延缓损坏、保持或改进路面功能状况的目的。

预防性养护的重要意义体现在四个方面:保持路面良好的使用性能;延长路面的使用寿命;减少路面寿命周期的成本;节约养护维修资金,是一种费用—效益良好的养护措施。

预防性养护措施不仅应用于沥青路面养护作业,同时在水泥路面的养护过程中也得到应用。它是缓解路面养护资金短缺,提高养护质量的有效手段。预养护的经济性和有效性主要取决于路面状况、采取措施和实施时机三大关键技术。

美国在20世纪80年代开始大规模进行路网的重建工程时,面对未来公路交通日益强化的挑战,于1987年启动了一个庞大的战略性公路研究项目(SHRP),其中第三个子项目“养护费用—效益”(Maintenance Cost-Effectiveness)就是专门从改善费用—效益的角度来研究养护技术的,它包括了两个主要研究课题:H101和H-106,前者的研究对象是四种预防性养护技术,后者的对象则是坑洞修补和裂缝(接缝)填封等两种修复性养护方法。在1993年SHRP计划结束之后,SHRP第二个子项目“路面长期性能”仍在FHWA的监督下成为一个新的为期20年的“路面长期性能研究计划”(Long Term Pavement Performance Program)继续进行,其中有关柔性路面的养护课题SPS-3作为H-101课题的延伸和LTPP计划的一部分已于1998年完成了第一个五年的跟踪研究。

SHRP H-101和LTPP SPS-3课题的一个重要研究成果就是明确了预防性养护在延长路面寿命周期、节约寿命周期费用方面的良好费用—效益。这一成果的一个总结,可以看到经过三次预防性养护,路面服务能力的评分仍可达到70分以上;路面经四次预防性养护而终结其寿命周期,共延长使用寿命15年;养护维修工程总费用可节省约45%。正是由于预防性养护的巨大经济和社会效益,使这一技术得到迅速发展。目前广泛应用的预防性养护技术主要有表面封层、裂缝填封和薄层罩面三种类型。

2)水泥混凝土路面养护技术的发展

水泥混凝土路面作为高级路面的重要形式之一,越来越得到广泛的应用。水泥混凝土路面具有强度高、经久耐用、养护费用低等优点。然而，就全国水泥混凝土路面使用状况而言，仍存在许多问题。如原有设计理论不完善、施工经验不足及养护不重视，使许多水泥混凝土路面或出现了结构性的损坏，或表现为功能性的缺陷，出现了早期病害等问题，严重影响公路使用质量。

除了一些基本的日常养护措施，美国等发达国家一直对使用沥青加铺层技术补强旧水泥混凝土路面情有独钟，主要是因为加铺沥青层具有提高路面结构的承载能力和恢复旧混凝土路面表面功能两大作用。通过大量试验路研究，各国分别提出了相应的沥青加铺层罩面设计方法，比较有代表性的有 AI、AASHTO、ARE、Ta 法等，使旧水泥混凝土路面沥青加铺层的设计方法不断得到完善和发展。但国外的这些经验法与我国传统的理论法相差较大，不能照搬套用，只能在理论分析的基础上参考借鉴。

在原有混凝土板（PCC）上加铺沥青层是有效的恢复路面功能与补强改建的措施之一。补强沥青层（AC）后，不仅提高了路面的承载能力，延长了路面的使用寿命，而且消除了原有接缝的不利影响，改善了使用功能，提高了路面服务水平。同时，加铺沥青层还有施工迅速，对交通影响小的优点。

目前，水泥混凝土路面的预养护技术在国内尚处于起步阶段，相关的技术研究和工程实践都还比较欠缺。

第 2 章

路面技术状况调查

路面管理系统决策最基本的依据是数据信息，路面技术状况数据是编制公路养护和改建计划的依据，通过对路面技术状况数据的调查和分析，可以对路面技术状况是否满足目前的交通条件和使用要求进行判断，并以此确定所管辖路网内需要采取养护和改建措施的路段和所需采取的措施。可以说，路面管理决策恰当与否，很大程度上取决于路面使用技术状况数据的调查是否及时且真实。

以前，公路养护管理部门主要通过目测调查评定路面损坏的类型、严重程度和范围，凭经验和判断逐个项目地编制年度养护计划。然而，个人的经验往往较片面，对于同一种路面状况，不同人员常会作出不一致的评价。科技人员近年来一直致力于研制各种测试仪器，以便能客观地采集路面状况数据，从而避免单纯依据野外目测人员的经验作出管理决策。

近年来，随着国民经济的快速发展，交通量急剧增长，车辆超载严重，路面损坏加剧，由于重建轻养，用于养护和改建的资金和其他资源不足。在编制养护和改建计划时，更是依赖于通过快速、客观的数据采集方法得到协调一致的路面状况信息，以便能利用这些数据建立合理的养护和改建项目的优先排序，选择最合适的养护和改建对策，以及建立路面使用性能预估模型。

为了实现上述目的，各公路管理部门需调查的路面状况数据主要有路面平整度、路面损坏状况、结构承载力、路面车辙和抗滑能力以及交通荷载条件等方面。

2.1 路面技术状况与使用性能指标

公路技术状况的内容包括路面、路基、桥隧构造物和沿线设施等公路资产组成部分，路面技术状况又包含沥青路面、水泥路面和砂石路面三种路面类型。路面结构在使用过程中，由于车辆及自然因素的反复作用，其使用性能将逐渐衰变，最终导致路面使用性能不能满足使用要求的情况。路面使用性能随时间变化见图 2-1。

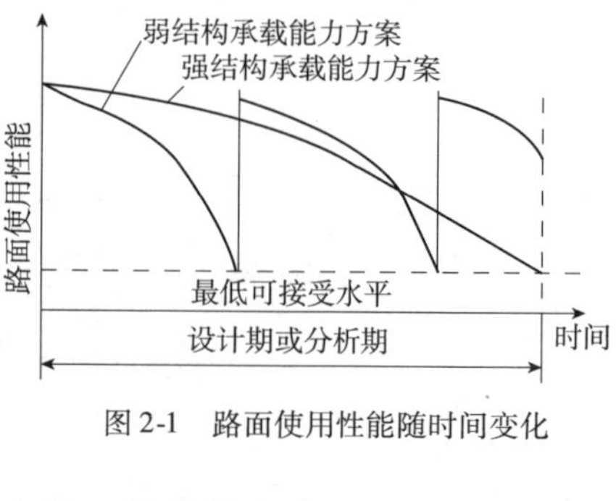

图 2-1　路面使用性能随时间变化

路面技术状况是指路面结构的损坏状况和完好程度，采用路面性能指标的检测数据和标准进行评价。路面使用性能包括表面功能性能、结构性能、安全性能和外观性能等方面，它们相互之间既有区别又有一定联系，并从不同侧面反映路面状况对行车要求的满足情况。

2.1.1 路面使用性能指标

1)功能性能指标

路面的基本功能是为车辆提供快速、安全、舒适、全天候的行驶表面,路面的功能性能指标主要指路面平整度,其反映为道路使用者提供的行车舒适程度,反映路面的行驶质量或服务水平。

路面行驶质量的好坏与道路表面的平整度特征、车辆悬挂系统的振动特征及乘车人对振动的耐受能力有关。从路面状况的角度分析,影响行驶质量的主要因素是路面的平整度。路面的平整度随车辆荷载的反复作用、周围环境温度和湿度的影响及路面使用时间的增加而逐渐下降,当其下降到某一限值时,路面的行驶质量便不能满足车辆的行驶要求,而需采取改建或重建措施,以改善路面平整度状况,恢复路面的功能。

2)结构性能指标

路面的结构性能主要指路面的物理状况及路面结构保持完好的程度,即路面结构的损坏状况及路面结构的承载能力。

(1)路面结构的损坏状况

路面结构的损坏状况反映了路面结构在行车和自然因素作用下保持完整性或完好性的程度。新建或改建的路面,在使用过程中会随车辆荷载和环境等因素的作用及路面使用期的增长而出现各种损坏,需采取日常养护措施进行保养,以延缓路面损坏的出现。在路面出现结构损坏后,应采取相应的维修措施,以减缓损坏的发展速度。当路面的损坏状况恶化到一定程度后,需采取改建或重建措施,以恢复或提高其结构的完好程度。因此,路面结构损坏状况的发生和发展与路面的养护、维修及改建工作密切相关。

(2)路面结构的承载能力

路面结构的承载能力是指路面在达到预定的损坏状况之前能够承受的行车荷载作用次数或是能够使用的年限。路面结构的承载能力与损坏存在着密切的内在联系。路面在使用过程中其承载能力逐渐下降,同时损坏逐步发展。承载能力低的路面结构,损坏的发展速度较快;当承载能力下降至接近极限状态时,路面损坏严重,此时必须采取改建或重建措施,以恢复或提高路面的承载能力。

3)安全性能指标

安全性能主要指路面表面的抗滑能力。另外,在车辙深度超过 10 ~ 13mm 的情况下,高速行驶的车辆会因辙内积水而出现飘滑,发生交通事故。路面在使用过程中,随着车轮对路面的不断磨损,路表面的抗滑能力因集料被磨光而逐渐下降,当表面的抗滑能力下降到不安全或不可接受的水平时,则须采取措施以恢复其抗滑能力。

4)外观性能

外观是指路面外观给公路使用者的视觉印象,包括反光、炫目、夜间能见度、表面构造和着色均匀性等方面。

2.1.2 路面技术状况指标

公路技术状况评定的核心问题是,用何种指标及如何准确描述公路资产各组成部分的损坏状况和完好程度。《公路技术状况评定标准》(JTG H20—2007)要求评定路面、路基、桥隧构造物和沿线设施四部分公路资产的技术状况，提出了包括四部分资产的四大类公路技术状况评价指标和包含路面平整度、路面损坏、路面结构强度、路面抗滑性能和路面车辙的五类路面使用性能分项评价指标。公路技术状况评价指标见图2-2。

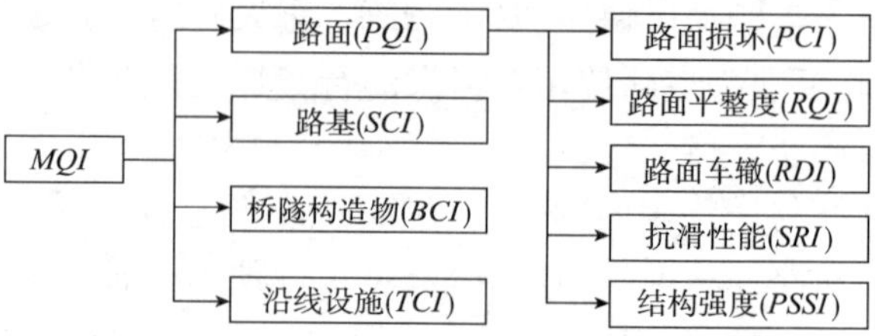

图2-2　公路技术状况评价指标

注：*MQI*-公路技术状况指数(maintenance quality indicator)；*PQI*-路面使用性能指数(pavement quality or performance index)；*SCI*-路基技术状况指数(subgrade condition index)；*BCI*-桥隧构造物技术状况指数(bridge, tunnel and culvert condition index)；*TCI*-沿线设施技术状况指数(traffic-facility condition index)；*PCI*-路面损坏状况指数(pavement surface condition index)；*RQI*-路面行驶质量指数(riding quality index)；*RDI*-路面车辙深度指数(rutting depth index)；*SRI*-路面抗滑性能指数(skidding resistance index)；*PSSI*-路面结构强度指数(pavement structure strength index)。

(1)公路技术状况指数

公路技术状况用公路技术状况指数 *MQI*(maintenance quality indicator)和相应分项指标表示，*MQI* 和相应分项指标的值域为0～100。

公路技术状况评定以1km路段长度为基本评定单元。公路技术状况指数 *MQI* 按式(2-1)计算：

$$MQI = w_{PQI}PQI + w_{SCI}SCI + w_{BCI}BCI + w_{TCI}TCI \tag{2-1}$$

式中：w_{PQI}——*PQI* 在 *MQI* 中的权重，取值为0.70；

w_{SCI}——*SCI* 在 *MQI* 中的权重，取值为0.08；

w_{BCI}——*BCI* 在 *MQI* 中的权重，取值为0.12；

w_{TCI}——*TCI* 在 *MQI* 中的权重，取值为0.10。

公路技术状况分为优、良、中、次、差五个等级。公路技术状况等级按表2-1规定的标准确定。

公路技术状况标准　　表2-1

评价等级	优	良	中	次	差
MQI 及各级分项指标	≥90	≥80，<90	≥70，<80	≥60，<70	<60

(2)路面使用性能指数(*PQI*)

沥青路面使用性能评价包括路面损坏、平整度、车辙、抗滑性能和结构强度五项技术指标。其中路面结构强度为抽样评定指标，单独计算与评定，评定范围根据路面大中修养护需求、路基的地质条件等自行确定。

水泥混凝土路面使用性能评价包括路面损坏、平整度和抗滑性能三项技术指标。砂石路面使用性能评价包括路面损坏一项技术指标。

2.1.3　路面技术状况检测与调查

1)检测与调查内容

路面技术状况检测与调查包括路面损坏、平整度、车辙、抗滑性能和结构强度五项指标，其中路面车辙和路面抗滑性能指标主要针对高速公路和一级公路,路面结构强度为抽样检测指标。

2)检测与调查单元

路面技术状况检测与调查以 1 000m 路段为基本检测或调查单元。公路技术状况数据按上行方向(桩号递增方向)和下行方向(桩号递减方向)分别检测。二、三、四级公路可不分上下行。采用快速检测方法检测路面使用性能评定所需数据时,每个检测方向至少检测一个主要行车道。

3)检测与调查方法及要求

(1)路面损坏状况检测

路面损坏状况检测,宜采用自动化的快速检测方法,条件不具备时,可人工检测。

采用快速检测设备检测路面损坏时,应纵向连续检测,横向检测宽度不得小于车道宽度的 70%。检测设备应能够分辨 1mm 以上的路面裂缝,检测结果宜采用计算机自动识别,识别准确率应达到 90% 以上。

采用人工方法调查时,调查范围应包含所有行车道,按《公路技术状况评定标准》(JTG H20—2007)附录 A(表 A-1 ~ 表 A-3)规定的损坏类型实地调查;按《公路技术状况评定标准》(FTG H20—2007)表 6. 2. 1-2、表 6. 2. 1-3 和表 6. 2. 1-4 规定的损坏类型和权重系数计算路面破损率(*DR*)和路面损坏状况指数(*PCI*);按《公路技术状况评定标准》(JTG H20—2007)附录 A(表 A-7、表 A-8)分路段汇总公路技术状况评定明细表和公路技术状况汇总表。

有条件的地区,可借助便携式路况数据采集仪进行现场调查、汇总、计算与评定。紧急停车带按路肩处理。路面损坏检测数据应以 100m(人工检测)或 10m(快速检测)为单位长期保存。

(2)路面平整度检测

路面平整度宜采用快速检测设备,可结合路面损坏和车辙一并检测。单独检测路面平整度时,宜采用高精度的断面类检测设备。路面平整度检测设备必须定期标定,每年至少标定一次,标定的相关系数应大于 0. 95。

条件不具备的三、四级公路,路面平整度可采用三米直尺人工检测,检测结果按表 2-2 评定。

路面平整度人工评定标准 表 2-2

技术等级	优	良	中	次	差
RQI	≥90	≥80, <90	≥70, <80	≥60, <70	<60
三米直尺(mm)	≤10	≤12, >10	≤15, >12	≤18, >15	>18
颠簸程度	无颠簸,行车平稳	有轻微颠簸,行车尚平稳	有明显颠簸,行车不平稳	严重颠簸,行车很不平稳	非常颠簸,行车非常不平稳

路面平整度检测数据应以 100m(人工检测)或 20m(快速检测)为单位长期保存。

(3)路面车辙检测

路面车辙宜采用快速检测设备,可结合路面损坏和路面平整度一并检查。路面平整度检测设备必须定期标定,每年至少标定一次。根据断面数据计算路面车辙深度(*RD*),计算结果应以 10m 为单位长期保存。

(4)路面抗滑性能检测

路面抗滑性能检测宜采用基于横向力系数的路面抗滑性能检测设备或其他具有可靠数据标定关系的自动化检测设备。检测设备必须定期标定,每年至少标定一次。路面抗滑性能检测数据(横向力系数)应以20m为单位长期保存。

(5)路面结构强度检测

路面结构强度检测宜采用自动检测设备检测。自动检测时,宜采用具有可靠数据标定关系的自动化检测设备,检测结果应能换算成我国相关技术规范规定的回弹弯沉值。自动检测设备必须定期标定,每年至少标定一次,标定的相关系数不得小于0.95。弯沉检测数据应以20m为单位长期保存。采用贝克曼梁检测时,检测数量应不小于20点/(km·车道)。抽样检测时,检测范围可控制在养护里程的20%以内。

4)检测与调查频率

路面技术状况评定所需要的最低检测与调查频率按表2-3的规定执行。

路面技术状况最低检测与调查频率 表2-3

检测内容 \ 检测频率			路面损坏状况指数(*PCI*)	路面平整度(*RQI*)	抗滑性能(*SRI*)	路面车辙(*RDI*)	结构强度(*PSSI*)
路面*PQI*	沥青路面	高速、一级公路	1年1次	1年1次	2年1次	1年1次	抽样检测
		二、三、四级公路	1年1次	1年1次			
	水泥路面	高速、一级公路	1年1次	1年1次	2年1次		
		二、三、四级公路	1年1次	1年1次			
	砂石路面		1年1次				

2.2 路面损坏状况调查

路面使用性能的衰变一般会通过可见的、不同形式的损坏表现出来,同时,不同形式的损坏对路面使用性能也有不同程度的影响。路面损坏状况调查是鉴别各路段路面损坏的类型、确定各项损坏的严重程度、量测损坏出现的范围,是公路技术状况评定的重要内容,也是制订养护对策和改扩建方案的重要依据。路面损坏所表现的形态和特征是多种多样的,造成路面损坏的原因也是多方面的,有行车荷载因素、环境因素,还有施工和材料的原因等。为了使调查结果有一致含义及可比性,需要根据路面损坏的形态特征、严重程度和损坏原因,对路面损坏进行分类。

为了使路面损坏调查具有可操作性和实用性,路面损坏分类应遵循一定的原则:①分类定义明确,形式上易于区分;②一定程度上考虑路面损坏的原因,方便公路管理部门的养护决策;③在充分描述公路使用性能的基础上,尽量减少损坏类型数量、减少调查项目。

2.2.1 路面损坏类型

路面损坏主要指路面表面的可见病害,如路面裂缝、坑洞、沉陷、车辙、泛油等缺陷,路面病害是路面损坏的直接表现。路面结构的损坏状况,具有损坏类型不同、严重程度不一、范围和密度各异的特点,在对路面进行损坏状况调查时,应综合考虑上述因素。

荷载、环境、施工养护等各方面的原因均可引起路面的损坏,而路面结构损坏所表现出的形态和特征也多种多样。各种损坏对路面结构的完好程度和路面使用性能有着不同程度的影响，所需采取的养护和维修措施也不一样。路面损坏根据损坏对路面性能的影响不同，一般分为结构性损坏和功能性损坏，每类损坏又根据损坏形式和程度的不同而进一步细分。

我国现行养护技术规范根据损坏模式和对路面使用性能的影响程度，通常将路面上常见的损坏分为五大类型：

(1)裂缝类。路面结构的整体性因裂缝或断裂而受到破坏，包括龟裂、块状裂缝、纵向裂缝、横向裂缝以及水泥路面的斜向、交叉和断角等。

(2)松散类。主要表现为路面表面出现的局部坑槽、松散等缺陷，包括坑槽、松散、脱皮、啃边、麻面、剥落等。

(3)变形类。路面结构虽仍保持其整体性，但结构形状在各种因素的作用下产生了较大的变化，包括沉陷、车辙、波浪、壅包以及水泥路面的唧泥、错台、拱起等。

(4)接缝类。水泥路面接缝处及邻近范围内的局部损坏，包括接缝材料破损、接缝破碎。

(5)其他类。主要指路面修补和沥青路面的泛油。

由于路面类型不同从而表现出来的损坏形式也各异，因此沥青路面、水泥路面和砂石路面分别采用不同的损坏分类方法。

不同类型的路面损坏都有其发生和发展过程，在这一过程中，不同阶段损坏对路面使用性能有不同的影响。如裂缝刚出现时，缝隙微细，裂缝边缘处的材料也仍然完整，此时裂缝对行车舒适性几乎无影响，裂缝间的传荷能力所受影响也不大；当裂缝发展到后期，缝隙变宽，边缘处严重破坏，行车颠簸，裂缝间的传荷能力几乎丧失。因此，在损坏分类时，应考虑病害的发生发展过程对路面使用性能及养护对策的影响，还应对各类病害根据其损坏的严重程度，分为 2 ~ 3 种严重程度等级。

1)沥青路面损坏类型

《公路技术状况评定标准》(JTG H20—2007)将沥青路面损坏分为如下 11 类 21 种不同程度病害。

(1)龟裂

龟裂是沥青路面最为严重的一种裂缝损坏形式，在路面上表现为轮迹带处相互交错的小网格状裂缝，见图 2-3。最主要原因是荷载反复作用下的结构性疲劳损坏，造成承载能力降低。按裂缝块度、缝宽的大小及裂缝有无变形，将龟裂分为轻、中、重三种等级。

图 2-3　沥青路面龟裂损坏

轻：初期裂缝，裂区无变形、无散落，缝细，主要裂缝宽度在 2mm 以下，主要裂缝块度在 0. 2 ~ 0. 5m，损坏按面积计算。

中:龟裂的发展期,龟裂状态明显,裂缝区有轻度散落或轻度变形,主要裂缝宽度在2~5mm,部分裂缝块度小于0.2m,损坏按面积计算。

重:龟裂特征显著,裂块较小,裂缝区变形明显、散落严重,主要裂缝宽度大于5mm,大部分裂缝块度小于0.2m,损坏按面积计算。

(2)块状裂缝

块状裂缝表现为纵向和横向裂缝的交错而使路面分裂成近似呈直角的多边形大块,块状裂缝的网格在形状和尺寸上都有别于龟裂,见图2-4。在整个路面范围内主要因材料低温收缩和沥青老化引起,一般在路面表面,对承载能力和表面功能影响不大。按裂缝块度和裂缝宽度的大小,将块状裂缝分为轻、重两种等级。

图2-4 沥青路面块状裂缝

轻:缝细、裂缝区无散落,裂缝宽度在3mm以内,大部分裂缝块度大于1.0m,损坏按面积计算。

重:缝宽、裂缝区有散落,裂缝宽度在3mm以上,主要裂缝块度在0.5~1.0m,损坏按面积计算。

(3)纵向裂缝

纵向裂缝是与公路中线大致平行的单条裂缝,有时伴有少量支缝,见图2-5。在车辆荷载重复作用下,轮迹带处产生纵向疲劳开裂,逐渐发展为龟裂;纵向不均匀沉降和反射裂缝以及纵向施工缝也可产生纵向裂缝。按裂缝宽度大小及裂缝边缘的破坏分为轻、重两种等级。

轻:缝细、裂缝壁无散落或有轻微散落,无支缝或有少量支缝,裂缝宽度在3mm以内,损坏按长度(m)计算,检测结果要用影响宽度(0.2m)换算成面积。

重:缝宽、裂缝壁有散落、有支缝,主要裂缝宽度大于3mm,损坏按长度(m)计算,检测结果要用影响宽度(0.2m)换算成面积。

图2-5 纵向裂缝

(4)横向裂缝

横向裂缝是与公路中线近似垂直的裂缝,有时伴有少量支缝,见图2-6。主要是由于温度变化路面产生低温收缩而引起的横向开裂,以及旧路面的横向反射裂缝。按裂缝宽度大小和裂缝边缘的破坏情况分为轻、重两种等级。

轻:缝细、裂缝壁无散落或有轻微散落,裂缝宽度在3mm以内,损坏按长度计算,检测结果要用影响宽度(0.2m)换算成面积。

重:缝宽、裂缝贯通整个路面、裂缝壁有散落并伴有少量支缝,主要裂缝宽度大于3mm,损坏按长度计算,检测结果要用影响宽度(0.2m)换算成面积。

图2-6　横向裂缝

(5)坑槽

坑槽是由于局部集料丧失而在路面表面形成的坑洞,可深及不同的路面结构层次,见图2-7。其严重影响路面行驶质量和交通安全,须及时修补。坑槽通常是由其他病害如龟裂、松散、裂缝等未及时处理而逐渐发展而成,单独发生的坑槽可能是施工离析、压实不好、水损害或汽柴油引起。按坑槽的深浅及有效面积大小,将坑槽分为轻、重两种等级。

轻:坑浅,有效坑槽面积在$0.1m^2$以内(约$0.3m \times 0.3m$),损坏按面积计算。

重:坑深,有效坑槽面积大于$0.1m^2$(约$0.3m \times 0.3m$),损坏按面积计算。

图2-7　路面坑槽

(6)松散

松散是一种从路面表面向下不断发展的因集料颗粒丧失和沥青结合料流失而造成的路面损坏,见图2-8。松散是由于沥青和集料之间失去黏结而产生,沥青用量偏少、低温施工、压实不足、沥青与集料黏结性差、级配离析、沥青老化、表面冻融循环等均可导致松散产生。松散按损坏严重程度的不同分为轻、重两种等级。

轻:路面细集料有散失、脱皮、麻面等表面损坏,损坏按面积计算。

重:路面粗集料有散失、脱皮、麻面、露骨,表面剥落、有小坑洞,损坏按面积计算。

图 2-8　表面松散

(7)沉陷

沉陷是路面表面产生深度大于 10mm 的局部凹陷变形,见图 2-9。路基不均匀沉降、路面开挖修补不密实、"三背"回填不实、基层脱空等造成路面较大范围内下沉变形,是较严重的路面结构性损坏,影响行车舒适性和交通安全,需及时修补。按沉陷深度大小及对行车舒适性的影响分为轻、重两种等级。

图 2-9　路面沉陷

轻:深度在 10 ~ 25mm,正常行车无明显感觉,损坏按面积计算。

重:深度大于 25mm,正常行车有明显感觉,损坏按面积计算。

(8)车辙

车辙是在沥青路面表面形成的沿轮迹方向大于 10mm 的纵向带状凹陷(辙槽),见图 2-10。车辙可分为结构性车辙、流动性车辙、压密性车辙及磨耗性车辙。结构性车辙指的是路面结构层及土基在行车重复荷载作用下,材料压缩、土基下沉产生的永久累积变形,车辙断面一般呈两边高中间低的 V 形,同时常伴有网裂、龟裂和坑槽发生;流动性车辙是炎热季节仅在沥青混凝土层内产生的侧向流动变形而形成的车辙,车辙断面一般呈 W 形,轮迹带处下陷周边隆起;压密性车辙是指由于路面施工缺陷如混合料温度过低、压实次数过少等造成沥青层压实度不足,而在行车作用下进一步压密产生的车辙,这类车辙断面一般也呈 W 形;磨耗性车辙是指由于重载渠化交通对路面的磨耗作用形成的车辙。

车辙多见于分道行驶、面层结构较厚的高等级公路,而在普通公路上较为少见,也是一种沥青路面结构性破坏。车辙会导致行车舒适性的降低,雨天车辙的积水对行车安全性也有极大的威胁。

图 2-10　沥青路面车辙

按车辙深度的不同分为轻、重两个等级。

轻:辙槽浅,深度在 10 ~ 15mm,损坏按面积计算,检测结果要用影响宽度(0.4m)换算成面积。

重:辙槽深,深度在 15mm 以上,损坏按面积计算,检测结果要用影响宽度(0.4m)换算成面积。

(9)波浪壅包

波浪壅包指的是由于局部沥青面层材料移动而在路表面形成的有规律的纵向起伏,波峰和波谷间隔很近,见图 2-11。波浪壅包是一种对路面行驶质量和安全影响较大的病害形式。波浪壅包产生的首要原因是路面材料及设计与施工缺陷。材料组成设计差,如油石比过大、细料过多、施工质量差,使面层材料不足以抵抗车轮水平力的作用;或者是面层与基层之间存在不稳定夹层,面层在行车荷载作用下推移变形就会形成波浪壅包。有时路基冻胀也会在路面局部形成壅包。按波峰波谷的大小不同将此类损坏分为轻、重两个等级,按波浪壅包涉及的面积大小计量损坏。

轻度波浪壅包:波峰、波谷高差小,高差在 10 ~ 25mm。

重度波浪壅包:波峰、波谷高差大,高差大于 25mm。

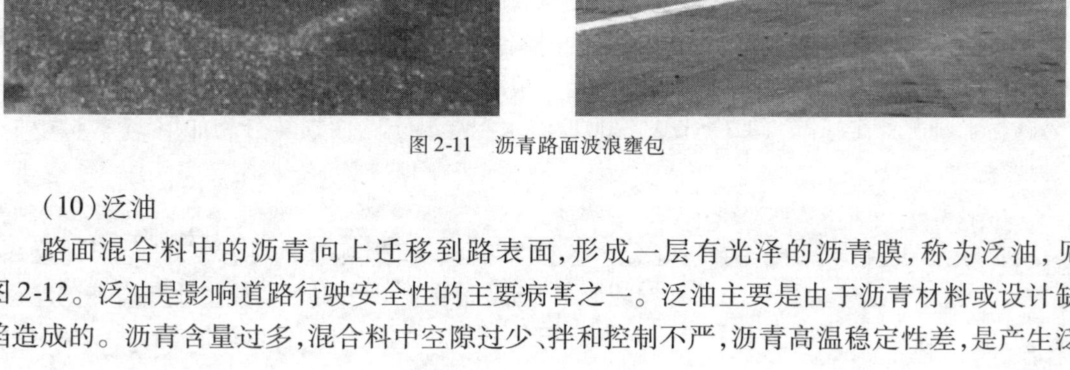

图 2-11　沥青路面波浪壅包

(10)泛油

路面混合料中的沥青向上迁移到路表面,形成一层有光泽的沥青膜,称为泛油,见图 2-12。泛油是影响道路行驶安全性的主要病害之一。泛油主要是由于沥青材料或设计缺陷造成的。沥青含量过多,混合料中空隙过少、拌和控制不严,沥青高温稳定性差,是产生泛油的主要原因。施工时黏层油用量不当,或雨水渗入使下层沥青与石料剥离,在动水作用下,沥青膜剥落上浮也会形成路面表面的泛油。泛油一般发生在天气炎热时,而天冷时又不存在逆过程,因而沥青永久地积聚在路表面,造成路面抗滑能力降低。泛油损坏不分严重程度等级,按泛油涉及的面积计量。

图2-12　沥青路面泛油

(11)修补

修补指因龟裂、坑槽、松散、沉陷、车辙等损坏处理后在路面表面形成修补部分,见图2-13。除裂缝修补外,其余均按修补涉及的面积计量,裂缝修补按长度计量,并按0.2m的影响宽度换算为损坏面积。

图2-13　路面修补

2)水泥混凝土路面损坏类型

水泥混凝土路面分为有接缝水泥混凝土路面和无接缝水泥混凝土路面。有接缝水泥混凝土路面包括普通混凝土路面(JPCP)、钢筋混凝土路面(JRCP)、纤维混凝土路面(SRCP)、碾压混凝土路面(RCCP);无接缝水泥混凝土路面主要指预应力混凝土路面(PCP)、连续配筋混凝土路面(CRCP)。以下讨论的主要是有接缝水泥混凝土路面的损坏类型和识别方法。《公路技术状况评定标准》(JTG H20—2007)将水泥混凝土路面损坏分为如下11类20种不同程度病害。

(1)破碎板

破碎板指混凝土板被多条裂缝分为3个以上板块,损坏按水泥板整块面积计量,见图2-14。破碎板是较为严重的一种损坏形式,通常是在重载作用下裂缝进一步发展的结果。在荷载的作用下,破碎板会进一步破碎直至完全失去整体性。根据破碎板块的活动情况,将损坏分成轻、重两种等级。

轻:破碎板未发生松动和沉陷。

重:破碎板块有松动、沉陷和唧泥等现象。

图 2-14　水泥混凝土路面破碎板

(2)裂缝

板块上只有一条裂缝,可以为横向、纵向或不规则的斜裂缝,按裂缝长度计量,用 1.0m 的影响宽度换算成损坏面积,见图 2-15。裂缝通常由于收缩应力、重载反复作用、温度或湿度翘曲应力、丧失地基支撑等单个因素或多种因素综合作用而产生。施工时切缝不及时也会导致水泥混凝土裂缝出现。裂缝按裂缝缝宽及边缘碎裂情况分为轻、中和重三个等级。

轻:裂缝较窄,小于 3mm,裂缝处未剥落,裂缝未贯通板厚。

中:裂缝宽度 3 ~ 10mm,裂缝边缘有碎裂现象。

重:裂缝较宽,大于 10mm,边缘有碎裂,并伴有错台出现。

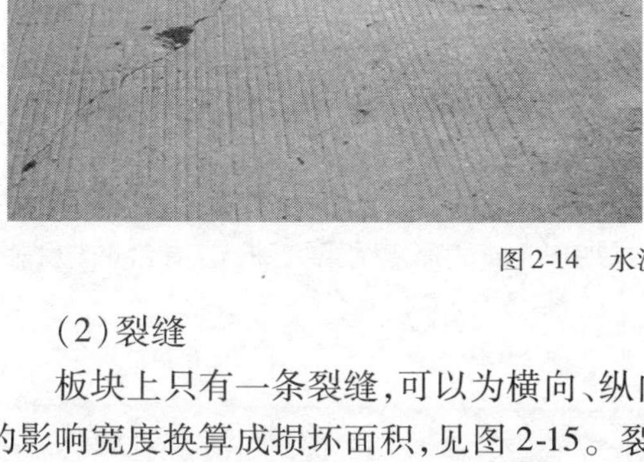

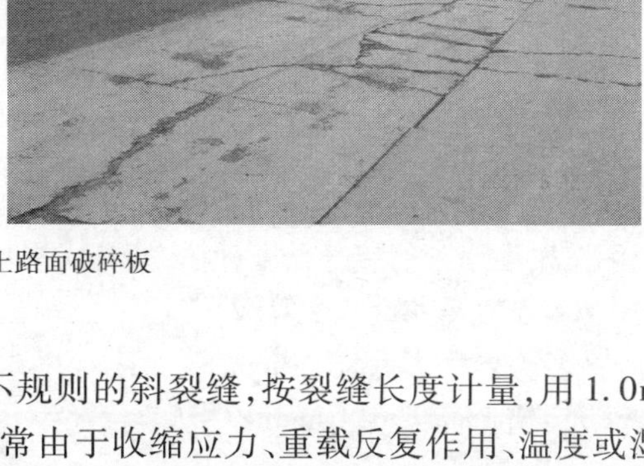

图 2-15　水泥混凝土路面裂缝

(3)板角断裂

板角断裂指水泥混凝土的板角被与纵横接缝相交且交点距离等于或小于板边长度的一半的裂缝从板体断开,见图 2-16。板角是水泥路面较薄弱的部位,在重载反复作用及温度和湿度翘曲应力作用下,再加上地基软弱、唧泥和传荷能力差等因素,就会出现板角断裂损坏。损坏按断裂板角的面积计量。按裂缝宽度和板角的松动程度分为轻、中和重三种等级。

轻:裂缝宽度小于 3mm,裂缝未破碎,断裂处未出现错台。

中:裂缝宽度为 3 ~ 10mm,裂缝边缘有碎裂现象。

重:裂缝宽度大于 10mm,裂缝边缘有碎裂现象,并伴有错台或沉陷现象。

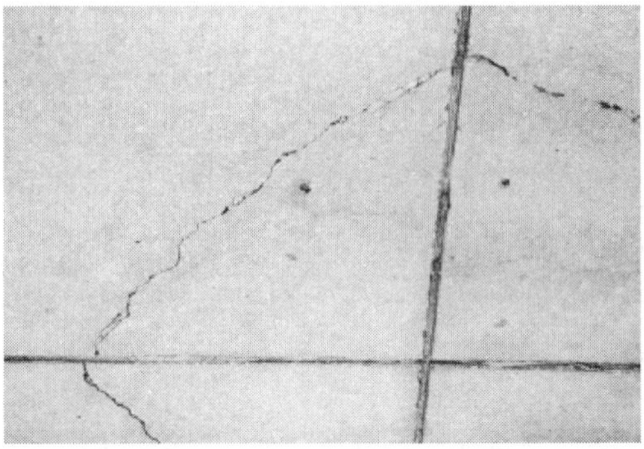

图 2-16　水泥混凝土路面板角断裂

(4)错台

错台指水泥混凝土路面板的纵向或横向接缝两边板块出现大于 5mm 的高差,见图 2-17。损坏按发生错台的接缝长度计量,换算成损坏面积时乘以 1m 的影响宽度。根据错台两边高差的大小,分为轻和重两个等级。

轻:错台高差小于 10mm。

重:错台高差在 10mm 以上。

图 2-17　错台

错台是唧泥发生和发展的过程中,带有基层被冲蚀材料的高压水把这些材料冲积在后板的脱空区域内,使该板升高,而前板由于板下基层材料被冲蚀而下沉,由此产生错台(一般是前板低、后板高)。此外,在施工时胀缝的填缝板未予牢固固定,在振捣时被振歪或使缝壁倾斜,或接缝的上部填缝料同下部接缝板未能对齐,两板在伸胀挤压过程也会导致错台。错台是水泥混凝土路面最为常见的损坏之一,也是造成水泥混凝土路面行驶舒适性下降的主要原因之一。

(5)唧泥

唧泥指水泥板块在车辆驶过后,接缝处有基层泥浆涌出,见图 2-18。损坏按唧泥处接缝的长度计量,换算成损坏面积时乘以 1m 的影响宽度。唧泥的明显标志是接缝附近的路面表面有污渍或基层材料沉积物。损坏不分严重程度。

唧泥的出现是由于接缝填封的失效而引起水下渗,板底面与基层顶面脱空,在基层材料的不耐冲刷和重载的反复作用下引起的。唧泥会使板边缘的基础部分失去支撑能力,在轮载重复作用下最终将导致板的断裂。

图 2-18　水泥混凝土路面唧泥

(6)边角剥落

边角剥落指沿接缝方向的板边出现裂缝、破碎或脱落现象，裂缝面一般不是垂直贯穿板厚，而是与板面成一定角度，见图 2-19。边角剥落是由于接缝内进入坚硬材料而妨碍了板的膨胀变形，接缝处混凝土强度不足，传荷设施（传力杆）设计或设置不当（未正确定位、锈蚀等），接缝施工质量差，重载反复作用等造成的。

损坏按发生剥落的接缝长度计量，换算成损坏面积时乘以 1m 的影响宽度。按剥落的深度分为轻、中和重三个等级。

轻：浅层剥落。

中：中深层剥落，接缝附近水泥混凝土多处开裂。

重：深层剥落，接缝附近水泥混凝土多处开裂，深度超过接缝槽底部。

图 2-19　边角剥落

(7)接缝料损坏

由于接缝的填缝料老化、剥落等原因，填料不密水或接缝内已无填料，从而被砂、石、土等填塞，见图 2-20。接缝料被挤出、老化、腐蚀及杂草生长是产生接缝料损坏的主要原因。接缝料损坏可能使水或坚硬材料进入而导致唧泥、碎裂和拱起等损坏出现。按出现接缝料损坏的接缝长度计量，换算成损坏面积时乘以 1m 的影响宽度。按接缝料剥落的程度分为轻、重两个等级。

轻：填料老化，不密水，但尚未剥落脱空，未被砂、石、泥土等填塞。

重：三分之一以上接缝出现空缝或被砂、石、土填塞。

图 2-20　接缝料损坏

(8)坑洞

板面出现有效直径大于 30mm、深度大于 10mm 的局部坑洞,损坏按单个坑洞外接矩形面积或坑洞群所涉及的面积计量。施工质量差或浇筑的混凝土砂石材料含泥量过大,夹带朽木、纸张、泥块等杂物,以及行驶的某些车辆、机械的金属硬轮对路面产生撞击都可造成坑洞产生,见图 2-21。损坏不分轻重。

(9)拱起

拱起损坏指横缝两侧的板体发生明显抬高,高度大于 10mm,损坏按拱起所涉及的板块面积计算。在春季或炎热夏季,横缝处板块出现突发性的向上隆起,有时往往伴随出现板块横向断裂。缝隙内落入坚硬材料,板块受阻从而产生很大压应力,促使板块失稳而出现拱起现象,见图 2-22。损坏不分轻重。

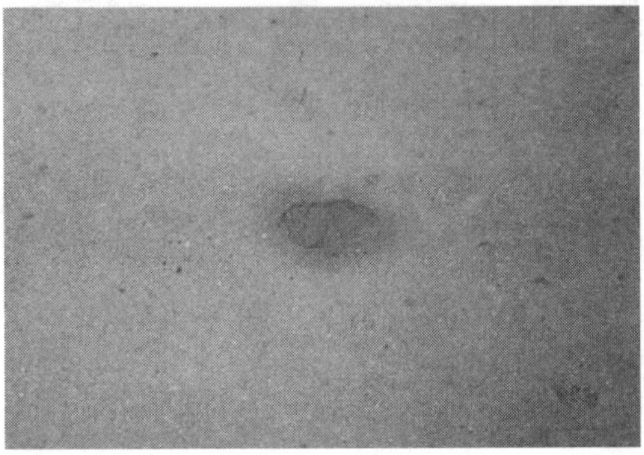

图 2-21　水泥混凝土板坑洞

图 2-22　水泥混凝土板拱起

(10)露骨

露骨指板块表面出现细集料散失、粗集料暴露或表层松疏剥落等现象,见图 2-23。损坏按面积计量,损坏不分轻重。露骨主要是由于混凝土表面灰浆不足,洒水提浆,造成混凝土路面表层强度不足引起的。

(11)修补

主要指裂缝、板角断裂、边角剥落、坑洞和层状剥落的修补面积(图 2-24)或修补影响面积(裂缝修补按长度计算,影响宽度为 0.2m),损坏不分轻重。修补后又出现损坏,按原损坏类型分类统计。

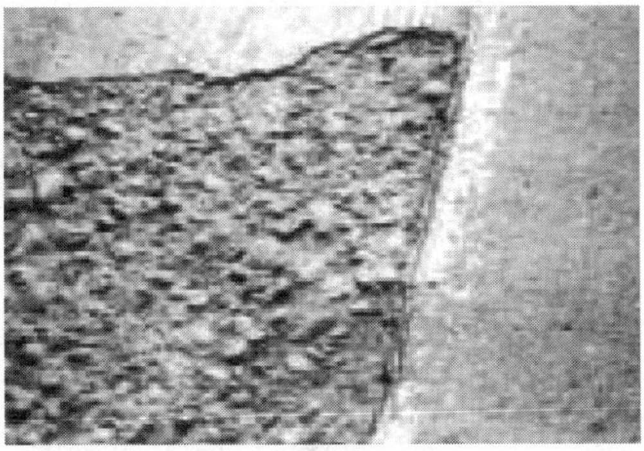

图 2-23　水泥混凝土板露骨

图 2-24　水泥混凝土板修补

3）*砂石路面损坏类型*

砂石路面又称无铺装路面。由于砂石路面表面不是一种整体结构，因此没有沥青和水泥混凝土路面中最常见的裂缝损坏。《公路技术状况评定标准》（JTG H20—2007）将砂石路面损坏分为如下 6 类病害。

（1）路拱不适

路拱不适主要表现为路面横坡过大或过小（小于 2% 或大于 4%），或路面中线偏移，或应设超高而无超高或反超高。按沿行车方向的长度计量，换算为损坏面积时乘以 3.0m 的影响宽度。路拱不适主要是由于施工时路面高程控制不严或设计的原因造成。

（2）沉陷

路面表面的局部凹陷，按面积计量。沉陷通常是由于路基承载力不足，路基土或基层材料不均匀沉降，路基压实不足或路堤边坡失稳等引起。

（3）波浪搓板

波浪搓板指峰谷高差大于 30mm 的搓板状纵向连续起伏，按面积计量。通常沿轮迹带较为显著，在加速和减速路段（如转弯处、上坡、下坡和交叉口处）较易出现。面层混合料组成不当或施工不当等，都会引起波浪搓板的产生。

（4）车辙

车辙指轮迹处深度大于 30mm 的纵向带状凹槽，按沿行车方向的长度计算，换算成损坏面积时乘以 0.4m 的影响宽度。砂石路面车辙是由于路面或路基强度不足，道路结构过分潮湿，行车荷载反复作用造成的。

（5）坑槽

路面上深度大于 30mm、直径大于 0.1m 的坑洞，按坑槽外接矩形面积计量。道路结构强度不足，含水率过大和行车作用是产生坑槽的主要原因。

（6）露骨

露骨主要表现为表面黏结料和细集料散失，主骨料外露，按面积计算。

2.2.2　路面损坏调查方法

路面损坏状况一般采用损坏类型、严重程度和损坏范围来表征。通过对上述路面损坏数据进行检测，根据路面的折合损坏面积和调查面积，可以计算路面破损率（*DR*）和路面损坏状况指数（*PCI*）。对于高速公路和一级公路，路面车辙是作为独立的检测和评价指标，用路面车辙深度指数（*RDI*）表示，与此同时，在计算 *PCI* 指标时，路面车辙损坏不再重复考虑。

《公路技术状况评定标准》(JTG H20—2007)规定:路面损坏状况检测,宜采用自动化的快速检测方法,当条件不具备时也可以采用人工检测方法。

1)人工检测

人工检测是指在封闭或不封闭交通的情况下,按照规定的损坏分类和识别方法,采用目测和简单工具丈量的方式,按《公路技术状况评定标准》(JTG H20—2007)附录A(表A-1~表A-3)规定的损坏类型,人工记录各种路面损坏的类型、严重程度和数量(长度或面积)。有条件的地区,还可以借助便携式路况数据采集仪(RCR)进行现场记录、汇总、计算与评定。

由于路面损坏人工检测的人为性较大,所以质量控制是实施这种检测方法的关键因素。为了避免人工检测标准的不统一,在进行检测之前,必须对所有检测人员进行方法和标准的培训,通过"培训—实习—培训"的方式使检测人员掌握路面损坏分类标准和测量方法,通过现场实习加深认识,使检测人员取得统一的标准。

在调查路面损坏状况的诸多方法中,人工检测方法应用最为广泛,它对于人力资源丰富的地区和低交通量及低等级公路具有相当的优势,但是如果在大交通量的高速公路和干线公路上使用,将会导致实际操作上(封路、安全、速度、精度)的诸多困难,不适应大规模公路检测的要求。

2)自动化检测设备

从数据采集的效率和评价结果的准确性及重现性要求看,路面损坏状况检测自动化一直是一个主要研究和发展方向。在路面损坏自动化检测领域,目前以基于摄影(像)和模式识别技术的图像检测方法应用最为广泛,其基本概念和工作流程如图2-25所示,可以分解为两个子系统:①图像获取子系统(数据采集);②图像显示及解释子系统(数据处理)。

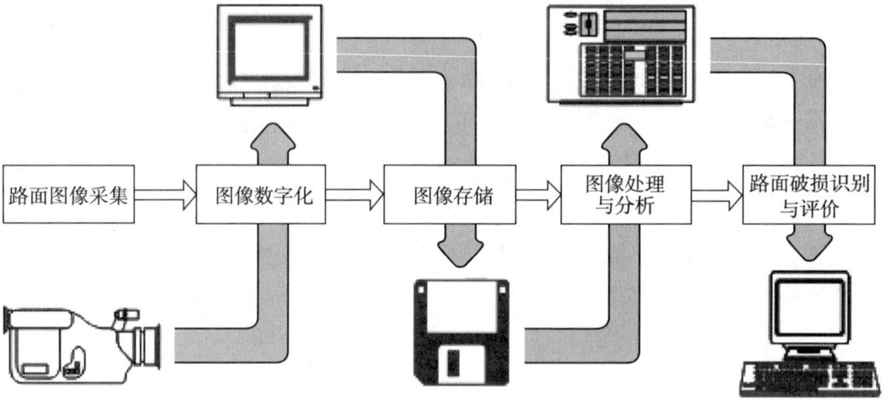

图2-25　路面损坏自动化检测的基本概念及工作流程

图像采集系统由安装在测试车上的光电扫描装备和摄影(像)装备组成,通过光电扫描装备和摄影(像)装备的共同工作,将路面损坏图像记录并存储在磁带或胶片上。数字化过程是将模拟图像数据转换成为计算机能够识别的数字化图像数据,随着摄影(像)装备数字化程度的提高,路面损坏图像的数字化过程可由装备直接完成,并直接传输到计算机内存。保存的图像数据通过人工判读或机器视觉识别方式来确定路面损坏的类型和数量,并将处理结果存入路面数据库,供评价和决策使用。

《公路技术状况评定标准》(JTG H20—2007)规定:路面损坏自动化检测设备应该能够分辨1mm以上的路面裂缝,检测结果宜采用计算机自动识别,识别准确率应达到90%以上。

(1)国外路面破损自动化检测设备

路面损坏状况的自动化检测设备一般称为多功能路面快速检测设备。发达国家对这一领域的研究开展较早,虽然早期曾受到硬件技术的限制,但长期的实验研究积累了丰富的经验。近年来,随着计算机、摄影(像)、图像处理以及 GPS 全球定位系统等技术的快速发展,为开发新型高效的多功能路面快速检测设备提供了条件,多功能路面快速检测设备可以同时采集多类公路路况信息,数据库一次形成,大大节省了检测时间和检测费用。

①基于摄影技术的第一代路面损坏快速检测设备

法国开发的路面损坏快速检测设备(Gerpho)采用高速摄影技术,在实验室通过人工判读的方式进行路面损坏数据处理与分析。20 世纪 80 年代末期,出于干线公路路面管理系统(CPMS)数据采集工作的需要,原交通部公路科学研究院从法国引进了一套这样的系统。该系统的关键技术是同步摄影数据采集技术,系统采用 35mm 电影胶片、同步高速摄影机和车辆定位系统,在车辆行驶的同时,摄影机不断采集路面损坏影像,每个影像代表一定的路面宽度和长度。路面损坏图像胶卷经过洗印,通过室内判读设备再现路面损坏状况,技术人员在实验室判读各种路面病害,判读结果用键盘输入到数据库。法国多功能路面快速检测设备的特点是,能够明显减少野外作业时间,减轻检测工作对交通流的影响,但是系统仅能在夜间工作,而且实验室后期处理的工作量很大、耗时过长。该系统曾被天津市公路管理局等部门用于公路网路面损坏快速检测,在公路管理和养护生产中发挥了积极的作用,取得了良好的效果。

②基于模拟摄像(电视)技术的第二代多功能路面快速检测设备

英国运输研究所(TRL)通过路面损坏识别技术研究和技术集成,开发了 HARRIS(Highway Agency Routine Road Investigation System)路况综合检测系统。该系统的主要功能包括路面损坏、道路平整度、路面车辙和前方图像的自动检测。其中路面损坏检测和识别系统采用了 3 套高性能 CCD 摄像机,检测结果存储在磁带上。数据处理采用灰度理论,通过对图像的筛选、模式识别和灰度处理,确定裂缝等路面损坏的类型、长度、宽度、面积和破损率,缺点是分辨率仅为 2 ~ 3mm,识别率也较低,需要辅以人工判读。HARRIS 系统已经被英国公路署应用,用于英国干线公路网路面快速检测,检测结果通过标准格式的数据文件,可直接传入英国路面管理系统(UKPMS),据此实施英国干线公路网的路况评价、养护需求分析、预算预测和养护资金优化分配。

英国 WDM 公司也研究开发了类似的 PAVSCAN 公路综合检测装备。不同的是,PAVSCAN 是采用 4 个 CCD 摄像机(图像可被 S-VHS 制式的录像带保存)。单幅图像采集范围是 2.5m × 3.4m。系统采用了一套闪光照明系统,可在夜间工作。损坏图像可在现场或实验室进行处理,结果用裂缝状态(折线)和位置表示。系统改进了数据处理程序,但是同时也增加了使用成本。

③基于数字摄像(照相)技术的第三代多功能路面快速检测设备

加拿大 RoadWare 公司研制开发的路况综合检测系统 ARAN(Automatic Road Analyzer)是一种采用一体式、模块化、多测量平台的路况基础数据采集装备,可以同时采集路面损坏(裂缝)、道路平整度、路面车辙、路面纹理、道路几何形状、前方图像等多项数据。其中,路面损坏检测系统采用了 2 套高清晰度、计算机信号控制的 CCD 数字摄像机,检测速度达到 50km/h。利用图像处理软件(WiseCrax)能够自动识别 3mm 以上的路面裂缝,并能分辨出横裂、纵裂、龟裂和网裂损坏,WiseCrax 的裂缝识别率能达到 85%。

澳大利亚道路运输研究所(ARRB)研制开发了用于国家干线公路路面快速检测的 NSV

(Network Survey Vehicle)路网监测车。该系统包括道路纵断面、横断面、路面损坏和前方图像等项目的数据快速采集功能。最新一代的NSV路网监测车采用的是基于数字照相技术的路面损坏检测技术,检测图像分辨率达到了1 000像素以上,但是路面图像裂缝分辨率仅为2mm。我国上海和贵州的相应公路部门就购买了上述路网监测车,路网监测车的检测结果必须依靠人工识别。

④基于线扫相机技术的第四代多功能路面快速检测设备

美国依靠众多高科技企业、研究院所和大学机构的技术优势,在路面损坏图像检测和图像处理方面做了大量的研究和开发工作。例如,美国WayLink设备采用线扫相机采集路面损坏图像,采集速度达到了12帧/s,前方图像检测采用了1/3 3CCD数字摄像机,检测速度为20~80km/h。路面损坏图像处理软件能够识别2mm以上的路面裂缝。

近年来,我国通过世界银行、亚洲银行公路建设贷款项目,从国外引进了多套路况综合检测系统。然而,在实际公路检测中,引进的检测设备往往只有道路平整度一个简单指标可用,路面损坏和路面车辙等关键指标都无法真正工作。由于检测指标不完整,大交通量的干线公路用起来没有优势,而低交通量的一般公路又没有使用的必要,因此许多购置的检测设备闲置不用。闲置的原因,除了软件技术差、硬件设备不过关、无长期技术支持外,还包括其他一些原因,如操作习惯、与我国规范标准的兼容性、软件升级频率和维护费用等。

(2)我国路况检测设备

①路况数据采集仪(RCR)

根据国省干线及高速公路路面管理系统(CPMS)和《公路技术状况评定标准》(JTG H20—2007)的工作需要,原交通部公路科学研究院公路养护管理研究中心研制开发了便携式路况数据采集仪(RCR)和配套的路况数据采集系统,见图2-26。RCR用于记录和储存路面(也包括路基、桥隧构造物和沿线设施等项目)的损坏数据,并能与CPMS实现双向数据传输。

RCR的特点是能够大幅度地减少数据记录、数据汇总和数据录入过程中的工作量,减少报表汇总过程中的失误,提高野外及室内工作效率,但是并没有从根本上改变人工检测的事实。RCR可用于CPMS数据采集和公路技术状况评定(MQI)工作。

②路况快速检测系统(CiCS)

原交通部公路科学研究院在"西部交通建设科技项目"和"国家高技术研究发展计划"("863计划")研究成果的基础上,研究开发了先进的基于线扫技术的路况快速检测系统CiCS(Cracking image Collection System),见图2-27。在实施CiCS研发的过程中,充分吸收了英国和欧洲其他国家的现行标准和规范,采用了立足国内、面向国际的技术思路。

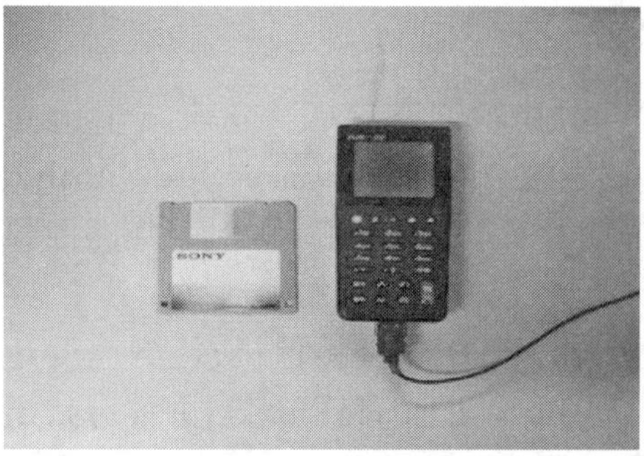

图2-26 路况数据采集仪(RCR)

图2-27 路况快速检测系统(CiCS)

CiCS是我国第一套具有完全自主知识产权和世界先进技术水平的多功能路况快速检测装备,它能够在正常车流速度下快速、准确地采集路面损坏、道路平整度、路面车辙、路面纹理深度和前方景观图像数据。与CiCS配套的路面损坏识别系统CiAS(Cracking image Analysis System)能够自动识别和处理由CiCS采集的路面损坏图像,对裂缝、坑槽等路面损坏进行自动分析和处理,找出裂缝位置,计算裂缝长度、宽度和路面损坏率。CiAS能够识别1mm以上的沥青路面和水泥混凝土路面裂缝,自动剔除水泥混凝土路面接缝,损坏识别率达到了90% ~95%,满足《公路技术状况评定标准》(JTG H20—2007)的要求,检测结果可以直接导入CPMS,用于路况评价和养护分析。

CiCS的基本原理是采用车载式数字摄像系统连续、高速采集路表的图像,然后在室内通过后处理软件的自动处理与人工判读相结合,识别、分类与统计路表破损。路表破损摄像系统极大地提高了工作效率,避免了高速公路人工破损调查的危险性。

2.3 路面平整度调查

对于汽车行驶质量的影响因素,涉及包括整个路面结构体系在内的整个路面状况,其中最主要的因素是路面平整度。路面平整度是评定路面使用品质的重要指标之一。它既是一个整体性指标,又是衡量路面质量及现有路面破坏程度的一个重要指标。它直接关系到行车安全以及车辆的通行能力和运营的经济性,还影响着路面的使用年限。

路面平整度是指路面表面诱使车辆出现振动的高程变化。路面平整度包括纵断面和横断面两个方面,一般指纵向平整度。由于路面不平整引起的车辆振动,将加速车辆的磨损、增加燃油的消耗,并对行车舒适、行驶速度、路面损坏、服务水平和交通安全等多方面产生直接影响。因此,路面平整度是反映路面使用性能的一项重要指标,其特征与量测方法是道路工程中最受关注的问题之一。

2.3.1 路面平整度检测指标

在《公路技术状况评定标准》(JTG H20—2007)中,道路平整度的检测指标是采用世界银行制定的国际平整度指数*IRI*(International Roughness Index),通过*IRI*计算路面行驶质量指数*RQI*。国际平整度指数*IRI*被定义为:模拟1/4车(单轮)在80km/h速度下,车身悬挂系统总位移与行驶距离之比(单位为m/km)。世界银行同时还发布了通过路面纵断面高程数据计算*IRI*的标准计算程序。

*IRI*作为道路平整度检测的标准尺度已经被世界各国广泛采用,主要是缘于*IRI*指标具有如下特点:①*IRI*代表的是纵断面各点高程偏差的统计值,有时间和空间的稳定性;②*IRI*与所有道路平整度检测设备都具有良好的相关性,即把不同设备的测试结果统一向*IRI*转换和标定。

《公路技术状况评定标准》(JTG H20—2007)同时还规定,对于三、四级公路,当条件不具备时,道路平整度可以采用3m直尺进行人工检测,检测指标为3m直尺路面间的最大间隙量。

2.3.2 路面平整度检测方法与检测设备

国外对路面纵向和横向平整度检测技术开展过大量的研究工作,提出了一系列检测方法和相应的检测设备。国外测定平整度的仪器种类繁多,从最初的直尺式测定仪发展成为可以记录车行道真实断面形状的横断面记录仪，如芬兰、日本、荷兰等国家研制了车辙深度量测仪。后来又研制了纵断面测定仪，如多轮式纵断面仪、斜率纵断面仪和美国通用汽车公司研制的GMR纵断面仪。国内除了3m直尺外，还有JLP-80N型间断式路面平整度仪（由西安公路研究所和南京交通试验仪器厂生产的一种自行车携带的直尺式监测仪），东南大学试制的仿苏联式测振仪，辽宁锦州郊区公路段研制成的CPJ-60S型路面平整度检测仪，以及西安东风仪表厂生产的XLPY-E型连续式平整度仪。国内最常用的测试方法是3m直尺法和XLPY-E型路面平整度仪测定法。

这些方法和设备从原理上可以分为3种类型：①反应类设备；②断面类设备；③主观评估法。表2-4列出了国内外常用的路面平整度检测设备。

常用路面平整度检测设备 表2-4

检测方法	检测设备	检测方式	检测指标	开发国别（组织）
反应类	BPR平整度仪	动态	位移累积值	美国
	颠簸累积仪BI	动态		英国
	RRDAS平整度仪	动态		澳大利亚
断面类	水准仪及水准尺	静态	路表高程	世界银行
	3m直尺	静态	路表间隙	—
	MERLIN梁	静态	位移偏差	英国TRL
	连续式平整度仪	动态	位移标准差	中国、日本
	惯性断面仪GMR	动态	车体位移；车体与路面距离	美国
	纵断面分析仪APL	动态		法国LCPC
	非接触式断面仪	动态		丹麦、瑞典、英国

1）断面类路面平整度检测设备

断面类路面平整度检测设备的工作原理是直接沿车辆行驶的轮迹测量路表纵断面形状（高程），得到路表实际纵断面，然后再通过一个综合性数学统计量来表征其平整度状况。属于这一类型的方法和设备主要包括水准测量、梁式断面仪测量、惯性断面仪测量及纵断面分析仪几种；按测量基准不同可分为固定基准测量和移动基准测量两类方法。具体设备有：水准测量、MERLIN梁、3m直尺、连续式平整度仪、美国GMR断面仪、法国APL纵断面分析仪等。

水准测量是采用水准仪和水准尺沿轮迹量测路表面高程，得到精确的路表纵断面。梁式断面仪又称直尺型测定仪，主要有3m直尺，带支架的3m、8m平整度测定仪及2.5m滚动直尺，其原理是量测一定区间内路表最高点与最低点的高差，直接测量路面的凹凸量，可用于测量路面的纵向和横向不平整度。惯性断面仪是在测试车车身上安装竖向加速度计，以测定行驶车辆的竖向位置变化，并利用激光传感器、超声传感器等测定车身与路表面之间的距离，将此两方面的测定结果叠加后，便可得到路表纵断面。纵断面分析仪也是惯性断面仪的一种，它由车轮、压载框架及车轮支承臂和低频惯性摆等组成测试拖车，当牵引车带动拖车施测时，通过量测车轮支承臂相对于水平惯性摆的角位移而得到路表纵断面。

水准测量和MERLIN梁能够得到精确的纵断面数据，但是测试速度慢，只适用于小范围检测或设备标定；3m直尺和连续式平整度仪在施工质量监测中应用较多，但存在效率低、精度差、难以反映路面较长波长的颠簸和起伏状况等问题；GMR和APL都属于惯性断面仪，是利用车载加速度计建立惯性参考系，由测试轮量测车身同路表之间的相对位移，并通过与加速度计输出信号的二次积分进行互差来消除车体自身振动的影响，由此可以反映真实的路表纵断面，但是当车速过高或路面非常不平整时，测试轮会跳离路面，从而影响测试精度。

断面类路面平整度测定方法的主要优点：能直接得到轮迹带路表面的实际断面，可以对路面的平整度特征进行分析。主要不足：对于水准测量和梁式断面仪而言，测速太慢，不宜用于大范围的数据采集；而对于惯性断面仪和纵断面分析仪，仪器精密度高，操作和维修技术要求较高，因而限制了它们的广泛应用。

为了克服惯性断面仪的上述缺陷，近年来国内外提出了一些非接触式断面仪的改进方案。这类设备一般由测试车、激光或超声波传感器、加速度计、距离传感器以及数据采集和处理系统组成。通过测量路面反射信号和加速度计采集的车辆运动状况信号得出路面纵断面各点的相对高程，根据检测结果可以绘制图形，进行频谱分析，经后处理可以计算得到国际平整度指数 *IRI*。这种断面类非接触式平整度检测设备具有自动化程度高、测试速度快（80～120km/h）、采样密度大和数据精确的特点，是目前最为先进的道路平整度检测设备，在配备足够数量的传感器后，还可以同时采集路面车辙、路面构造深度和道路几何线形等数据信息。

2）反应类路面平整度检测设备

反应类路面平整度检测设备是通过安装在车体上的传感装置和显示器，测量车辆以一定速度驶经不平整路面时悬挂系统的动态反应（竖向位移、竖向加速度等），以此来间接度量路面的平整程度。设备输出的测定值通常是一个计数数值，每计一个数相应于一定的悬挂系统位移量。反应类指标表征的是路面凹凸不平引起车辆振动的颠簸情况，是驾驶员和乘客直接感受到的平整度指标，因此它实际上是舒适性指标。

早在20世纪40年代，美国联邦公路局（FHWA）就研制出了这类路面平整度检测设备（BPR平整度仪），见图2-28。该设备是一辆单轮拖车，通过机械式积分器记录带片弹簧车轮的竖向位移量，其测定速度通常为32km/h。英国运输研究所（TRL）对BPR平整度仪进行了改进，研制开发了颠簸累积仪 BI（Bump Integrator），仪器有拖车式和车载式两种类型。

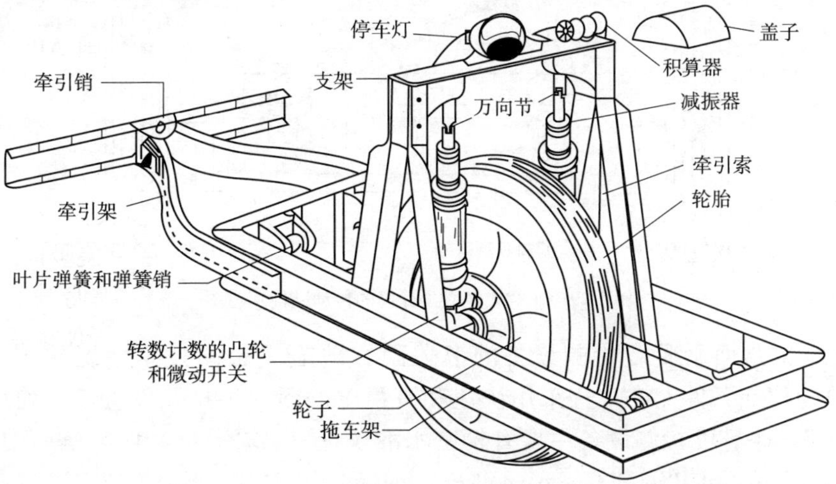

图2-28　美国联邦公路局（FHWA）单轮拖车式 BPR 平整度仪

反应类道路平整度检测设备还有美国的PCA仪(PCA Meter)和梅氏仪(Mays Meter)、澳大利亚的NAASRA平整度仪和RRDAS平整度仪等,原交通部公路科学研究院也开发了国产ZCD-95/2000型车载式颠簸累积仪。

反应类路面平整度检测设备的主要优点是操作简便、测量速度快,可用于大规模路面平整度的快速检测。然而,由于这类检测方法是对路面平整度的间接度量,其检测结果同车辆的动态反应状况密切相关,即随车辆机械系统的振动特性和车辆行驶的速度而变化,因而存在3项主要缺点:①再现性差,同一台设备安装在不同车辆或不同时间测定的结果不一致;②转换性差,不同部门的测定结果难以进行直接对比;③不能反映路面的真实纵断面。

为了克服再现性(时间稳定性)差的缺点,需经常对平整度仪进行标定。标定的方法是选择若干平整度已知的标定路段,建立反应类仪器在标定路段上的测定结果同该路段已知参照平整度*IRI*之间的回归关系(即标定曲线),标定路段的参照平整度*IRI*通常采用断面类设备进行测定。利用此标定曲线,就可以对反应类仪器在不同时期测定的结果进行转换。

为了克服转换性差的缺点,还需要寻找一个通用的平整度指标,即国际平整度指数*IRI*,以便把不同仪器或不同部门测定的结果统一转换成以这个通用指标表示的平整度值,使它们能够进行比较。

在反应类道路平整度检测设备中,国内应用较为广泛的是颠簸累积仪BI。20世纪80年代,我国在推广路面管理系统(CPMS)时,考虑到快速、方便及经济性能等因素,从英国引进了这种设备,并在国家"七五"重点科技攻关项目的基础上自行研制开发了车载式颠簸累积仪ZCD-95/2000,见图2-29。该设备由装载车、光电编码位移传感器、距离传感器和数据采集处理系统等部分组成,其工作原理是采集车辆按一定速度行驶时车身与车后轴之间由于颠簸产生的单向位移累积数据。由于受到车辆动力系统、减振系统、轮胎气压和磨损以及车身配重等多方面因素的影响,车载式颠簸累积仪的使用和维护限制条件较为严格,而且在使用前必须与世界银行规定的一类设备进行*IRI*对比标定试验,建立相关关系后才能投入使用。

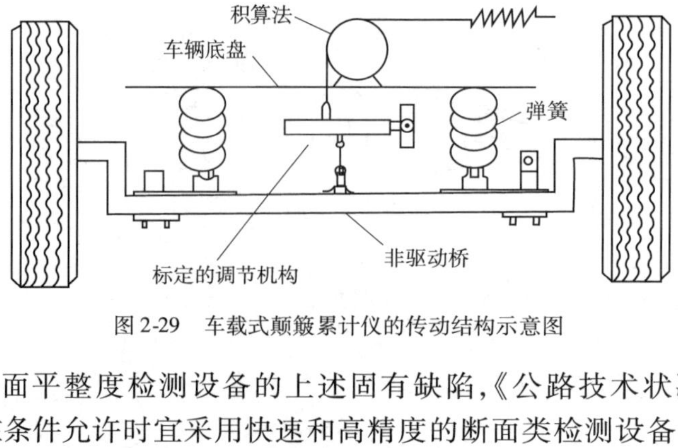

图2-29 车载式颠簸累计仪的传动结构示意图

鉴于反应类路面平整度检测设备的上述固有缺陷,《公路技术状况评定标准》(JTG H20—2007)建议在条件允许时宜采用快速和高精度的断面类检测设备。目前国内最为常用的断面类路面平整度检测设备主要有精密水准仪、手推式断面仪和激光断面仪。代表性设备有丹麦的Dynatest RSP和GreenWood Profilograph、澳大利亚的ARRB Walking Profiler,以及中国的路况快速检测系统CiCS。

2.3.3 国际平整度指标

1）国际不平度试验（IRRE）

IRI 是国际平整度指数（International Roughness Index）的缩写，缘于世界银行资助的一项国际合作研究成果。该研究项目的名称为“国际道路平整度试验”，试验缩写为 IRRE（International Road Roughness Experiment），该项目于1982 年在巴西进行。其主要目的是寻找一项标准的指标，应用这项指标可以同各种路面不平度仪器的测量结果建立良好的相关关系。通过试验和分析比较，选择了平均调坡度 *ARS*（Average Rectified Slope）作为路面评价指标，并定名为国际评价指数 *IRI*。

2）国际平整度指数（*IRI*）

反应类平整度仪的测定结果通常以车辆行驶一定距离后的累积计数值表示，如果将每一种反应类平整度仪的计数值以相应悬挂系统的竖向位移表示，则其测定结果可表示为 m/km，它反映了单位行驶距离内悬挂系统的累积竖向位移，即平均调坡度 *ARS*，是一个与坡度相似的单位。

国际平整度指数 *IRI* 是一项标准指标，其测定系统与反应类平整度测定系统相似，采用数学模型模拟 1/4 车（单轮）以 80km/h 速度行驶时，行驶距离内动态反应悬挂系统的累计位移，以 m/km 表示，这一指标与反应类平整度仪的测定指标 *ARS* 相似，称为参照平均调坡度 *RARS*（Reference Average Rectified Slope）。

IRI 仿真数学模型见图 2-30，该系统具有簧载质量 M，非簧载质量 m，两质量间以线性刚度为 K_M 的弹簧和线性阻尼为 C_M 的减振器相连接；非簧载质量 m 通过具有线性弹簧 k 的轮胎与地面 y 相接触；轮胎对地面的包容长度为 b；簧载及非簧载质量的垂直位移坐标分别为 Z_M 和 Z_m。当 1/4 车辆以一定的速度沿路表纵剖面轨迹行驶时，在路面 y 的斜率输入激励作用之下，系统产生振动，计算每公里行驶距离内簧载质量和非簧载质量的相对位移的累计值，以 m/km 表示。

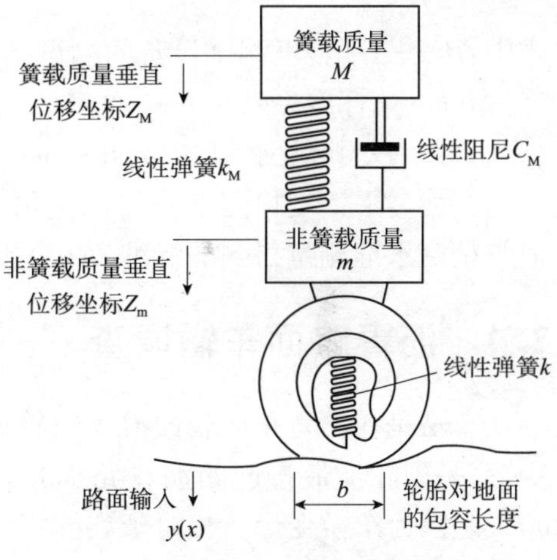

图 2-30 国际平整度指数 *IRI* 1/4 车辆的振动模拟系统

3）路面平整度指标的换算与标定

若以 *IRI* 作为平整度测定的结果，当不同的反应类平整度仪以相同的测速行进时，其测定结果之间有良好的相关关系，因此，可按速度分别建立不同测定仪器之间测量结果的回归方程，见图 2-31。

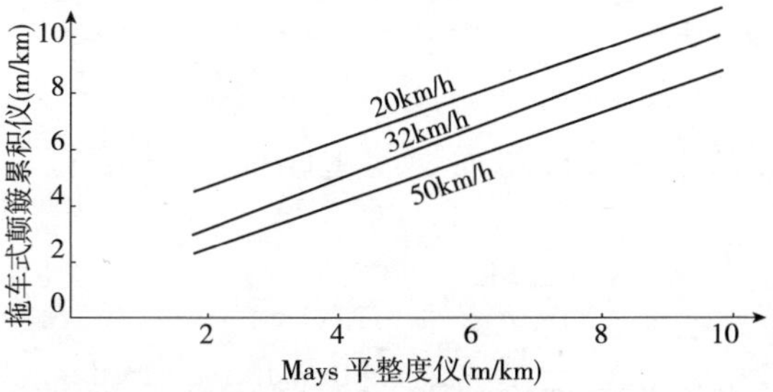

图 2-31 不同测速时两种平整度仪测定结果的回归曲线

《公路技术状况评定标准》（JTG H20—2007）规定，各种道路平整度检测设备必须定期标定，每年至少标定一次，标定的相关系数应大于 0.95。

不同类型的道路平整度检测设备输出的

指标不尽相同,在引进国际平整度指数 *IRI* 的概念之后,具有良好的可比性,就可以利用 *IRI* 对各种检测设备进行标定。对于标定路段路面的平整度采用国际平整度指标,而后与反应类平整度仪的测定结果之间建立标定曲线,此类标定曲线可克服反应类平整度仪所得结果转换性差的缺点,以得到“时间—空间”稳定的道路平整度数据。

标定试验一般采用如下步骤:

(1)根据所测道路路面平整度 *IRI* 的分布情况,选择 5 条道路平整度不同的试验路段,从好到坏不同程度应各有一段,每条路段长 320m。

(2)采用精密水准仪或经过校准的符合世界银行一类测试标准的断面类平整度检测设备对标定路段进行检测。用精密水准仪测量时,从起点到终点每 0.25m 或 0.5m 测量一点,记录其高程数据,利用世界银行提供的标准计算程序计算国际平整度指数 *IRI*。分别计算两个轮迹处的 *IRI* 值,取平均值作为该路段的标准 *IRI* 值。

(3)采用反应类设备(或其他需要标定的设备)对标定路段进行平整度检测,每条路段检测 5 次,取平均值作为该路段的路面平整度检测值 *BI*。

(4)将各标定路段的路面平整度标准值 *IRI* 和相应的检测值 *BI* 进行回归分析,一般可以采用线性方程回归,建立标定方程:

$$IRI = a + b \times BI \tag{2-2}$$

式中:*BI*——平整度测试设备的测试结果;

a、b——标定系数;

IRI——国际平整度指数,m/km。

断面类平整度检测设备的标定可以参照反应类设备的试验步骤进行,将设备实测 *IRI* 值与精密水准测量得到的标准 *IRI* 值进行对比性试验,以便验证设备的工作状态和有效性。

2.4 沥青路面车辙调查

车辙是在沥青路面表面沿车轮轮迹方向形成的纵向带状辙槽,一般为沥青路面的流动变形,是国际上最普遍的沥青路面损坏现象。据统计,在国外沥青路面的维修养护中,约 80% 是因为车辙变形。相对于裂缝损坏,车辙对交通安全的危害性更大;同时,车辙损坏的维修最困难,因为车辙不仅发生在表面,而且经常危及中下面层。因此世界各国在防治沥青路面的损坏中,历来把防治车辙放在第一位。

车辙内容易积水,当路面上积滞的水深达 5mm 以上,而行车速度大于或等于式(2-3)所确定的数值时,便有可能出现水漂滑移现象,也即车轮与路面之间存在一层水膜隔开。

$$v = 192.5\sqrt{p} \tag{2-3}$$

式中:v——有水膜时可能出现水漂的临界车速,km/h;

p——轮胎内压力,MPa。

车辙深度大于 10 ~ 13mm 时,就有可能积滞足够深度的水而引起水漂现象,影响行车安全。

2.4.1 车辙检测指标

我国原交通部制定的《公路沥青路面养护技术规范》(JTJ 073.2—2001)和 2002 年颁布的《高速公路养护质量检评方法》(试行),都未将路面车辙单独列为一项独立的评价指标,只是将其视为众多路面病害形式的一类(变形类损坏),在计算路面损坏状况指数 *PCI* 时予以考虑。其原因主要是由于我国当时缺少快速高效和经济适用的路面车辙检测设备,缺乏足够的调查数据和经验来建立相关模型及标准。

近年来,由于交通量的迅速增长,车辆渠道化行驶以及重载、超载问题凸现,车辙已经成为我国高速公路沥青路面的一种主要损坏形式,车辙的存在严重缩短了路面的使用寿命,降低了高速公路的服务质量,构成了交通运输的安全隐患。上述对于路面车辙问题的处理方法显然不能满足现状的需要。

因此,《公路技术状况评定标准》(JTG H20—2007)规定了高速公路和一级公路的路面车辙检测方法,将路面车辙深度 *RD* 作为独立的检测指标,据此计算路面车辙深度指数 *RDI*。其他等级公路,由于路面车辙问题并不突出,故《公路技术状况评定标准》(JTG H20—2007)建议继续沿用传统做法,在调查路面损坏状况时量取车辙长度,通过影响宽度(0.4m)换算成路面车辙的损坏面积。

2.4.2 车辙检测方法与设备

为了快速、安全和准确地获取路面车辙信息,在近半个世纪的发展过程中,国内外曾推出过多种路面车辙检测方法和检测设备,见表 2-5。根据检测方式的不同,可以划分成两种类型:人工检测设备和自动化检测设备。

常用路面车辙检测设备 表 2-5

类　型	检 测 设 备	检测内容与指标	检测方式	代表性设备
人工检测	直尺或量线	车辙深度	静态	1.2m、1.8m、2m 直尺
	AASHTO 车辙量规	车辙深度	静态	—
	水准仪和水准尺	横断面	静态	—
自动化检测	表面高程计	横断面	静态(动态)	Face Dipstick
	手推式断面仪	横断面	动态	Walking Profiler
	横向轮廓仪	横断面	静态	TP
	图像摄影检测系统	横断面	动态	RoadRecon
	自动车辙仪	车辙深度(横断面)	动态	3/5/7 传感器
	横断面扫描系统	横断面	动态	PPS 和 LRMS

(1)直尺测量

直尺测量的操作方法是,把直尺横放在轮迹带的车辙位置处,用量尺或量规测量最大车辙深度。国外在测量路面车辙时使用的直尺长度也不尽相同。美国经常使用 1.2m(4ft)和 1.8m 两种直尺,英国 TRL 指定的标准尺长度是 2.0m(6.6ft),我国一般采用 3m 直尺。当车辙宽度较小时,直尺长度对测量结果的影响较小;但是当车辙较宽时,一般长尺比短尺测出的车辙深度要大。

(2)AASHTO 车辙量规

AASHTO 车辙量规最早由美国 Minnesota 州交通部研制开发,故而又称之为 Minnesota 车辙量规(Rut Depth Gauge),后来在 AASHTO 道路试验中(1959 ~ 1962 年)被用于路面车辙检测。AASHTO 车辙量规为木质结构,两个支角展开后间距为 1.2m(4ft),中间量杆可以上下伸缩,检测时将量规横置于车辙断面之上,使中间量杆接触路面并读取车辙深度。在某些情况下,AASHTO 车辙量规的测量结果与直尺法会存在一定偏差。

(3)精密水准测量

精密水准测量是应用水准仪和水准尺沿道路横断面按一定间隔测量路面表面的高程,由此可以获得精确的道路横断面信息,依此计算路面车辙深度或其他车辙指标。水准测量易于实施,而且结果稳定,不会因时因地有大的差异,因此适于作为标定方法使用。

(4)表面高程计

表面高程计(Face Dipstick Profiler)上安装有倾角罗盘,可以测量两个支脚之间的高差,支脚间距是 305mm(12in),利用它可以进行横断面高程检测。表面高程计在使用时需要由操作者交替移动两个支角的位置,在车道宽度内进行往返闭合测量,要求累积误差不超过 2.5mm。表面高程计经常用于对其他车辙检测设备进行标定。

(5)手推式断面仪

手推式断面仪与表面高程计原理相似,可用于检测纵横断面的变形状况。代表性设备有澳大利亚 ARRB 开发的 Walking Profiler 和美国 ICC 生产的 SurPro 等。检测时操作者推动仪器沿横断面匀速行走,仪器能够按照一定的横向间隔(Walking Profiler 为 243mm,Surpro 为 300mm)测量路面点的高程变化情况。手推式断面仪经常被 PIARC 和 FHWA 等机构作为标定设备使用。

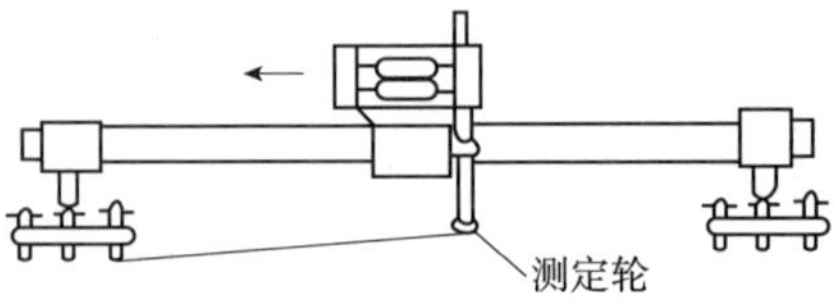

图 2-32　路面横向轮廓仪

(6)横向轮廓仪

横向轮廓仪(Transverse Profilograph)的钢制横梁宽度为 3.6m(12ft),上面设有水准气泡和水平调节螺钉,通过一个直径为 7.6cm(3in)的测试轮检测路面高程变化,沿横断面推动把手可以自动绘制横断面图,见图 2-32。

(7)图像摄影检测

美国和加拿大在路面长期使用性能(LTPP)研究中应用 RoadRecon 系统采集路面病害数据,其中车辙检测子系统 RR-75 采用的是白光阴影原理。检测车后部支架上安装有垂直于路面的摄影装置(35mm 脉冲相机),同时在后保险杠上设置一裂纹光圈闪光灯,并与路面保持一定角度。该系统只能在夜间检测,闪光灯工作时会在路面上制造出一条阴影线,覆盖宽度为 4.8m(16ft),摄影装置同步拍照,纵向检测间隔为 15.2m,数字化后可以得到阴影线上一系列点(x,y)的坐标值,通过坐标数据准确描述车道横断面的形状。

(8)车辙快速检测装置

车辙快速检测装置(RutBar)是通过在车体上安装位移传感器来快速、连续地检测道路横断面的检测设备,它主要由检测横梁、传感器和计算机系统三部分组成。位移传感器的类型主要有三种:①激光传感器;②超声波传感器;③红外线传感器。绝大多数传感器都是利用光时差原理测量车体与路面之间的相对距离,当传感器数量足够多时,便可以检测出路面车辙形状。

目前,国内外没有关于传感器类型、数量、间距以及测量宽度等统一的标准。就传感器数量而言,以 3 传感器和 5 传感器应用最为广泛。

有一些车辙快速检测装置配备了更多数量的传感器,旨在获得更为准确的路面车辙数据(TRL,2004 年),例如丹麦的 Dynatest RSP 配 7 个激光传感器,安装在 2.3m 宽的横梁之上,其中最外侧的 2 个激光传感器呈一定角度安装,可使测试宽度增加到 2.9m;英国的 Babtie TTS 设备最多可以装备 21 个激光传感器,检测横梁宽度为 2.5m,两端的传感器同样采用斜角测量的方式,可以完成 3.2m 宽度范围之内的横断面检测;我国原交通部公路科学研究院开发的路况快速检测系统 CiCS(图 2-33),配备了 13 个激光传感器,采用非均匀布点方式,外端传感器进行斜角测量,检测宽度可以达到 3.6m,能够在车道全宽范围内进行车辙检测。

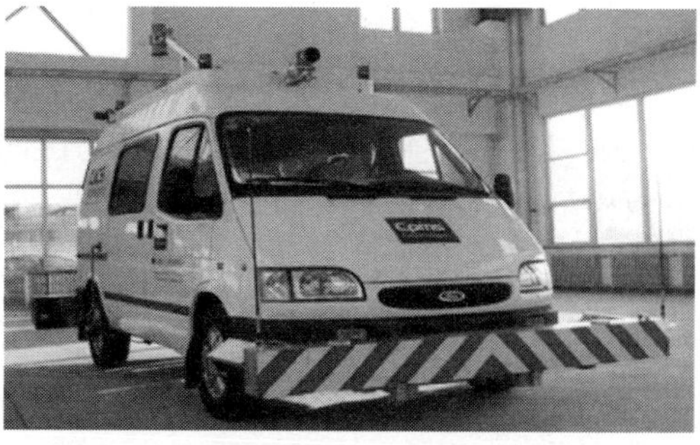

图 2-33　车辙检测装置(13 测头,CiCS)

相对于超声波传感器和红外线传感器而言,激光传感器具有很高的测量精度和速度,但是价格也比较昂贵,数量配置过多显然是不经济的。因此,可以考虑采用密布超声波或红外线传感器代替激光传感器,这些传感器的价格只有激光传感器的几十分之一,虽然单个传感器的测试精度会有所降低,但是用于绘制横断面形状和计算车辙深度则具有足够的精确性和经济性。例如新西兰的 ROMDAS TPL 配备了 30 个超声波传感器,等间距布置(间距 10cm),检测宽度为 2.9m;加拿大的 ARAN Rutbar 采用 37 个超声波传感器,其中在主横梁上安装 19 个传感器,两侧伸缩式扩展翼上还可各安装 9 个传感器,传感器间距为 10cm,全部测量宽度可以达到 3.6m。

(9)横断面扫描装置

代表设备包括路面轮廓扫描仪 PPS(Pavement Profile Scanner)和 3-D 激光车辙扫描系统 LRMS(Laser Rut Measurement System)。

PPS 硬件系统的核心是一个六面体棱镜和相位测量激光雷达(Phase Measurement Laser Radar),棱镜能够以 10 000r/min 的速度旋转并与经过调制的激光束保持同步,引导激光束以 90°视角快速扫描道路横断面;软件系统用于处理"距离—角度"数据,并将之转换为路面点的(x,y)坐标。PPS 系统的设计扫描宽度为 4.3m,采样频率为 1 000Hz,当车速为 100km/h 时,纵向采样间隔为 2.8cm,横断面测量结果由 943 个测点构成,测点平均间距约为 5mm。目前,PPS 已经集成于多套道路综合检测设备之中,如美国的 Mandli 系统、英国的 HARRIS 系统和日本的 PASCO 系统等。

LRMS 系统采用一对大功率脉冲激光发射器(Pulsed Laser)对路面的 3-D 特征进行同步扫描,测量宽度为 4m,采样频率为 25Hz,当车速为 90km/h 时,纵向采样间隔为 1m。每一个测量断面由 1 280 个测点组成,系统从这些原始的数据点中再筛选出 40 个点用于描述路面车辙的形状。LRMS 已经在加拿大的 ARAN 和美国的 Pathway 等检测系统中得到应用。

横断面扫描系统是目前最为先进的路面车辙检测设备,生成的数据量远远超过一般配有 3 个、5 个甚至更多传感器的自动车辙仪,如此的采样密度可以得到近似连续的车道横断面信息,同时还避免了路面车辙位置和检测车横向飘移的影响,能够更为准确地计算各种路面车辙指标。

综上所述,各种路面车辙检测设备的实质都是测量道路横断面上各点的高程数据信息,然后描述出横断面的形状,据此计算路面车辙深度,不同的是横断面的检测方式、覆盖宽度、测点密度和检测精度等。直尺和量规等人工检测设备速度慢、效率低、人为因素影响大而且安全性差,不适用于大规模路面车辙检测。利用精密水准仪、表面高程计、手推式断面仪和横向轮廓仪等设备都可以获得较为精确的横断面信息,但是同样存在上述缺点,故通常作为标定设备使用。摄影检测方法对存储设备要求较高,并且只能在夜间检测,这在一定程度上限制了它的应用。车辙快速检测装置是基于非接触式位移传感器工作的,这类仪器具有快速、高效、操作安全和不影响车辆正常通行等优点，是目前应用最为广泛的自动化路面车辙检测设备，但是其测量结果随传感器类型、数量和位置的不同差异很大。近年来研制开发的PPS和LRMS等横断面扫描类仪器是目前最为先进的路面车辙检测设备，代表了未来路面车辙检测技术的发展方向，但是这类设备价格非常昂贵，在现有条件下还难以普及，而且应用效果还有待进一步验证。

《公路技术状况评定标准》(JTG H20—2007)规定，路面车辙检测宜采用快速检测设备，而且应该与路面损坏和道路平整度等指标结合起来，采用多功能快速检测设备统一检测。

2.4.3 自动车辙仪传感器配置与车辙深度计算

1)自动车辙仪传感器配置

车辙快速检测装置是一种基于离散点高程测量的路面车辙检测设备，其测试宽度往往小于一个车道的宽度，通常是以若干测点的连线来代表横断面，因此它所反映的横断面形状是近似的，由此计算的车辙深度也必然是近似的，因此传感器配置方案是否合理会对检测结果产生重要影响，见图2-34。

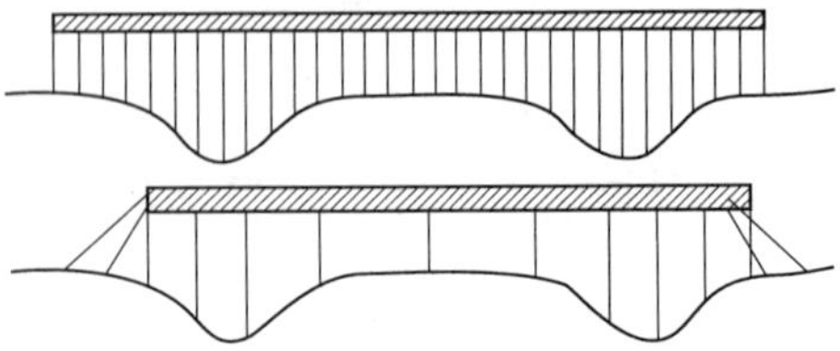

图2-34 路面车辙检测装置配置方案对检测结果的影响

美国联邦公路局基于LTPP的研究成果，提出：①3个传感器的车辙快速检测装置，准确性和重复性较差，不能用于路面车辙数据采集；②5个传感器检测装置的检测结果与标准值之间虽然存在差异，但是相关性较好，可用于网级路面管理系统检测，但检测结果需要修正，并且在重复检测中，需要保持车辆横向位置一致。AASHTO在路面车辙检测标准(PP 38—2000)中规定，用于路网数据检测的车辙设备至少要配备5个传感器，并且随着横断面测点的增加，最大车辙深度的检测精度也会随之提高。

美国Texas州交通部门的研究表明，传感器间距对车辙设备测量精度有显著影响，车辙设备的传感器配置方案应当在经济性和实用性之间寻求一种平衡，推荐的最少传感器数量为9个，采用车道全宽非均匀布点的方式，测量结果用三次样条函数进行内插，由此可以较为准确地捕捉到横断面的车辙特征。随着位移传感器的不断普及和造价降低，原交通部公路科学研究院在西部交通建设科技项目研究成果的基础上，建议我国车辙检测可采用大于13甚至15个测头的设备配置方案。

上述配置方案是在综合考虑我国公路养护管理工作的实际需要和管理部门现有技术及装备条件的基础上提出的。当进行路网数据采集时，为了保证检测精度，至少要配备13个激光传感器，可以采用均匀或非均匀布置的方式，但是必须保证在两侧轮迹处设置测点，以便尽可能捕捉到最大车辙深度的信息。为了保证纵向检测的连续性，要求激光传感器在正常车速下的采样间距不超过100mm。规定检测横梁的宽度不超过2.2m，是出于行车安全和不影响正常交通方面的考虑。规定最小检测宽度为3.5m是鉴于国外的经验，在网级路面车辙检测中，横向检测宽度应不小于车道宽度(3.75m)的90%。采用13个激光传感器进行车辙深度检测时，还需要对检测结果进行适当的标定，当条件具备时，可增加传感器的数量或直接采用横断面扫描类设备，以期获得更为准确的路面车辙深度数据。

2)自动车辙仪车辙深度计算

大多数车辙检测设备并不是直接测量路面的最大车辙深度，而是首先确定横断面上一些离散点的相对高程或者连续的横断面形状，然后再根据一定的方法计算得到路面车辙深度指标。

横断面扫描和摄影类车辙检测设备的测量范围大、采样密度高，可以获得比较完整的车道横断面信息；而对于自动车辙仪，若具备足够数量的位移传感器和合理的设计间距，也能够得到近似连续的车道横断面形状。基于连续的横断面形状，可以采用下面两种方法计算路面车辙深度指标。

(1)模拟直尺车辙深度(straightedge rut depth)

模拟人工直尺检测方法，利用虚构的直尺沿车道横断面曲线进行测量，直尺的长度可以根据实际情况自行定义。取直尺与路面表面之间的最大垂直距离作为相应轮迹处的车辙深度，见图2-35。

(2)包络线车辙深度(wire line rut depth)

包络线车辙深度是两侧轮迹处横断面包络线与路面表面之间的最大垂直距离，见图2-36。横断面包络线的定义为，沿车道横断面逐点连接凸出的路面峰值点，并且连线在峰值点处的外转折角应该≥180°。直观的描述是，虚构一条线横跨整个车道横断面(即包络线)，拉线两端与横断面的端点重合，线落在路面最高点或凸出点上。

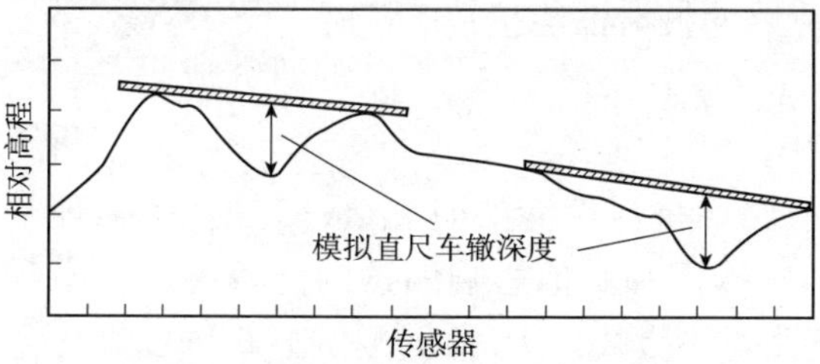

图2-35　模拟直尺车辙深度计算方法

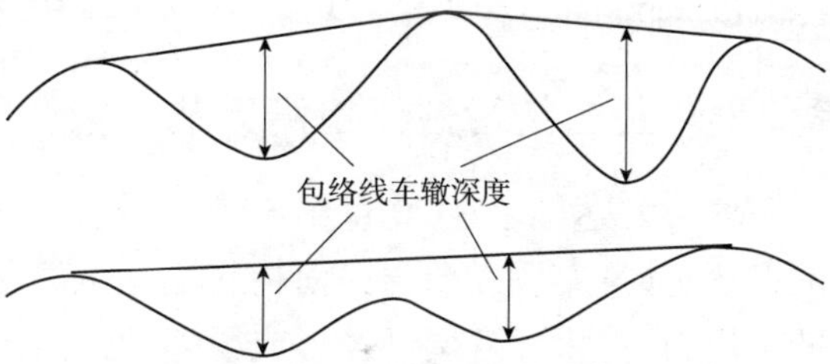

图2-36　包络线车辙深度计算方法

用包络线计算路面最大车辙深度的方法，可用于人工检测，也可用于自动化检测，是国外横断面分析和车辙深度计算的标准方法。

2.5　路面抗滑性能调查

路面抗滑性能是指轮胎沿路面表面滑动时，所承受的摩擦阻力的大小。对行驶在路面的车辆而言，是指在一定条件下(速度、路面湿度等)车辆的紧急制动距离。通常，抗滑性能被看作是路面的表面特性，并用轮胎与路面间的摩阻系数来表示，是路面安全性能最重要的一个指标。表面特性包括路表面微观构造和宏观构造，影响抗滑性能的因素有路面表面特性、潮湿程度和行车速度。路表面微观构造是指集料表面的粗糙度，它随车轮的反复磨耗而逐渐被磨光，通常采用石料磨光值 *PSV* 表征抗磨光的性能。微观构造在低速(30～50km/h 以下)时对路表抗滑性能起决定作用，而高速时的主要作用是宏观构造，它是由路表外露集料间形成的构造，功能是使车轮下的路表水迅速排除，以避免形成水膜。宏观构造由构造深度表征。

影响路面行车安全的路面因素主要有路面抗滑能力和出现水漂滑移的可能性两个方面。从路面管理的角度来看，抗滑性同时也是对路面耐久性的一个量度指标。当抗滑性衰减到最低可接受(安全)水平时，将大幅度降低路面所期望的服务功能。对优良的路面面层期望的抗滑性能是：具有较高的抗滑性，即潮湿时的抗滑性应几乎和干燥路面一样高；随速度的增加，抗滑性降低不多；抗滑性不因磨光、磨损或压密等原因而随时间过多降低；轮胎产生的噪声低、为保持可接受抗滑性的年维护费用低。

轮胎与路面之间的摩阻力大小取决于三方面的因素:第一方面来自于行驶中的车辆,如速度、方向、轮胎的花纹种类、轮胎与路面的接触面积及轮胎的磨损程度;第二方面来自于路面,主要是表面构造、路面的潮湿程度等;第三方面来自于气候条件。纯粹从路面设计与施工的角度来看,路面的抗滑性是表面构造深度和碎石磨光值的函数,即路面的抗滑性取决于路面表面层的构造深度,常用开级配或断级配沥青混合料以及刻槽法增加路表面构造深度。

2.5.1 路面抗滑性能检测指标

路面抗滑性能直接影响公路行车的安全性,摩阻系数测定结果反映车辆在路表面低速行驶时的抗滑能力,而构造深度测定结果则反映车辆在路表面高速行驶时的抗滑能力。路面摩擦系数是表征路面抗滑性能的安全指标,即路面能否提供防止车辆轮胎滑动和减小制动距离的能力。根据摩阻力检测方式的不同,摩擦系数分为制动力系数和横向力系数两种。制动力系数只能表明车辆制动距离的长短,而横向力系数不仅能够体现车辆制动距离的长短,还能够表征路面防止车辆侧滑的能力。

《公路技术状况评定标准》(JTG H20—2007)建议采用横向力摩擦系数 *SFC*(Side-way Force Coefficient)作为检测指标,并通过 *SFC* 计算路面抗滑性能指数 *SRI*。

2.5.2 路面抗滑性能检测方法

西方发达国家在20世纪30年代就开始进行路面抗滑性能的研究,最初是基于物理学的概念,涉及车辆轮胎与路面材料之间的摩擦力学作用和其他影响因素的分析。经过多年的发展,目前世界各国已经形成了多种路面抗滑性能的测试方法,根据测试方式可以划分为测定摩擦系数的直接法和测定路面微观构造与宏观构造的间接法,相应的测试指标也依此分为直接指标和间接指标两类,见图2-37。

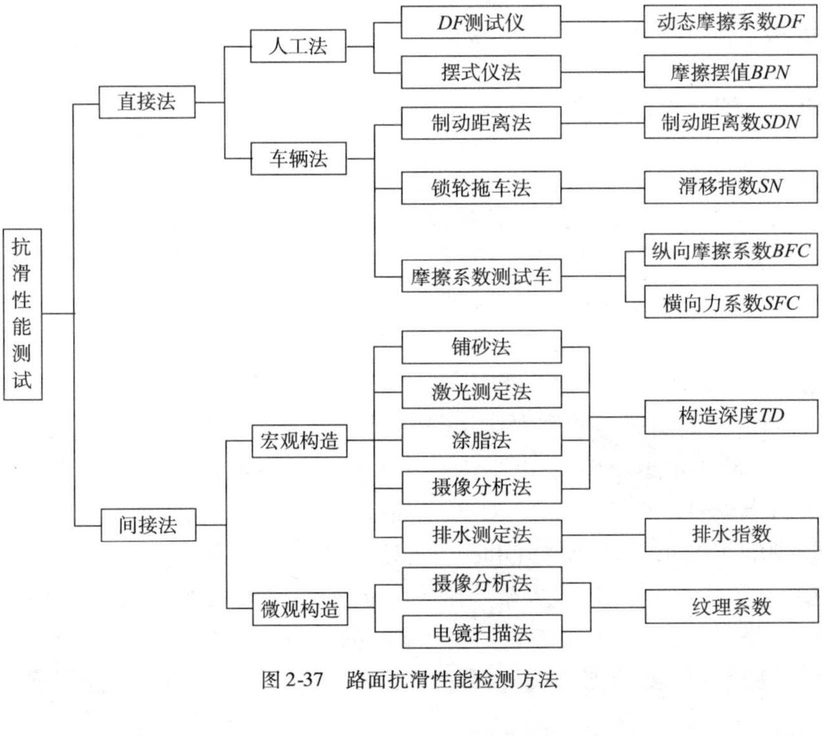

图2-37 路面抗滑性能检测方法

抗滑性能测试方法一般有:制动距离法、偏转轮拖车法(横向摩擦系数测试)、摆式仪法、构造深度测试法(手工铺砂法、电动铺砂法、激光构造深度仪法)等。路面的抗滑摆值是指用标准的手提式摆式摩擦系数测定仪测定的路面在潮湿条件下对摆的摩擦阻力。路表构造深度是指一定面积的路表面凹凸不平的开口孔隙的平均深度。路面横向摩擦系数是指用标准的摩擦系数测定车测定,当测定轮与行车方向成一定角度且以一定速度行驶时,轮胎与潮湿路面之间的摩擦阻力与试验轮上荷载的比值。

1)摆式摩擦系数测试仪

摆式摩擦系数测试仪是英国 TRL 研制的一种小型路面抗滑性能测试装备,在世界上已被广泛使用。其工作原理是根据能量守恒规律,将摆臂的势能损失转化为路面摩擦力所做的功,进而反算出摩擦系数,并通过摆式仪的摆值 *BPN*(British Pendulum Number)读出。摆式仪价格低廉、便于携带、操作简便,但只能在单点采样条件下进行测定,所测摆值只相当于较低车速下的路面摩擦系数,且在宏观构造粗糙的路面上进行测试时易产生较大偏差,测试对交通造成的影响也较大,已明显不能适应高等级公路对于路面抗滑性能在检测精度和检测频率方面的需要。

2)*DF* 动态摩擦系数测试仪

DF 动态摩擦系数测试仪由日本制造,与摆式仪相似,也是通过摩擦力做功使旋转动能损失来反算动态摩擦系数值。该仪器已被多个国家的研究者所关注,有逐渐被采用的趋势。*DF* 测试仪的特点是便于携带,可测试单采样点处 0 ~ 80km/h 范围内的摩擦系数值,但不适用于宏观构造较粗的路面。

上述两种设备简单便捷,但均为单点固定操作,采样频率低,且不适用于粗构造路面,因此在高速公路检测中应用较少。

3)摩擦系数测试系统

目前国际上通用的路面摩擦系数自动化测试系统主要有两类:一类是测定横向力摩擦系数,以英国的 SCRIM 为代表,广泛应用于欧洲国家;另一类是测定纵向摩擦系数,北美、欧洲和日本等国经常采用。上述设备有车载式和拖挂式两种,均需在湿态路面上进行测试。

(1)横向力摩擦系数测试系统

横向力摩擦系数测试设备的工作原理:设定测试轮与行车方向成一定偏角,这样当车辆前进时就会产生一个同测试轮平面垂直的横向摩阻力,横向力由压力传感器量测,其大小与路面和轮胎之间的摩擦系数成正比,该横向力与测试轮承受垂直荷载的比值即为横向力系数 *SFC*(Side-way Force Coefficient)。为使测试状态与实际最不利状态相吻合,利用水箱喷头在测试轮前喷洒一定量的水,使路面保持一定厚度的水膜。在实际应用中,有的装备采用的是单轮偏角的形式(例如 SCRIM),如图 2-38 所示,还有一些装备采用的是双轮合角的形式(例如 Mu-Meter)。横向力系数 *SFC* 是路面纵横向摩擦系数的综合反映,能够很好地表征车辆制动时路面阻止其发生侧滑的抗力。英国、比利时和丹麦等国均规定将横向力系数 *SFC* 作为路面抗滑性能控制指标。表 2-6 中汇总了几种常见横向力系数测试装备的技术参数。

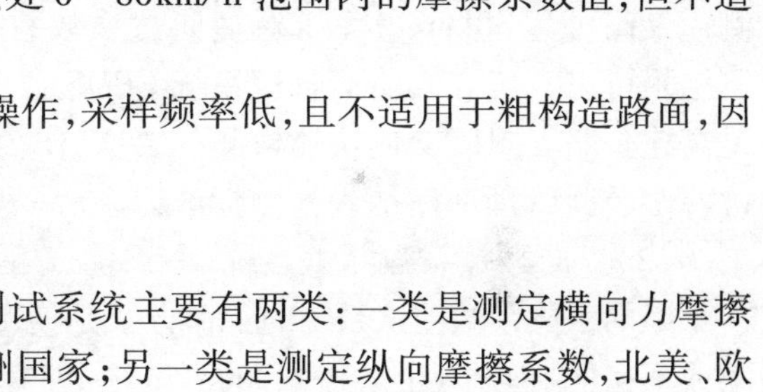

图 2-38 横向力系数测试系统工作原理

横向力系数检测装备的技术参数　　表 2-6

国家	测试装备	传感器	测试轮			洒水系统			标准测试速度(km/h)
			个数	轮荷(kN)	偏角(°)	容积(m^3)	洒水方式	水膜厚度(mm)	
英国	SCRIM	液压式	1~2	2.0	20	5.5	自流	0.5~1.0	50~90
英国	Mu-Meter	液压式	2	2.0	7.5	专用水车	自流	1.0	64~96
比利时	Odoliographe	液压式	1	2.5	20	专用水车	自流	1.0	55~80
丹麦	Stradograf	应变式	2	2.5	12	4.4	压力泵	0.2	60

图 2-39　车载式路面抗滑性能检测车(RiCS)

目前国内使用的横向力系数检测系统主要有英式装备和国产装备两种。原交通部公路科学研究院研制开发的横向力系数测试车(RiCS),由承载车辆、横向力测试装置、供水装置和主控制系统组成,见图 2-39。主控制系统实施对测试装置和供水装置的操作控制,同时由微机控制数据的传输、转换、存储与计算过程。

横向力系数检测车(RiCS)为高效自动化检测装备,能够对路面进行长距离连续测试,测速最高可达 80km/h,系统对横向力系数数据进行高密度(5m、10m 和 20m 间距)采集,检测结果可以直接导入路面管理系统 CPMS 数据库。上述特点使 RiCS 适应于干线公路,特别是高速公路不封闭交通快速检测的要求,作为路面行驶安全性评价的一种重要检测设备,已被许多公路管理部门纳入检测标准体系。

(2)纵向摩擦系数测试系统

纵向摩擦系数测试系统的工作方式是使测试轮与车辆的前进方向保持一致,测定完全制动或不完全制动(规定滑移率)的测试轮上产生的纵向摩阻力和测试轮承受的竖向荷载,二者的比值即为纵向制动力摩擦系数 *BFC*(Braking Friction Coefficient)或滑移指数 *SN*(Slip Number),由此可以反映出路面对车辆制动距离长短的影响。摩擦系数测试部件可以安装在车体上或者采用拖挂方式。这种测试方法的特点是,能在较宽速度范围内测试路段的平均摩擦系数,测试结果比较符合车辆实际制动时的情况,并且不影响其他车辆的正常行驶。由于设备所携带的喷洒用水量较少,故一般仅适合于短距离或特殊路段(如机场道面)检测。此类代表性设备主要有瑞典的 SAAB ASFT、英国的 GripTester 以及美国的 ITX Friction Tester 等(表 2-7)。

常用纵向摩擦系数检测装备　　表 2-7

开发国家	装备名称	装备类型	工作方式
瑞典	Skiddometer BV8	拖车式	制动轮,固定滑移率 20%
	Skiddometer BV11	拖车式	制动轮,固定滑移率 17%
	SAAB ASFT	内置式、拖车式	制动轮,固定滑移率 12%
英国	Griptester	拖车式	制动轮,固定滑移率 15%
丹麦	Dynatest Friction Tester	内置式	制动轮,固定滑移率 13%
		拖车式	制动轮,锁定

续上表

开发国家	装 备 名 称	装 备 类 型	工 作 方 式
荷兰	RWL-Trailer	拖车式	制动轮,固定滑移率86%
挪威	Norsemeter ROAR	拖车式	制动轮,可变滑移率
波兰	Skid Resistance Tester	拖车式	制动轮,锁定
法国	LCPC Skid Trailer Adhera	拖车式	制动轮,锁定
美国	ITX Friction Tester	拖车式	制动轮,锁定

4)路面纹理(构造)深度检测

路面抗滑性能通常被视为路面的表面特性,包括微观构造和宏观构造两方面。微观构造是指集料表面的粗糙度,它主要提供车辆低速行驶(30~50km/h)时的抗滑性能;宏观构造即路面纹理深度,是路表外露骨料间形成的构造,主要功能是使车轮下的路表水迅速排除,避免形成水膜,它在高速行车时起主要作用。

实践中经常采用铺砂法测量路面纹理深度的大小,通常有手工铺砂法和电动铺砂法两种,计算出纹理深度 *TD*,用以评价路面抗滑性能。

应用激光技术测量路面纹理深度是近年发展起来的测试方法,常用设备为激光路面纹理测试仪,有手推式(图 2-40)和车载式(图 2-41)两种,测试指标为路面纹理深度 *SMTD*(Surface Mean Texture Depth)。

图 2-40　手推式激光路面纹理深度测试仪

图 2-41　车载式激光路面纹理深度测试仪

激光纹理(构造)深度测试法适用于测定新建、改建沥青路面干燥表面的构造深度,且在无严重破损病害、无积水、无积雪、无泥浆等正常条件下测定,连续采集路面构造深度,用以评价路面抗滑及排水能力,但不适用于带有沟槽构造的水泥路面,测试温度不低于0℃。

车载式激光构造深度仪测试系统由承载车辆、距离传感器、激光传感器和主控制系统组成,主控制系统对测试装置的操作实施控制,完成数据采集、传输、存储与计算过程。最大测试速度大于 50km/h,采样间距小于 10mm,传感器测试精度为 0.1mm,距离标定误差小于 0.1%,系统工作环境温度为 0~60℃。

2.6　路面结构强度调查

路面结构强度测试的目的:①鉴别路网内路面结构承载能力较差或不足之处,以便确定需采取改建或补强措施的路段;②预估现有路面结构的剩余寿命,以制订今后的大修和改建计划；③研究路面结构承载能力随时间的变化规律，或分析路面出现过早损坏的原因；④为路面加铺层结构设计提供设计参数和依据。

路面结构承载能力测试可采用破损检测和无损检测两类方法。破损类检测是从路面各结构层内钻取试件，在试验室内进行物理—力学性能试验，确定各项计算参数，从而分析路面结构的承载能力；无损检测则不破坏路面结构，通过路表弯沉测试分析路面结构的承载能力。显然，无损检测方法比破损检测更为优越。

路表面在车辆荷载作用下的竖向变形（弯沉值）可以反映路面结构的承载能力，是反映路面结构整体强度的一个综合指标，国内外普遍采用回弹弯沉值来表示路基路面的承载能力，回弹弯沉值越大，承载能力越小，反之则越大。路面结构承载能力的下降可能是由于过量的竖向变形造成的，也可能是由于某一结构层断裂破坏造成的。对于前者，采用最大弯沉值表征结构的承载能力较为合适；对于后者，采用路面在荷载作用下的弯沉盆曲率半径表征较为合适。因此，理想的弯沉测试应包含最大弯沉值和弯沉盆曲线。

通过弯沉仪量测路面表面在标准轴载作用下的轮隙回弹弯沉值，可用作评定沥青路面和砂石路面结构强度的指标；通过对路面结构分层测定所得的回弹弯沉值，根据弹性体系垂直位移理论解，可反算路面各结构层的材料回弹模量值。

路面在车轮作用下产生沉降，其总变形值等于总弯沉值。当车轮荷载卸除后，路面便向上回弹，其回弹变形值便是回弹弯沉值。总弯沉值与回弹弯沉之差便是残余弯沉。一般总弯沉比回弹弯沉大，表明路面除了产生弹性变形外还产生塑性变形；若总弯沉等于回弹弯沉，表明路面是完全弹性体；若总弯沉小于回弹弯沉，表明路面产生隆起的塑性变形。

目前，我国沥青路面设计方法采用的设计指标之一是路表回弹弯沉，并规定了双轮胎轮隙中心处路面表面最大回弹弯沉值应不大于竣工验收弯沉值。在施工控制及施工验收中，用到了竣工验收弯沉值；在旧路的补强设计中，回弹弯沉值也是反映旧路强度的一个很重要的基本参数，所以正确的测试具有重要的意义。

我国沥青路面的弯沉是指在规定的标准轴载作用下，路基或路面表面轮隙中心位置产生的垂直变形，分总弯沉和回弹弯沉，以 0.01mm 为单位，设计规定为回弹弯沉。沥青路面设计弯沉值是根据设计年限内一个车道上预测通过的累计当量轴次、公路等级、面层和基层类型而确定的路面弯沉设计值。竣工验收弯沉值是检验路面是否达到设计要求的指标之一。当路面厚度计算以设计弯沉值为控制指标时，则验收弯沉值应小于或等于设计弯沉值；当厚度计算以层底拉应力为控制指标时，应根据拉应力计算所得的结构厚度，重新计算路面弯沉值，该弯沉值即为竣工验收弯沉值。

对于水泥路面改建工程而进行的混凝土板结构承载能力调查，需测定各结构层的厚度、模量和强度、接缝的传荷能力、板底脱空情况以及结构的承载力。考虑路面破损严重或者路面需承受比原设计标准轴载数大得多的车辆荷载而进行设计时，应进行现有路面的结构承载能力调查和测定。

水泥路面结构强度调查可以采用无破损测定方法，或者无破损和破损相结合的方法进行。无破损测定，可采用落锤弯沉仪测定路面表面的弯沉曲线、接缝传荷能力、板底脱空情况和反算结构层的模量以及路面雷达测定结构层的厚度，测定试验荷载作用下的路表挠度曲线，评定接缝传荷能力，判断板底脱空情况。也可采用贝克曼梁（长杆）或承载板法测定板面弯沉值后，反算基层顶面回弹模量。破损测定则为钻取各结构层的试样，进行厚度以及室内劈裂强度和模量的测定。通常，采用无破损同破损测定相结合的方法，可以得到较好的分析和评定结果。

2.6.1 路面结构强度检测指标

路面弯沉是表示路面结构强度的一项重要指标。虽然国外的路面弯沉检测设备和方法有所不同,但对弯沉基本概念的理解是相同的。弯沉一般定义为路面在车辆荷载作用下发生垂直下沉变形的位移量。根据检测时施加荷载方式的不同,路面弯沉又可分为静态弯沉和动态弯沉两种,利用贝克曼梁和自动弯沉仪等静态加载试验方法得到的是静态弯沉,利用落锤式弯沉仪、稳态动力弯沉仪和激光弯沉仪等动态加载试验方法得到的是动态弯沉。静态弯沉根据峰值数据采集方式的不同又分为回弹弯沉和总弯沉。我国路面设计和养护标准所使用的弯沉指标应为路表静态回弹弯沉。

由于进行全面、系统和大规模的路面弯沉检测不仅耗时耗力,而且不同地区的装备条件和技术能力(检测速度)也存在差异,因此《公路技术状况评定标准》(JTG H20—2007)对路面结构强度规定:只对沥青路面采用抽样检测与评定的方法,检测范围控制在养护里程的20%以内;公路管理机构应根据路面大中修养护需求和路基的地质条件等因素,确定路面弯沉的检测范围和检测位置。而对水泥路面则不进行结构强度的检测,只在改扩建工程进行结构强度的调查。

路面弯沉测试影响因素较多,测试过程中应引起足够重视,为统一起见,我国测试规程和设计规范中规定了现场测试指标的各种修正条件,包括以下方面:

(1)环境影响因素

测试现场的温度、湿度、季节及地质状况均会对弯沉测值大小产生影响。通常情况下,路面温度越高则实测弯沉值越偏大,这可以通过《公路路基路面现场测试规程》(JTG E60—2008)中路面弯沉温度修正曲线的斜率均为负值体现出来。实测弯沉值还应该依照《公路沥青路面设计规范》(JTG D50—2006)所推荐的系数表进行季节影响系数 K_1 和湿度影响系数 K_2 的修正。另外,软土、滩涂或高地下水位等不良地质状况的条件下,都会使弯沉测值增大。为减少环境因素的影响,进行路面弯沉数据采集的时间应尽量选择在北方的春融及南方的最不利季节,同时应避免现场测试时的温度及湿度梯度变化过大,尤其需全面记录温度数据。此外,对不利地质情况路段应做好相关关系试验。

(2)人为影响因素

在进行弯沉测试时,有些情况下人为影响作用较大。例如后轴轴载和轮胎气压的测量误差,贝克曼梁测头放置相对于轮隙中心的位置误差,以及测试人员读取百分表的误差,均会影响测试弯沉值的大小。为此,现场测试人员必须经过严格的操作技术培训,测试过程中认真按照规范要求工作。

(3)设备影响因素

弯沉检测所使用的设备情况对测试数据有直接影响。首先,设备各部分技术条件必须满足试验规程的要求,机械部件运转良好,电控系统工作正常;其次,每台设备在检测前应该经过严格的例行标定;最后,操作人员必须认真按照仪器的操作程序进行工作。以上这些环节都是保证准确测得弯沉数据的条件。

(4)外界电磁波干扰

对于自动化检测设备,还应该注意在标定和现场测试时的外界电磁波的干扰问题,大部分设备虽然尽可能采取了屏蔽防护措施,但在某些特殊条件下干扰信号依然会影响测试的数据。因此,在强磁场、高压电线或无线电波发射站等干扰源附近进行现场测试时,应注意观察数据的异常变化。

2.6.2 路面结构强度检测方法

路面弯沉检测及分析技术是随着机械、电子、计算机和激光技术的发展而不断进步的,其发展阶段大致表现为三种测试方式:初级人工测试方式、机械自动化测试方式和高速激光测试方式。

弯沉检测的主要目的是要测量出路面在荷载作用下的垂直位移量。最初是利用横梁、百分表等简单工具,通过杠杆原理进行人工测量,这就是人们所熟知的贝克曼梁弯沉仪。为了降低劳动强度、提高测试效率、增加采样数据的准确性,法、英等国在计算机和电子技术发展的基础上,于20世纪80年代研制出了自动弯沉仪,自动弯沉仪通过位移传感器自动测试弯沉信号,通过工业微机设置程序控制测量机构自动运作。

随着对路基路面结构和材料的不断研究,静态弯沉在路面结构设计和评价中存在着明显的局限性,为得到更符合路面结构和材料工作特性的动态弯沉,又开发出了落锤式弯沉仪(FWD),其动态弯沉测试信号通过位移传感器采集,数据准确性较高。

随着交通量的增长,不影响交通正常运营的弯沉检测已经成为亟待解决的关键课题。根据最新资料显示,部分欧洲国家正在联合开发高速动态弯沉检测装备,将高科技的激光多普勒(Laser-Doppler)技术应用到路面弯沉检测领域中。

不同类型的路面弯沉检测设备,其技术原理及工作方式均不同。按照检测装置的施荷特性可以分为三类:①静态弯沉检测;②稳态动力弯沉检测;③脉冲动力弯沉检测。按照工作方式可以分为两类:①固定采样;②行驶采样。

(1)贝克曼梁弯沉仪

贝克曼梁弯沉仪是利用标准车对路面加载,通过百分表观测路面回弹弯沉,属于静态检测、固定采样。其工作原理简单、操作方便,在世界各国得到了广泛的应用,并积累了较为丰富的使用经验,但其亦存在不足之处:①贝克曼梁弯沉值是相对于梁支点处的变形,对于半刚性基层路面,弯沉盆范围较大,支点变形导致测试结果失真;②沥青路面的弹性系数与温度和荷载作用时间有密切关系,而贝克曼梁很难测定荷载的作用时间,弯沉精度往往会受到影响;③测试车爬行速度下的静态弯沉与行车荷载作用下的动态弯沉存在一定差异;④仅能测得单点最大弯沉值,难以准确获得反映路面结构强度和受力状况的弯沉盆形状和大小。

鉴于以上特点,贝克曼梁弯沉仪仅适用于低等级公路的养护管理,也可用于高等级公路的施工质量控制,但对于已经通车运营的高等级公路,贝克曼梁测试方法存在工作效率低和影响交通安全等诸多方面的问题,不适合使用。

(2)自动弯沉仪

自动弯沉仪属于行驶采样、静态弯沉类检测设备,其基本工作原理与贝克曼梁相似,只是采用位移传感器代替了百分表进行自动测量,同时改变了前后测臂的长度比例。自动弯沉仪的测试结果为静态总弯沉,与回弹弯沉有一定区别,按照我国相关规范的要求,应与贝克曼梁进行对比试验,将测试结果换算为标准回弹弯沉。

自动弯沉仪由测试车辆、测量机构和数据采集处理系统三部分组成。车辆在测试时能够以3~7km/h的速度稳定行驶,控制系统根据事先在工业微机中设定的工作程序并通过光电管、牵引绞盘及导向机构等部件来自动操作下部测量机构的行走和测试过程,数据采集系统通过位移、温度和距离等传感器连续自动采集单侧或双侧测点的静态弯沉峰值、弯沉盆以及温度和距离等信号，经 A/D 数据转换程序将上述信号编译成标准数据文件记录在微机内供计算处理使用。

与贝克曼梁相比，自动弯沉仪采样频率及自动化程度高，可极大减轻操作人员的劳动强度；测量时车辆匀速行驶，各测点荷载作用时间均等，消除了作用时间不均造成的误差；同时，检测数据与贝克曼梁测试结果还具有良好的相关性。由于自动弯沉仪所具有的优点，目前已经被广泛应用于高等级公路施工质量验收和养护管理过程中，可以在不封闭交通但采取必要安全措施的条件下进行高速公路的弯沉测试作业。

我国使用的自动弯沉仪原型是法国 LCPC 研制的洛克鲁瓦型（Lacroix Deflectgrap），英国 TRL 对其进行了改进，我国在国外设备的基础上进行了自主研发，图 2-42 所示即为交通运输部公路科学研究院研制开发的路面自动弯沉仪。

图 2-42　路面自动弯沉仪（ABB）

（3）稳态动力弯沉仪

稳态动力弯沉仪利用动荷载发生器对路面施加周期性荷载（通常为固定频率的正弦动荷载），通过在路面上沿荷载轴线相隔一定间距布置的一组速度传感器（检波器）量测路面表面的动弯沉盆曲线。此类弯沉仪的主要优点是：克服了静力弯沉仪的缺陷，应用了惯性基准点，测试精度、速度都有较大的提高。其缺点也比较明显：①为了保证施加振动荷载时仪器不跳离路面，仪器的自重必须大于动荷载，即需要较大的静力预载，这样在试验开始前就已经影响了路面材料的应力状态；②施加的动荷载较小，不能反映实际行车荷载的作用。稳态动力弯沉仪多产于美国，分轻型（用于公路检测）和重型（用于机场检测）两种，常用装备有 Dynaflect 和 Road Rater 等。

（4）落锤式弯沉仪

落锤式弯沉仪 FWD（Falling Weight Deflectometer）于 20 世纪 70 年代末由丹麦和瑞典成功研制，目前被世界各国广泛应用于动态弯沉检测和结构性能评价。落锤式弯沉仪主要由以下三部分组成：①液压冲击加载系统；②信号采集系统；③计算机操作控制系统。其工作原理为：电动液压装置将规定重量的落锤提升到预设高度后，使其自由下落到一缓冲装置上，再通过承载板（直径 30cm 或 45cm）给路面施加近似半正弦的脉冲荷载，荷载脉冲由压力盒量测，持续时间为 0.02 ~ 0.045s（相当于 40 ~ 60km/h 的行车速度），通过改变锤重（50 ~ 300kg）、落高（4 ~ 40cm）及缓冲垫等可以调节冲击荷载的大小及波形，利用沿荷载轴线布置的多道传感器（位移型或速度型）采集并记录下各测点在冲击荷载作用瞬间的动态变形信号，通过 A/D 转换器输入微机内进行运算，量测结果可以反映动态弯沉峰值和弯沉盆形状。

现有研究已经充分表明落锤式弯沉仪具有明显的优点：①较好地模拟了行车荷载的作用，可快速准确量测路面的弯沉盆，为路面结构层模量反演提供了基础；②荷载大小可调，可实测路面的荷载—弯沉关系；③相比于稳态动力弯沉仪，落锤式弯沉仪的静力预载很小；④数据采集系统克服了梁式弯沉仪参照系不稳定的缺点，可在整体刚度较大的高等级路面（包括刚性路面）及机场道面上进行弯沉测定。因此，落锤式弯沉仪是目前公认的路面弯沉测试和结构性能评价的理想工具，但由于我国设计和养护技术规范是基于静态回弹弯沉值，因此，落锤式弯沉仪在使用时必须与贝克曼梁进行对比试验。落锤式弯沉仪在应用中遇到的另外一个问题是，当其在高速公路进行工作时，由于需要经常定点停车而很难保证人员和设备的安全，因此落锤式弯沉仪的装备技术和测试指标虽然非常先进，但在不封闭交通的高速行车路段其测试具有局限性。

落锤式弯沉仪有车载式和拖挂式两种，代表产品有丹麦的 Dynatest FWD、Carl Bro FWD 以及瑞典的 KUAB FWD 等，见图 2-43、图 2-44。

图 2-43　拖挂式路面落锤式弯沉仪（FWD）

图 2-44　车载式路面落锤式弯沉仪（FWD）

（5）激光自动弯沉仪

这类设备属于行驶采样、动态弯沉类。激光自动弯沉仪是目前世界上最先进的弯沉测试装置，它在高速行驶过程中利用激光多普勒（Laser-Doppler）技术测试地面在荷载作用下的垂直下沉速度，再通过分析程序计算出最大弯沉及弯沉盆数据。该设备由荷兰、丹麦等国的多家研究机构合作开发，目前正处于最后的定型研制阶段。激光自动弯沉仪因其采用非接触检测方式工作，故能够以高达 70km/h 的速度精确测试地面弯沉。该机械设备结构简单，有一个可前后移动的荷载系统，测试时加载体移至测试后轴处，平常行驶时移至靠近驾驶室的前部。该测试结果为动态弯沉，路面状况与实际行车作用完全一致。激光弯沉仪是目前高速公路弯沉检测设备的最佳选择，既可测量动态弯沉指标，又能以正常的行驶速度连续检测，从而不影响现场的车流交通，适用于各种类型和等级的路面测试。

2.6.3　弯沉检测设备标定

《公路技术状况评定标准》（JTG H20—2007）规定，路面弯沉检测宜采用具有可靠数据标定关系的自动化检测设备，检测结果应该能够换算成我国相关技术规范规定的回弹弯沉值。路面弯沉自动化检测设备必须定期标定，每年至少标定一次，标定的相关系数应大于 0.95。

标定试验可以参照如下方法进行。

（1）选择标定路段

由于影响路面弯沉的因素众多，针对不同地区的每种路基路面结构都应该实施标定实验，每次标定实验所选择的实验路段应保证路基路面结构相同。一般选择无超高、无纵坡的 4 个平直路段，每个路段长度可为 300 ~ 500m。实验路段的弯沉值应分布于不同量级范围（如 0 ~ 30、30 ~ 80、80 ~ 200 及 200 以上）。实验路段的路面应保持清洁干燥，路面温度应控制在 10 ~ 35℃ 范围之内，并且试验时温度变化梯度不大，天气宜选择晴天无风条件，实验路段附近无重型交通或振动现象。

（2）标定步骤

按照正常现场测试步骤，令自动弯沉仪（或其他自动检测设备）进入选定的实验路段进行弯沉测试,每隔约 20m 标记一个测点位置。自动化设备测试完毕后,再在每一个标记位置采用贝克曼梁测试路面回弹弯沉值。

(3)标定方程

用数理统计的方法逐点对应进行回归分析,获得贝克曼梁测试结果和自动弯沉仪(或其他自动化设备)测试结果之间的回归方程,相关系数应大于 0.95。

2.7 交通量数据采集

车辆荷载的作用是路面产生损坏的重要外界因素,为了分析路面损坏的原因和损坏的速率,建立使用性能预估模型,估算经济效益,确定项目的优先序列等,需要采集路网内各路段的交通量数据。交通量数据包括日交通量、轴载组成、轴载分布和年平均增长率等。

在公路养护过程中,交通量的调查和预估是非常重要的一个设计参数,其大小直接影响养护工程的可行性和路面结构层厚度与强度。旧路在使用过程中,其现有的交通量与规划设计阶段预估的交通量可能会有较大的出入,其主要原因可能有:规划设计阶段,对交通量增长率的确定有所偏差;道路建成后,对交通流的吸引与原来的设想有出入;由于现有道路上车流的超载、重载状况在规划阶段考虑不周等原因,使道路的损坏情况加剧。

通过交通量的实际调查,要求得到现有道路的轴载谱、预测养护或改扩建工程的实施后可能诱导的交通量,反算现有结构的承载能力,为恢复旧路的表面性能或补强设计提供依据。

2.7.1 交通量与数据采集

交通量是指一定时间间隔内各类车辆通过某一道路横断面的数量。在道路养护与改扩建工程中,需要对现有道路的交通量情况进行实地调查,可以通过现有的交通量观测站调查资料或主线收费站的资料,得到该道路的日交通量和年平均日交通量;也可根据需要选择有代表性的路段,定点、定时通过临时设站进行实地观测,并根据当地长期观测所得的时间分布规律,即月不均匀分布系数、日不均匀分布系数和小时不均匀分布系数,将临时观测结果按相应的换算系数换算成年平均日交通量。在交通量调查过程中,要求实地测定超载情况,对于某些省份(自治区、直辖市)来说,目前已经实行了计重收费,可以根据收费时的实际计重量,确定各类车辆的载重情况,对于没有实行计重收费的省份(自治区、直辖市),可以利用轮重仪等设备选点进行实测。

(1)交通量人工调查

传统的调查方法主要为人工调查法。人工计数法:只要有一个或几个调查人员即可在指定地点路侧进行调查,组织工作简单,调配和变动地点灵活,使用的工具除计时器(手表或秒表)外,还需要手动(机械或电子)计数器和其他记录用的笔和纸,观测精度较高。

人工计数法是我国应用比较广泛的一种原始性调查法,组织调查人员在调查路段或交叉口引道处进行交通量观测和记录。人工计数法可以调查得到分车型交通量数据、某一车道或某方向上的交通量、交叉口流量和流向数据、非机动车和行人交通量等。调查中应记录各类车辆的绝对数,不分方向,最后折算成以小客车为标准的标准交通量 *PCU*。记录表中应该记录道路编号或名称、调查站名称、调查地点以及里程桩号、调查时间和天气情况、调查人员等。

人工计数法的优点是适用范围广泛,可以适用于任何情况的交通量调查,如转向交通量调查、分车型交通量调查、行人交通调查等,机动灵活,易于掌握,精度较高,资料整理方便。

人工计数法无论在车型的分辨上或是计数方面都比仪器观测准确和机动灵活，而且调查地点环境不受限制。缺点是调查人员体力消耗大，工作环境较差，适合于做短期的交通量调查，需要投入大量的人力，劳动强度大，天气不好时在室外工作比较辛苦，调查精度取决于调查人员的责任心、态度等。人工计数一般只适用于短期、临时性交通调查。

(2)交通量自动调查

采用自动计数装置进行交通量调查，节省人力，使用方便，种类繁多。适合于需进行长期连续性观测的路段。其缺点是难以区分车种、车型，若在交叉口上观测也无法区分流向。目前，国外常用的自动计数器有光电式计数器，感应式计数器，超声波计数器，气压式计数器等，此外，还有红外线式、电接触式、雷达式等自动计数仪均可连续记录交通量。

(3)年平均日交通量 *AADT*

年平均日交通量(Annual Average Daily Traffic)指的是全年的日交通量观测结果的平均值。年平均日交通量代表着一年内所有日交通量的平均值，可反映出一年中大部分时间的交通流趋势。

2.7.2 轴载组成与轮迹横向分布

(1)轴载组成(轴载谱)

不同重力的轴载给路面结构带来的损伤程度是不同的，其关系也不是简单的叠加。对于路面结构设计，除了设计期限内的累计交通量之外，另一个重要的交通因素便是各级轴载所占的比例，即轴载组成或轴载谱。

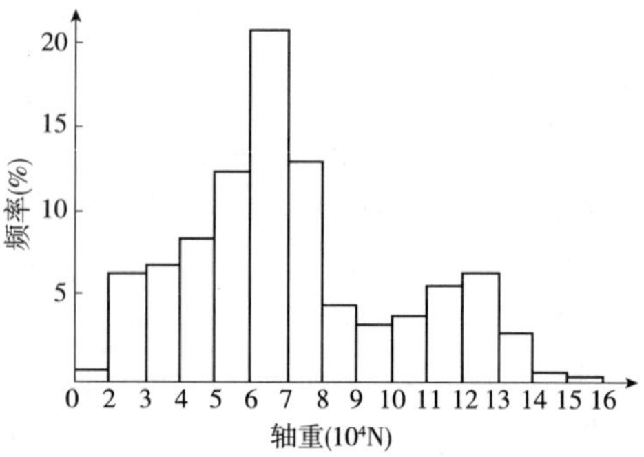

图 2-45 轴载谱

根据实测的通过轴载次数和相应的轴重，整理成直方图，作为该道路通行的各级轴载的典型轴载谱，见图 2-45。由交通调查得到某类车辆每日通行的轴载数，乘以相应的轴载谱百分率，即可推算出所有车辆各级轴载的作用次数。

道路上行驶的汽车轴载与通行次数可以按照等效原则换算为某一标准轴载的当量通行次数(当量标准轴次)。我国现行规范标准轴载：双轮组单轴重 100kN。各种轴载的作用次数进行等效换算的原则：同一种路面结构在不同轴载作用下达到相同的损伤程度。通过室内或道路现场的重复作用试验，可以建立荷载量级同达到相同损伤程度的标准轴载作用次数之间的关系式，依据此关系，可以推算出将不同轴载作用次数等效换算成标准轴载当量作用次数的轴载换算系数公式：

$$\eta_i = \frac{N_s}{N_i}\alpha\left(\frac{P_i}{P_s}\right)^n \tag{2-4}$$

式中：η_i——i 级轴载换算为标准轴载的换算系数；

P_s——标准轴载重，kN；

N_s——标准轴载作用次数；

P_i——i 级轴载重，kN；

N_i——i 级轴载作用次数；

α——反映轴型(单轴、双轴或三轴)和轮组轮胎数(单轮或双轮)的影响系数；

n——与路面结构特性有关的系数。

沥青路面、水泥混凝土路面和半刚性路面的结构特性不同，损伤的标准也不相同，因而系数 α 和 n 取值各不相同，具体数值可查阅有关规范和资料。

(2)轮迹横向分布

车辆在道路上行驶时，车轮的轨迹总是在横断面中心线附近一定范围内左右摆动，由于轮迹的宽度远小于车道的宽度，因而总的轴载通行次数既不会集中在横断面上某一固定位置，也不可能平均分配到每一点上，而是按一定规律分布在车道横断面上。总的轴载通行次数按一定规律分布在车道横断面上，称为轮迹横向分布。图 2-46 为单向行驶时一个车道内的轮迹横向分布频率曲线，图 2-47 为混合行驶时双车道内轮迹横向分布频率曲线。

轴载通行次数分布曲线中的直方图条带宽度为 25cm，大约接近单轮轮迹宽度。以条带上受到的车轮作用次数除以车道上受到的作用次数即为该条带的频率。如图 2-46 所示，在单向行驶的一个车道上，由于行车的渠化作用，频率曲线出现两个峰值，各达 30% 左右，而车道边缘处的频率很低；如图 2-47 所示，混合行驶的双车道，车辆多集中在双车道中央，频率曲线仅出现一个峰值，约为 30%，两侧边缘的频率很低。

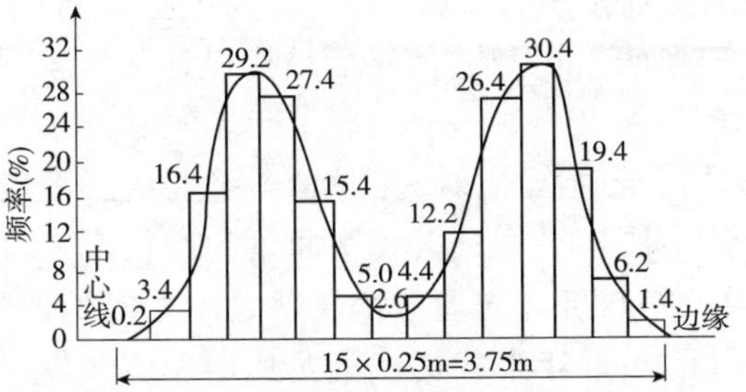

图 2-46　轮迹横向分布频率曲线(单向行驶一个车道)

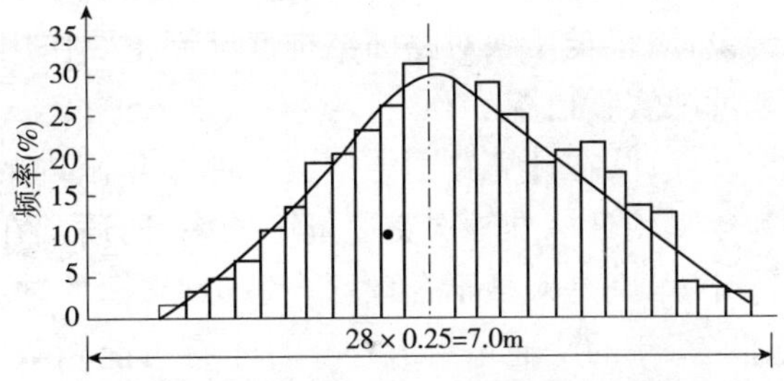

图 2-47　轮迹横向分布频率曲线(混合行驶双车道)

对于路面横断面上某一宽度(轮迹宽度和车道宽度)范围内的频率，也即该宽度范围内所受到的车辆作用次数与通过该横断面的总作用次数的比值，即为轮迹(车道)横向分布系数。在路面结构设计中，用横向分布系数 η 来反映轮迹横向分布频率的影响。通常取宽度为两个条带的宽度，即 50cm，因为双轮组每个轮宽约 20cm，轮隙宽约 10cm。这时的两个条带频率之和称为轮迹横向分布系数。

轮迹横向分布曲线图形和轮迹横向分布系数，随路面宽度和车道宽度、交通组织管理方式[混合行驶、划线分车道行驶和分隔带(墩)分车道行驶]、交通密度和交通组成等诸多因素而变化，需分各种不同情况，通过实地调查才能确定。

2.7.3　交通量增长率与当量标准轴次增长率

随着经济的快速增长，道路路面上承受的年平均日交通量逐年增长，要预估分析期内路面使用性能在车辆荷载作用下的衰变情况，还需预估该年限内交通量的增长情况。

(1)年平均日交通量增长率

路面结构设计中，交通量增长率是一个非常重要的基础参数。交通量年平均增长率 γ 是指预估分析期内交通量的平均增长比例。通常是根据最近若干年内连续观测的交通量调查资料，通过整理得出交通量年增长率的变化规律，并结合交通吸引、转移的分析等确定出来的。

道路上行驶的车辆种类繁多,交通量是按一定的折算系数将各类车辆折算为标准车型的单位时间内通过数量 *PCU*。《公路工程技术标准》(JTG B01—2003)规定:高速公路、一级公路的标准车型为小客车,其他等级公路的标准车型为中型载货汽车。故此交通量增长率是标准车型数量增长变化情况的反映,并以此为参数,进行交通量估算。

逐年增长的交通量大致符合几何级数增长规律,即在分析期内以固定的增长率逐年增加。年平均日交通量增长率通常变化幅度较大,不同地区、不同经济条件、不同时间,增长率都不一样。通常在发达国家、大城市附近,由于经济基础已具相当规模,交通量的基数较大,交通量增长率较小;对于发展中国家、新开发的经济区,交通量增长率较大,若干年后又逐步下降,趋向稳定。

(2)交通量当量标准轴次增长率

路面结构设计是以 BZZ-100 为标准轴载进行轴载换算,求出标准轴载的当量轴次,以交通量增长率为参数,计算设计年限内累计当量轴次,并进行路面结构设计。一般道路折算交通量增长率与路面结构设计中当量标准轴载交通增长率是两个不同概念,两者采用同一个计算参数,要达到和满足不同的设计目的是不合理的。

我国公路交通轴载组成十分复杂,若以常用的交通量增长率作为设计参数进行路面结构设计,很难反映对路面结构性能起主要作用的车辆轴载的影响,使路面结构设计不能客观地反映实际情况。

因此,在计算路面结构设计使用年限内的累计标准轴次 N_e 时,交通量年平均增长率应为年平均日标准轴次交通量增长率,而通常在设计中取年平均日折算交通量的增长率来进行计算,则是明显不合理的。事实上,标准轴次增长率与折算交通量增长率是不相等的,只有当每年的交通量组成一样时才有可能相等。实际上,近年来载货汽车尤其是大型载货汽车的增长速率加快,标准轴次增加较大,与折算交通量增长率差别较大。因此,在路面结构设计中不能以折算交通量增长率来代替标准轴次交通量增长率。

2.8 试验检测数据整理与分析

试验检测及调查所得路面技术状况数据应根据《公路路基路面现场测试规程》(JTG E60—2008)的规定进行整理,计算一个评定路段内测定值的平均值、标准差、变异系数,计算测定值与设计值之差,并根据数理统计原理计算一个评定路段内测定值的代表值,计算代表值时应根据相关规范的规定采用相应的保证率。

2.8.1 试验检测数据的修约规则与数据处理方法

试验检测数据应按国家标准《数值修约规则与极限数值的表示和判定》(GB/T 8170—2008)的规定与要求进行处理。

1)试验检测数据的修约规则

(1)有效数字

在试验检测及测量工作中,由于受到一系列不可控制和不可避免的主观和客观因素的影响,所获得的测量值必定含有误差,即获得的测量值仅仅是被测量的近似值,因此表示试验结果的位数不宜太多,也不宜太少,太多容易使人误认为测量精度很高,太少则会损失精度。另一方面,在数据处理过程中引入的诸如 π、$\sqrt{2}$等一些常量,在大多数情况下,是以无穷小数形式的无理数来表示,这就需要确定一项原则,将测得的或计算的数截取到所需的位数。

认为在一个数值中小数点后面的位数越多,这个数值就越准确;或者在计算中保留的位数越多,这个数值就越准确的想法都是错误的。第一种想法的错误在于没有弄清楚小数点的位置不是决定数值准确与否的标准,而仅与所用计量单位的大小有关。如长度为 21.3mm 与 0.0213m,其准确程度完全相同。第二种想法的错误在于不了解所有测量,由于仪器和人们的感觉只能做到一定的准确程度。这个准确程度一方面取决于所用仪器刻度的精细程度,另一方面也与所用方法有关。因此在计算结果中,无论取多少位数都不可能把准确程度增加到超过测量误差所容许的范围。反之,表示一个数值时,如果书写的位数过少,即数值所取的有效位数少于实际所能达到的精度,不能把已经达到的精度表示出来,也是错误的。

人们在日常生活中接触到的数,有准确数和近似数。对于任何数,包括无限不循环小数和循环小数,截取一定位数后所得的即是近似数。同样,根据误差公理,测量总是存在误差,测量结果只能是一个接近于真值的估计值,其数字也是近似数。

有效数字的概念可表述为:由数字组成的一个数,除最末一位数字是不确切值或可疑值外,其他数字皆为可靠值或确切值,则组成该数的所有数字包括末位数字称为有效数字,除有效数字外其余数字为多余数字。

对于"0"这个数字,因它在数中的位置不同,可能是有效数字,也可能是多余数字。整数前面的"0"无意义,是多余数字。对于纯小数,在小数点后,数字前的"0"只起定位,决定数量级的作用(相当于所取的测量单位不同),所以也是多余数字。处于数中间位置的"0"是有效数字。处于数后面位置的"0"是否算有效数字可分 3 种情况:①数后面的"0",若把多余数字的"0"用 10 的乘幂来表示,使其与有效数字分开,这样在 10 的乘幂前面所有数字包括"0"皆为有效数字;②作为测量结果并注明误差值的数值,其表示的数值等于或大于误差值的所有数字,包括"0"皆为有效数字;③上面两种情况外的数后面的"0",则很难判断是有效数字还是多余数字,因此,应避免采用不确切的表示方法。

一个数的有效数字占有的数位,即有效数字的个数,为该数的有效位数。在测量或计量中应取多少位有效数字,可根据下述准则判定:①对不需要标明误差的数据,其有效位数应取到最末一位数字为可疑数字(也称不确切或参考数字);②对需要标明误差的数据,其有效位数应取到与误差同一数量级。

(2)数字的修约规则

①修约间隔

修约间隔是指确定修约保留位数的一种方式。修约间隔的数值一经确定,修约值即应为该数值的整数倍。

②数值修约进舍规则

我国国家标准《数值修约规则与极限数值的表示和判定》(GB/T 8170—2008)中,对修约方法分别做了规定:a. 拟舍弃数字的最左一位数字小于 5,则舍去,保留其余各位数字不变。b. 拟舍数字的最左一位数字大于 5,则进 1,即保留数字的末位数字加 1。c. 拟舍弃数字的最左一位数字为 5,且后面有非 0 数字时进 1,即保留数字的末位数字加 1。d. 拟舍弃数字的最左一位数字为 5,且其后无数字或皆为 0 时,若所保留的末位数字为奇数(1,3,5,7,9)则进 1,即保留数字的末位数字加 1;若所保留的末位数字为偶数(0,2,4,6,8)则舍去。e. 负数修约时,先将它的绝对值按上述 4 条规定进行修约,然后在所得值前面加上负号。f. 拟修约数字应在确定修约间隔或指定修约数位后一次修约获得结果,不得多次按上述规则连续修约。g. 0.5 单位修约时,将拟修约数值 X 乘以 2,按指定修约间隔对 $2X$ 依上述 a ~ f 的规定修约,所得数值($2X$ 修约值)再除以 2。h. 0.2 单位修约时,将拟修约数值 X 乘以 5,按指定修约间隔对 $5X$ 依上述 a ~ f 的规定修约,所得数值($5X$ 修约值)再除以 5。

上述数值修约规则(有时称之为"奇升偶舍法")与常用的"四舍五入"的方法区别在于,用"四舍五入"法对数值进行修约,从很多修约后的数值中得到的均值偏大。而用上述的修约规则,进舍的状况具有平衡性,进舍误差也具有平衡性,若干数值经过这种修约后,修约值之和变大的可能性与变小的可能性是一样的。

(3)数值修约注意事项

实行数值修约,应在明确修约间隔、确定修约位数后一次完成,而不应连续修约,否则会导致不正确的结果。然而,实际工作中常有这种情况发生,有的部门先将原始数据按修约要求多一位至几位报出,之后另一个部门将此报出值再按规定位数修约和判定,这样就有连续修约的错误。

①拟修约数字应在确定修约后一次修约获得结果,而不得多次按进舍规则连续修约。

②在具体实施中,有时测量与计算部门先将获得数值按指定的修约数位多一位或几位报出,然后由其他部门判定。

(4)数字计算法则

①加减运算。应以各数中有效数字末位数的数位最高者为准(小数即以小数部分位数最少者为准),其余数均比该数向右多保留一位有效数字。

②乘除运算。应以各数中有效数字最小者为准,其余均多取一位有效数字,所得积或商也多取一位有效数字。

③平方或开方运算。其结果可比原数多保留一位有效数字。

④对数运算。所取对数应与真数有效数字位数相等。

⑤查角度的三角函数。所用函数值的位数通常随角度误差的减少而增多。

在所有计算式中,常数 π、e 的数值以及因子$\sqrt{2}$等的有效数字位数可以为无限制,需要几位就取几位。表示精度时,一般取一位有效数字,最多取两位有效数字。

2)试验检测数据处理方法

对量值 X 重复测定 N 次后,获得$(X_1, X_2, \cdots, X_N)$样本,在各 X_i 中不可避免地存在误差,但大误差出现的机会还是很少的。例如,大误差的绝对值超过 3σ 时的概率仅为 $0.00273 \approx \frac{1}{370}$。大误差的出现是个小概率事件,出现的机会尽管很小,但毕竟不等于零,所以,即便是在 N 不大的情况下,也不可排除大误差出现的可能性,因为这种大误差的出现也可能是服从统计规律的。

因此,在一组条件完全相同的重复试验中,个别的测量值可能会出现异常,如测量值过大或过小,这些过大或过小的测量数据是不正常的,或称为可疑的。若数据中存在可疑值时,势必会歪曲测定结果,因此,较大误差出现后是否为可疑值的判别,是一个值得认真研究的问题。显然,"可疑值"的存在会对统计量 $\overline{M}$ 及 $\hat{\sigma}(X)$ 产生较大的影响,如果遇到这种情况,一般可先作如下判断和处理:

(1)首先检查该大误差 $X_d(1 \leqslant d \leqslant N)$ 在测定过程中是否存在差错,是否读错、记错、写错,如肯定无差错,则应从某瞬变原因方面查找(如电压的突跳等),总之,可用物理方法鉴别，找出原因后，在数据处理前就预先排除掉。

(2)如果条件允许，可在误差较大处增加测定次数(加密)借以发现产生大误差的原因，还可减弱大误差对 $\overline{X}$ 及 $\hat{\sigma}(X)$ 的影响。

(3)根据统计学原理而建立的某些判据，对那些不服从统计规律的测定结果，待判别后作适当处理(保留或剔除)。

"可疑值"的剔除不能主观臆断。一组正确测定值的分散性，本来是客观地反映某人在某一特定条件下使用某仪器测定时，表征仪器的随机波动特性的。但测定者为了获得精密度更高的测定结果，以期得到所谓分散性很小、精密度很高的测定结果，殊不知这是虚假的现象，因为在同样测试的条件下，大于该虚假精度指标的大误差，必然会再次出现。

可疑值与粗大误差(简称粗差)有本质的区别。粗差是粗心大意造成的误差，如读错、记错、写错等。其特点是误差很大，远远超出了随机误差分布限的范畴。

在有限次的测量中，出现较大误差是允许的。较大误差的出现尽管是很小的概率事件，但不能肯定它一定不会存在。一旦存在后，用"物理方法"很难发现它们，更谈不上如何剔除了。有时，甚至整个试验完毕后也不能确定哪个测定值是可疑值。在这种情况下，可在数理统计基础上根据某原理和原则建立起某些判据和准则，对那些不服从统计规律的测定结果予以剔除。即便如此，这些判据也是在某些前提条件得到满足的情况下得出的结论，因而它们并不像解方程那样，会获得一个唯一的正确解。

"可疑值"剔除的方法很多，它们都基于统计观点，以正态分布为基础判断出哪个数据不符合统计规律，对它予以剔除。常用的方法有拉依达(PaИTa)法、肖维纳特(Chavenet)法、格拉布斯(Grubbs)法等，具体方法参见有关资料。

2.8.2 试验检测数据的统计分析

通过对试验资料的整理和分析，可以帮助发现工程生产中的问题，进而达到改进设计、施工工艺，提高工程质量的目的。对试验资料进行整理和分析多应用数理统计的方法。

1)试验检测数据的统计特征量

在数理统计中，将研究对象的某项指标的值的全体称为总体。总体的每个元素，称为个体。从总体中抽取一部分个体进行观察，然后根据所得资料来推断总体的性质，被抽出的部分个体，叫作总体的一个样本。样本容量即是样本中所含样品的数量。所谓从总体中抽取一个个体，就是对总体进行一次观察(即进行一次检验)，并记录其结果，观察得到的数值，即是其样本值。

样本是进行统计推断的依据。在应用时，往往不是直接使用样本本身，而是对不同问题构造样本的适当函数，利用这些样本的函数进行统计推断。

(1)算术平均值

表示分散位置的量，也就是说一组数据尽管分散，但在该组资料中，可以选取一个有代表性的数值。通常取最接近中心的值作为代表值，该组资料将分散在中心值的附近。用得较多的就是算术平均值，它是反映产品平均水平的一个量，可用公式(2-5)来计算：

$$\bar{x} = \frac{1}{n}(x_1 + x_2 + \cdots + x_n) = \frac{1}{n}\sum_{i=1}^{n} x_i \tag{2-5}$$

(2)中位数

在一组数据 x_1、x_2……x_n 中，按其大小次序排序，以排在正中间的一个数表示总体的平均水平，称之为中位数，或中值，用 $\tilde{x}$ 表示。n 为奇数时，正中间的数只有一个；n 为偶数时，正中间的数有两个，则取这两个数的平均值作为中位数，即

$$\tilde{x}=\begin{cases} x_{\frac{n+1}{2}} & (n\text{ 为奇数}) \\ \frac{1}{2}\left(x_{\frac{n}{2}}+x_{\frac{n}{2}+1}\right) & (n\text{ 为偶数}) \end{cases} \tag{2-6}$$

(3)极差和标准偏差

平均值虽然给出了数据分散的位置，但不能给出分散的大小。如果观测值远离平均值，表示分散程度大；如果靠近平均值，表示分散程度小。常用标准偏差和极差来表示资料的分散程度。

极差：用 R 来表示，即一组资料中的最大值和最小值的差。由公式(2-7)进行计算：

$$R=x_{\max}-x_{\min} \tag{2-7}$$

标准偏差：用 σ 来表示，也称为标准差或均方差。在质量检验中，总体的标准偏差 σ 一般不易求得。样本的标准偏差 σ 按公式(2-8)计算：

$$\sigma=\sqrt{\frac{(x_1-\bar{x})^2+(x_2-\bar{x})^2+\cdots+(x_n-\bar{x})^2}{n-1}}=\sqrt{\frac{\sum_{i=1}^{n}(x_i-\bar{x})^2}{n-1}}=\sqrt{\frac{1}{n-1}\left(\sum_{i=1}^{n}x_i^{\ 2}-n\bar{x}^2\right)} \tag{2-8}$$

标准偏差反映了样本资料的绝对波动状况，当测量较大量值的时候，绝对误差一般较大；而测量较小量值的时候，绝对误差一般较小。因此，用相对波动的大小，即变异系数更能反映样本数据的波动性。

变异系数用 C_{v} 表示，是标准偏差和算术平均值的比值，即

$$C_{\mathrm{v}}=\frac{S}{\bar{x}}\times100\% \tag{2-9}$$

2)试验检测数据的统计方法

试验检测数据的评价是以数理统计方法作为基本手段，所谓数理统计方法，就是运用统计性规律，收集、整理、分析、利用数据，并以这些数据作为判断、决策和解决质量问题的依据。比较常用而有效的统计方法有直方图法、排列图法、因果分析图法、控制图法、分层法、相关图法和统计调查分析法等。

直方图也称频数直方图法，是把采集到的试验检测数据按顺序分成若干间隔相等的组，以组距为横坐标，以落入各组的数据频数为纵坐标，按比例构成的若干矩形条排列的图。直方图适用于对大量计量值数据进行整理加工、找出其统计规律，即分析数据分布的形态，以便对其总体分布特征进行推断的方法。

3)试验检测数据的分布特征

试验检测数据具有一定的规律性，这种规律性一般用概率分布来描述。概率分布的形式很多，在公路工程质量控制和评价中，常用到正态分布和 t 分布。

(1)正态分布

正态分布是应用最多、最广泛的一种概率分布，而且是其他概率分布的基础。正态分布的概率密度函数为：

$$f(X)=\frac{1}{\sqrt{2\pi}\sigma}\mathrm{e}^{-\frac{(X-\mu)^2}{2\sigma^2}}\qquad(-\infty<X<+\infty) \tag{2-10}$$

式中：X——随机变量；

μ——正态分布的平均值；

σ——正态分布的标准偏差。

平均值μ是$f(X)$曲线的位置参数，决定曲线最高点的横坐标。标准偏差σ是$f(X)$曲线的形状参数，它的大小反映了曲线的宽窄程度。σ越大，曲线低而宽，随机变量在平均值μ附近出现的密度越小；σ越小，曲线高而窄，随机变量在平均值μ附近出现的密度越大，见图2-48。

一般地，随机变量X服从参数μ与σ的正态分布，可记作$X \sim N(\mu,\sigma)$。特别地，当$\mu=0$、$\sigma=1$时的正态分布，称之为标准正态分布，用$N(0,1)$表示。它的概率密度函数为：

$$f(X)=\frac{1}{\sqrt{2\pi}\sigma}e^{-\frac{X2}{2}} \tag{2-11}$$

对于正态分布$N(\mu,\sigma)$，它的测量值落入区间(a,b)的概率用$P(a<X<b)$表示：

$$P(a<X<b)=\Phi\left(\frac{b-\mu}{\sigma}\right)-\Phi\left(\frac{a-\mu}{\sigma}\right) \tag{2-12}$$

$$\Phi(a)=\int_{-\infty}^{a}\frac{1}{\sqrt{2\pi}}e^{-\frac{X2}{2}}dX \tag{2-13}$$

$$\Phi(b)=\int_{-\infty}^{b}\frac{1}{\sqrt{2\pi}}e^{-\frac{X2}{2}}dX \tag{2-14}$$

利用式(2-12)，可以求得双边置信区间的几个重要数据(图2-49)：

$$P\{\mu-\sigma<X\leqslant\mu+\sigma\}=0.682\,6$$
$$P\{\mu-1.96\sigma<X\leqslant\mu+1.96\sigma\}=0.950\,0$$
$$P\{\mu-2\sigma<X\leqslant\mu+2\sigma\}=0.954\,4$$
$$P\{\mu-3\sigma<X\leqslant\mu+3\sigma\}=0.997\,3$$

双边置信区间可统一写成：

$$\mu-u_{\left(1-\frac{\beta}{2}\right)}\cdot\sigma<X\leqslant\mu+u_{\left(1-\frac{\beta}{2}\right)}\cdot\sigma \tag{2-15}$$

式中：β——显著性水平；

$u_{\left(1-\frac{\beta}{2}\right)}$——双边置信区间的正态分布临界值；

$\mu-u_{\left(1-\frac{\beta}{2}\right)}\sigma$——置信下限；

$\mu+u_{\left(1-\frac{\beta}{2}\right)}\sigma$——置信上限。

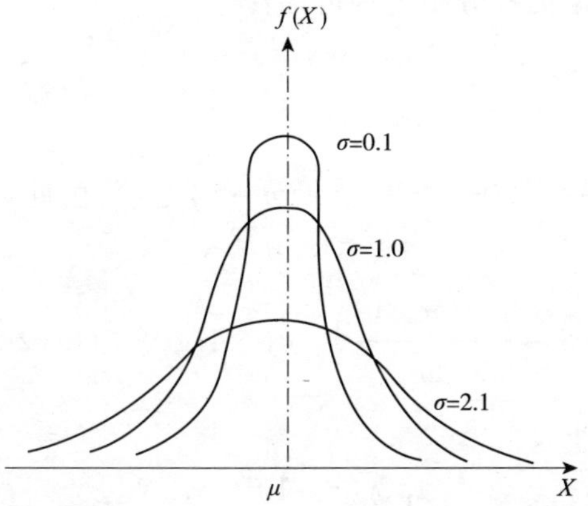

图2-48　正态分布曲线

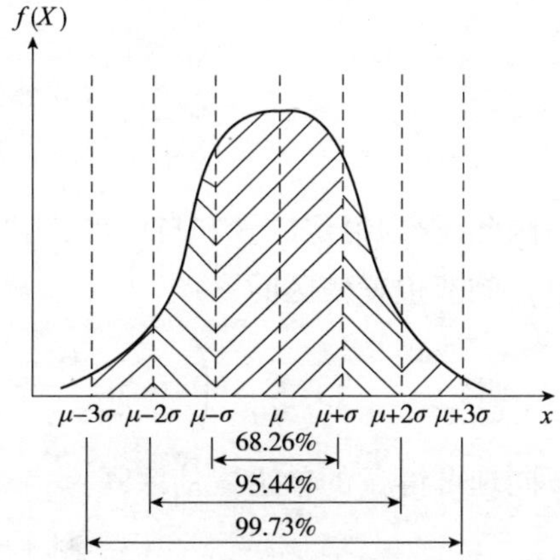

图2-49　正态分布与置信区间

同理可得,单边置信区间的几个重要数据:

$$P\{X\leqslant\mu+\sigma\}=P\{X\geqslant\mu-\sigma\}=0.8413$$

$$P\{X\leqslant\mu+2\sigma\}=P\{X\geqslant\mu-2\sigma\}=0.9772$$

$$P\{X\leqslant\mu+3\sigma\}=P\{X\geqslant\mu-3\sigma\}=0.9987$$

$$P\{X\leqslant\mu+1.645\sigma\}=P\{X\geqslant\mu-1.645\sigma\}=0.9500$$

其置信区间可表示为:

$$X\leqslant\mu+u_{(1-\beta)}\cdot\sigma \quad 或\ X\geqslant\mu-u_{(1-\beta)}\cdot\sigma \tag{2-16}$$

式中:$1-\beta$——置信水平;

$\mu-u_{(1-\beta)}\sigma$——单边置信下限;

$\mu+u_{(1-\beta)}\sigma$——单边置信上限。

在公路工程试验检验与评价中,常把式(2-15)、式(2-16)中的 u 称为保证率系数(常用 Z_a 表示),其取值与公路等级有关,而且常常用样本平均值 $\bar{x}$ 与标准偏差 S 分别代替上述公式中的 μ 与 σ。

(2)t 分布

t 分布的概率密度函数为:

$$t(X,n)=\frac{\Gamma\left(\frac{n+1}{2}\right)}{\Gamma\left(\frac{n}{2}\right)\sqrt{n\pi}}\left(1+\frac{X^2}{n}\right)^{-\frac{n+1}{2}} \tag{2-17}$$

式中:X——随机变量;

n——样本容量,在数理统计学中称为自由度。

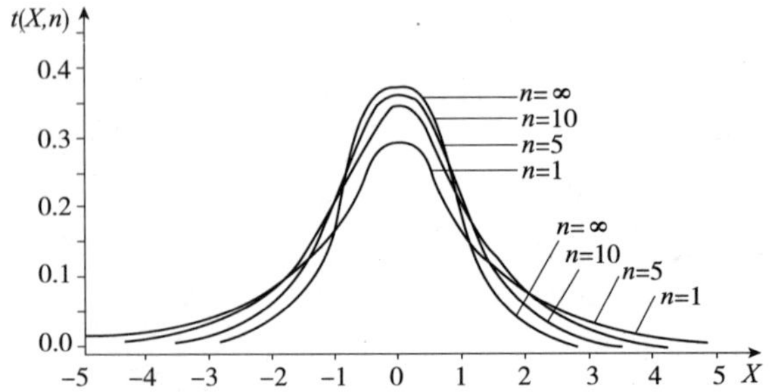

图 2-50 t 分布曲线

当随机变量 X 服从自由度为 n 的 t 分布时,记作 $X\sim t(n)$,其分布图形如图 2-50 所示。

在试验检测数据评价中,常需要解决总体标准偏差 σ 未知时如何估计平均值置信区间的问题。为解决这一问题,一个很自然的想法就是利用样本标准偏差 S 代替总体标准偏差 σ。

设$(X_1,\cdots,X_n)$来自正态分布总体,根据抽样分布定理可知:

$$T=\frac{\overline{X}-\mu}{\frac{S}{\sqrt{n}}}\sim t(n-1) \tag{2-18}$$

因此,根据给定的 β 和自由度,由"t 分布概率系数表"查得 $t_{1-\frac{\beta}{2}}(n-1)$之值,由此得平均值 μ 的双边置信区间:

$$\left(\bar{x}-S\cdot\frac{t_{1-\frac{\beta}{2}}(n-1)}{\sqrt{n}},\bar{x}+S\cdot\frac{t_{1-\frac{\beta}{2}}(n-1)}{\sqrt{n}}\right) \tag{2-19}$$

同理可得 μ 的单边置信区间:

$$\mu<\bar{x}+S\cdot\frac{t_{1-\frac{\beta}{2}}(n-1)}{\sqrt{n}} \quad 或 \quad \mu>\bar{x}-S\cdot\frac{t_{1-\frac{\beta}{2}}(n-1)}{\sqrt{n}} \tag{2-20}$$

4)试验检测数据的代表值

一个路面技术状况评定路段内测定值的代表值为 X'，单侧检验指标由式(2-21)计算，双侧检验指标由式(2-22)计算：

$$X' = \overline{X} \pm S \frac{t_{\alpha}}{\sqrt{N}} \tag{2-21}$$

$$X' = \overline{X} \pm S \frac{t_{\frac{\alpha}{2}}}{\sqrt{N}} \tag{2-22}$$

式中：X'——一个评定路段内测定值的代表值；

t_{α}、$t_{\frac{\alpha}{2}}$——t 分布表中随自由度($N-1$)和置信水平 α(保证率)而变化的系数，可查《公路路基路面现场测试规程》(JTG E60—2008)附录 B 中表 B。

2.9 本章小结

路面技术状况是路面结构的损坏状况和完好程度，采用路面使用性能指标的检测数据和标准进行评价。路面使用性能包括：表面功能性能、结构性能、安全性能和外观性能等方面。沥青路面使用性能评价指标包括路面损坏、平整度、车辙、抗滑性能和结构强度 5 项技术指标；水泥混凝土路面使用性能评价包括路面损坏、平整度和抗滑性能 3 项技术指标；砂石路面使用性能评价包括路面损坏 1 项技术指标。其中路面车辙和路面抗滑性能指标主要针对高速公路和一级公路，路面结构强度为抽样检测指标。

路面损坏状况调查是指鉴别各路段路面损坏的类型、确定各项损坏的严重程度、量测损坏出现的范围，是公路技术状况评定的重要内容。根据损坏对路面性能的影响不同，一般分为结构性损坏和功能性损坏，每类损坏又根据损坏形式和程度的不同进一步细分。沥青路面的损坏类型包括龟裂、块裂、纵裂、横裂、坑槽、松散、沉陷、车辙、波浪壅包、泛油和修补等 11 类 21 项不同程度；水泥路面的损坏类型包括破碎板、裂缝、板角断裂、错台、唧泥、边角剥落、接缝料损坏、坑洞、拱起、露骨和修补等 11 类 20 项不同程度；砂石路面的损坏类型包括路拱不适、沉陷、波浪搓板、车辙、坑槽和露骨等 6 类。路面损坏状况检测宜采用自动化的快速检测方法，当条件不具备时也可以采用人工检测方法。

路面平整度是评定路面使用品质的一个重要整体性指标，既可评价路面行驶质量，又可衡量现有路面破坏程度。路面平整度包括纵断面和横断面两个方面，一般指纵向平整度。路面平整度检测指标采用世界银行制定的国际平整度指数 *IRI*，再通过 *IRI* 计算路面行驶质量指数 *RQI*。路面平整度检测有断面类、反映类和主观评估法等三类方法，在条件允许时宜采用快速和高精度的断面类检测设备，主要有精密水准仪、手推式断面仪和激光断面仪。

车辙是在沥青路面表面沿车轮轮迹方向形成的纵向带状辙槽，一般为沥青路面的流动变形，是国际上最普遍的沥青路面的损坏现象。现行规范规定了将沥青路面车辙深度 *RD* 作为独立的检测指标，据此计算路面车辙深度指数 *RDI*；其他等级公路，继续沿用传统做法，在调查路面损坏状况时量取车辙长度，通过影响宽度(0.4m)换算成路面车辙的损坏面积。路面车辙检测宜采用快速检测设备，而且应该与路面损坏和道路平整度等指标结合起来，采用多功能快速检测设备统一检测。

路面抗滑性能直接影响道路行车的安全性，路面摩擦系数是表征路面抗滑性能的安全指标。影响路面抗滑性能的因素有路面表面特性、潮湿程度和行车速度。路面的表面特性包括路表面微观构造和宏观构造。路面抗滑性能测试可分为测定摩擦系数的直接法和测定路面微观构造与宏观构造的间接法，相应的测试指标也依此分为直接指标和间接指标两类；摩擦系数测试分为制动力系数和横向力系数两种，规范采用横向力摩擦系数 *SFC* 作为检测指标，并通过 *SFC* 计算路面抗滑性能指数 *SRI*。抗滑性能测试方法一般有：制动距离法、偏转轮拖车法（横向摩擦系数测试）、摆式仪法、构造深度测试法（手工铺砂法、电动铺砂法、激光构造深度仪法）。

路面结构承载能力测试可采用无损检测和破损检测两类方法。路表面在车辆荷载作用下的竖向变形（弯沉值）是反映路面结构整体强度（承载能力）的一个综合指标，国内外普遍采用回弹弯沉值来表示路基路面的承载能力。路面弯沉又可分为静态弯沉和动态弯沉两种，利用贝克曼梁和自动弯沉仪等静态加载试验方法得到的是静态弯沉，利用落锤式弯沉仪、稳态动力弯沉仪和激光弯沉仪等动态加载试验方法得到的是动态弯沉。路面弯沉检测宜采用具有可靠数据标定关系的自动化检测设备，检测结果应换算成我国技术规范规定的回弹弯沉值。路面弯沉自动化检测设备必须定期标定，每年至少标定一次，标定的相关系数应大于0.95。

车辆荷载的作用是路面产生损坏的重要因素，故需要采集路网内各路段的交通数据。交通量数据包括日交通量、轴载组成、轴载分布和年平均增长率等。不同轴载给路面结构带来的损伤程度是不同的，需要调查各级轴载所占的比例，即轴载组成或轴载谱。车辆在道路上行驶时，总的轴载通行次数按一定规律分布在车道横断面上，称为轮迹横向分布；对于路面横断面上某一宽度（轮迹宽度和车道宽度）范围内车辆作用的频率，即为轮迹（车道）横向分布系数。交通量年平均增长率 γ 是指预估分析期内交通量的平均增长比例，是路面结构设计中一个重要的基础参数，应采用标准轴次交通量增长率而不是折算交通量增长率。

试验检测及调查所得的路面技术状况数据应根据《公路路基路面现场测试规程》（JTG E60—2008）的规定进行数据整理，计算一个评定路段内测定值的平均值、标准差、变异系数，计算测定值与设计值之差，并根据数理统计原理计算一个评定路段内测定值的代表值。

第3章

路面技术状况评价

路面技术状况评价是路面管理系统的一个重要过程,是路面管理系统的出发点,是进行路况预测、优化对策、制定养护计划的基础。对路面技术状况的评价也就是对路面各种使用性能的评价,是依据所采集的路面技术状况数据,对路面性能满足使用要求的程度作出判断,了解路网的服务水平,判别路网内需要采取养护、大修和改建措施的路段,选择相应的养护和改建对策,并作为项目优先排序的一项依据。

路面技术状况评价是下列分析的基础和出发点:①路段和路网实际使用状况分析;②路面使用状况发展趋势预测;③路面养护和修复方式的选择;④路网规划和养护修复资金分配。

路面使用性能具有多方面属性,各自从不同的侧面满足使用要求,因此,对路面使用性能的评价可按单项使用性能属性进行;然而,有时为了使路网或者各个路段的使用性能具有可比性,需采用一个综合评价指标,把各项路面技术指标的评价组合在一起。

从路面管理和维护的角度看,对路面的技术状况评价应该具有客观性、有效性、可操作性和可行性。其客观性是指评价应能反映路面的真实状况;有效性是指评价指标能有效地反映路况评价预测和对路面进行决策等分析过程的要求;可操作性和可行性则是指有关评价指标数据的采集和分析应可实现且快捷和经济。

对路面的使用要求,具有客观属性的,如结构承载能力和抗滑性能,要采用客观的指标来进行评价;既具有客观性又带有主观属性的,如路面行驶质量和损坏状况,行驶质量的评价,不仅依赖于路面平整度和车辆特性,也取决于乘客对车辆颠簸的接受程度。路面损坏有多种类型,也有不同严重程度和范围,各自对使用性能有不同程度的影响,且很难为之单独作出定量的评价,需依赖技术人员的经验对不同损坏类型、程度和范围的路面损坏状况作出一个综合评价。因此,行驶质量和损坏状况要依靠主客观的方法定出其评价指标。

主客观相结合的方法就是利用检测设备客观地量测路面的平整度和损坏状况,同时组织有经验的技术人员组成评价小组对之进行主观评价(评分),综合两方面的结果后形成对使用性能的综合评价。该方法需建立主客观评价的关系曲线,即评价模型,因此,路面技术状况评定的关键技术是评价模型构造的科学性、模型参数选取的合理性和评价方法的适应性。

路面技术状况评价内容可分为结构状况评价和路面功能状况评价两部分,结构状况评价主要是路面损坏状况及路面承载力评价;而功能评价主要是指路面行车舒适性与安全性评价,其主要与平整度、抗滑性能有关。沥青路面技术状况评价包括路面损坏、平整度、车辙、抗滑性能和结构强度5项技术指标;水泥路面技术状况评价包括路面损坏、平整度和抗滑性能3项技术指标;砂石路面使用性能评价包括路面损坏1项技术指标。

3.1 路面损坏状况评价

路面损坏状况是随时间和荷载因素变化较大的使用性能参数之一，它是路面服务水平的直观表现，也是衡量路面服务能力的最重要因素之一。在决定路面是否需要维修、安排维修项目、决定维修方案时，这是必须考虑的一个重要因素。

每个路段的路面可能出现各种不同类型、不同严重程度和范围的损坏，为了使各路段的损坏状况（或程度）可以进行定量比较，需要一项综合评价指标把这三方面属性的状况和影响综合起来，一般采用路面损坏状况指数 *PCI* 指标。

利用路面损坏快速检测设备对路面损坏进行检测识别，并计算公里破损率和路面损坏状况指数 *PCI* 评分，并评价每公里的路面损坏状况等级。

3.1.1 路面损坏状况评价指标

（1）路面损坏类型与程度划分

路面损坏状况一般采用损坏类型、严重程度和损坏范围来表征。沥青路面的损坏类型包括龟裂、块裂、纵裂、横裂、坑槽、松散、沉陷、车辙、波浪壅包、泛油和修补等 11 类 21 项不同程度；水泥路面的损坏类型包括破碎板、裂缝、板角断裂、错台、唧泥、边角剥落、接缝料损坏、坑洞、拱起、露骨和修补等 11 类 20 项不同程度；砂石路面的损坏类型包括路拱不适、沉陷、波浪搓板、车辙、坑槽和露骨等 6 类。

（2）路面损坏状况评价指标

路面损坏包括裂缝、坑槽、沉陷和松散等各种表面破坏和损伤。每个路段的路面均可能出现各种不同类型、不同严重程度及范围的损坏。为了使各路段的损坏状况或损坏程度具有可比性，需采用一项综合评价指标，将损坏类型、严重程度及范围和影响进行综合考虑。路面表面各种类型的损坏通过其对路面使用性能的影响程度加权累积计算换算损坏面积，换算损坏面积与调查面积之比（路面破损率 *DR*），可直接用来衡量路面的损坏状态，目前常用的综合评价指标是路面损坏状况指数 *PCI*。

3.1.2 路面损坏状况评价方法

《公路技术状况评定标准》（JTG H20—2007）中沥青路面、水泥路面和砂石路面损坏状况评价模型（*PCI*）具有相同的模型结构和变量（*DR*），但是采用了不同的模型参数。不同类型的路面有不同的损坏类型、不同的模型参数及由此产生的不同路面损坏状况评价结果。图 3-1 是沥青路面、水泥路面和砂石路面损坏状况评价模型的比较结果。从图 3-1 曲线看出，相对水泥路面和砂石路面，路面破损率对沥青路面有更大程度的影响，但是影响程度不会随着破损率的增加而明显增大。

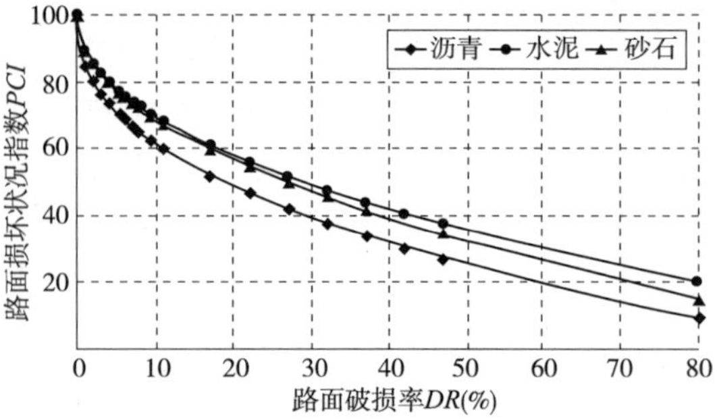

图 3-1　路面损坏状况评价模型比较

路面损坏状况指数 *PCI* 按式（3-1）、式（3-2）的模型进行计算：

$$PCI = 100 - a_0 DR^{a_1} \tag{3-1}$$

$$DR = 100\frac{\sum_{i=1}^{i_0} w_i A_i}{A} \tag{3-2}$$

式中：DR——路面破损率（Pavement Distress Ratio），为各种损坏的折合损坏面积之和与路面调查面积之百分比，%；

A_i——第 i 类路面损坏的面积，m^2；

A——调查的路面面积，为调查长度与有效路面宽度之积，m^2；

w_i——第 i 类路面损坏的权重，沥青路面按《公路技术状况评定标准》（JTG H20—2007）表 6.2.1-2 取值，水泥混凝土路面按表 6.2.1-3 取值，砂石路面按表 6.2.1-4 取值，分别见表 3-1、表 3-2、表 3-3；

a_0——沥青路面采用 15.00，水泥混凝土路面采用 10.66，砂石路面采用 10.10；

a_1——沥青路面采用 0.412，水泥混凝土路面采用 0.461，砂石路面采用 0.487；

i——考虑损坏程度（轻、中、重）的第 i 项路面损坏类型；

i_0——包含损坏程度（轻、中、重）的损坏类型总数，沥青路面取 21，水泥混凝土路面取 20，砂石路面取 6。

沥青路面损坏类型和权重系数 表 3-1

类型 i	损坏名称	损坏程度	权重 w_i	计量单位
1	龟裂	轻	0.6	面积 m^2
2		中	0.8	
3		重	1.0	
4	块状裂缝	轻	0.6	面积 m^2
5		重	0.8	
6	纵向裂缝	轻	0.6	长度 m（影响宽度：0.2m）
7		重	1.0	
8	横向裂缝	轻	0.6	长度 m（影响宽度：0.2m）
9		重	1.0	
10	坑槽	轻	0.8	面积 m^2
11		重	1.0	
12	松散	轻	0.6	面积 m^2
13		重	1.0	
14	沉陷	轻	0.6	面积 m^2
15		重	1.0	
16	车辙	轻	0.6	长度 m（影响宽度：0.2m）
17		重	1.0	
18	波浪壅包	轻	0.6	面积 m^2
19		重	1.0	
20	泛油		0.2	面积 m^2

水泥混凝土路面损坏类型和权重系数 表 3-2

类　型 i	损坏名称	损坏程度	权重 w_i	计量单位
1 2	破碎板	轻 重	0.8 1.0	面积 m^2
3 4 5	裂缝	轻 中 重	0.6 0.8 1.0	长度 m (影响宽度:1.0)
6 7 8	板角断裂	轻 中 重	0.6 0.8 1.0	面积 m^2
9 10	错台	轻 重	0.4 0.6	长度 m (影响宽度:1.0m)
11	唧泥		1.0	长度 m (影响宽度:1.0m)
12 13 14	边角剥落	轻 中 重	0.6 0.8 1.0	长度 m (影响宽度:1.0m)
15 16	接缝料损坏	轻 重	0.4 0.6	长度 m (影响宽度:1.0m)
17	坑洞		1.0	面积 m^2
18	拱起		1.0	面积 m^2
19	露骨		0.3	面积 m^2
20	修补		0.1	面积 m^2

砂石路面损坏类型和权重 表 3-3

类　型 i	损坏名称	权重 w_i	计量单位
1	路拱不适	0.1	长度 m (影响宽度:3.0m)
2	沉陷	0.8	面积 m^2
3	波浪搓板	1.0	面积 m^2
4	路面车辙	1.0	长度 m (影响宽度:0.4m)
5	坑槽	1.0	面积 m^2
6	露骨	0.8	面积 m^2

路面损坏状况指数 *PCI* 与路面破损率 *DR* 特征数值的对照关系见表 3-4。

PCI 与 DR 对应关系 表 3-4

PCI	90	80	70	60
$DR_{沥青路面}$	0.4	2.0	5.5	11.0
$DR_{水泥路面}$	0.8	4.0	9.5	18.0
$DR_{砂石路面}$	1.0	4.0	9.5	17.0

3.2 路面平整度状况评价

路面不平使车辆在行驶中产生行驶阻力和振动,行驶阻力消耗车辆的功率并且影响车辆动力系统和传动系统的寿命。而在冲击下产生的振动,则直接影响了车辆平顺性、乘坐舒适性以及承载系的可靠性和寿命。同时,阻力和振动也对车速和操纵稳定性产生影响。所以,路面平整度是运行环境中的主要因素,是评价路面使用性能的重要指标。

路面的平整性(平整度)对车辆营运费用有较多影响。平整度影响如此显著,一方面通过零件维修等费用明显地反映出不平整造成车辆振动,使零件与车辆破坏的费用猛增,远远超过了油耗;另一方面,影响费用的另一因素——速度,它是平整度的隐函数。

路面行驶质量或行驶舒适性同路表面的不平整性、车辆的动态响应以及乘客对舒适性的要求和对颠簸的接受能力有关。

3.2.1 路面平整度评价指标

行驶质量不仅与路面的不平整度及车辆的动态特征有关,还与乘车人对行驶舒适性的要求和颠簸的耐受能力有关。因此,不同的乘客,乘同一辆车,在同一路段上行驶时,可能会对该路段的行驶质量做出不同的评价。

采用对路面的平整度进行客观测量和组织不同代表性人员进行主观评分,通过回归分析建立起主观评价与客观量测结果间的相关关系(评价模型),便可依据路面平整度的客观量测结果对行驶质量进行统一评价。采用专家主观评价时,为了克服对行驶质量评价的主观随意性,评价时邀请具有不同代表性的乘客组成评分小组,评分小组成员按各人的主观意见对路段进行评分,汇总后以平均评分值代表众人的评价。

因此,依据路面行驶质量评价模型,车辆行驶的舒适性能可通过道路平整度指标评价。通过测量路面平整度的指标,还可检查控制路面施工质量与验收路面工程,同时可根据测定的路面平整度指标以确定养护维修计划。

3.2.2 路面平整度评价方法

在早期路面管理系统研究的时候,研究人员建立了道路平整度与行驶舒适性的关系,即对各评价路段进行平整度测量,并通过回归分析建立主观评分结果与客观测量结果间的相关关系,提出了路面行驶质量指数 *RQI* 模型(图 3-2)。

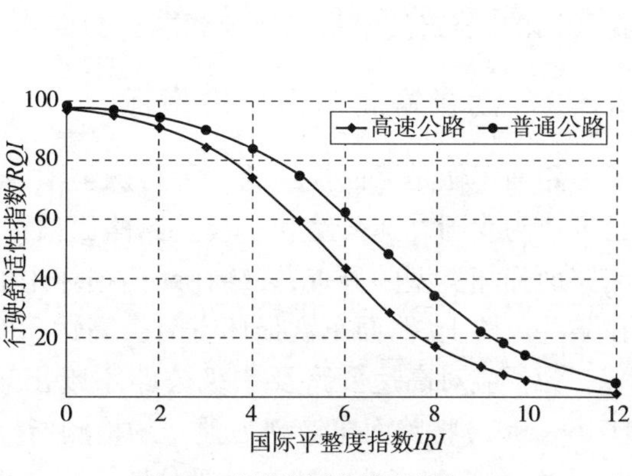

图 3-2 行驶舒适性模型比较

公路的用户对不同等级的公路有不同的行驶舒适性(行驶质量)要求和期望。《公路技术状况评定标准》(JTG H20—2007)根据公路试验检测和统计数据,分别为高速公路(包括一级公路)和普通公路确定了不同的 *RQI* 模型参数。

路面平整度用路面行驶质量指数 *RQI* 评价,*RQI* 按式(3-3)计算:

$$RQI = \frac{100}{1 + a_0 e^{a_1 IRI}} \tag{3-3}$$

式中:*IRI*——国际平整度指数,m/km;

a_0——高速公路和一级公路采用 0.026,其他等级公路采用 0.0185;

a_1——高速公路和一级公路采用 0.65,其他等级公路采用 0.58。

在《高速公路养护质量检评方法(试行)》(原交通部,2002 年)中,*IRI* = 4.0m/km 和 *IRI* = 6.0m/km 分别被定义为优(*RQI* 90)和良(*RQI* 80)。随着我国公路管理技术的不断进步和公路养护技术能力的逐渐提高,《公路技术状况评定标准》(JTG H20—2007)将优(*RQI* 90)和良(*RQI* 80)对应的路面平整度 *IRI* 分别提高到 2.3m/km、3.5m/km(高速、一级公路)和 3.0m/km、4.5m/km(普通公路)。调整后的行驶质量评价模型(*RQI*)在一定程度上反映了我国公路路面铺筑技术的进步和公路用户对路面平整度期望水平的提高。*RQI* 与 *IRI* 对应关系见表 3-5。

RQI 与 IRI 对应关系 表 3-5

RQI	90	80	70	60
IRI(高速和一级公路)	2.3	3.5	4.3	5.0
IRI(其他等级公路)	3.0	4.5	5.4	6.2

3.3 沥青路面车辙状况评价

车辙是沥青路面的常见病害之一,是沥青路面永久变形的累计,严重影响行车安全和路面使用寿命。当车辙深度较小时,对行车舒适性没有明显影响,但当车辙深度达到某一值后,雨天在槽内会积水,致使路表水有较长时间透入面层。透入面层的水会使沥青混凝土的强度下降,导致沥青剥落和沥青混凝土层下部强度大量损失,甚至松散。其结果是表面辙槽加快发展,槽内产生裂缝,槽内沥青混凝土产生剪切变形并向槽两侧鼓起,辙槽处沥青面层发生破坏。车辙深度达到一定程度不仅影响行车舒适性,还严重威胁行车安全。

研究表明,当车辙大于 7.6mm 时,汽车前轮转向性能降低、车辆横向颠簸,当车辙大于 15mm 时对行车安全性有显著影响。许多国家在制定养护策略时将车辙作为重要控制指标,在我国的《公路技术状况评定标准》(JTG H20—2007)中也将车辙列为独立的检测指标。

3.3.1 沥青路面车辙评价指标

路面车辙是路面损坏的一种特殊类型,随着重载交通的快速增长和渠化作用,路面车辙已经成为我国高速公路和一级公路路面损坏的主要形式之一。根据对我国部分省市高速公路路面损坏类型的调查,裂缝在路面损坏中的比例经常超过 60%,其次就是路面车辙损坏,在某些公路上,路面车辙损坏有时会高达 30% 以上。

为了应对高速公路及一级公路不断出现的车辙问题,《公路技术状况评定标准》(JTG H20—2007)将路面车辙列为独立的检测指标,路面车辙用路面车辙深度指数 *RDI* 评价。与此同时,在实施高速公路和一级公路沥青路面技术状况评定时,对表 3-1 的路面车辙损坏不再重复计算。

3.3.2 沥青路面车辙评价方法

车辙的几何特征是车辙变形深度、车辙宽度和车辙沿纵向的长度三个基本参数。车辙深度与车轮碾压强度及路基路面结构与材料性能有关，也是表征车辙破损严重程度的参数。决定车辙形状的车辙宽度表征车辙破损的范围，最典型的是恰和轮迹对应的 W 形，因为汽车车轮并不像铁轨那样是一条严格的线，轮迹仅沿一个范围，因此车辙线呈复杂情况，还有 U 形、S 形等。车辙长度也是车辙一个重要特征，由于路面和路基强度差别很大且轮迹路径不同，沿纵向车辙深度差别很大，按照《公路技术状况评定标准》(JTG H20—2007) 应计算不同深度的车辙长度。

一般采用自动化检测设备对高速公路全线双向行车道和超车道进行车辙测试，《公路技术状况评定标准》(JTG H20—2007) 规定，计算车辙产生的路面破损面积为：权重(由车辙深度决定)×车辙长度×车辙破损宽度(统一规定为 0.4m)。根据断面检测数据计算沥青路面车辙深度 RD，汇总计算并提供公里平均车辙深度报表、百米平均车辙深度报表。

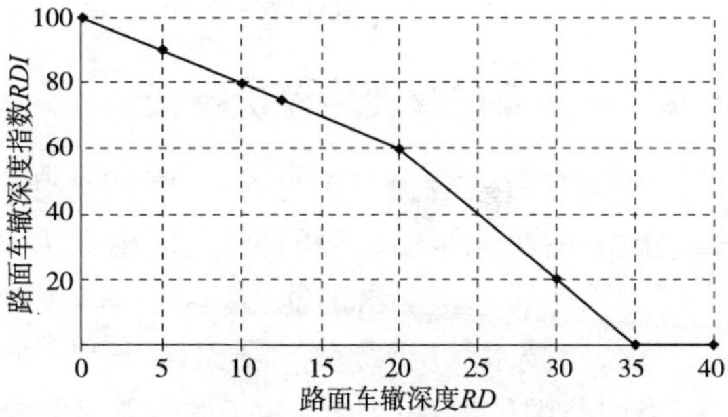

图 3-3 沥青路面车辙评价模型

沥青路面车辙评价模型见图 3-3。

路面车辙用路面车辙深度指数 RDI 评价，RDI 按式(3-4)计算：

$$RDI = \begin{cases} 100 - a_0 RD, & RD \leq RD_a \\ 60 - a_1(RD - RD_a), & RD_a < RD \leq RD_b \\ 0, & RD > RD_b \end{cases} \tag{3-4}$$

式中：RD——车辙深度，mm；

RD_a——车辙深度限值，采用 20mm；

RD_b——车辙深度最大限值，采用 35mm；

a_0——模型参数，采用 2.0；

a_1——模型参数，采用 4.0。

路面车辙深度指数 RDI 与路面车辙深度 RD 的特征数据对应关系见表 3-6。

RDI 与 RD 对应关系 表 3-6

RDI	90	80	70	60	0
RD(mm)	5	10	15	20	35

3.4 路面抗滑性能评价

路面的抗滑性能直接影响公路车辆的行车安全性，路面摩擦系数是表征路面抗滑性能的综合安全指标，即路面能否提供防止车辆轮胎滑动和减小制动距离的能力。影响路面抗滑能力的主要因素包括路表构造情况(包括宏观构造和微观构造)、路面潮湿情况和行车速度三个方面。

路表面的微观构造是指粗集料表面的粗糙度，随车轮的反复磨耗作用而逐渐磨光、衰减，通常采用石料磨光值 *PSV* 表征其抗磨光的性能，微观构造在低速（30～50km/h）行车时对路表抗滑能力起决定作用。而高速时起主要作用的是宏观构造，它是由路表外露集料间构成的表面凹凸形状，其功能是使车轮下的路表水迅速排除，以避免形成水膜，产生水漂现象，宏观构造由构造深度表征其性能。

对路面抗滑性评价方法及指标，国内外进行了大量的研究，按美国试验与材料协会（ASTM）的意见，汽车行驶中的摩擦系数定义为：

$$f_{\mathrm{N}} = 100\,\frac{F}{N} \tag{3-5}$$

式中：f_{N}——摩擦系数；

F——在路面表面滑动时的摩阻力；

N——路面表面正压力，需测试汽车行驶中的摩阻力。

3.4.1 路面抗滑性能评价指标

根据摩阻力检测方式的不同，摩擦系数分为制动力系数和横向力系数两种。制动力系数只能表明车辆制动距离的长短，而横向力系数不仅能够体现车辆制动距离的长短，还能够表征路面防止车辆侧滑的能力。

《公路技术状况评定标准》（JTG H20—2007）建议采用横向力摩擦系数 *SFC* 作为检测指标，采用路面抗滑性能指数 *SRI* 作为路面抗滑性能评价指标。

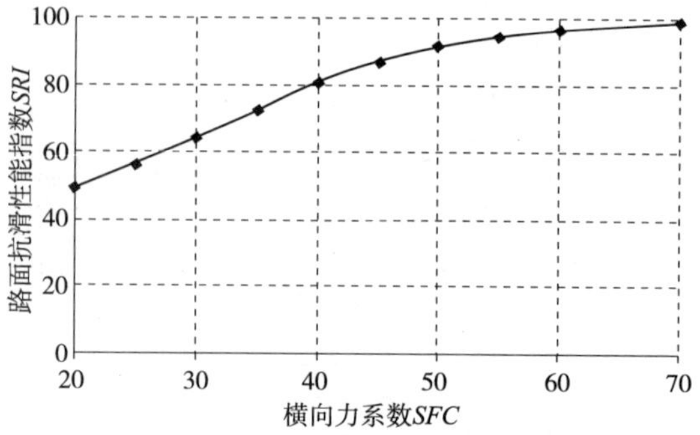

图 3-4　路面抗滑性能评价模型

3.4.2 路面抗滑性能评价方法

路面抗滑性能用路面抗滑性能指数 *SRI* 评价，按式（3-6）计算，模型结构见图 3-4。

$$SRI = \frac{100 - SRI_{\min}}{1 + a_0 e^{a_1 SFC}} + SRI_{\min} \tag{3-6}$$

式中：*SFC*——横向力系数（Side-way Force Coefficient）；

$SRI_{\min}$——标定参数，采用 35.0；

a_0——模型参数，采用 28.6；

a_1——模型参数，采用 −0.105。

路面抗滑性能指数 *SRI* 与横向力系数 *SFC* 的特征数据对应关系见表 3-7。

***SRI* 与 *SFC* 对应关系**　　表 3-7

SRI	90	80	70	60
SFC	48	40	33.5	27.5

3.5 路面结构强度评价

路面结构承载能力评价的目的是确定路面的剩余寿命，即路面在达到预定损坏状况之前还能使用的时间或还能承受的标准轴载作用次数，并由此判断路面结构的完好程度及损坏的发展速度。对于沥青路面结构，国内外一直采用路表回弹弯沉值来表征其整体结构刚度和总体承载能力。回弹弯沉（rebound deflection）指的是路基或沥青路面在规定荷载作用下产生垂直变形,卸载后能恢复的那一部分变形。这里主要讨论沥青路面的结构强度评价方法。

不同的路面结构在相同的车辆荷载作用下,将产生不同的路表弯沉值,因此,不能单独从最大弯沉值的大小来判断路面结构的剩余寿命。另外,路面结构的承载能力将随着使用时间的延长而逐渐下降,而路面的代表弯沉值则会随时间或荷载作用次数的增加而逐渐加大。随着弯沉值的加大,路面逐渐出现各种损坏。如果定义某种程度的损坏为临界状态,则相应于这种状态的路表弯沉值即为路面结构的极限承载能力。由此可知,要判断现有路面结构的承载能力,除应测定代表弯沉值外,还需了解路面结构的类型、路面的损坏状况,并调查测定路面已经承受的标准轴载作用次数。

利用代表弯沉—标准轴载累计作用次数关系曲线,可根据路段的代表弯沉值及路面已承受的标准轴载作用次数确定现有路面结构的剩余寿命。利用动态弯沉得到的弯沉曲线,可以分别计算各结构层的弹性模量值,然后利用钻芯取样得到的路面结构层厚度数据,便可根据有关路面结构设计图表或公式计算确定路面结构的承载能力。

3.5.1 路面结构强度评价指标

路面回弹弯沉值不仅反映了路基路面结构的整体刚度和强度,而且还与路面的使用状态存在一定的内在联系,是反映沥青路面结构整体强度的一个综合指标。通常,回弹弯沉值越大,路面结构的塑性变形也越大(刚度差),同时抗疲劳性能也差,难以承受重交通量;反之,则路面结构的抗疲劳性能好,并能承受较重的交通量。此外,回弹弯沉还易于测试,因此我国现行的沥青路面设计方法采用设计弯沉为路面整体刚度的设计指标,并以标准轴载作用下,路表回弹弯沉值 L_s 不超过满足路面使用状态和设计使用年限要求的路面设计弯沉值 L_d 作为设计标准,即 L_s 小于等于 L_d。

《公路技术状况评定标准》(JTG H20—2007)规定用抽样检测的方法评定路面结构强度。抽样评定的主要依据是路面结构强度概率预测方法及模型。另外,不同省市的装备条件及检测能力有很大差异,全面、大规模的路面弯沉检测在同一个最不利季节内实施也有一定的技术困难。

3.5.2 路面结构强度评价方法

路面弯沉是路面结构强度的函数,路面结构强度评价模型见图3-5。路面结构强度通过路面回弹弯沉用路面结构强度指数 $PSSI$ 评价[式(3-7)、式(3-8)]。

$$PSSI = \frac{100}{1 + a_0 e^{a_1 SSI}} \tag{3-7}$$

$$SSI = \frac{l_d}{l_0} \tag{3-8}$$

式中:SSI——路面结构强度系数,为路面设计弯沉值与实测代表弯沉值之比;

l_d——路面设计弯沉值,mm;

l_0——实测代表弯沉值,mm;

a_0——模型参数,采用15.71;

a_1——模型参数,采用-5.19。

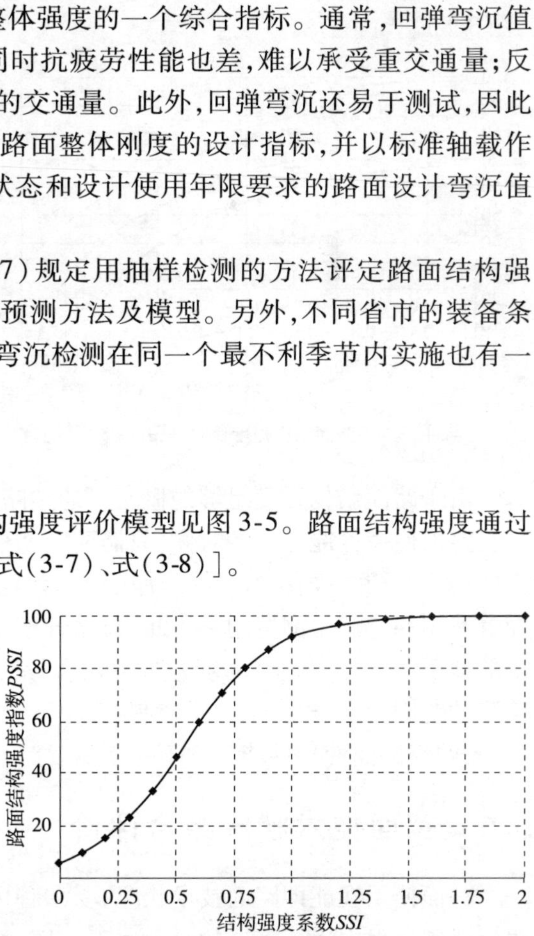

图3-5 路面结构强度评价模型

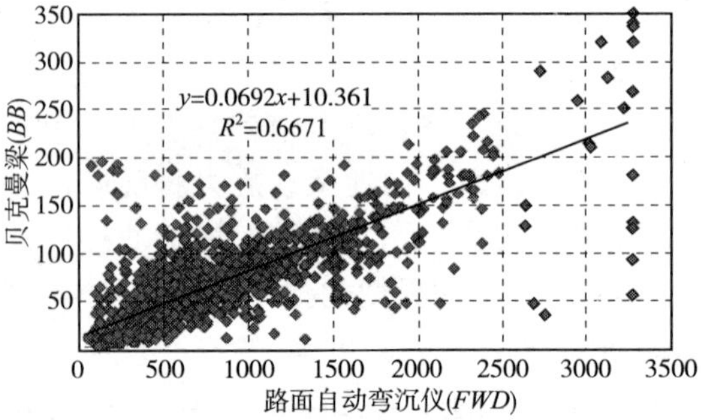

图 3-6 世界银行(新疆)*FWD-BB*（贝克曼梁）比较标定实验

在路面弯沉、路面损坏、路面平整度、抗滑性能和路面车辙 5 个路面技术指标中，路面结构强度（弯沉）最难检测。现有的检测技术及装备速度慢、效率低，而且不同检测装备之间往往不存在有效、可靠的转换关系。例如，路面自动弯沉仪的检测速度仅为 3 ~ 7km/h；而大量的实验数据证明，落锤式弯沉仪（FWD）与贝克曼梁（BB）之间又存在着不稳定的相关关系。图 3-6 为新疆公路局为世界银行实施的大规模 *FWD-BB* 道路标定的试验结果，所有实验路段的平均相关系数只有 0. 67 左右，无法满足《公路技术状况评定标准》（JTG H20—2007）对 95% 相关系数的最低要求。

慢速、低效的路面弯沉检测装备不适应大规模网级路面的弯沉检测要求。为了解决公路技术状况评定中的路面弯沉评价问题，在深入分析国内外文献的基础上，通过大量检测数据的结构强度概率分布研究（图 3-7），发现路面结构强度概率随着路面平整度和路面损坏程度的增加而有规律的递减，提出了路面结构强度预测方法，建立了路面结构强度预测模型（图 3-8）。

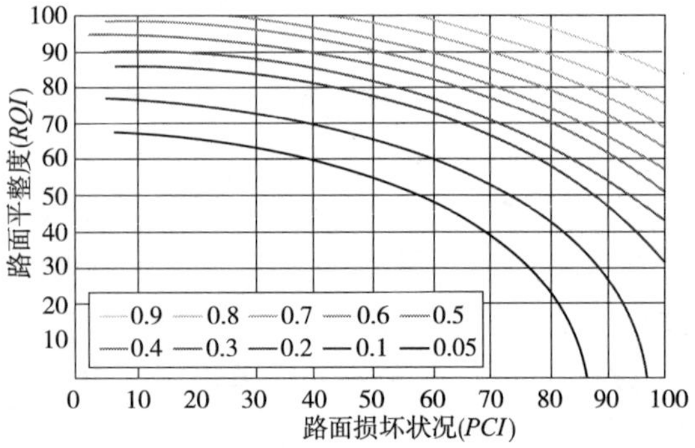

图 3-7 路面结构强度概率分布曲线

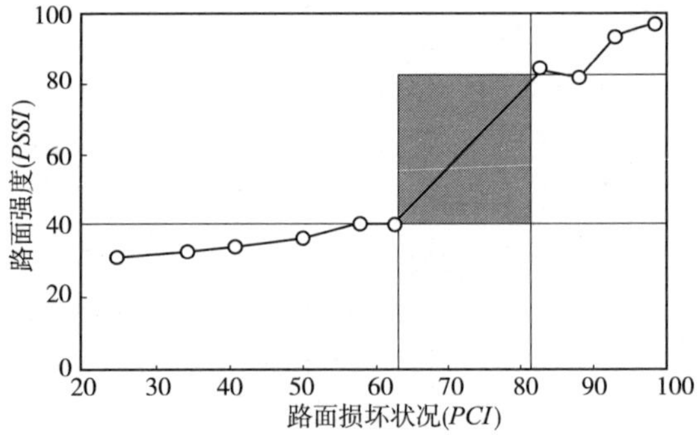

图 3-8 *PSSI* 与 *PCI*（*RQI*）关系模型

由于路面结构强度足够的概率可通过路面损坏状况（*PCI*）或路面平整度（*RQI*）估计，在网级路面使用性能评价的时候，只需要定期检测路面损坏状况和路面平整度两项指标，就可完成包含结构强度在内的路面使用性能评定。关键指标的减少，意味着可节省大量的装备配置费用和弯沉检测费用。为此，公路管理机构或经营企业可根据路面大中修养护需求、路基的地质条件（如软土、高填方路段）等因素，确定以路面大中修养护为目的的路面弯沉详细检测的范围，并且检测范围宜控制在 20% 之内，即弯沉检测应控制在路面大中修养护的范围之内，网级路面使用性能评定不一定需要路面结构强度检测数据。

3.6 路面技术状况综合评价

路面使用性能即路面技术状况，受多种因素的影响，具有多方面的属性，不同的属性在路面使用过程中逐渐衰退的过程也不一样，并不同程度地满足使用性能要求，在不同的时刻对养护和改建对策有不同的需要。

路面技术状况评价是公路技术状况评价的核心内容，而且也只有路面部分的各项技术指标能被快速、准确和自动化地采集。路面在国外许多国家的公路养护管理工作中占有70%以上的比重，几十年来，国内外研究机构的主要兴趣是对不断发展的路面检测技术及装备的研究与开发。

3.6.1 路面技术状况评价指标与方法

路面的使用性能，要用路面表面损坏状况、路面修补状况、路面平整度、路面车辙、路面抗滑性能、表面纹理深度和路面结构强度等多项技术指标综合表述。一项指标很难全面地描述路面的使用性能，但是从检评工作的效率、效益和部分指标间的关联性考虑，也没有必要检测与评价所有可能的技术指标。

路面使用性能综合评价可采用路面使用性能综合评价指标 *PQI*，即用一个指标值反映路面所处的状态，以便于对不同路段的路况作相对比较。综合评价指标 *PQI* 是通过单项使用性能评价指标加权后综合而成的，使用性能和权数的选择与路面类型有关。

路面使用性能指数 *PQI* 按下式计算：

$$PQI = w_{PCI}PCI + w_{RQI}RQI + w_{RDI}RDI + w_{SRI}SRI \tag{3-9}$$

式中分项权重取值见表 3-8。

PQI 分项指标权重 表 3-8

路面类型	权重	高速、一级公路	二、三、四级公路
沥青路面	w_{PCI}	0.35	0.60
	w_{RQI}	0.40	0.40
	w_{RDI}	0.15	—
	w_{SRI}	0.10	—
水泥混凝土路面	w_{PCI}	0.50	0.60
	w_{RQI}	0.40	0.40
	w_{SRI}	0.10	—

3.6.2 路面技术状况评价标准

评价标准和评价等级是公路技术状况评定的关键。标准值及其与评价等级的关系涉及许多因素，既有管理上使用的方便性要求，也需要考虑技术上的可行性和合理性。在确定《公路技术状况评定标准》（JTG H20—2007）的标准值、评价等级及标准值与评价等级之间的关系时，参考了交通运输部有关的技术标准与规范，如《公路水泥混凝土路面养护技术规范》（JTJ 073.1—2001）、《公路沥青路面养护技术规范》（JTJ 073.2—2001），还有我国已有的科研成果、道路试验结果、专家调查结果、公路检测数据的统计结果，同时也参考了大量的国际文献。

为了统一各项指标的评价标准，使各项指标、各级标准有明确的定义和尺度，为每项技术指标定义了如表 3-9（路面车辙深度指数 *RDI*）所示的标准尺度。

标准及评价等级定义　　表 3-9

评价等级	评价指标 RDI	标准定义
优	≥90	几乎无路面车辙;路面行驶舒适,或有非路面车辙因素引起的行驶不舒适感;路表无积水可能,不会影响行车安全性
良	80~90	路面车辙较轻微,路面车辙深度一般为10mm;有路面车辙因素引起的轻微行驶不舒适感;路表有轻度辙槽积水条件
中	70~80	有明显路面车辙存在,路面车辙深度一般小于15mm;有路面车辙因素引起的较强行驶不舒适感;路表有明显辙槽积水条件,易于发生漂滑或侧滑,需要考虑养护
次	60~70	路面车辙深度较深,路面车辙深度一般小于20mm;有路面车辙因素引起的强烈行驶不舒适感;路表有较深积水的条件,容易发生漂滑或侧滑,需要立即养护
差	<60	路面车辙深,路面车辙深度大于20mm;因路面车辙引起车辆严重颠簸;雨天车辆行驶危险,容易发生漂滑或侧滑,需要立刻养护

在不断研究、实验、模拟和试点应用的基础上,《公路技术状况评定标准》(JTG H20—2007)将路面技术状况分为优、良、中、次、差五个等级,并给出 *PQI* 及各级分项指标的评价标准和对应关系(表 3-10)。由于公路技术状况评定标准与经济条件及养护费用的充足程度有直接关系,理论上每一个省市都应该有自己的标准值,比如东部地区的评价标准为 *PCI* 95(优),则西部地区应该不高于 *PCI* 90(优)。

路面技术状况评价标准　　表 3-10

评价指标	优	良	中	次	差
PQI 及各级分项指标	≥90	≥80,<90	≥70,<80	≥60,<70	<60

3.7 本章小结

路面技术状况评价是进行路况预测、优化对策、制订养护计划的基础。路面技术状况评价内容可分为结构状况评价和路面功能状况评价两部分。沥青路面技术状况评价包括路面损坏、平整度、车辙、抗滑性能和结构强度 5 项技术指标;水泥路面技术状况评价包括路面损坏、平整度和抗滑性能 3 项技术指标;砂石路面使用性能评价包括路面损坏 1 项技术指标。路面技术状况评定的关键技术是评价模型构造的科学性、模型参数选取的合理性和评价方法的适应性。

路面损坏状况一般采用损坏类型、严重程度和损坏范围来表征。路面表面各种类型的损坏通过其对路面使用性能的影响程度加权累积计算换算损坏面积,换算损坏面积与调查面积之比为路面破损率 *DR*,可直接用来衡量路面的损坏状态,也可通过 *DR* 计算路面损坏状况指数 *PCI*。

路面平整度是车辆运行舒适性的主要因素,是评价路面使用性能的重要指标,用路面凹凸不平的程度来表征平整性的质量。通过对各评价路段进行平整度测量,建立主观行驶舒适性与客观平整度测量结果间的回归相关关系,提出了路面行驶质量指数 *RQI* 模型,通过国际平整度指数 *IRI* 计算路面行驶质量指数 *RQI*。

路面车辙是路面损坏的一种特殊类型,随着重载交通的快速增长和渠化作用,路面车辙已经成为我国高速公路和一级公路路面损坏的主要形式之一。为了应对高速公路及一级公路不断出现的车辙问题,《公路技术状况评定标准》(JTG H20—2007)将路面车辙列为独立的检测指标,路面车辙用路面车辙深度指数 *RDI* 评价。

路面的抗滑性能直接影响公路车辆的行车安全性,路面摩擦系数是表征路面抗滑性能的安全指标,路表构造情况(包括宏观构造和微观构造)、路面潮湿情况和行车速度是影响路面抗滑能力的主要因素。《公路技术状况评定标准》(JTG H20—2007)建议采用横向力摩擦系数 *SFC* 作为检测指标,采用路面抗滑性能指数 *SRI* 作为路面抗滑性能评价指标。

路面结构承载能力评价的目的是确定路面的剩余寿命,对于沥青路面结构,国内外一直采用路表回弹弯沉值来表征其整体结构刚度和总体承载能力。由于回弹弯沉还易于测试,因此,我国现行的沥青路面设计方法采用设计弯沉作为路面整体刚度的设计指标。路面弯沉是路面结构强度的函数,路面结构强度通过路面回弹弯沉用路面结构强度指数 *PSSI* 评价。

路面的使用性能通过采用路面使用性能指数 *PQI* 综合指标进行评价,*PQI* 通过单项使用性能评价指标加权后综合而成,《公路技术状况评定标准》(JTG H20—2007)将路面技术状况分为优、良、中、次、差五个等级。

第4章

路面使用性能预测

路面在使用过程中,其使用性能会随时间或行车荷载作用次数的增加而逐渐变坏。当损坏达到某一特定标准时,就应该对路面采取相关措施以恢复或提高其使用性能。在路面管理系统中,为了提出路面养护设计方案,对设计方案进行寿命周期费用分析并选择最佳养护改建对策,需要了解何时采取养护和改建措施以及采取什么措施合适。这就需要预先估计路面在采用新建、加铺或其他各种养护和改建措施后,其使用性能随时间或轴载作用次数变化的规律,或者说,路面使用性能的各项指标在不同的外部条件下随时间的变化规律。为进行这种预估而建立的关系式,称为路面使用性能预测模型,或使用性能模型。在路面管理系统中,使用性能预测是分析过程中一个极其重要的方面,建立各种使用性能预测模型是路面管理系统中最重要的一项工作。

4.1 预测目的和常用预测方法

(1)路面使用性能预测目的

预测是指对未来的推断,"凡事预则立,不预则废",预测是决策的依据。通常有两种预测方式:一是根据历史数据推断将来的数据,二是根据相关因素的预估或规划推断未来的状况。在路面领域里,主要使用前一种方式。

通过建立预测模型,为路面管理系统(PMS)提供了连接路面评价和优化的工具,使 PMS 能计算较长时间内的道路最小养护费用,使决策者做出道路效益最佳的投资决策,这便是路面预测的目的。

(2)路面使用性能预测方法

实际上,AASHTO 试验路的基本方程就是较早的路面服务能力预测方程。随着路面领域研究的不断深入,人们愈发感觉到预测路面性能变化的重要性,并根据各自的条件建立了各种预测方程。

路面使用性能预测方法归纳起来有三类:力学—经验法、回归分析法、概率模型法。

实质上,它们都是回归分析法,都是根据积累的历史数据采用回归技术建立的预估模型。许多研究者认识到路面结构能力对使用性能发展速度具有较大的影响,因此在方程中引入了来自力学分析的结构类变量,这便是力学—经验法;如果方程的自变量为年份、交通量或路面结构等调查得来的因素,则可认为是回归分析法;将因变量离散化,并考虑不同状态间的转化关系,就是概率模型法。

从方程的形式上分,一类方程只能从开放交通之日起进行预测,不能接受路面性能实测结果的干预,称为零起点模型;另一类是变起点预测模型,即能以任意时候路面性能为起点推测将来的路面性能,它能接受路面实测结果的干预。

4.2 路面使用性能预测模型

我国是一个地域辽阔的大国,各省市的自然条件、经济条件等方面均存在着较大的差异,要建立一套相对实用的路面使用性能预测模型,需要全面考虑各种因素的影响。建立路面使用性能预测模型时,一般应考虑预测指标、影响因素和模型形式等问题。综合考虑这些指标后,就可以建立相应的预测模型。

4.2.1 预测模型的建立原则

原则之一:由于通过调查得到的路面性能数据要比由零起点模型预测的结果更符合实际情况,所以预测应以调查数据为起点,建立变起点模型,这样能缩短预测时间,减少误差积累,提高预测精度。

原则之二:预测模型应有可调整性。系统数据库中每年都有许多新的信息纳入,这些信息可以作为路面使用状况的反馈信息,对预测模型进行修正,这就要求系统具有可调整性。

原则之三:方程的简明性。路面管理系统 PMS 中路段较多,运算量大,因此要求模型中自变量尽量少,即只考虑最主要的影响因素,使预测方程形式简洁。

原则之四:方程形式的稳定性。由于 PMS 一旦投入使用,一系列操作过程均由计算机完成,因此方程不能对数据太敏感,以保证模型修正是变好了,而不是变差了。

4.2.2 路面使用性能影响因素

建立可靠的性能预测模型,首先需要分析路面使用性能的影响因素,考虑这些因素的影响特性或机理。即使在路况预测模型中未考虑全部的影响因素,对这些影响因素的研究也有助于确定预测模型的适用范围。这些影响因素包括以下几类。

(1)路面类型

路面类型包括面层类型、基层类型、面层厚度、基层厚度及路面的材料特性。显而易见,不同的路面类型所表现的路面性能是不尽相同的。路面性能预测模型通常以路面结构为基础建立。例如,世界银行路面管理系统 HDM-Ⅲ采用了与路面厚度和性能有关的修正结构数 *SNC* 来代表路面结构;其他系统中,一般将路面按面层类型、厚度、基层类型和其他厚度分组,分别建立各组的预测模型。

(2)气候条件

气候因素包括温度和湿度。温度影响沥青混合料的蠕变性能,同时也是车辙和某些裂缝的影响因素。湿度影响路基的承载力,降低路面强度。在降水量较大或冬夏温差较大的冰冻地区,路面状况容易变坏。如果冰冻和潮湿现象同时发生,情况会更加严重,冻融循环容易导致路面的冻胀和翻浆。气候对路面性能的影响可以按照气候分区或气候指标来考虑。在美国战略公路研究项目 SHRP(Strategic Highway Research Program)中,气候被看作是分区的重要依据之一。在世界银行 HDM-Ⅲ中,根据湿度和冰冻情况采用了系数 m 来代表气候条件,例如:

干燥非冰冻区　　$m=0.005\sim0.015$

干燥冰冻区　　$m=0.001\sim0.035$

湿润非冰冻区　　$m=0.015\sim0.030$

湿润冰冻区　　$m=0.030\sim0.150$

在印度等热带及亚热带地区，冰冻现象不是很普遍，因此可忽略冰冻等温度因素的影响。

(3)路龄因素

路龄为现在到路面新建、改建或最后一次大、中修的时间。路面破损状况与路龄有很大关系，随着路龄的增加，路面产生疲劳破坏，材料逐渐老化。大部分经验型预测模型考虑了路龄，例如在挪威的路面管理系统预测模型中，建立了路况指数与路龄的关系。应该指出，路龄通过环境及其他与交通量无关的因素发生作用，它对平整度有很大影响。

(4)公路等级

在高速公路及其他高等级公路上，服务能力指数 *PSR*(Present Service-ability Rating)的恶化要比一般公路上严重一些，这是由于高等级公路上较大的交通量造成的。

(5)交通量

交通量是引起路面疲劳破损的直接原因。交通量对于路面状况恶化起着非常重要的作用，在同样条件下，交通量越大，路况恶化就越快。但是也有例外情况，例如有些专家在分析交通荷载和路面平整度关系时发现，交通荷载对路面平整度的影响不明显。

(6)养护水平

较好的路面养护能延长路面的正常使用寿命。因此，养护水平对路面性能有很大影响。研究发现，老路的路面性能预测曲线斜率较缓甚至趋于零，原因很可能是日常养护及其他养护措施在发生作用。开发路面性能预测模型时需要注意，当路龄较大时，预测曲线斜率可能小于零，这显然不符合路面性能发展规律，原因是老路的养护力度要比一般公路大得多。

(7)路面材料

材料对沥青混凝土路面的性能有很大影响，主要体现在沥青和石料种类、性质及地区的差异。

(8)指标间的相互影响

Visser 等认为平整度是结构数变量 *SNC* 的连续函数，这说明路面强度与平整度有比较直接的联系。由于路面强度、裂缝、坑槽、壅包等破损也破坏了路面的完整性，导致了路面不平整性的加剧，因此，平整度也是路面强度及裂缝、坑槽、壅包等的函数。

(9)其他因素

其他因素对路面性能也有一定的作用，这些因素包括车辆特性、排水和植被。

4.2.3 路面性能预测模型形式

路面性能预测模型可按影响因素及预测机理分为：①经验预测模型(empirical model)，对实测数据用多元回归技术回归；②力学预测模型(mechanistic model)，根据理论分析及室内试验得到方程和系数；③力学—经验预测模型(mechanistic-empirical model)，首先建立力学模型，再用实测数据标定模型系数。从表达方式上也可分为确定型和概率型路面性能预测模型。

1)确定型预测模型

与路龄有关的经验型路面性能预测模型一般是确定型的，即满足给定条件模型所给出的预测结果是唯一的。确定型模型的常用表达方式包括直线、负指数曲线和 S 形曲线。

(1)经验预测模型

建立经验预测模型时，首先确定路面与某项性能有关的各项因素，再分析路面性能与这些因素的相关关系，然后通过这些确定的因素来预测路面性能。

美国南达科他州(South Dakota)路面管理系统应用了经验预测模型来进行路面性能预测。在建立模型的过程中,路面性能预测方法的选择是非常重要的,随意或错误地选择预测方法将导致昂贵的代价,有时甚至不能进行路面优化决策;开发路面性能预测模型另一个重要方面是确定影响路面性能的因素,如交通量、气候、路面结构和路面类型等,这些因素的确定影响路面性能预测的准确性和适用范围。该模型包括如下指标的预测:①综合破损指标;②平整度;③环境破损折减系数总和;④龟裂;⑤综合系数。

研究发现路面性能的数据分布不符合直线规律,而是符合S形曲线或高次曲线,因此该预测模型选择了非线性的曲线。模型中应用了高达四次的高次方程,这种方程的特点是可以描述复杂形状的曲线。该路面性能预测模型的开发采用了专家委员会评议的方法,该方法的优点是便于专家系统的开发,可每年完成一次性能曲线的更新,性能曲线可很容易地增加、修改和删除。

美军工程公司开发的PAVER系统应用了比较简单的经验型预测模型。其路况指数*PCI*的范围为0~100,它是PAVER评价的基础。*PCI*根据路面破损类型、严重程度和范围确定,有:

$$C = 100 - bX^m \tag{4-1}$$

式中:C——以*PCI*表示的路面状况;

b——斜率系数;

X——路龄,月;

m——确定曲线曲率的参数。

模型的可靠性以最高回归系数值为标准,分析发现$m = 1.5$时模型符合程度最高。

明尼苏达州运输部在1984年针对路面破损和服务性能指数*PSI*开发了路面性能预测模型。在模型中考虑了下列因素:①服务等级;②路面数据,包括材料类型、厚度和修建年份等;③路况数据,包括破损、表面状况指数*SR*(Surface Rating)和服务能力分级*PSR*;④交通量,包括*AADT*和货车平均日交通量*HCADT*;⑤弯沉和土壤数据。模型预测罩面后*PSR*的提高值见式(4-2)或式(4-3)。

$$\Delta PSR = 0.72 + 0.0783SR_{bf} + 0.013OL \tag{4-2}$$

$$\Delta PSR = 2.86 + 0.164SR_{bf} + 0.87PSR_{bf} \tag{4-3}$$

式中:ΔPSR——*PSR*的提高值;

SR_{bf}——罩面前的*SR*值;

OL——罩面厚度;

PSR_{bf}——罩面前的*PSR*值。

理论上讲,*PSR*的提高应与罩面厚度有关,但从分析结果来看,*PSR*的提高与罩面厚度并无明显关系,反而与罩面前的*PSR*有很大关系。

在开发该州预测模型过程中,有很多重要发现,例如:每年*PSR*的损失要比预想的小;高等级公路*PSR*的损失速率要比一般公路高;材料性能对沥青混凝土路面影响很大;新沥青路面保持良好性能的时间要比罩面长久。

挪威公路局在1986年至1990年开发了PMS并建立了平整度预测模型,作为路面优化决策的基础。预测模型的形式如下:

$$IRI_d = IRI_i + (IRI_l - IRI_i)\left(\frac{A_d}{A_l}\right)^{1.5} \tag{4-4}$$

式中：IRI_d——某年预测平整度；

IRI_i——初始平整度；

IRI_1——路龄为 A_1 时的平整度；

A_d——预测年限路龄；

A_1——有平整度记录的某年路龄。

该模型是在考虑路面结构、横断面、交通量和气候等影响因素基础上开发的，但模型适用范围受影响因素影响较大，当影响因素发生变化时需要对模型进行修正。

(2)力学预测模型

力学模型是利用弹性理论模型或黏—弹性理论模型，通过结构分析得到路面在荷载作用下的应力、应变或位移方程，模型参数可由室内试验确定。力学模型有充足的理论依据，但计算复杂，工作量大。由于它与路面管理采集的数据不一致，所以在路面管理系统中应用得不多。作为实例，Chua 等根据破坏标准由结构反应来计算路面破损，通常被接受的疲劳裂缝破坏标准如下：

$$N_f = 18.4C(4.325 \times 10^{-3} \varepsilon_t^{-3.291})\left(\frac{E^*}{6.89}\right)^{-0.854} \tag{4-5}$$

式中：N_f——沥青层中最大拉应变为 ε_t、裂缝为 45% 时的容许荷载重复次数；

C——与沥青含量和压实度有关的系数；

ε_t——沥青层中最大拉应变；

E^*——动态沥青混合料模量，kPa。

(3)力学—经验预测模型

①性能和经济评价系统(PERS)

在性能和经济评价系统中，Ullidtz 假设路面裂缝是由路面微隙和微缝发展来的。建立路面破损预测模型时，首先定义破损指标 w，见式(4-6)。假设胡克定律适用式(4-7)，即材料模量的降低直接导致破损路面的增加。沥青老化也可以通过沥青模量与沥青层龄期的函数关系得到，见式(4-8)，由此式可建立路面破损与路龄的关系。

$$\omega = \frac{A}{A_0} \tag{4-6}$$

$$\frac{E}{E_0} = 1 - \omega \tag{4-7}$$

$$E_t = E_0(A' - B \times age)^4 \tag{4-8}$$

式中： E——破损材料的弹性模量；

E_0——材料原始弹性模量；

A——破损面积；

A_0——路面总面积；

E_t——在时间 t 时材料的弹性模量；

A'、B、age——常量系数。

路面永久变形是与时间或荷载重复次数有关的因素，在 PERS 中，根据面层压缩应变或应力的经验关系计算，有：

$$P_d = A\left\{\frac{N}{10^6}\left[\frac{s}{B\left(\frac{E}{C}\right)^a}\right]^b\right\}^c \tag{4-9}$$

式中：　P_d——永久变形；

N——荷载量；

s——名义应力；

E——破损材料弹性模量；

A、B、C、a、b、c——常量参数。

②美国俄亥俄州路面管理系统(Ohio PMS)

美国俄亥俄州(Ohio)交通系统开发了第三代的PMS。该系统利用野外采集的数据开发了路面破损的预测模型。预测指标采用了范围为0～100的路况分级指标PCR。计算方法是：

折减数＝破损权重×严重性权重×范围权重

PCR＝100－各种破损的折减数总和

预测模型采用了负指数曲线：

$$D = e^{-\frac{A}{T}} \tag{4-10}$$

式中：D——路面破损；

T——时间或交通量；

A——路面特性参数。

计算A时，首先应计算路面面层和基层参数。其中，面层参数(综合弹性模量)由式(4-11)计算，基层参数由式(4-12)计算。A值则可由式(4-13)估算。当采用标准轴载时，模型可由式(4-14)表示。

$$H = 0.1\sum_{m=1}^{n} H_m \left(\frac{E_m}{2\ 000}\right)^{\frac{1}{3}} \tag{4-11}$$

$$I = \frac{E_s}{1\ 000} \tag{4-12}$$

$$A = a_1 H^{a_2} I^{a_3} \tag{4-13}$$

$$D = e^{-\frac{a_1 H^{a_2} I^{a_3}}{(P+1)^{a_4}}} \tag{4-14}$$

式中：　H——路面面层参数；

m——路面面层层数；

H_m——m层路面厚度；

E_m——m层路面弹性模量；

I——基层参数；

E_s——基层弹性模量；

a_1、a_2、a_3、a_4——回归得到的常量；

P——标准轴载。

③路面性能数学模型(MMOPP)

Ullidtz在路面性能数学模型MMOPP(Mathematic Model of Pavement Performance)中建立了路面破损与荷载交通量和应力的关系。在单轴拉伸情况下，材料模量的降低与横断面积的丧失有关，破坏率可用式(4-15)表示。在动态轮载下，应力状况非常复杂，直接计算路面破坏需要进行复杂的有限元分析，替代办法是利用沥青面层底部的应变ε，据此建立的经验模型见式(4-16)。

$$\frac{dA}{dN} = K\left(\frac{1}{\sigma} - \omega\right)^n \tag{4-15}$$

$$\frac{\Delta E}{E_0}=K\varepsilon^n\Delta N \tag{4-16}$$

式中：dA——由荷载重复次数 dN 造成的路面有效横断面积的减少；

σ——单位面积内平均应力；

ω——路面面积损失与原来面积之商的破坏指标；

E_0——材料原始弹性模量；

ΔN——荷载重复次数的降低值；

K、ε——材料常量；

ΔE——材料弹性模量的降低值。

2）概率型模型

确定型模型有易于建模、易于理解和易于应用等优点。但是，路面性能的预测有不确定性，确定型模型则无法解决此问题，所以，目前不少 PMS 应用概率方法开发了路面性能预测模型。概率型模型包括马尔可夫概率转移矩阵和贝叶斯概率方法。

马尔可夫模型可用于路面决策模型进行动态优化以得到合理的养护计划。在 Wang 等的模型中，路面性能评价采用 PCI，以 10 为间隔，将当前路况分为 10 个状态进行离散，形成初始状态矩阵 $P^{(0)}$。根据日常养护和一般养护措施的应用效果，分别得到从状态 i 到状态 j 的转移概率 P_{ij} 及概率转移矩阵 P。第二年及以后各年的 PCI 的分布见式(4-17)和式(4-18)。

$$P^{(1)}=P^{(0)}\times P \tag{4-17}$$

$$p^{(n+1)}=p^n\times p=p^{(0)}\times p^n \tag{4-18}$$

马尔可夫预测模型的优点是，考虑了路况预测的不确定性，在数据较少时结合工程经验建模准确性相对较高，而且模型可以从使用寿命的任一年开始预测；缺点是，对状态概率转移矩阵进行预测不如对路况指标预测直观。

3）其他方法

随着人工智能技术的发展，更多的新技术已被应用到路面性能预测模型中。如专家系统（Haas，1994 年）可综合融会路面管理专家的经验，并建立知识库，从而使计算机能够模拟人类专家对各种条件下的路况进行预测。人工神经网络 ANN 与一般的统计方法相比，有很多优点，ANN 能够模拟人类的思考与判断过程，根据已有的历史数据对其中的规律进行总结，并对复杂预测提供实时的解答，预测时不需要专家的介入或专门的知识。

4.3 路面使用性能模型的建模方法与技术

4.3.1 建模方法

许多国家和地区依据各自管理系统的要求和条件已经提出了多种建模方法，并建立了相应的使用性能模型。概括而言，不外乎确定型和概率型两种基本类型，相应的建模方法也不尽相同，下面分别予以介绍。

1）确定型模型的建模方法

在现有的路面管理系统中，较多采用确定型模型预估路面的基本反应（应力、应变或位移等）、结构性能、功能性能和使用寿命（以累计轴载作用次数或时间计）等。这种模型的建模方法主要有力学法、力学—经验法和经验(回归)法三种。下面依次介绍各种方法的原理、实例和特点。

(1)力学法

力学法是指利用弹性理论模型(弹性层状体系或弹性地基板)或黏—弹性理论模型,通过结构分析得到路面在荷载作用下的应力、应变或位移反应。分析时,路面各结构层的计算参数(模量值),可采用无破损试验或钻取试样后由室内试验确定。目前较理想的方法是,采用落锤弯沉仪(FWD)进行多点路表弯沉值测定,由计算分析确定各结构层的模量。力学建模法有较为成熟的理论基础,但计算复杂,工作量大,并且只能用来建立路面的基本反应(应力、应变或弯沉等)模型。如要利用力学分析的结果预估路面的结构性能和功能性能,则需采集使用性能观测数据,以建立使用性能与路面基本反应的经验(回归)关系。这就产生了另一种建模方法——力学—经验法。

(2)力学—经验法

这种建模方法由两部分组成。第一部分是力学分析,确定路面各结构层的模量值,计算在设计条件下的临界应力、应变或位移值。第二部分是建立路面反应(应力或应变等)与使用性能参数衰变速率之间的经验关系。

现有的各种路面结构设计方法,大多采用疲劳开裂、车辙或路表弯沉等指标作为衡量路面结构损坏的标准。通过室内试验和(或)野外观测,建立路面反应(应力、应变或位移等)与达到损坏时的标准轴载作用次数的经验方程。例如,美国沥青协会的沥青路面设计方法中,根据室内小梁疲劳试验结果,并按 AASHTO 试验路观测资料进行调整,得到轮迹带开裂量为 10% 以下时沥青混凝土面层的疲劳方程:

$$\lg N_{\mathrm{f}} = 15.947 - 3.291 \cdot \lg \frac{\varepsilon_{\mathrm{t}}}{10^{-6}} - 0.854 \cdot \lg \frac{E^{*}}{10^{3}} \tag{4-19}$$

式中:N_{f}——达损坏时,80kN 当量单轴荷载的作用次数;

ε_{t}——沥青混凝土面层的最大拉应变;

E^{*}——沥青混凝土材料的复数模量。

又如,通过分析 AASHTO 试验路资料和得克萨斯州路况调查资料,得到的水泥混凝土路面疲劳方程(裂缝指数为$\frac{50\mathrm{ft}}{1\,000\mathrm{ft}^2}$,1ft = 0.305m):

$$N_{\mathrm{f}} = 46\,000 \left(\frac{\sigma}{\sigma_{\mathrm{f}}}\right)^{3.0} \tag{4-20}$$

式中:σ——水泥混凝土面层的最大应力;

σ_{f}——水泥混凝土的抗弯拉强度。

可以看出,利用上述疲劳方程就可以按路面反应的实际荷载级位预估路面的使用寿命,或者预估路面使用性能的衰变速率。然而,所能预估的仅为疲劳开裂这一种结构性能变量。

大多数人对路面结构设计方法考虑的是各种结构损坏,所建立的是路面的应力、应变或位移反应与结构性能变量间的经验关系,因此,只能预估结构性使用性能,无法预估功能性使用性能。路面的结构损坏与行驶质量(服务能力)之间有一定的联系,但无确定的关系。为了能按路面的荷载反应级位预估功能性使用性能,目前提出了两种方法:

第一种方法是,利用 AASHTO 试验路面的现时服务能力指数(PSI)公式:

$$PSI = 5.03 - 1.91 \cdot \lg(1 + \overline{sv}) - 0.01\sqrt{c + p} - 1.38\,\overline{RD}^2 \tag{4-21}$$

式中：$\overline{sv}$——两条轮迹的平均纵向坡度偏差；

c——每 1 000ft^2(92.9m^2)出现 2 级或 3 级裂缝的面积(ft^2, 1ft = 0.305m)；2 级裂缝指连成网状的裂缝；3 级裂缝指沥青面层成松散的碎块；

p——修补面积；

$\overline{RD}$——两条轮迹的平均车辙深，车辙定义为 4ft(1.22m)直尺中心处路表的凹陷，间隔 25ft(7.5m)量测一次。

通过结构分析可以确定路面疲劳开裂量、车辙深度和纵坡方差随时间的变化，由此按式(4-21)预估 PSI 的变化速率。其中，纵坡方差是通过分段计算，并考虑材料和施工条件变异的各路段永久变形后得到的(参见美国联邦公路局的 VESYS-Ⅳ系统)。

第二种方法是，重新整理 AASHTO 试验路资料，对各试验路段进行结构分析，确定相应的荷载应力和应变级位，然后与现时服务能力指数的变化相关联，提出有关的预估方程。例如，丹麦的乌里兹(P. Uilidtz)提出了如下关系式：

$$N_f \times 10^{-6} = 0.5(P_i - P_t)\left[\frac{\sigma_i}{0.12}\left(\frac{E_i}{160}\right)^{-a}\right]^{-3.26} \tag{4-22}$$

式中：N_f——初始 $PSI(P_i)$下降到最终 $PSI(P_t)$时的荷载重复作用次数；

E_i、σ_i——第 i 层结构的弹性模量和主法向应力；

a——系数(当 $E < 160\text{MPa}$ 时，$a = 1.16$，否则 $a = 1.0$)。

从以上所示的几个模型可以看出，力学—经验方法不仅可用于预估路面的使用寿命(以累计轴载作用次数计)和结构性能(如开裂、车辙等)，而且通过将路面反应与路服务能力相关联，还可以进行功能性能预估。

力学—经验方法所建立的模型是理论计算(结构分析)和实测数据相结合的产物。模型的形成和引入的变量可以根据专业理论知识确定，而系数则是通过对使用性能参数的实测数据和结构分析得到的路面反应级位进行回归分析得出的。应用力学—经验方法建模，需要对特定路面结构进行应力、应变或位移量分析，分析时当然要考虑到交通和环境条件以及路基路面材料参数的变化。因此，这类模型结构复杂，计算工作量大，但外推性能好，通常适用项目级管理系统。

(3)经验(回归)法

在预估精度容许的情况下，为了避开力学—经验法复杂的结构分析，可以利用多元回归分析技术建立回归方程，以预估使用性能变量随某些影响变量(如路龄、交通、路面结构等)的变化。所考虑的影响变量数较多时，可采用逐步回归分析技术筛选出有统计意义的变量。

20 世纪 60 年代初，美国 AASHTO 试验路首次提出了使用性能—服务能力的概念，并在整理试验路资料后提出了最早的功能性预估模型——现时服务能力指数 PSI 的预估公式：

$$PSI = P_i - (P_i - P_t)\left(\frac{N}{\rho}\right)^{\beta} \tag{4-23}$$

式中：P_i、P_t——分别为 PSI 的初始值和最终值；

ρ——与路面结构和交通参数(轴型和轴载)有关的参数；

β——控制使用性能变坏速率(曲线曲率)的指数；

N——80kN 当量车轴荷载累计作用次数。

利用上式可以预估路面服务能力随荷载作用而下降的速率。然而，它的应用受到了

AASHTO 试验路的特定环境和特定荷载作用条件的限制。为了克服其局限性,充分利用 AASHTO 试验路的研究成果,有的研究人员提出了一些修正补充公式或方案,以考虑 AASHTO 道路强化试验中未得到充分反映的环境、路面老化和日常养护水平的影响。

美国空军的 PAVER 管理系统采用路面状况指数 *PCI* 作为使用性能变量。利用逐步回归分析方法,对分布在全国各地的 37 个空军基地的路面状况进行分析后,整理得到 *PCI* 的预估方程:

$$PCI = 100 - \left[y\left(\frac{1.487}{a_s} + 0.143y_c + \frac{0.656}{T_a} - 1.23A_a \right) \right] \tag{4-24}$$

式中:y——路面建成后或新近一次加铺后的年数;

y_c——路面建成后到最近一次加铺之间的年数,如尚未加铺,则 $y_c = 0$;

a_s——与路面总厚、路基 *CBR* 值、当量单轮的接触面积和接触压力有关的函数;

T_a——沥青面层厚度(如有加铺层,则也包括其厚度),in(1in = 2.54cm);

A_a——与沥青面层厚度、基层 *CBR* 值、当量单轮的接触面积和接触压力有关的函数。

美国华盛顿州的管理系统,把路面平整度和路面损坏状况两方面综合成一个评价指标 *R*,以此作为使用性能变量。该管理系统综合 13 年的观测资料,分别为不同类型的路面和养护或改建对策提出综合使用性能指标 *R* 的预估模型。例如,对柔性路面提出:

$$\begin{aligned} &\text{日常养护} && R = 99.85 - 0.211\,12y^{2.25} \\ &\text{2.5cm 加铺层} && R = 100 - 1.410\,88y^{2.00} \\ &\text{4.5cm 厚加铺层} && R = 100 - 0.136\,37y^{2.50} \end{aligned} \tag{4-25}$$

式中:y——年数。

依据广东和北京两省市干线公路网沥青路面近年来积累的路况资料,通过整理和分析建立了路面状况指数 *PCI* 和行驶质量指数 *RQI* 的预估模型:

$$PCI = 100e^{-ay^b} \tag{4-26}$$

$$RQI = \begin{cases} ce^{-dy} \\ 5.0e^{-cy^d} \end{cases} \tag{4-27}$$

式中: y——路面建成后或新近一次改建后的年数;

a、b、c、d——回归系数,分别见表 4-1 和表 4-2。

路面状况指数 *PCI* 预估模型参数 表 4-1

地区	面层	基层类型	交通等级	*a*	*b*	*R*	*S*	*F*	*n*
北京	薄面层	碎(砾)石基层	轻	0.076 6	0.821	0.824	4.96	201	101
			中	0.083 6	0.851	0.902	5.08	924	216
			重	0.099 2	0.906	0.783	7.84	84	54
			特重	0.156 0	0.606	0.992	1.31	907	18
		半刚性基层	轻、中、重、特重	0.119	0.681	0.908	5.05	257	58
				0.121	0.786	0.814	5.04	64	31
	厚面层	碎(砾)石	轻、中、重、特重	0.075 7	0.700	0.843	6.28	46	26
				0.078 2	0.945	0.490	14.20	27	44
广东	薄面层	碎(砾)石	—	0.254	0.299	0.573	5.39	180	369
		半刚性		0.193	0.301	0.396	9.16	36	180

行驶质量 *RQI* 预估模型参数 表 4-2

地区	面层类型	*c*	*d*	*R*	*S*	*F*	*n*
北京	薄面层	4.97	0.064	0.90	0.391	1 948	458
	厚面层	5.08	0.039	0.70	0.490	39	38
广东	薄面层	0.072	0.841	0.45	0.290	56	226

此外,通过探讨路面损坏状况与路面结构强度(以路表弯沉值 l 表征)之间的关系,还提出了用路况指数 *PCI* 预估路表弯沉 l 的关系式:

$$l = \left(\frac{e}{PCI}\right)^{\frac{1}{m}} \tag{4-28}$$

式中:m、e——回归系数,见表 4-3。

弯沉 l 预估模型参数 表 4-3

地区	基层类型	*e*	*m*	*R*	*S*	*F*	*n*
北京	砂(砾)石基层	627.00	0.548	0.802	7.36	1 136	602
	半刚性基层	985.30	0.706	0.889	5.27	556	136
广东	—	330.57	0.327	0.390	4.62	125	136

表 4-1、表 4-2、表 4-3 中,R 为相关系数;S 为标准偏差;F 为 F 检验值;n 为样本数。

以上几种预估模型,无论是因变量还是自变量,所选用的大多是较粗略的或较综合的指标,这类模型较适用于省市级管理系统。除此之外,可以采用单项的损坏指标作为因变量,而相应地采用有关结构、交通和环境等影响因素作为自变量,建立可供项目级管理系统用的预估模型。例如,美国为水泥混凝土路面建立的评价系统(COPES)中,开裂的预估模型为:

$$\begin{aligned} C_r = {} & N^{2.755}\left[3\,092.4(1-S)\times\left(\frac{\sigma_e}{\sigma_f}\right)^{10}\right] + N^{0.5}\left[1.233T^{2.0}\times\left(\frac{\sigma_e}{\sigma_f}\right)^{2.868}\right] + \\ & N^{2.416}\left[0.229\,6\times FI^{1.58} + \left(\frac{\sigma_e}{\sigma_f}\right)^{7.31}\right] \end{aligned} \tag{4-29}$$

式中:C_r——裂缝总长度,ft/(车道·mile)(1ft = 0.305m,1mile = 1 609.3m);

S——路基土类参数,细粒土 $S=0$,粗粒土 $S=1$;

N——80kN 当量单轴荷载作用次数;

σ_e——40kN 单轮荷载的板边应力;

σ_f——混凝土抗弯拉强度;

T——7 月份平均最高温度和 1 月份平均最低温度之差;

FI——冰冻指数。

采用经验(回归)方法建立使用性能预估模型,得到的只是使用性能变量与其影响变量之间的某种程度的统计拟合,回避了自变量(影响变量)对因变量(使用性能变量)影响的物理性质的机理分析,其可靠性不仅取决于有关资料和数据的准确性与充分性,而且也依赖于建模人员对所选用的使用性能变量与其影响变量之间关系的理解和认识程度。特别是当有些使用性能属性的衰变机理尚不清楚时,采用经验法建模具有明显的优势。这类模型结构简单,易于更新。若所选用的使用性能参数是较综合的指标,如 *PSI* 和 *PCI* 等,适用于网级系统;若选用单项结构性能或功能性能指标,如开裂、车辙和平整度等,则较适用于项目级系统。

2)概率型模型的建模方法

由于影响路面使用性能变化的因素,如荷载、环境、材料性能和养护水平等,都具有不同程度的变异性,使用性能变化的速率是不确定的,它可能比预期的快,也可能比预期的慢。显然,确定型模型无法反映使用性能变化速率的这种不确定性,因而并不能保证得到可靠预估。所以,有必要研究概率型模型的建模方法,以建立能够表达使用性能不确定性变化的概率型模型,供路面管理系统尤其是网级管理系统使用。

前已述及,概率型模型主要有残存曲线模型、马尔可夫模型和半马尔可夫模型3种,但应用最多且最为完善的是马尔可夫模型,其主要原因是马尔可夫过程为这种模型提供了合理的结构。应用马尔可夫过程建模的步骤主要包括:①选择使用性能变量,定义路况状态;②为不同路面类型或各种养护和改建措施分别提出转移概率矩阵;③利用转移概率矩阵预估某时段处于某种路况状态的概率。

使用性能变量主要依据整个系统的要求和条件确定,既可采用综合指标(如*PSI*、*PCI*等),也可采用开裂、平整度等单项指标。所选定的使用性能变量,按其变化范围划分为若干个离散等级,称作路况状态。例如,*PCI*变化在0~100之间,可等分为10个状态,每个状态覆盖10分。在某时段,处于不同状态的路段的百分率(概率),称为该时段的状态矢量阵$\tilde{p}(t)$。对于使用t年处于状态i的路段,经过一段时间后转变成状态j的概率,称作第t年的转移概率p_{ij},这一路段的转移矩阵$P^t=P^t_{ij}$。

设路段第t_0年的状态矢量为$\tilde{p}(t_0)$,则经过t年后,路段的状态矢量阵为$\tilde{p}(t_0+t)$,根据马尔可夫无后效性则有:

$$\tilde{p}(t_0+t)=\tilde{p}(t_0)\times P^{t_0+1}\times P^{t_0+2}\times\cdots\times P^{t_0+t-1}=\tilde{p}(t_0)\times\prod_{r=1}^{t-1}P^{t_0+r} \tag{4-30}$$

假设转移过程是静态的,亦即转移概率不随时间变化,则式(4-30)可简化如下:

$$\tilde{p}(t_0+t)=\tilde{p}(t_0)\times P^t \tag{4-31}$$

不难看出,转移概率矩阵是马尔可夫模型的核心内容和关键所在。然而,对一个路网而言,不同路面结构、不同交通水平、不同使用龄期的路面具有不同的使用性能衰变特性,亦即转移概率矩阵不是唯一的。所以,为了增加马尔可夫模型的预估能力,应将路网划分为具有某种程度共性(如相同地区、相同路面结构和相同使用龄期等)的子网,然后分别为每个子网建立转移概率矩阵。

目前,有经验判断、统计分析和回归分析3种方法可用于确定转移概率矩阵。

(1)经验判断

在缺少路况监测数据的情况下,可以根据工程经验主观确定转移概率矩阵。例如,尼日利亚的管理系统采用综合评价指标,并规定了7种路况状态。该管理系统通过向有经验的工程师咨询,为6种典型养护和改建对策分别拟定一个转移矩阵,其中为2.5cm厚沥青混凝土加铺层提出的转移概率矩阵见表4-4。

2.5cm 加铺层转移概率矩阵 表4-4

由路况状态i	到路况状态j						
	1	2	3	4	5	6	7
1	80	15	5				
2	5	60	20	15			

续上表

由路况状态 i	到路况状态 j						
	1	2	3	4	5	6	7
3	0	5	50	35	10		
4	0	0	5	30	45	15	5
5	0	0	0	5	30	45	20
6	0	0	0	0	5	75	20
7	0	0	0	0	0	5	95

显然,这种凭经验确定的转移概率矩阵,可靠性较差。然而,可通过数年的应用和验证,逐步修正使之趋近客观的状态转移规律。在缺少路况观测数据支持的情况下,不失为一种临时变通的方法。

(2)统计分析

在具备数年路况监测数据的条件下,为了克服主观经验确定转移概率矩阵的不可靠性,可以利用统计分析方法,为每个预先划定的子网或每种路面对策,分别计算路面状况经过某一时段由某一状态到达另一种状态的频率(百分率),并以此作为转移概率矩阵的元素,形成转移概率矩阵。例如,加拿大安大略省的 PARS 管理系统按地区和面层厚度将路网划分为 20 个子网,然后针对不同使用龄期的路段(<5 年,5 ~10 年, >10 年)提出了三阶结构的转移概率矩阵,以适应不同的路况信息积累水平。

应用统计分析方法建立转移概率矩阵的可靠性,主要取决于路况数据监测时期的长短和数据采集的精度,路况监测时间越长,数据采集精度越高,统计分析所建立的转移概率矩阵越可靠。这种方法逻辑简单,易于理解接受,但数据采集工作量大,周期长,费用高。

(3)回归分析

在路况监测数据的积累不足以采用统计分析建立可靠的转移概率矩阵,而又对经验判断拟定转移概率矩阵的不可靠性有所顾虑的情况下,利用有限的路况数据,采用回归分析方法确定转移概率矩阵无疑是最佳的选择。这种方法首先对所选择的使用性能变量及其影响变量进行回归分析,建立回归方程。然后,利用得到的回归方程计算某一时段末因变量的期望值和方差,据此可得出使用性能变量预估值的概率分布。已知路面的现状,通过离散预估时段末的概率分布,便可以计算出在这一时段内的转移概率 P_{ij},即路面从状态 i 转移到状态 j 的概率。

①美国亚利桑那州路面管理系统

亚利桑那州路面管理系统较成功地应用了回归分析方法建立使用性能概率模型。该系统所选用的使用性能变量为平整度和开裂量两项。使用性能影响变量为现有平整度、现有开裂量、上一年开裂量的变化和初裂指数。每项路况变量划分为不同的等级,见表 4-5。

地区和交通量分级 表 4-5

分　级	地区系数	平均日交通量	分　级	地区系数	平均日交通量
1	0 ~ 1.7	0 ~ 2 000	3	> 1.7	> 10 000
2	1.8 ~ 2.7	2 001 ~ 10 000			

不同等级的路况变量的组合，构成路况状态。按各变量的分级数，可组合成135种状态，扣除其中15种不可能组合，余下共有120种路况状态。如以S表示路况状态，则有：

$$S_n=(R_i,C_j,\Delta C_{p_k},IC_m) \tag{4-32}$$

其中：$n=1,\cdots,120$；$i=1,\cdots,3$；$j=1,\cdots,3$；$k=1,\cdots,3$；$m=1,\cdots,5$。

状态转移概率定义为：路面在采用改建对策a_k后，路况在单位时段（1年）内从状态n_1转移到状态n_2的可能性。

整个路网按地区和交通量的不同各划分3级（表4-5），因此共有9个子网，每个子网120种路况状态。

系统采用建立预估路面使用性能回归方程的方法得到转移概率。通过对3个地区不同龄期的路面的使用性能变量及其影响变量进行分析后，得到下述方程：

开裂量：

$$\Delta C_n=0.55\Delta C_p+0.031\Delta C_p C+0.01R_g^2+0.05R_g C-0.0059C^2+0.186$$
$$(R^2=0.70,S=0.64,F=84) \tag{4-33}$$

平整度：

$$\Delta R_n=0.138R+2.65R_g^2-0.047R_g R-0.125$$
$$(R^2=0.54,S=10.4,F=38) \tag{4-34}$$

式中：ΔC_n、ΔR_n——第二年开裂量和平整度的变化；

C,R——现有开裂量和平整度；

ΔC_p——前一年的开裂量变化；

R_g——地区系数。

利用上述回归方程，可以计算第二年的开裂量和平整度变化（$\Delta C_n,\Delta R_n$）的期望值和方差，由此可得到第二年的开裂量C和平整度R，以及相对于下一年而言的上一年的开裂量变化的概率分布，并假定这些概率分布服从正态规律。如将这些连续的概率分布先分别在各自等级上离散，可得到各状况变量在其等级上的转移概率$P_{li,lj}$（图4-1）。

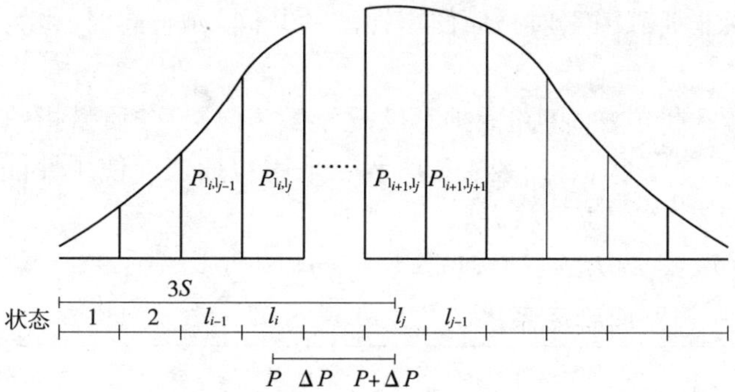

图4-1　概率分布离散化方法

然后，按下式计算路况状态的转移概率：

$$P_{s_{n_1,n_2}}=P^R_{i_1,i_2}\times P^C_{j_1,j_2}\times P^{\Delta C_p}_{k_1,k_2}\times P^{IC}_{m_1,m_2} \tag{4-35}$$

式中：$P_{s_{n_1,n_2}}$——路况状态由n_1转移到n_2的概率；

$P^R_{i_1,i_2}$——现有平整度由i_1等级转移到i_2等级的概率；

$P^C_{j_1,j_2}$——现有开裂量由j_1等级转移到j_2等级的概率；

$P^{\Delta C_p}_{k_1,k_2}$——前一年开裂量由k_1等级转移到k_2等级的概率；

P_{m_1,m_2}^{IC}——初裂指数由 m_1 等级转移到 m_2 等级的概率；

n_1——由现有平整度等级 i_1、现有开裂量等级 j_1、前一年开裂量变化的等级 k_1 和初裂指数等级 m_1 决定的路况状态；

n_2——由第二年的平整度等级 i_2、开裂量等级 j_2、开裂量变化等级 k_2 和初裂指数 m_2 决定的路况状态。

由状态转移概率构成路况状态转移矩阵 P 为：

$$P = (P_{s_{n_1,n_2}})_{120\times 120} \quad (n_1 = 1,\cdots,120; n_2 = 1,\cdots,120)$$

有了状态转移概率和转移概率矩阵，就可以按式(4-32)推算各个子网内某种改建对策下，路面在不同时段内处于各种路况状态的概率。路面处于某种路况状态的概率，也可解释为全部路面中预期处于某种路况状态的比例。这样，就可以为某种改建对策推算路网内在某时段处于某种状态的路面比例，在此基础上，便可按预先约定的使用性能标准进行路网需求分析，并可按现有的投资规模进行路网投资分配。

②北京市公路沥青路面管理系统

将北京的路网按基层类型、面层厚度和交通量等级分别划分 2×2×4=16 个子网，如表4-6所示。

基层类型、面层厚度和交通量分级 表4-6

基层类型	面层类型	交通量等级
砂(砾)石基层	薄面层≤3cm	轻交通 0~500 辆/昼夜
		中交通 501~2 000 辆/昼夜
半刚性基层	厚面层>3cm	重交通 2 001~5 000 辆/昼夜
		特重交通>5 000 辆/昼夜

选用路况指数 *PCI*、行驶质量指数 *RQI* 和结构承载能力 *SC*(以路表弯沉和现有交通量共同表征)作为路面使用性能变量。使用性能影响变量选用路面使用年数这一时间变量，以反映荷载因素和环境等非荷载因素对路面使用性能的共同影响，同时，也为路况状态转移概率的计算提供方便。

依路面使用性能评价方法，将路面损坏状况指数 *PCI*、行驶质量指数 *RQI* 和结构承载能力 *SC* 分别划分为若干个子状态，如表4-7所示。采用包括三项使用性能属性的向量形式表示路况状态，共有 6×3×3=54 种状态。

$$S_i = (PCI_i, RQI_j, SC_m) \quad (i = 1,\cdots,54; j = 1,\cdots,6; m = 1,\cdots,3) \tag{4-36}$$

***PCI*、*RQI* 和 *SC* 分级** 表4-7

分级	路况指数 *PCI*	行驶质量指数 *RQI*	结构承载能力 *SC*
1	100~90	>2.9	足够
2	89~80	2.9~2.2	临界
3	79~70	<2.2	不足
4	69~60		
5	59~50		
6	<30		

通过对现有路况数据的回归分析，分别为各个子网建立路面状况指数 *PCI*、行驶质量指数 *RQI* 和路表弯沉值 l 与路面使用年数 y 的回归方程，如式(4-26)、式(4-27)、式(4-28)所

示。利用这些回归方程，可以计算第二年路面状况指数 *PCI*、行驶质量指数 *RQI* 和路面弯沉值 l 的期望值和方差，由此可得到第二年使用性能属性的概率分布，并假定这些概率分布服从正态规律。将这些连续的概率分布先在各自的子状态上离散，得到各使用性能变量在其各子状态上的转移概率，计算步骤如下：

a. 确定状态中值 $M=(m_1,m_2,\cdots,m_i,\cdots)$；

b. 以 i 状态中值 m_i 代入回归方程，计算使用年数 y_i；

c. 以年数 y_i+1 代入回归方程，求得一年后的某使用性能变量 B 的期望值 B_E；

d. 假定使用性能变量在其各个子状态上呈正态分布。以 B_E 为均值，以回归方程精度 S 为标准离差，在所有可能状态上呈离散型分布。然后计算落在各个子状态上的概率 P_{ij}，最后形成使用性能变量在各自状态上的转移概率矩阵 $P=(P_{ij})_{n\times n}$。

上述计算步骤简示于图 4-2。

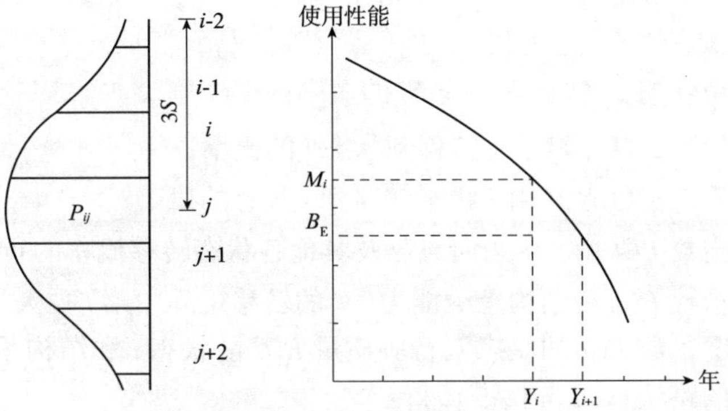

图 4-2　转移概率的计算方法

现以北京地区碎(砾)石基层、薄面层(≤3cm)、重交通的子网为例，其路况指数 *PCI*、行驶质量指数 *RQI* 的转移概率矩阵和路况指数 *PCI* 与路面结构承载能力 *SC* 的转换矩阵可按上述方法分别建立，见表 4-8 ~ 表 4-10。

路况指数 *PCI* 的状态转移概率矩阵　　表 4-8

由路况状态 i	到路况状态 j					
	1	2	3	4	5	6
1	0.528 4	0.382 5	0.084 7	0.004 4		
2	0.066 1	0.342 8	0.443 1	0.147 9	0.000 2	
3	0.004 1	0.081 5	0.377 4	0.530 0	0.007 0	
4		0.000 9	0.032 6	0.730 7	0.235 2	0.000 5
5				0.052 0	0.770 5	0.177 5
6					0.074 7	0.925 3

行驶质量指数 *RQI* 转移概率矩阵　　表 4-9

由路况状态 i	到路况状态 j		
	1	2	3
1	0.897 6	0.100 3	0.002 1
2	0.097 2	0.591 3	0.311 5
3	0.000 1	0.020 1	0.979 8

路况指数 PCI 和结构承载能力 SC 转换矩阵 表 4-10

由路况指数 PCI 的状态 i	到结构承载能力 SC 所处的状态 j		
	1	2	3
1	0.999 7	0.003	
2	0.901 2	0.096 5	0.001 4
3	0.192 6	0.601 1	0.206 3
4		0.007 7	0.992 3
5			1.000
6			1.000

有了上述各作用性能变量的状态转移概率矩阵，即可按下式确定包含各使用性能属性的路况状态转移概率，进而形成状态概率矩阵。

$$P_{s_i,s_j}=P_{ij}^{PCI}\cdot P_{ij}^{RQI}\cdot(\overline{P}_i^{PCI}+\overline{P}_j^{PCI\times SC})\tag{4-37}$$

式中：P_{s_i,s_j}——路况由状态 S_i 转移到状态 S_j 的概率；

P_{ij}^{PCI}——路况指数 PCI 由状态 i 转移到状态 j 的概率；

P_{ij}^{RQI}——行驶质量指数 RQI 由 i 状态转移到 j 状态的概率；

$\overline{P}_i^{PCI}$——路况指数 PCI 由 i 状态向自己及其他各状态转移概率的行矢量；

$\overline{P}_j^{PCI\times SC}$——路况指数 PCI 和结构承载能力 SC 的转移矩阵中第 j 列矢量；

S_i——由路况指数 PCI 的状态 i、行驶质量 RQI 的状态 i 和结构承载能力的状态 i 所决定的路状态，$S_i=1,\cdots,54$；

S_j——由路况指数 PCI 的状态 j、行驶质量 RQI 状态 j 和结构承载能力的状态 j 所决定的路况状态，$S_j=1,\cdots,54$。

与确定型模型相比较，马尔可夫概率模型有以下特点：

(1)能够反映荷载、环境、材料和养护水平等因素的变异性所导致的使用性能变化的不确定性，使预估结果更吻合实际。

(2)作为变起点模型，能够依据最近的路段信息，对未来使用性能的变化做出预估，使精度得到提高。

(3)不仅可以用于预估某一路段的使用性能变化，而且也能对路网的整体性能做出预估。

(4)模型能够随路况模型的建立不断更新；模型的结构能与网级动态优化方法达成最大限度的协调和统一。

4.3.2 建模技术

路面使用性能预估模型的建立，不仅要有科学的建模方法作为理论基础，而且也需要合理的建模技术加以指导。本节介绍建模的数据基础和一般程序。

1)建模的数据基础

(1)所需数据类型

无论是确定型模型还是概率型模型，其可靠性都依赖于有关资料和数据的齐备和准确。采集和积累与路面使用性能相关的各项数据，是建立可靠预估模型的必要步骤。建模所需数据类型如下：

①设计和施工数据:路段标识、道路等级、几何参数、路面结构和厚度、所用材料及路基土的性能参数等。

②养护和改建数据:曾采取过的养护和改建措施的类型、时间和费用等历史资料。

③使用性能监测数据:主要包括路面损坏状况、结构承载力、行驶质量和抗滑性能等方面参数的定期监测结果。

④交通数据:交通(日交通量、车型组成和交通增长率等)和标准轴载数(轴型、轴重和日轴载作用次数等)。

⑤环境因素:温度、降水量、冻融周期和太阳辐射等方面的数据。

上述各项数据需定期采集,这是路面管理系统最为重要的基础工作,同时也是费用最大的一项开支。

(2)选择试验路段

建立使用性能模型需要大量的观测数据。尽管路面管理系统要求在整个路网范围内定期(1~2年)采集有关数据,然而,由于采集工作量大,参加人员多,精度难以得到保证。因此,为了提高预估模型的精度,还需选择一定数量的试验路段以重点收集和核实与路面使用性能有关的各类数据。试验路段的选择要符合统计抽样调查的要求,并充分覆盖各个影响变量。显然,全因子设计(所选择变量的全部可能组合)不易于实行,因为这需要选择大量的试验路段。所以,采用部分因子设计比较合适。表4-11所示为这种设计的一个例子,所选择的变量是地区(环境)因素、使用年数、行驶质量和结构损坏,每一变量分为3级。此设计需要27个试验路段。每一种路面类型的影响变量可能是不同的,所以要为每一种路面类型分别进行这种试验设计。

供数据采集用的试验设计示例(1/3因子设计)　　表4-11

行驶质量	结构损坏	地区(环境)								
		1			2			3		
		使用年数			使用年数			使用年数		
		3~7	8~12	13~17	3~7	8~12	13~17	3~7	8~12	13~17
H	H		×		×					×
	M	×					×		×	
	L			×		×		×		
M	H	×					×		×	
	M			×		×		×		
	L		×		×					×
L	H			×		×		×		
	M		×		×					×
	L	×					×		×	

注:H-高,M-中,L-低。

2)建模的一般程序

使用性能预估模型的建模过程,因模型类型和建模方法的不同可能会有所差异,但一般可分为以下几步:

(1)明确模型的用途和预估目标

建模过程中,首先要了解模型的用途、管理系统的具体要求、需要预估的使用性能属性、可能采用的建模方法及有关资料和数据的可获得性等方面的信息,以得到明确适用的模型类型及其建模方法和所能达到的预估目标。

(2)使用性能变量及其影响变量的选用原则

使用性能变量的选择,主要依据整个系统的考虑,与评价和优化两个子系统中所采用的相一致。通常,对于网级系统来说,较多采用综合性的指标,如 *PCI*、*PSI* 等;对于项目级的系统来说,则大都采用疲劳开裂、车辙、平整度等单项指标。影响变量的选择,可依据有关理论分析或实际经验确定。如采用回归分析方法建立确定型模型时,可先不附加过多的限制,而通过逐步回归分析技术,把与使用性能变量相关性小的影响变量剔除,筛选出重要的一些自变量。

(3)数据收集和预处理

根据以上步骤选定模型类型和使用性能变量及其影响变量,将有关的历史和现状的资料数据尽可能收集齐全,由于在数据采集和数据库加载的过程中可能会有一些错误,因此,在建模前应对所有数据进行过滤,去伪存真,口径划一。

路况数据采集是在某一特定方法指导下进行的,加之路面状况变化的随机性和采集数据时非常规因素的影响,使得采集的路况数据总是存在着一定的误差。就误差的性质而言,可将其分为系统误差、过失误差和偶然误差。系统误差是由某些未发现或未确定因素造成的,其特点是始终偏向一个方向,因而对预估结果影响较小;过失误差是由人为因素造成的显然与事实不符的误差,这类误差只能依据实际经验予以剔除;偶然误差产生的原因不详,也无法控制,但完全服从统计规律,因此可依据误差理论,通过统计分析予以剔除。

(4)选择模型形式和模型结构

对于确定型模型来说,要依据理论分析和工程经验确定模型形式(如指数形式、多项式等);对于概率型模型而言,则要根据路面使用性能的评价系统和公路部门传统的评价习惯,确定路况状态的划分和组成。

(5)建立模型及检验

按照各自模型的形式和结构,采用数学方法对模型中的参数进行估计并进行假设检验,最终识别和确认所建立的具体模型。对于确定型模型来说,是确定模型中的各项系数,并通过假设检验以确认各项参数的统计意义的合理性。比如,回归分析模型中应确定回归系数的统计意义是否合理,相关系数的合理性等;对于概率型模型而言,则是确定路况状态转移矩阵并分析其合理性。

(6)模型的标定

建立的使用性能预估模型经标定后方能使用。这主要有以下三个原因:其一,所建立的模型大都是通过分析路网长期积累的路况信息得到的,因此这些模型实质是平均模型,具有时空平均意义;而对于某一特定路段而言,其实际情况大多不能和模型相吻合,应根据实际数据对模型进行修正。其二,所建模型只能反映过去的养护水平,而今后的养护水平可能会有所变化,因此,应根据养护水平的变化对模型进行修正。其三,路面在采取改建对策后,使用性能会产生突变,亦即使用性能预估的起点将会变更,因此需要随之改变模型的预估起点。下面将分别介绍上述三种情况的标定方法。

①特定路段的标定

图 4-3 中曲线 A 表示所建立的预估曲线，C 点表示时间 T 处特定路段的使用性能观测数据，则 T 年后路面的使用性能将遵循 B 曲线而不是 A 曲线衰变。假定时间 T 的使用性能模型的预估值为 P_T，C 点的使用性能观测值为 P_{TC}，则 $\Delta P = P_{TC} - P_T$ 为这一特定路段使用性能模型的修正系数，即采用所建立模型对这一路段 T 时间后的使用性能预估时，应加上修正系数 ΔP。

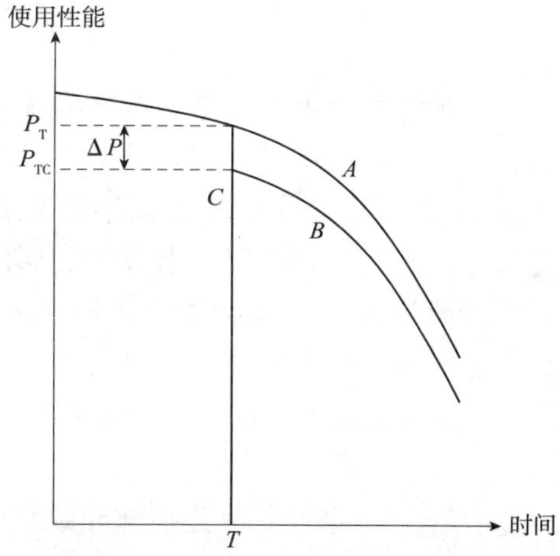

图 4-3　特定路段使用性能模型标定

由于概率型模型是变起点模型，即根据现有路况进行预估，因此无需进行这一方面的标定。

②养护水平的标定

养护水平的不同，路面使用性能的衰变规律也会有所不同，如图 4-4 所示。曲线 A 是与所建立的模型相应的养护水平下使用性能变化曲线，曲线 B 是养护水平变化后的使用性能衰变曲线。从图中看出，模型的标定系数 $K_P = P_B/P_A$ 是随时间变化的。对于一个特定地区来说，养护技术变异性较小，这时，养护投资的大小和投资的效果决定着养护水平的高低。假定 A 曲线养护投资规模为 E_A，B 曲线养护投资规模为 E_B，投资系数 $K_E = E_B/E_A$，则标定系数是投资系数和时间 T 的函数，有：

$$K_P = f(K_E, T) \tag{4-38}$$

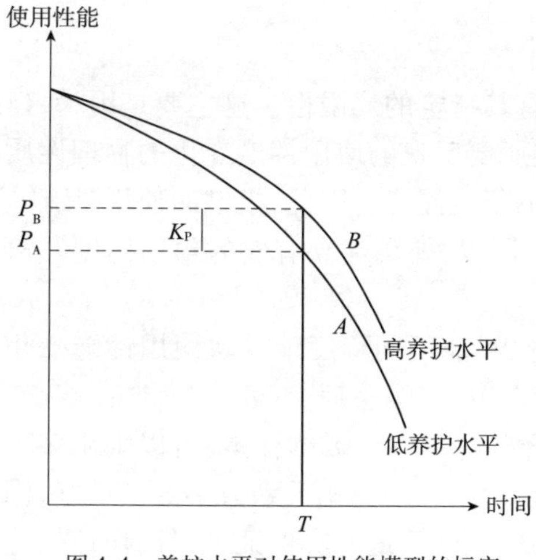

图 4-4　养护水平对使用性能模型的标定

考虑到图 4-4 中所示的边界条件：a. 当 $K_E = 1$ 时，$K_P = 1$，即当养护费用支出相等时，可以认为养护水平相同，使用性能具有相同变化规律；b. 当 $T = 0$时，$K_P = 1$，即路面使用性能初值与养护水平无关。可以假定预估模型的标定系数为：

$$K_P = e^{A(K_E - 1)BTC} \tag{4-39}$$

式中：A、B、C——模型的系数，可以通过对实际积累的有关养护水平（费用）和使用性能变化的数据进行回归分析后确定。

③改建措施的标定

某一路段或路网采用改建措施后，其使用性能将得到恢复和提高，使用性能指标值会产生突变。对于确定型模型来说，这一突变表现为某一使用性能指标初值的上升；而对概率型模型而言，则是路况状态向较好的状态转移。下面分别讨论两类模型的标定方法。

a. 确定型模型的标定。确定型模型有两种基本形式：一类是零起点模型，即只能从开放交通之日起进行使用性能预估，不能接受路面使用性能实测结果干预的那类模型，如美国华盛顿州的模型等；另一类是变起点模型，即能够以任意时候的路面使用性能为起点推测将来路面性能的模型，如美国亚利桑那州的回归模型等。这两类模型的标定方法有所不同，对于零起点模型来讲，路面在采取某种改建措施后，只需重新选择适宜于这种改建措施的预估模型进行零起点预估即可；而对于变起点模型，不仅需要重新选择同所采取的改建措施相适应的预估模型，而且还需要依工程经验或实测数据确定这种改建措施所能提供的使用性能初值。

b. 概率型模型的标定。改建措施的采用，使得路况状态分布的概率向较好的路况状态转移。概率型模型是变起点模型，其可变起点是路网的路况状态分布，当路网采取一些改建对策后，路况状态分布将会随之改变，即预估的起点发生了变化。对概率型模型的标定，就是确定改建措施对路况状态分布的影响。具体而言，就是确定处于某一状态的路面在采取适宜的改建措施后，其路况从原有状态上升到哪一个状态。目前主要是根据工程经验或改建措施采取前后路面性能实测的结果予以确定。

依据上述原理，第 k 年路网由于改建措施导致的路况状态分布的变化可用下式得出：

$$\overline{C}_{(k)} = \overline{R}_{(k)} \times H \tag{4-40}$$

式中：$\overline{C}_{(k)}$——第 k 年改建措施导致路况状态分布发生变化的行向量，如有 n 个状态，则为 n 维行向量；

$\overline{R}_{(k)}$——第 k 年路网内各路况状态采取各种改建措施数量的行向量，如有 n 个状态，其中第 i 个状态的可行措施有 m_i 个方案，则 $\overline{R}_{(k)}$ 是 $l = \sum_{i=1}^{n} m_i$ 维行向量；

H——依工程经验或实测结果确定的 l 行 n 列修正矩阵，表示处于某种状态的路面采取某种适宜措施后，将会上升到的状态。

对式(4-31)所示的概率预估模型可进行如下修正：

$$\overline{P}_{(k)} = \overline{P}_{(0)} \times P^{t} + \sum_{k=1}^{n} C_{(k)} \times P^{t-k-1} \tag{4-41}$$

3)模型的局限性及模型的发展

无论采用哪种方法建立的使用性能预估模型，都有其特定的局限性。这主要是因为，建模的数据基础总是有限的，需要进一步的积累；对模型所要反映的使用性能变化的物理性质的认识和经验积累又总是处于一定的历史阶段，需要不断地深化。因此，模型的使用是有一定范围的，超出了它的干涉空间，模型将会失去意义。所以，要想建立有效的预估模型并恰当地运用，首先应了解各类模型的特点和适用范围。

力学模型和力学—经验模型有较为成熟的理论基础，能不同程度地反映使用性能变化的实质，因此具有较好的外推性能，预估精度高，很适宜于项目级管理。

经验(回归)模型寻求的是对现有数据的最佳拟合。对于一组数据样本，可以采用多种形式回归，然而却没有充分的理由说明相关系数大的模型就一定比相关系数小的模型好，同样也没有充分的理由说明目前广泛接受或较为熟悉的模型就一定能够保证可以确切地描述使用性能的变化规律。作为基本原则，模型形式的选择，应首先考虑它是否能够满足边界条件或反映控制路面性能变化的物理实质，如果有几种形式的模型都能满足这些条件，此时才能依靠统计分析选择最佳拟合现有数据的那种模型。此外，建立经验模型时，由于建模人员没有或很少有实际经验，所建模型容易出现一些偏差或错误。如模型中有些变量，对使用性能预估值的影响程度远远超出或低于它们在实际中所起的作用；有些变量(如时间和交通等)本是相关的，却常当作独立变量并存于模型中。此外，经验模型难以准确反映使用性能随时间的变化，除非能有较长时期内大量数据的积累(如结构层模量随季节变化的数据)。由此可见，经验模型除非能够满足所有物理和数学的边界条件和广泛的数据基础，否则不能保证进行可靠的预估，通常，适用于精度要求不高的网级管理系统。

无论是项目级还是网级，其使用性能预估模型都是管理活动中技术分析和经济分析不可缺少的内容。力学和统计学是建立使用性能预估模型的两个支柱，长期而广泛的数据积累则是建模的基础。基于长远的观点，力学和力学—经验模型因其所需标定数据不多和有较好的外推性能，将是用于项目级管理活动中费用—效果最佳的预估模型；而概率型模型则是网级管理系统发展的主流。应当指出，使用性能模型的发展是一项长期的任务，随着路况信息的不断积累和对路面使用性能变化规律认识的不断深化，使用性能模型必将会逐渐得到改进。

4.4 路面养护质量预测模型

4.4.1 路面平整度指标时间序列预测模型建模方法

路面平整度指标时间序列预测模型建模方法包括建模基本要求、趋势项计算、随机项参数计算等。

(1)路面平整度指标时间序列预测模型的基本要求

所谓路面平整度指标时间序列预测模型的基本要求，是指对基础年份数据量的要求，简而言之，就是进行路面平整度指标时间序列模型预测的最少数据。路面平整度指标时间序列随机项预测模型的阶数一般为四阶或二阶。从实际分析的精度要求来看，可以取模型阶数为二阶，即对路面平整度随机项，若数据采样时间点均匀分布，则预测时间点的路面平整度可以表示为：

$$x_t = \varphi_1 x_{t-1} + \varphi_2 x_{t-2} + a_t \tag{4-42}$$

式中：x_{t-1}、x_{t-2}——前两个均匀分布时间点的路面平整度指标值；

a_t——均值是0的随机项；

φ_1、φ_2——相应项的系数。模型计算的关键是确定上述两系数的值。

为计算上述两个系数的值，至少需要建立由两个线性方程组成的方程组，才可以计算出相应的系数值，即：

$$\left.\begin{aligned} x_t &= \varphi_1 x_{t-1} + \varphi_2 x_{t-2} \\ x_{t+1} &= \varphi_1 x_t + \varphi_2 x_{t-1} \end{aligned}\right\} \tag{4-43}$$

由此可见，为进行路面平整度时间序列模型预测，至少需要已知四个均匀分布时间点的路面平整度指标值，这样才能计算出模型中随机项的系数值。

后面关于路面平整度时间序列模型的实用计算模型均是建立在上述基础上的，即已知4个均匀分布时间点的路面平整度指标值 X_0、X_1、X_2、X_3。在此基础上可以进行第5个时间点的路面平整度指标 X_4 的预测。

(2)路面平整度指标时间序列预测模型的趋势项计算

对已知的均匀分布时间点的路面平整度指标值 X_0、X_1、X_2、X_3，首先应进行路面平整度趋势项提取。设路面平整度时间序列趋势项为 $y = a + bt$，其中 t 为时间变量，对均匀分布时间点，其值也可以取时间段的段数。例如，若采样间隔为3个月，则对依次采样点，其 t 值可以取0,1,2,3,…,n。趋势项计算的主要任务是计算系数 a、b 的值。此时的已知条件可以表述为表4-12所示。

已知时间点的路面平整度指标值　表 4-12

t	0	1	2	3
X	X_0	X_1	X_2	X_3

根据最小二乘原理,该系数 a、b 值可以由下式计算得到:

$$a=\frac{\begin{vmatrix}\sum_{i=0}^{3}X_i & \sum_{i=0}^{3}t_i\\ \sum_{i=0}^{3}t_iX_i & \sum_{i=0}^{3}t_i^2\end{vmatrix}}{\begin{vmatrix}4 & \sum_{i=0}^{3}t_i\\ \sum_{i=0}^{3}t_i & \sum_{i=0}^{3}t_i^2\end{vmatrix}}=\frac{\sum_{i=0}^{3}X_i\sum_{i=0}^{3}t_i^2-\sum_{i=0}^{3}t_i\sum_{i=0}^{3}t_iX_i}{4\sum_{i=0}^{3}t_i^2-\left(\sum_{i=0}^{3}t_i\right)^2} \tag{4-44}$$

$$=\frac{14(X_0+X_1+X_2+X_3)-6(X_1+2X_2+3X_3)}{4\times14-36}=\frac{7X_0+4X_1+X_2-2X_3}{10}$$

$$b=\frac{\begin{vmatrix}4 & \sum_{i=0}^{3}X_i\\ \sum_{i=0}^{3}t_i & \sum_{i=0}^{3}t_iX_i\end{vmatrix}}{\begin{vmatrix}4 & \sum_{i=0}^{3}t_i\\ \sum_{i=0}^{3}t_i & \sum_{i=0}^{3}t_i^2\end{vmatrix}}=\frac{4\sum_{i=0}^{3}t_iX_i-\sum_{i=0}^{3}X_i\sum_{i=0}^{3}t_i}{4\sum_{i=0}^{3}t_i^2-\left(\sum_{i=0}^{3}t_i\right)^2} \tag{4-45}$$

$$=\frac{4(X_1+2X_2+3X_3)-6(X_0+X_1+X_2+X_3)}{4\times14-36}=\frac{-3X_0-X_1+X_2+3X_3}{10}$$

经趋势项计算后,可以提取路面平整度指标的趋势项 y_t 和随机项 x_t,其中:

$$\left.\begin{aligned}y_t&=a+bt\\x_t&=X_t-y_t\end{aligned}\right\}\quad(t=0,1,2,3)$$

(3)路面平整度指标时间序列预测模型的随机项参数计算

对路面平整度指标时间序列随机项,在已知四个连续时间点的随机项 x_0、x_1、x_2、x_3 后,可以进行随机项参数的计算。具体计算过程如下:

①设随机项参数为 φ_1、φ_2,则可以列出下式:

$$\left.\begin{aligned}x_3&=\varphi_1x_2+\varphi_2x_1\\x_2&=\varphi_1x_1+\varphi_2x_0\end{aligned}\right\} \tag{4-46}$$

②由克莱姆法则,随机项的系数可由下式确定:

$$\varphi_1=\frac{\begin{vmatrix}x_3 & x_1\\x_2 & x_0\end{vmatrix}}{\begin{vmatrix}x_2 & x_1\\x_1 & x_0\end{vmatrix}}=\frac{x_3x_0-x_1x_2}{x_2x_0-x_1^2} \tag{4-47}$$

$$\varphi_2 = \frac{\begin{vmatrix} x_2 & x_3 \\ x_1 & x_2 \end{vmatrix}}{\begin{vmatrix} x_2 & x_1 \\ x_1 & x_0 \end{vmatrix}} = \frac{x_2^2 - x_1 x_3}{x_2 x_0 - x_1^2} \tag{4-48}$$

③对预测时间点 $t=4$，根据上述计算结果，可按下式进行预测时间点的路面平整度指标预测：

$$\left.\begin{aligned} y_4 &= a + 4b \\ x_4 &= \varphi_1 x_3 + \varphi_2 x_2 \\ X_4 &= y_4 + x_4 \end{aligned}\right\} \tag{4-49}$$

4.4.2 路面车辙深度时间序列预测模型建模方法

依照路面平整度指标序列预测模型的建模方法，可以进行路面车辙深度时间序列预测模型的建模。为简化起见，不重复前述有关内容。

(1)路面车辙深度时间序列预测模型的基本要求

假设路面车辙深度时间序列预测模型中模型的阶数为二阶，故建立路面车辙深度时间序列预测模型的前提是，已知等时间间隔的四个时间点的路面车辙深度值，即 R_0、R_1、R_2、R_3。

(2)路面车辙深度时间序列预测模型的趋势项计算

为建立路面车辙深度时间序列预测模型，首先需从路面车辙深度观测值 R_0、R_1、R_2、R_3 中提取趋势项和随机项。当已知路面车辙深度观测值 R_0、R_1、R_2、R_3 时，设趋势项表达式为 $y_t = c + dt\,(t=0,1,2,\cdots,n)$，根据前面的有关内容可知，趋势项系数可由下式确定：

$$c = \frac{7R_0 + 4R_1 + R_2 - 2R_3}{10} \tag{4-50}$$

$$d = \frac{-3R_0 - R_1 + R_2 + 3R_3}{10} \tag{4-51}$$

则路面车辙深度的趋势项和随机项可按下式计算得到：

$$y_t = c + dt \tag{4-52}$$

$$x_t = R_t - y_t \tag{4-53}$$

式中，$t=0,1,2,\cdots,n$。

(3)路面车辙深度时间序列预测模型的随机项参数计算

设路面车辙深度时间序列随机项可表示为 $x_t = \lambda_1 x_{t-1} + \lambda_2 x_{t-2} + \beta(t)$，在已知路面车辙深度随机时间序列 x_0、x_1、x_2、x_3 后，根据前面的理论，可以按照下式计算随机项系数 λ_1、λ_2 值：

$$\lambda_1 = \frac{\begin{vmatrix} x_3 & x_1 \\ x_2 & x_0 \end{vmatrix}}{\begin{vmatrix} x_2 & x_1 \\ x_1 & x_0 \end{vmatrix}} = \frac{x_3 x_0 - x_1 x_2}{x_2 x_0 - x_1^2} \tag{4-54}$$

$$\lambda_2 = \frac{\begin{vmatrix} x_2 & x_3 \\ x_1 & x_2 \end{vmatrix}}{\begin{vmatrix} x_2 & x_1 \\ x_1 & x_0 \end{vmatrix}} = \frac{x_2^2 - x_1 x_3}{x_2 x_0 - x_1^2} \tag{4-55}$$

对于预测年份,其路面车辙深度随机项与趋势项可以按照下式进行计算:

$$\left.\begin{aligned} y_t &= c + dt \\ x_t &= \lambda_1 x_{t-1} + \lambda_2 x_{t-2} \end{aligned}\right\} \tag{4-56}$$

则预测年份路面车辙深度可以表示为:

$$R_t = y_t + x_t \tag{4-57}$$

4.4.3 路面构造深度时间序列预测模型建模方法

依照前述建模思路进行路面构造深度时间序列预测模型的构建。首先进行路面构造深度时间序列预测模型所需条件的分析,在此基础上提出趋势项和随机项系数的计算公式,从而建立整个路面构造深度时间序列预测模型。

(1)路面构造深度时间序列预测模型的基本要求

摆式摩擦系数测定仪的摆数 *BPN* 和横向力系数 *SFC* 随机项时间序列的阶数为二阶或三阶。已有研究表明,路面构造深度 *SMTD* 与手动铺砂构造深度及其他构造深度有线性关系。从实际计算精度考虑,可以取路面构造深度随机项的阶数为二阶。为进行路面构造深度 *SMTD* 的预测,至少需要等时间间隔的 4 个路面构造深度观测值 S_0、S_1、S_2、S_3。

(2)路面构造深度时间序列预测模型的趋势项计算

路面构造深度时间序列趋势项为一次线性函数。设路面构造深度时间序列趋势项的表达式为 $y_t = e + ft(t = 0,1,2,\cdots,n)$,根据前面的结论,在已知等时间间隔的 4 个路面构造深度观测值 S_0、S_1、S_2、S_3 后,可按下式进行时间序列趋势项常数的计算:

$$e = \frac{7S_0 + 4S_1 + S_2 - 2S_3}{10} \tag{4-58}$$

$$f = \frac{-3S_0 - S_1 + S_2 + 3S_3}{10} \tag{4-59}$$

在获取时间序列趋势项的系数后,按下述公式计算时间序列趋势项和随机项:

$$y_t = e + ft \tag{4-60}$$

$$x_t = S_t - y_t \tag{4-61}$$

(3)路面构造深度时间序列预测模型的随机项参数计算

对二阶时间序列模型,设 $S_t = \eta_1 x_{t-1} + \eta_2 x_{t-2} + \varepsilon(t)$,在已知 4 个连续时间点的随机项值 x_0、x_1、x_2、x_3 后,可以按照下式计算随机项参数值:

$$\eta_1 = \frac{\begin{vmatrix} x_3 & x_1 \\ x_2 & x_0 \end{vmatrix}}{\begin{vmatrix} x_2 & x_1 \\ x_1 & x_0 \end{vmatrix}} = \frac{x_3 x_0 - x_1 x_2}{x_2 x_0 - x_1^2} \tag{4-62}$$

$$\eta_2 = \frac{\begin{vmatrix} x_2 & x_3 \\ x_1 & x_2 \end{vmatrix}}{\begin{vmatrix} x_2 & x_1 \\ x_1 & x_0 \end{vmatrix}} = \frac{x_2^2 - x_1 x_3}{x_2 x_0 - x_1^2} \tag{4-63}$$

在获得随机项的参数后,可以按下式进行构造深度值时间序列的计算:

$$\left.\begin{aligned} y_t &= c + dt \\ S_t &= \eta_1 x_{t-1} + \eta_2 x_{t-2} \end{aligned}\right\} \tag{4-64}$$

则预测年份路面构造深度可以表示为：

$$S_t = y_t + x_t \tag{4-65}$$

4.4.4 路面破损时间序列预测模型建模方法

(1)路面破损时间序列预测模型的基本要求

根据对路面破损观测数据的分析，路面破损时间序列随机项为四阶或二阶模型。为满足计算精度，同时不增加计算量，考虑路面破损为二阶时间序列模型。故为满足建模要求，需要4个连续时间间隔的路面破损时间序列观测值 Q_0、Q_1、Q_2、Q_3。与前述几种路面性能时间序列模型不同，对于路面破损还需要对应时间点的路龄 t_0、t_1、t_2、t_3。路面破损观测数据时间序列见表4-13。

路面破损观测数据时间序列 表4-13

路　龄	t_0	t_1	t_2	t_3
路面破损观测值	Q_0	Q_1	Q_2	Q_3

(2)路面破损时间序列预测模型的趋势项计算

依据对样本数据的分析，路面破损时间序列趋势项可以表示为 $y = kt^2$。其中，k 为与路面结构形式、路面荷载作用水平、路面养护管理水平、气候条件等因素有关的常系数。路面破损时间序列预测模型趋势项计算的目的就是为了确定该常系数的值。

根据最小二乘原理，应使时间序列样本观测值与模型计算值之间的差值最小，即 $\min \sum_{i=0}^{3} (Q_i - kt_i^2)^2$。将该式对 k 求偏导，为使得计算值最优，可令偏导数值为0，建立如下的等式：

$$\sum_{i=0}^{3} (Q_i - kt_i^2) t_i^2 = 0 \tag{4-66}$$

由此可获得常系数值计算公式：

$$k = \frac{\sum_{i=0}^{3} t_i^2 Q_i}{\sum_{i=0}^{3} t_i^4} \tag{4-67}$$

根据计算的 k 值，可以计算不同时间观测点的样本趋势项和随机项的值：

$$\left.\begin{aligned} y_i &= kt_i^2 \\ x_i &= Q_i - y_i \end{aligned}\right\} \tag{4-68}$$

(3)路面破损时间序列预测模型的随机项参数计算

在已知路面破损随机项 x_0、x_1、x_2、x_3 后，若假设路面破损随机项时间序列模型为二阶模型，即 $x_i = \gamma_1 x_{i-1} + \gamma_2 x_{i-2} + \gamma(t)$，此时可用下式计算模型参数值 γ_1、γ_2：

$$\lambda_1 = \frac{\begin{vmatrix} x_3 & x_1 \\ x_2 & x_0 \end{vmatrix}}{\begin{vmatrix} x_2 & x_1 \\ x_1 & x_0 \end{vmatrix}} = \frac{x_3 x_0 - x_1 x_2}{x_2 x_0 - x_1^2} \tag{4-69}$$

$$\lambda_2 = \frac{\begin{vmatrix} x_2 & x_3 \\ x_1 & x_2 \end{vmatrix}}{\begin{vmatrix} x_2 & x_1 \\ x_1 & x_0 \end{vmatrix}} = \frac{x_2^2 - x_1 x_3}{x_2 x_0 - x_1^2} \tag{4-70}$$

则对于预测年份 t_4，其趋势项为 $y = kt_4^2$，随机项为 $x_4 = \gamma_1 x_3 + \gamma_2 x_2$，预测年份的路面破损为 $Q_4 = x_4 + y_4 = kt_4^2 + \gamma_1 x_3 + \gamma_2 x_2$，需要指出的是，预测年份 t_4 必须是与前述时间年份等间隔的时间点，这是时间序列模型对预测时间点的要求。

4.4.5 其他情况的路面养护质量指标时间序列预测

以上对各路面养护质量指标的时间序列预测模型系数的计算，均是建立在 4 个养护质量指标观测值的基础上。当实际路面养护质量指标观测值多于 4 个以上时，首先，同样可以利用最小二乘原理进行时间序列趋势项的计算；其次，在分离出时间序列趋势项与随机项后，可以利用 4 个以上随机项的观测值进行路面养护质量时间序列模型系数值的计算。以下就样本观测值多于 4 个条件下的模型计算进行具体分析。

(1)时间序列趋势项系数值计算

当样本观测值多于 4 个时，对时间序列趋势项的计算，分趋势项为线性函数与幂函数两种情况。

当趋势项为线性函数 $y = a + bt$，且样本观测值为 X_0、X_1、X_2、X_3……X_n 时，其趋势项系数计算公式为：

$$a = \frac{\begin{vmatrix} \sum_{i=0}^{n} X_i & \sum_{i=0}^{n} i \\ \sum_{i=0}^{n} iX_i & \sum_{i=0}^{n} i^2 \end{vmatrix}}{\begin{vmatrix} n+1 & \sum_{i=0}^{n} i \\ \sum_{i=0}^{n} i & \sum_{i=0}^{n} i^2 \end{vmatrix}} = \frac{\sum_{i=0}^{n} X_i \sum_{i=0}^{n} i^2 - \sum_{i=0}^{n} i \sum_{i=0}^{n} iX_i}{(n+1)\sum_{i=0}^{n} i^2 - (\sum_{i=0}^{n} i)^2} \tag{4-71}$$

$$b = \frac{\begin{vmatrix} n+1 & \sum_{i=0}^{n} X_i \\ \sum_{i=0}^{n} i & \sum_{i=0}^{n} iX_i \end{vmatrix}}{\begin{vmatrix} n+1 & \sum_{i=0}^{n} i \\ \sum_{i=0}^{n} i & \sum_{i=0}^{n} i^2 \end{vmatrix}} = \frac{(n+1)\sum_{i=0}^{n} iX_i - \sum_{i=0}^{n} X_i \sum_{i=0}^{n} i}{(n+1)\sum_{i=0}^{n} i^2 - (\sum_{i=0}^{n} i)^2} \tag{4-72}$$

当趋势项为二次幂函数 $y = kt^2$，且样本观测值为 X_0、X_1、X_2、X_3……X_n 时，其趋势项系数计算公式为：

$$a = \frac{\sum_{i=0}^{3} t_i^2 X_i}{\sum_{i=0}^{3} t_i^4} \tag{4-73}$$

(2)时间序列随机项模型系数计算

当时间序列样本观测值多于4个时,对随机项系数值可以建立等式进行计算:

$$\left.\begin{aligned} x_2 &= \varphi_1 x_1 + \varphi_2 x_0 \\ x_3 &= \varphi_1 x_2 + \varphi_2 x_1 \\ &\vdots \\ &\vdots \\ x_n &= \varphi_1 x_{n-1} + \varphi_2 x_{n-2} \end{aligned}\right\} \tag{4-74}$$

式(4-74)可以用矩阵的形式表示如下:

$$\boldsymbol{X\Phi} = \boldsymbol{\Gamma} \tag{4-75}$$

其中:$\boldsymbol{X} = \begin{bmatrix} x_1 & x_0 \\ x_2 & x_1 \\ \vdots & \vdots \\ \vdots & \vdots \\ x_{n-1} & x_{n-2} \end{bmatrix}$,$\boldsymbol{\Phi} = \begin{bmatrix} \varphi_1 \\ \varphi_2 \end{bmatrix}$,$\boldsymbol{\Gamma} = \begin{bmatrix} x_2 \\ x_3 \\ \vdots \\ \vdots \\ x_n \end{bmatrix}$

由式(4-75)可以求出其最小二乘解:

$$\boldsymbol{\Phi} = \boldsymbol{X}^{-1}\boldsymbol{\Gamma}$$

其中:$\boldsymbol{X}^{-1}$为广义逆。

当已知时间序列趋势项和随机项系数值后,便可以参照前面建模方法计算路面养护质量指标的预测值。

4.5 本章小结

路面在使用过程中,其使用性能会随时间或行车荷载作用次数的增加而逐渐变坏,当损坏达到某一特定标准时,就应该对路面采取相关措施以恢复或提高其使用性能,需要了解何时采取养护和改建措施以及采取什么措施合适,这就需要预先估计路面在采用新建、加铺或其他各种养护和改建措施后,其使用性能随时间或轴载作用次数变化的规律,或者说,路面使用性能的各项指标在不同的外部条件下随时间变化的规律,即路面使用性能预测模型。建立各种使用性能预测模型是路面管理系统最重要的一项工作。

路面性能预测模型可为路面管理系统(PMS)提供连接路面评价和优化的工具,使PMS能计算较长时间内的道路最小养护费用,使决策者做出道路效益最佳的投资决策。路面使用性能预测方法有三类:力学—经验法、回归分析法、概率模型法。

建立路面使用性能预测模型时,一般应考虑预测指标、影响因素和模型形式等问题。路面性能预测模型可按影响因素及预测机理分为:①经验预测模型;②力学预测模型;③力学—经验预测模型。从表达方式上也可分为确定型和概率型路面性能预测模型。在现有的路面管理系统中,较多采用确定型模型预估路面的基本反应(应力、应变或位移等)、结构性能、功能性能和使用寿命(以累计轴载作用次数或时间计)等,确定型模型的常用表达方式包括直线、负指数曲线和S形曲线;概率型模型主要有残存曲线模型、马尔可夫模型和半马尔可夫模型3种,但应用最多且最为完善的是马尔可夫模型。

路面使用性能预估模型的建立,不仅要有科学的建模方法作为理论基础,而且也需要合理的建模技术加以指导。无论是确定型模型还是概率型模型,其可靠性都依赖于有关资料和数据的齐备和准确;采集和积累与路面使用性能相关的各项数据,是建立可靠预估模型的必要步骤。

力学和力学—经验模型因其所需标定数据不多且有较好的外推性能,是用于项目级管理活动中费用—效果最佳的预估模型;而概率型模型则是网级管理系统发展的主流。应当指出,使用性能模型的发展是一项长期的任务,随着路况信息的不断积累和对路面使用性能变化规律认识的不断深化,使用性能模型必将会逐渐得到改进。

第 5 章

路面寿命周期经济效益分析

随着交通量的逐渐增加、重载车比例逐渐加大,以及人们对公路行驶质量要求的日益提高,一种新的称为“长寿命路面或永久性路面”的沥青路面结构被世界各国普遍提出,希望以此改变传统路面结构小修不断、大修频繁的状况。但是,长寿命沥青路面作为一种新的路面设计理念和方法并不是完美无缺的,它是通过初期的高投入来实现后期投入费用的减少,其初期建设费用大大高于普通路面结构的投入。长寿命沥青路面结构与传统路面结构相比是否具有经济合理性并不明确,而一项新技术不仅要保证技术上的成熟,还必须保证经济上的合理性才能用于实际。

我国路面资产在公路网中所占比重越来越大,而路面在交通荷载和自然因素作用下,其使用性能将逐步降低、服务水平逐渐下降,为了使路面保持一定的服务性能,必须对公路进行定期的大、中修养护,不断投入养护资金。可以说,路面管理就是公路资产管理。在路面管理中,面对着庞大的公路养护需求和有限的公路养护资金,除了对养护方案进行精确的技术分析外,还需要运用工程经济理论进行经济效益的分析和比较,用最小的资金投入达到效益最大的养护目的。

无论是网级还是项目级的路面管理系统,都需要应用工程经济原理,分析每个项目或每一项对策方案所需的各项费用,并和其他项目或对策方案所需的费用做比较。对于网级系统来说,通过分析和比较所有可能的项目,确定各个项目的经济可行性,以便做出有关项目选择和计划安排方面的管理决策;而对于项目级管理系统来说,则是针对已论证确定经济可行的项目,分析比较能满足项目总要求的各个对策方案,以便得到经济效果最佳的方案。因此,经济分析的目的是选择费用—效益最佳的方案,使决策能以可靠的经济分析作为基础,使各项资源得到最有效的利用。

不少人在路面设计时仅考虑初期建设费用,意图选用初期费用低的方案,并期待它能经久耐用,不重视由此导致的养护与改建费用的变化以及对道路使用者的影响。对于路面这种投资期长的工程来说,初期费用不一定是衡量经济效益的最关键因素。初期投资小而靠后期分期大修或改建以适应使用性能要求的方案,同初期投资大(路面结构较强)而所需养护和改建费用较省的方案相比,究竟哪一种更为经济?要回答这个问题,单纯考虑初期建设费用显然是不行的,应该把一定时期内所有的主要费用(包括支出与收益)都考虑在内,并把不同时间发生的费用以现值表示,才能对各个方案做出合理的经济比较,这种考虑路面寿命周期内所有费用(包括建设、养护、维修、改建和用户费用等)的分析方法,称为寿命周期费用分析法(life cycle cost analysis),也称生命周期费用分析。

寿命周期费用分析法应用于路面经济分析,出现于 20 世经 70 年代,被认为是较合理的方法。寿命周期费用与各比较方案预期的使用性能或寿命,拟采用的养护和改建措施的类型、寿命和费用,选用的分析期长短和贴现率大小等有密切的关系。分析时,首先考虑和选定这些因素，然后分析寿命周期内的各项费用，进而确定费用最低的方案。

1988 年，原交通部颁布了《公路建设项目经济评价方法》，要求应用工程经济（Engineering Economy）评价方法进行路面全寿命周期经济效益分析，但如何应用经济评价方法进行路面管理系统经济效益分析仍是一个新的研究领域。经济效益分析在路面管理系统不同层次中有不同的作用，在网级系统中，通过经济分析能把有限的资金优化地分配到路网最佳位置上，并确定最佳的养护措施与时间；在项目级系统中，利用经济评价方法，通过技术—经济分析可以确定最佳的路面大、中修养护方案。

本章先说明道路工程的费用与效益及分析方法，介绍经济分析方法与指标，最后介绍路面寿命周期经济分析方法。

5.1 费用与效益分析

费用效益分析也称为经济效益分析，是从宏观角度来评价工程项目的经济效果。近十年来，工程经济分析在我国得到了广泛的应用，虽然各部门的项目评价方法各有特点，但基本上都是以费用效益分析为基本理论。

根据工程经济学的原理，在进行路面经济分析时需要建立各种不同的可选方案，计算实施这些方案所需要费用及带来的效益。一般说来，道路的费用有：道路的直接投资、行驶车辆费用及其他间接费用。道路投资所产生的直接可能效益有车辆运营费用的节省、行驶时间的缩短和事故的减少，间接效益则有区域开发和流通方式的改善等。

5.1.1 费用

对于不同的路面结构，很难直观地判断其优劣，必须借助于科学的分析工具——寿命周期费用分析，以经济分析原理为基础来评价可选投资方案的长期经济效益，然后进行经济比较，才能从整个寿命角度去选择最经济合理的路面结构或改建方案。目前，国内外也都倾向于采用寿命周期费用分析法来选择总造价或总费用最低的设计方案。可见，寿命周期费用分析在路面结构设计中的地位举足轻重，它是路面结构优化设计的必备工具。

1）寿命周期费用组成

路面从设计开始到寿命期或分析期末，可能包含的寿命周期费用有设计费、初期修建费、养护费、改建费等管理部门费用，和车辆运营费、延误费、行程时间费、事故费等用户费用。考虑到管理部门和整个社会所关注的是由于路面使用性能的差异所带来的费用和效益上的差别，所以，费用分析时应着重考虑受使用性能影响的那些费用组成，而不必考虑所有费用项，这里的用户费用只包括车辆运营费（即燃油消耗费、轮胎消耗费和保修材料消耗费）。

（1）道路费用

在道路寿命周期内，对道路的直接投资主要有初期建设费用、后期大中修养护费用和日常养护费用。寿命周期以后还有道路投资未被利用的部分——剩余寿命（残值）。

初期建设费用是道路工程设计、工程建造和工程管理等费用的总和。工程建造包括施工准备、土石工程、路面铺装、桥梁和排水结构物及项目管理费用。施工准备费用包括清场和铲除表土所需要的开支；土石工程费用受地形和道路设计标准影响，主要包括开挖、运土和压实等费用；路面铺装费用与路面材料质量、层数、层厚、路面宽度有关；桥梁和排水结构物在道路施工中所占比例常常很大，费用的大小取决于桥梁的多少及规模大小；项目管理费用通常指上述项目以外的其他所有费用，如住地建设、管理人员费用及承包利润等。

后期大中修养护费用取决于养护工程量的大小。养护工程量取决于交通量、道路养护标准等因素。通常大修项目是以加强路面结构（补强）为目的的养护。大修加铺结构一般包括面层和具有足够强度的基层，费用大小取决于交通量、道路等级及材料价格。中修养护是以恢复路面表面状况为目的的措施，不涉及强度问题。中修养护的厚度取决于道路等级、交通量大小及路面破损程度。

日常养护费用包括为路面补坑洞、封填裂缝、路面标线、修复水毁路段等所列开支。有时人工工资特别是临时工人的工资也从日常养护费用中开支。

(2)道路使用者费用

道路使用者费用（用户费用）包括三大部分，分别是车辆运营费用 *VOC*（Vehicle Operation Cost）、行驶时间费用和事故费用。在道路寿命周期费用的三大组成中，道路使用者费用有时可占有 90% 的比例。最近的研究中，Kerali 等（1994 年）把汽车排气和交通噪声也列入使用者费用研究。汽车排气（污染）被认为是汽车性能、油耗和气候因素的函数。交通噪声与汽车类型、交通组成、道路几何因素、路面类型和状况有关。有些研究将行驶不舒适性也列为使用者费用组成，由于这部分费用很难计算或测定，因此实际效益分析时一般都被省略。

车辆运营费用 *VOC* 是道路使用费用中的最大组成部分，是指车辆在道路上行驶过程中各项资源消耗所支出的费用，一般包括如下项目：①油耗费用；②轮胎费用；③配件费用；④维修费用；⑤车组人员费用；⑥润滑油费用；⑦车辆折旧费用；⑧管理费用等。

图 5-1 是 Hine 和 Chilrer（1991 年）对肯尼亚、加勒比地区国家、巴西和印度 *VOC* 模型的分析结果。从图中可以看出，不同国家显示了不同的 *VOC* 组成。在肯尼亚、加勒比地区国家的 *VOC* 中，配件和油耗分别占有约 60% 和 15% 的比例。在印度的 *VOC* 中，油耗占有最大的比例，为 45%，配件为 15%。油耗和配件在巴西的 *VOC* 中都占有较高的比例，分别是 32% 和 42%。由此看出，尽管 *VOC* 由多个项目组成，但油耗和配件两项所占比例都超过 60%。表 5-1 是我国交通运输部的统计资料，从表中可看出，油耗、维修和管理费用在 *VOC* 中占有比重最大。

在 *VOC* 中只有油耗可以被精确地预测，因此，经济分析中通常用油耗来估计 *VOC* 值。

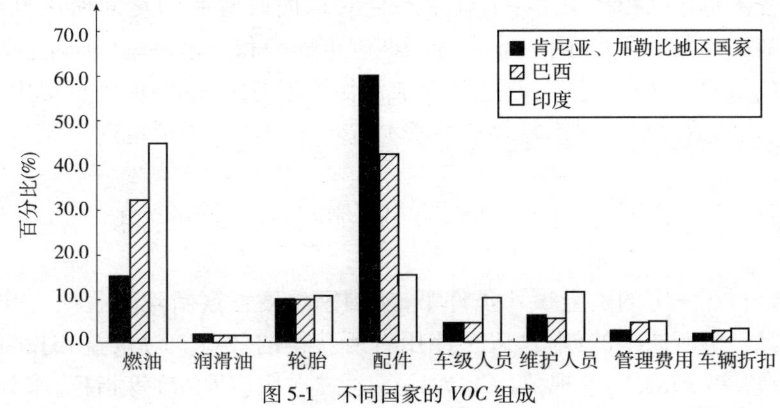

图 5-1　不同国家的 *VOC* 组成

我国车辆运营费用组成　　表 5-1

年度	人工	油耗	轮胎	配件	折旧	管理
1974 年	5.87	29.42	9.39	25.36	4.96	25.00
1985 年	7.09	24.88	5.53	20.81	6.64	35.05
1990 年	10.44	27.67	7.12	27.00	8.29	19.47
1993 年	12.47	32.36	4.91	21.17	10.54	18.55

行程时间费用指路程上的行驶时间乘以单位时间的价值,它是车速、运行距离和单位时间价值的函数。车速为道路几何因素、道路平整度、路面宽度和交通量的函数。由于车速能被精确地估计出来,因此给定单位时间价值就可以得出行驶时间费用。

事故费用是指因交通事故而支出的费用,通常以事故率乘以每个事故的平均费用计算,在道路费用组成中,事故的产生是随机的,它可能与路况、车速、心理因素有关。但许多事故的产生也与驾驶员酗酒有关,由于这些因素很难定量,因此事故费用的预测显得非常困难。所以,在发展中国家做经济评价时往往忽略事故的影响。

为满足不同用户层次的需求,出现了两种不同的经济优化指标:从管理部门角度考虑为道路的总造价(初期修建费、养护费、改建费、残值);从整个社会效益角度考虑为道路的总费用(初期修建费、养护费、改建费、用户费用、残值等)。

(3)间接费用

除了道路及道路使用者费用外,经济分析时还有其他非直接的费用应该考虑,包括环境破坏和振动等因素对道路周边居民的影响效果,有时把污染和交通噪声也归为这类间接费用。对这部分费用,由于缺少成熟的计算方法,在路面管理系统中常忽略不计。

2)费用分析的方法

费用分析的方法也很多,如现值法、年费用法、收益率法、效益—费用比法等。根据分析的目的和道路工程的特点,普通沥青路面和长寿命沥青路面的设计年限及服务年限的不同,同一项目在每一年的养护费用也不同,因此采用现值法和年费用法相结合的方法。现值法即把工程项目分析期内发生在不同时间的费用和效益,按某一预定的贴现率转换为现在的费用和效益,一般是以寿命开始时间(即坐标中的零点时间)作为基准时间来计算现值;年值法是将各方案在其寿命期内的现金流量按某一给定的标准折现率折算呈等额年值,然后进行比较与分析。

寿命周期费用分析应当在项目开发周期内尽可能早地进行。分析水平应当和投资的水平一致。该过程基本包括以下几步:①确定新建和罩面改建后的路面使用性能衰变模型;②交通组成资料调查及交通量预估;③为分析期制定养护和改建策略;④确定各种养护和改建策略的时机或预期寿命;⑤施工、改建和养护评估管理费用;⑥各项用户费用模型(主要包括燃油消耗费、轮胎消耗费和保修材料消耗费);⑦材料单价;⑧制定现金流量图;⑨计算费用现值。

5.1.2　效益

经济效益是指在一定的资金投入条件下,从国家角度考察新建工程所付出的代价和工程建成后对国民经济所产生的效益,以及使用者所获得的效益。对效益和投资成本同时考虑,通过内部收益率(*EIRR*)、净现值(*EVPN*)、效益成本比(*EBCR*)等指标,来评价建设工程的经济合理性。

道路条件的改善会产生直接和间接的经济效益。在直接经济效益中,最常见的是车辆运营费用(*VOC*)的减少、行程时间的节约、事故率的降低及舒适度的提高。间接效益是最近被关注的主要问题之一,由于缺少成熟的理论和方法计算间接效益,路面管理系统经济分析中一般不考虑这一部分效益。

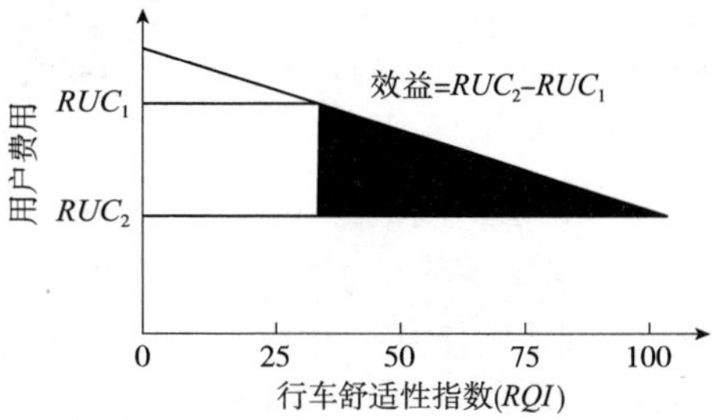

图 5-2 道路条件改善所产生的效益

现代研究成果提供了足够的技术来预测道路工程的直接经济效益。直接经济效益的计算可以用图 5-2说明。路况条件改善前后所产生的道路使用者费用之差为效益。

1)影响经济效益分析的因素

影响寿命周期内经济效益分析的因素有:分析期、材料价格、折现率、交通量的预测、使用性能控制标准、不同养护和改建策略、评价指标的选取。

(1)分析期

根据国外资料,路面设计中有设计年限和分析年限之分,设计年限的概念与中国的相同,分析年限用于长期性能和寿命评价。国外沥青混凝土路面的分析期按 30 年、水泥混凝土路面的分析期按 50 年计算。

(2)材料价格因素

寿命周期费用分析的目的是选择最经济的设计方案,其衡量指标是最低总造价(初期修建费、改建费、养护费、用户费、残值等)。不同结构层材料价格的改变,必然会影响最后的结构厚度优化结果,尤其是沥青混合料的价格,目前正在迅速增长,我们在选择厚沥青层结构时不得不对其经济性进行考虑。另一方面,在项目的经济分析评价中,人工、材料、机械设备等的价格也关系到费用的高低。

(3)折现率(贴现率)

为了考虑资金的时间价值,在进行寿命周期费用分析时,需要把不同时期发生的费用统一到某一基准年,以便在共同的基础上进行比较。折现率就是其中的纽带或桥梁。它是方案经济评价的一个重要参数,它的选择对于比较方案在经济上的优劣次序有重要影响。一般情况是,折现率取得低,有利于初期投资大的项目;而折现率取得高,则有利于初期投资小的项目。对于如何合理选取折现率的问题,说法不一,很难确定。一般规则是,所选取的折现率不应低于资金的机会成本或最低回收率。实际应用中,一般多采用国家发展和改革委员会、住房和城乡建设部定期公布的行业基准收益率。

(4)不同养护和改建策略

分析期内路面可能要经过多次的维修、预防性养护、罩面或改建措施,这些养护和改建措施的不同组合对路面性能会产生不同影响,进而会对寿命周期费用产生影响,所以,要结合实际的路面状况确定养护和改建措施。另一方面,也可以通过对不同组合措施的设计考虑以及寿命周期费用分析,来确定最佳罩面厚度和时机,为养护规划提供依据。

(5)交通量的预测

交通量的预测一直是一个难以攻克的难题。由于其影响因素的复杂性,设计范围的宏观性，与国民经济的发展和人民生活水平的提高都有直接的关系，很难对其进行准确预估。并非所有道路建成后，交通量都是逐年增长的，而且，每年的增长率可能有很大不同。究竟采用多大的增长率才合适，怎样考虑重载车辆的比例大小以及越来越多的超载车辆，这些问题很难确定。且交通量的大小和交通组成对养护费用和用户费用的计算结果也有影响。

（6）使用性能控制标准

寿命周期内的经济效益分析采用的是使用期末的 *PCI* 值作为使用性能控制标准。根据对不同道路等级的要求，可以采用高（$PCI_H = 70$）、中（$PCI_M = 65$）、低（$PCI_L = 60$）三级典型标准，也可采用任意标准。对同样的设计条件来说，若标准定得高，则性能期短，在分析期固定的情况下，维修次数多，但由于使用性能较好，使得养护费用和用户费用较少，从而导致寿命周期内的总费用较少；若标准定得低，则性能期长，在分析期固定的情况下，维修次数少，但由于使用性能相对较差，使得养护费用和用户费用较多，从而导致寿命周期内的总费用较多，尤其是交通量很大时。

（7）经济优化标准

不同的评价主体所站的立场不同，对经济的优化标准也就不同。公路管理部门关心的往往是公路的修建、养护、改建和残值费用，所以，选取最佳方案时以最低总造价作为评价指标较为合适；而国家建设部门则从社会的整体利益出发，除了上述费用外，还应当考虑用户费用，即选取最佳方案时以最低总费用作为评价指标较为合适。

2）成本效益评价方法

经济分析是从国家的角度评估投资行为的合理性，所考虑的是项目所增加的全社会财富和所耗费的全社会资源。评价过程中采用的经济参数是影子价格、影子汇率和社会折现率等。

目前高速公路等部分收费道路均以企业、公司（业主）形式经营和管理，除了应该对 PPM 方案做国民经济分析外，还应该从业主角度进行财务分析。财务分析是从企业（或项目）角度评估投资行为的经济合理性，所依据的是现行的财税制度和实际发生的价格。无论国民经济分析还是财务分析，都应该借鉴寿命周期分析（LCCA）的思想，把道路整个寿命周期作为评价方案的期间，综合考虑期间发生的所有费用。对路面方案的财务分析、国民经济分析两种技术经济分析方法，从分析的角度、成本和效益的组成、使用的参数、优缺点等方面进行比较，见表 5-2。

效益评估方法比较 表 5-2

分析角度	财务评价	国民经济评价
	从企业、公司（业主）角度	从国家整体角度
成本	道路初期建设费用	道路初期设计建设成本
	后期大中修费用	后期大中修成本
	养护费用	养护成本
	管理费用	残值（负的成本）
	其他间接费用	
效益	车辆过路费总收入； 其他间接收入	用户车辆运营成本的减少（体现为客货运输成本降低）
		用户交通延误成本的减少（体现为客货在途时间节约）
		用户交通事故成本的减少（体现为交通事故减少）

续上表

使用参数现行价格、财务折现率影子价格、社会折现率		
优点	财务关系简单，计算简便，容易被业主理解和接受	考虑了寿命周期内所涉及的所有成本，体现了社会整体利益
缺点	不能体现出各方案对用户的影响	用户成本计算较繁琐，目前没有完整的精确的计算模型，业主对这部分的计算漠不关心，有争议

从以上对比可以得出：道路方案比选应根据分析角度的不同，采用不同的方法、参数。寿命周期（*LCC*）的组成与国民经济分析中成本、效益的组成完全一致，可以用作国民经济分析的主要方法。财务评价把业主作为独立核算的经营单位，从业主角度评价实施的经济合理性。为了让业主更加清晰明了地体会到效益和实施的必要性，必须从财务上对路面成本效益进行评价。目前国内外都没有这方面的分析和考虑，据此本章提出财务分析法。

5.2 经济分析方法与指标

经济评价方法是运用费用—效益分析方法对项目进行经济分析，把项目的费用和效益数量化后，通过经济指标的计算、分析和判断，从而对项目做出较为全面的估价和决策。

工程经济分析方法多种多样，我国交通运输部在《公路建设项目经济评价办法》中采用了3种方法。田中（1987年）和姚（1993年）在分析道路经济方法时列举了5种方法。菊川（1986年）对道路寿命周期费用进行了详细的分析。总结和回顾已有的文献，路面管理系统的经济分析方法可以采用以下6类方法：①年度等额费用法（*AC*）；②净现值法（*NPV*）；③收益率法（*IRR*）；④效益费用比法（*BCR*）；⑤费用效果法（*CE*）；⑥寿命周期法（*LCC*）。

5.2.1 年度等额费用法（*AC*）

把分析期限内不同时间支付和发生的所有费用累加起来，换算成等额的年度费用，以此作为工程项目经济性分析的标准，这种方法为年度等额费用法。

年值法是将所有费用折算成年度等额成本，这种方法的关键不仅在于确定所有的费用，还在于选取计算期和折现率。现值法要求计算期相同，为此对设计方案进行调整时需要大量的工程判断。因此，采用等额年值法，它既不要求计算期相同，也不需估算，因为年值法不需要调整费用或寿命期，所以对寿命期不等的方案进行经济分析时应优先选用年值法。

年度等额费用由式（5-1）计算，有：

$$AC_{in} = crrn \times ICC_i + AMC_i + AUC_i - crrn \times SV_{in} \tag{5-1}$$

式中：AC_{in}——n分析年限内，i方案的年度等额费用；

$crrn$——n分析年限内，r折现时的投资回收系数；

ICC_i——i方案的初期建设费用；

AMC_i——i方案对应的平均年度养护费用；

AUC_i——i方案对应的平均年度使用者费用；

SV_{in}——n 分析年限末，i 方案对应的剩余价值。

其中 $crrn$ 由式(5-2)推导而来。假设 n 年内每年产生的效益费用差均等(用 R 表示)，如果公路投资为 P，则 R、P 与贴现率存在式(5-2)的关系。P 是投资，也是 n 年内年度效益费用差为 R 时的现值之和。整理式(5-2)得到式(5-3) ~ 式(5-5)。

$$P = \frac{R}{1+\gamma} + \frac{R}{(1+\gamma)^2} + \frac{R}{(1+\gamma)^3} + \cdots + \frac{R}{(1+\gamma)^n} \tag{5-2}$$

$$R = \frac{\gamma + (1+\gamma)^n}{(1+\gamma)^n - 1} P \tag{5-3}$$

$$R = crrn \times P \tag{5-4}$$

$$crrn = \frac{\gamma + (1+\gamma)^n}{(1+\gamma)^n - 1} \tag{5-5}$$

式(5-5)中的 $crrn$ 为投资回收系数，即在 n 年内用平均 R 回收 P 时的系数。反过来，根据给定的贴现率，通过式(5-5)可计算年平均回收费用。

由于公路养护的实际情况与这种方法的前提假设相差甚远，费用投入和产出并不是均等的，因此，这种方法很少在路面管理系统中使用。

5.2.2 净现值法(*NPV*)

采用净现值分析法，即把分析期内投入和发生在不同时间的各种费用或效益，按某一预定的折现率转换为现在的价值(第 0 年的价值)，以便在共同的基础上比较直观地反映分析期内建设、养护、维修和用户的各项费用，对可选方案用现在价值尺度进行比较。采用净现值法分析时，需要在相同的寿命周期内进行比较，把分析期内不同时期支出的费用按一定的折现率算为净现值，记作 *NPV*(Net Present Value)，费用和效益的现值由式(5-6)计算：

$$PVC_{in} = ICC_i + \sum_{t=1}^{n} pvrt \times (MC_{it} + UC_{it}) - SV_{in} \times pvrn \tag{5-6}$$

式中：PVC_{in}——方案 i 在 n 年内的现值费用总和(Present Value Costs)；

ICC_i——i 方案的初期建设费用(Initial Construction Costs)；

MC_{it}——i 方案在第 t 年的道路养护费用(Maintenance Costs)；

UC_{it}——i 方案在第 t 年产生的道路用户费用(User Costs)；

SV_{in}——i 方案在分析期限末期的残值(Surplus Value)；

$pvrt$——第 t 年的贴现系数；

$pvrn$——第 n 年的贴现系数。

贴现系数按式(5-7)计算：

$$pvrt = \frac{1}{(1+\gamma)^t} \tag{5-7}$$

式中：γ——贴现率。

经济分析常用的指标是净现值 *NPV*。*NPV* 是分析期限内现值效益和与现值费用和之差，用式(5-8)计算。有时它也被定义为分析方案与比较方案现值费用和之差，用式(5-9)计算。

$$NPV_i = PVB_{in} - PVC_{in} \tag{5-8}$$

$$NPV_i = PVB_{on} - PVC_{in} \tag{5-9}$$

式中：NPV_i——净现值；

PVB_{in}——比较方案的现值效益和；

PVC_{in}——比较方案的现值费用和；

PVB_{on}——分析方案的现值费用和。

NPV 是一项重要经济分析指标，在我国路面管理系统（CPMS）中被广泛使用，但计算方法稍有不同。具体计算中，对每一评价方案，除了要计算预防性养护技术措施费用，还应预测预定分析期内路面达到应当翻修状态所需的大修工程费用等，以方便不同寿命周期方案间的比选。

在式(5-6)中，涉及项目分析年限末期的剩余价值（残值）。残值计算是用最后一次养护费用、使用周期和剩余年限等数据，通过线性关系估算的：

$$SV = \left(1 - \frac{S}{T}\right)MC_1 \tag{5-10}$$

式中：SV——残值；

MC_1——最后一次的养护费用；

T——处治措施 l 对应的路面寿命，年；

S——剩余寿命，年。

例如，交通量为5000辆/日，沥青混凝土厚6cm，造价50万元，使用寿命为8年，剩余寿命为4年时，估计的残值为25万元。

净现值法把费用和效益联系在一起，并用单一的现值表示，能给出总收益的表达，且计算简单、直接，因此，它是评价公共投资项目的优选方法，得到了最为广泛的应用。其缺点是，它给出的是一个收益总量，往往使投资大的项目易被采纳；同时，由于它并未反映出究竟多大的投资可取得这些收益，不像收益率或效益—费用比那样易被人理解。

5.2.3 收益率法（IRR）

投资收益率 IRR（Internal Return Ratio）也称投资报酬率，是指项目达到设计生产能力后的一个正常年份的净收益额与项目总投资的比率，对生产期内各年的净收益额变化幅度较大的项目，则计算生产期年平均净收益额与项目总投资的比率。投资收益率的含义是表明项目投产后单位投资所创造的净收益额，因此，也是进行财务盈利能力分析和考察项目投资盈利水平的重要指标。其计算公式为：

$$R = \frac{A}{P} \tag{5-11}$$

式中：R——投资收益率；

P——项目总投资；

A——项目达产后正常生产年份的净收益或年平均净收益额。

按分析目的不同，A 可以是年利润总额或年平均利润总额，也可以是年利税总额或年平均利税总额。设 i_c 为基准投资收益率，则判别准则为：若 $R \geqslant i_c$，则项目可以考虑接受；若 $R < i_c$，则项目应予以拒绝。在实际评价工作中，根据分析的具体目的不同，主要计算以下两种投资收益率指标。

(1)投资利润率

投资利润率是指项目达到正常生产年份的利润总额或生产期年平均利润总额与项目总投资的比率。计算公式为：

$$\text{投资利润率} = \frac{\text{年利润总额或年平均利润总额}}{\text{项目总投资}} \times 100\% \tag{5-12}$$

其中:年利润总额 = 年产品销售收入 - 年产品销售税金及附加 - 年总成本费用;

年产品销售税金及附加 = 年增值税 + 年营业税 + 年资源税 + 年城市建设维护税 + 年教育费附加;

项目总投资 = 固定资产投资 + 固定资产投资方向调节税 + 建设期贷款利息 + 流动资金。

(2)项目的投资利润率

项目的投资利润率,可根据项目评价损益表中有关数据计算求得,并与有关部门或行业的平均利润率相比较,以判明项目单位投资盈利能力是否已达到本行业平均水平。

式(5-13)中,现值费用和现值效益相等时,即由式(5-8)定义的 *NPV* 为零时的贴现率,称为收益率或内部收益率(*IRR*)。以收益率为指标的评价方法称为收益率法。收益率越大,项目经济效益越高。

$$PVB_{in} = PVC_{in} \tag{5-13}$$

收益率法一目了然地反映出投资者可以得到的收益水平,所以这种方法容易被大多数人理解和接受。它的另一个优点是,不像净现值法或年度等额费用法那样要求事先选定一个贴现率,而贴现率的确定是一个既困难又易引起争议的问题。投资水平低的短期投资项目或方案,往往总有较高的收益率,因此这种方法不鼓励高投资。

5.2.4 效益费用比(*BCR*)

效益费用比 *BCR*(Benefit Cost Ratio)是项目在计算期内效益流量的现值与费用流量的现值的比率,是经济费用效益分析的辅助评价指标。*BCR* 反映了效益与投资的关系,*BCR* 越大,项目的效益越大,其优先顺序越高。这个指标在道路经济分析中被广泛使用,路面管理系统也多用此指标排序。

$$BCR = \frac{PVB_{in}}{PVC_{in}} \tag{5-14}$$

式中:PVB_{in}——比较方案的现值效益和;

PVC_{in}——比较方案的现值费用和。

效益费用比反映了单位费用的效益,与净现值(效益费用差)相比,它能更好地反映投资的"效率",有较强的对比性。然而,效益费用比法的最大困难是,有时无法明确地划分效益和费用的界限。有些人可能把某些费用放在费用总额中(作为分母的一部分),而另一些人则把它看成是负效益,放在分子部分,从效益总额中扣除。不同的处理,将会得到不同的 *BCR* 值。而这种情况在净现值法中则不会发生。

5.2.5 寿命周期费用法(*LCC*)

从国内的情况来看,我国的公路建设分为两大部分:公路网未成形地区的大规模新建道路和公路网已经成形地区的公路养护维修。以往的工程项目,不管是新建道路还是现存道路的翻修、维修,主要考虑初建成本,工程使用后再花多少钱则很少考虑。所以就出现了"最昂贵的道路在中国,而寿命最短的公路也在中国"的现象。实践证明,这种做法在技术、经济方面都是不合理的。在保证使用寿命的前提下花钱最少,正是公路设计者和建设者的共同目标。全寿命周期费用分析 LCCA(Life Circle Cost Analysis)正是这样的一项技术经济分析的技术。

寿命周期费用法(LCC)是研究路面管理系统时提出的概念,前面讨论的现值费用 PVC 实际上就是寿命周期费用。路面管理系统研究的主要对象是现有路面的养护问题。由于现有路网中许多路段并没有完整的档案记录,初期建设费用数据难于估计,所以,寿命周期费用分析常常忽略初期建设费用,仅考虑后期养护费用。

$$LCC = \sum_{t=0}^{n} pvrt \times (MC_{it} + UC_{it}) - SV_{in} \cdot pvrn \tag{5-15}$$

式中:$pvrt$——第 t 年的贴现系数;

$pvrn$——第 n 年的贴现系数,按 $pvrt = \frac{1}{(1+\gamma)^t}$计算;

γ——贴现率;

SV_{in}——i 方案在分析期限末期的残值;

UC_{it}——i 方案在第 t 年产生的道路用户费用;

MC_{it}——i 方案在第 t 年的道路养护费用。

寿命周期费用分析是以经济分析原理为基础,评价备选方案的长期经济效益率的一种技术,它考虑了备选方案的初始修建费以及未来的管理费用和用户费用,其目的是为投资消耗确定最佳值,即满足所求性能目标下的长期费用最低的方案。

1)路面全寿命周期费用分析组成

LCCA 是对在道路整个设计寿命期间,系统进行的一个经济上的竞争式的评估。考虑的因素包括初始建设费用、养护费用、大修费用、残留价值、可再利用价值、道路使用者费用。分析计算中所用的币值都换算成目前的币值,作为道路的寿命周期费用分析。虽然 LCCA 的概念和原则就是经济分析的基本概念和原则,但是 LCCA 在设计中的应用是具有明显差异的,管理的理念、管理的政策以及优先考虑原则的不同将会导致费用的不同。事实上,在计算全寿命周期费用时,应用不同的计算机程序以及不同的 LCCA 结果和方式都会发生变化。

(1)费用组成

我国公路运输的具体情况复杂,首先就是车辆的类型复杂,各类车的车速、性能都有很大的区别;其次,经济发展、公路建设水平决定了公路的寿命周期和成本收益的具体情况,而我国各地区的差异较大,所以很难形成统一的评价标准。这些都需要进一步的研究,为我国公路建设的经济分析评价提供一套完整的、科学的、适应性强的评价体系。图 5-3 为路面全寿命周期费用分析的费用组成。

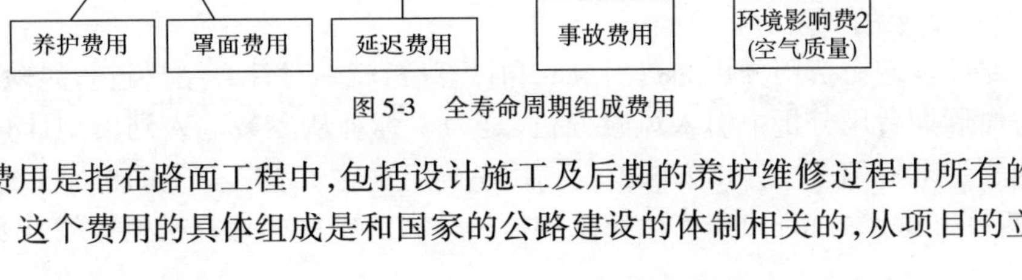

图 5-3 全寿命周期组成费用

管理费用是指在路面工程中,包括设计施工及后期的养护维修过程中所有的管理所涉及的费用。这个费用的具体组成是和国家的公路建设的体制相关的,从项目的立项、设计、施工到后期的养护维修直至最后的废弃,所有涉及到的管理部门发生的费用都属于管理费用。如合同管理费、设计费、养护费等。这些费用的计算是通过项目的投资和公路建设的技术水平的发展确定,也可以参考以往类似项目的费用确定。图 5-4 给出了影响管理费用的主要因素。

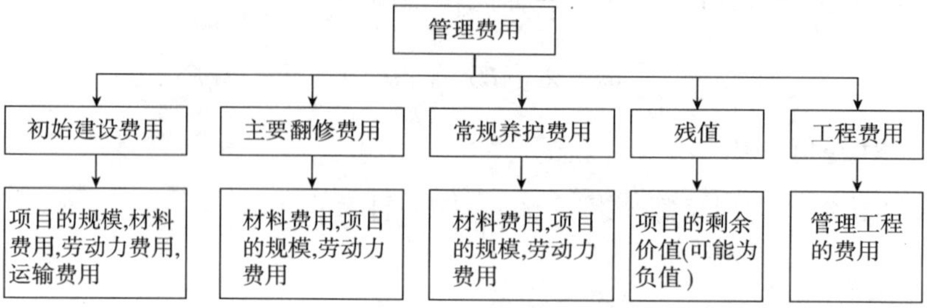

图 5-4　影响管理费用的各种因素

用户费用是指使用道路的用户在使用道路过程中产生的所有费用,主要是在作业区产生的时间延误费用和车辆运行费用。用户费用的组成是路面 LCCA 的最主要的组成部分,根据各国车辆出行的特点不同而差异很大,也是费用计算分析中最重要、最复杂的部分。特别是在养护维修过程中,交通流很容易出现拥挤阻塞情况,这时道路用户产生的费用很复杂,如减速的时间延误和车辆运行费用、停车时间延误和车辆运行费用等,同时也要考虑驾驶员主观能动的选择绕行或者变换时间出行等情况,这些都是养护维修方案选择的主要考虑因素。这些费用的计算都需要相应的模型来进行具体的计算,在建模过程中,要充分考虑我国车辆组成复杂、驾驶员的主观性差异大的特点,进行大量的数据测量和调查后分别确定相应的参数。具体的模型建立需要大量的数据,可能需要几十年的养护数据。

除了管理费用和用户费用外,还有与公路路面建设使用相关的其他费用,如环境影响和事故发生的影响所产生的费用等,也要尽可能的考虑,以求实现公路的可持续性发展。图5-5给出了影响用户费用和其他外部费用的因素。

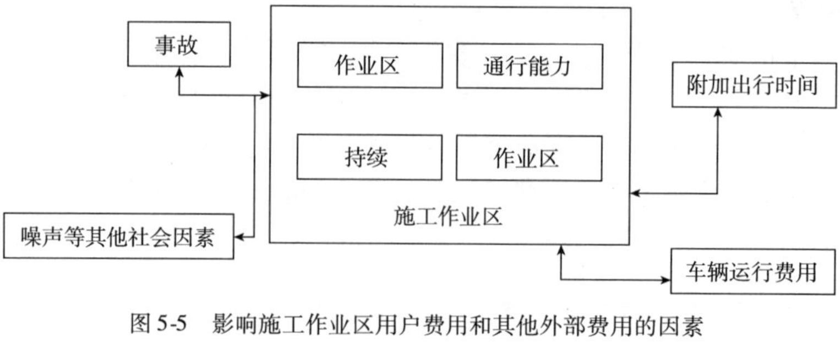

图 5-5　影响施工作业区用户费用和其他外部费用的因素

管理费用和用户费用是费用计算的两个大块,这些费用的计算也是在单价的基础上进行的,涉及的时间周期较长,所以贴现率的准确性也是最后费用比较分析的关键参数。

(2)对计算结果的风险分析评价

确定了路面全寿命费用分析的费用组成和计算后,就是对计算结果进行风险分析评价。在路面全寿命周期费用分析中引入风险分析,是为了弥补从参数输入到模型计算都伴随的不确定性因素带来的偏差。分析方法就是利用不确定性输入参数变量的概率描述(初始值,未来值,折现率和翻修的年份)来产生结果的概率分布。常用的计算机模拟就是通常大家都知道的蒙特卡洛(Monte Carlo)模拟。也就是从输入参数的分布中随意抽取一个样本,计算机结合可变性,内在的输入参数并总结它的概率统计分布的形式,这个过程是由决策者考虑的。结果就是,决策者不仅知道可能值的整个范围,而且知道某些特定结果发生的相对概率。

2)路面LCCA分析步骤流程图

LCCA为道路工作的决策者提供了一个更宽泛的考虑空间,可以超出初始费用来考虑包括未来管理部门费用和用户费用,并选择最优的方案。设计方案的选择应从使用性能和费用两个方面综合考虑。对所选用的方案进行全寿命周期分析并以最低的总费用作为经济控制指标,是一个较好的考虑使用性能和费用的方法。然而,费用分析中含有许多不确定的因素,实际运用中应结合实际情况论证选取,尽量消除不定因素的影响,使得分析结果更科学。寿命周期费用流程如图5-6所示。

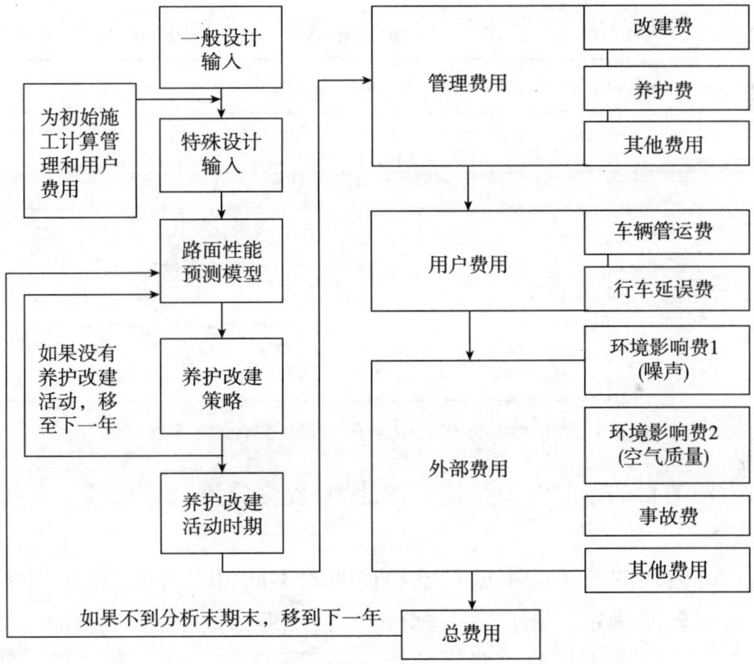

图5-6 寿命周期费用流程图

5.2.6 费用效果法(*CE*)

上述5种经济分析方法的经济效益都是以货币为单位计算的,费用效果法则采用其他计量单位计算其效果。在路面管理系统中,可用于费用效果分析的方法有路面状况指数(*PCI*)、行驶舒适性指数(*RQI*)、路面结构强度指数(*PSSI*)和路段总体性能指数(*PQI*)。例如,不同投资会产生不同的路面性能,利用费用效益关系可以分析比较不同投资在各年度的路况性能和平均性能的变化情况,见图5-7。

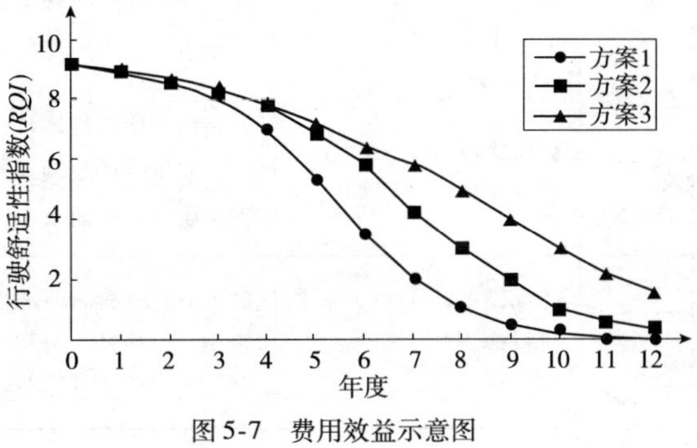

图5-7 费用效益示意图

费用效率（CE）是指工程系统效率（SE）与工程寿命周期成本（LCC）的比值，其计算公式为：

$$CE=\frac{SE}{LCC}=\frac{SE}{IC+SC} \tag{5-16}$$

式中：CE——费用效率；

SE——工程系统效率；

LCC——工程寿命周期成本；

IC——建设费用（设备费用）；

SC——维持费用（养护费用）。

投资的目的是多种多样的，当计算费用效率 CE 时，哪些应作为投资所得的“成果”计入系统效率 SE（分子要素），哪些应计入寿命周期成本 LCC（分母要素），有时是难以区分的。因此，可采用如下方式加以区分。

首先，列出费用效率（CE）式中分子、分母所包含的各主要项目，如图 5-8 所示。

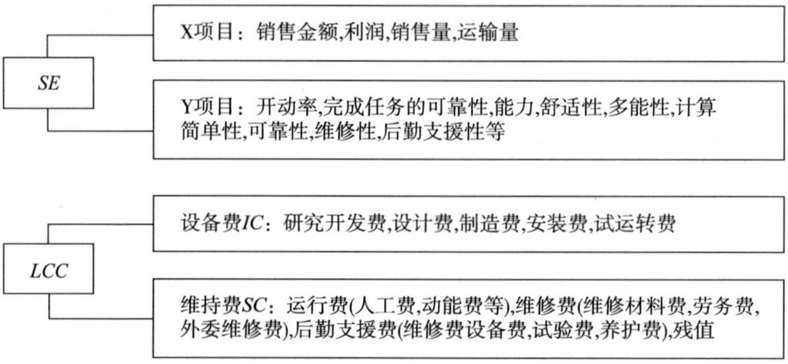

图 5-8 费用效率（CE）式中分子、分母所包含的各主要项目

其次，列出投资的目的，如增产、维持生产能力、提高质量、稳定质量、降低成本（材料费，劳务费）等，见表 5-3。

费用效率（CE）公式的分子需根据对象和目的的不同，用不同的量化值来表示。究竟采用何种量化值，有时较难确定。相比之下，分母是系统寿命周期内的总费用，故比较明确，可以把费用效率（CE）公式看成是单位费用的输出值，因此，CE 值越大越好。如果 CE 公式的分子为一定值，则可认为寿命周期成本少者为好。

投资目的和成果的计算方法 表 5-3

序　号	投 资 目 的	在 CE 式中所属项目（SE，LCC）
A	增产， 保持生产能力	增产所得的增收额列入 X 项； 防止生产能力下降的部分相当于 Y 项
B	提高质量， 稳定质量	提高质量所得的增收额列入 X 项； 提高质量的增收额 = 平均售价提高部分 × 销售量； 防止质量下降而投入的部分列入 Y 项
C	降低成本， 材料费， 劳务费	由于节约材料所得的增收额列入 X 项（注意：产品的材料费、节约额不包括在 LCC 的 SC 中，应计入分子 SE 中）； 由于减少劳动量而节省的劳务费应计入分母的 SC 费用科目中，SE 不变

5.2.7 经济分析方法的选择

经济分析的目的，一是评价判断项目或方案在经济上是否可接受（是否有收益），二是在投资受到约束时按效益高低对项目进行优先排序。上面介绍的各种分析方法虽然都能实现这些目的，但由于特点不同，有时会给出不同的回答，特别是项目的优先排序。因此，在经济分析时可选用多种分析方法，比较各种方法的分析结果。

LCCA 与大多数工程管理方法一样，提供的只是一种方法，应用时必须与一些工程技术相结合。上述 LCCA 分析采用的几种方法有时单独使用，有时要互相渗透或综合运用，因为每一种方法有各自的特点，并不是对任何一种方案的经济评估分析都适用，在应用过程中还必须综合考虑一些因素，如业主对初始投资费用和未来的连续支出的重要性的考虑，哪种方法更能让业主理解或满足他的要求以及在分析过程中对效益的估量等，由此选出最具综合经济效益的道路投资方案。

1）各种经济分析方法的特点

通过实际的应用，可以将各种方法的特点总结分析如下：

（1）年度等值成本法是几种方法中最易理解的，且它可对寿命周期不同的方案进行比较，但缺点是它没有包括效益，所以用此法不能确定项目的经济性。

（2）相对于年度等值成本法，现值法在道路建设方案比选时应用更为普遍，主要是因为一个道路建设项目的效益和费用是相关的，可表示为一个单一值，而且经济寿命不同的道路项目随着时间的发展其价值会变化，但用此法仍可进行直接比较，因为每个方案所有的费用和效益都可折算成现值，最后结果为项目方案的货币计算总额。

（3）内部收益率是由方案的现金流量决定的，计算时，方案的初始费用可以是不等的，而且后期费用通常都是递增变化的。但它与业主的要求有很大的关联，例如，在比选时需将每个方案与标准方案相比较，同时还要比较各个方案的内部收益率，从而来确定效益的差别，最终选出有最高内部收益率的道路建设方案。实际上，一个方案有没有经济上的吸引力，还要取决于业主最低可接受的内部收益率有多大，如果业主希望一项投资至少有 15% 的内部收益率才是经济可行的，则任何小于这个内部收益率的方案都会被放弃。对于这个内部收益率的基准值（*IRR*），世界各国及国际金融组织有不同的建议值，世界银行规定 *IRR* 取 12%，而美国国际开发署规定 *IRR* 取 8%，亚洲开发银行规定 *IRR* 取 12%，日本规定 *IRR* 取 7%。

（4）效益费用比法主要用于一些大型项目，如水坝和大堤。与其他方法相比，它的缺点主要是不能反映效益现值总额与成本现值总额之间的绝对差额，从而不能保证业主的资产有最大的内部收益，但应用时，可通常先将一组提议方案与标准或基本比选方案做比较，选出比值大于 1 的方案，再对选出的方案在递增的基础上进行比较，即对成本连续高涨的比选方案，其效益也须是递增的基础上进行比较，从而计算效益成本比。按这种成对比较的方法，最后选出具有最大经济期望值的比选方案。

（5）成本—效益法在公路领域中应用最为广泛，最具代表性。它与以上几种方法明显的差别就是计量单位不同，即根据性能曲线来计算。该方法对具有不同性能曲线的方案比较相当方便，不仅可以选出最具成本效益的方案，还可比较出不同的投资在各年度的路况性能和平均性能。

2)经济分析方法选择时注意事项

由于分析者对不同的分析方法有着各自的偏好,目前尚无可接受的统一标准来选择分析方法,在方法选择时一般应考虑下面几点:

(1)初期修建费与随后预期要支出的费用相比的重要程度

许多公路部门往往最关心的是初期投资。有时,尽管经济分析表明初期投资低的方案会造成今后出现过量的支出,决策人仍可能考虑选用初期修建费较低的方案,特别是当他们难以预计今后的资金筹措情况时。

(2)哪一种分析方法最容易被决策人所理解和接受

如果某公路部门多年来习惯于使用效益费用比法,对应用这种方法分析的结果有较好的领会和掌握,那么,尽管这不是最好的方法,但要想换成其他更好的方法不仅困难,而且要花费较长的时间熟悉。

(3)经济分析用于网级还是项目级决策

对于网级系统来说,管理部门可以用收益率法对整个路网的投资效益进行分析;而对于项目级系统,决策人员则可采用净现值法选择项目方案。

(4)经济分析中是否包括效益

任何分析如果不考虑各方案或项目在效益上的差别,那么这种分析基本上是不完善的。然而,对于路面来说,效益有时很难准确估算,这时往往假设各方案或项目具有相同的效益,从而采用净现值法或年费用法分析。

5.2.8 经济分析方法的影响因素分析

工程经济分析中,费用及效益的分析常受外部因素,如分析年限、贴现率、通货膨胀率及残值的影响。

(1)分析期限

分析期限是指经济分析中对分析对象所考虑的时间长短。道路工程中进行方案比较的时间段,称作分析期。分析期限是一个比较敏感的因素,分析期限太短(如 3 年)很难找出真正效益大的方案,因为不同的道路方案在前几年性能变化很小;分析期限过长则往往包含许多不确定的因素,如预测失误等。原则上,分析期限的选择应以各种预测模型(交通量、路面性能、车速和油耗等)的结果可靠性为依据,分析期要足够长,以便把预期未来可能发生的影响分析结果的主要费用都考虑在内。分析期内路面将采取若干次养护和改建措施。

对于新建路面项目,建议分析期采用 20 ~ 40 年。路面使用寿命长的,如水泥混凝土路面,可取上限。对于路面改建项目,分析期可短于 20 年,通常采用 10 ~ 20 年。交通运输部《公路建设项目经济评价方法》建议分析期限为 20 年(不含建设期)。英国在 COBA 投资效益分析中建议为 30 年,理由是当贴现率为 8% 时,30 年后费用现值仅为原值的 9%,忽略初期建设费用这样的数据在经济分析时不会产生明显误差。

我国是目前世界上经济发展最快的国家,15 年平均国民经济增长率超过 10%,这样高的增长率实际已导致公路交通量以 10% ~ 20% 的速度快速增长。在这种状况下的许多因素,如道路里程、车辆拥有率、几何设计标准、道路投资等,在 10 年以外都难以准确预测。因此,从多方面考虑建议路面养护管理系统采用 10 年的分析期限。

通常指定施工期的最后一年为分析期的零年(0 年),随后各年相继为 1 年、2 年等。分析期内的改建措施,如采用分阶段施工,施工期达 4 ~5 年以上的,宜按不同阶段分为几个改建项目。

(2)贴现率/折现率

折现率是方案经济评价中的一个重要参数,对于比较方案在经济上的优劣次序有重要影响。经济分析中,为了便于各方案在共同的基础上进行比较,要把分析期内发生在不同时间的各种费用和效益,转换为统一的具有可比性的现在(0 年)的费用和效益并予以折扣。转换通过现值系数进行,它是贴现率和时间段的函数。

贴现率通常表示为年利率,它代表着资金的机会成本,即预计的市场平均收益率——政府如果不把钱投入公路部门而投入其他部门时所能得到的收益。因此,它反映了钱的时间价值。然而,不能把贴现率同市场利率混淆起来,市场利率除了代表资金实际成本的收益外,还包括预期的通货膨胀率。如果以市场利率作为贴现率,则分析期内发生的各项费用和效益都要考虑通货膨胀,以当年价格计。由于未来的通货膨胀率很难预计,通常都倾向于对费用和效益采用不变价格,而以资金的实际成本作为贴现率,从而避开对通货膨胀率的臆测。

依据美国的资料,政府投资的资金实际成本市场利率约为 4%,因此建议贴现率采用 4% ~5%,我国市场经济发展迅速,贴现率变化较快,应根据相关部门公布的贴现率为准。贴现率的大小对于经济分析结果有着重大的影响,贴现率高,初期投资低的项目方案往往具有较高的经济效益;反之,贴现率低时,初期投资大的项目方案就会显得优越。因此,在经济分析时,应慎重考虑贴现率的取用,可以选用几个贴现率进行分析,最后由决策人决定。当然,所有方案最终都要采用同一个贴现率进行比较。

一般原则是所选取的折现率不应低于资金的机会成本或最低回收率。实际应用中,一般采用国家发展和改革委员会、住房和城乡建设部定期公布的行业基准收益率。目前,项目经济分析中一般以 6% 作为折现率。

(3)通货膨胀率

通货膨胀率在经济分析中是一个应该考虑的因素,由于通货膨胀难以估计,许多经济分析包括路面管理系统都忽略了这个指标。在路面管理系统中,忽略这个指标将不会产生明显的误差,因为通货膨胀率对费用和效益同时起作用,在计算 *NPV* 时相对值几乎保持不变。

(4)残值

分析期末残值为计算期末的价值,它可能为正,也可能为负。正值代表材料仍可利用,而负值代表处理残余材料的费用比材料本身的价值还要高。期末残值可以用计算期末残留的路面材料价值来估算,或者可用初始费用的百分比来估算,它是根据路面残余寿命的百分比或以往经验及历史资料推算的。如果可以假设每个比选方案具有相同的期末残值(并同时发生),那么这个费用因素可以忽略,不需估算。当方案的实际寿命超过计算期时,其期末残值具有较大的价值。此种方案比计算期末遭受严重破坏(几乎没有残余寿命)的方案有着更高的期末残值。

5.3 路面寿命周期经济分析

路面寿命周期费用与各比较方案预期的使用性能或寿命,拟采用的养护和改建措施的类型、寿命和费用,选用的分析期长短和贴现率的大小等,都有密切的关系。进行分析时,应首先考虑和选定这些因素,然后分析寿命周期内的各项费用,进而确定费用最低的方案。

路面寿命周期内的主要费用包括设计费、初期修建费、养护费、大中修费及路面残值。由于经济分析的主要目的是通过比较选取最佳方案,分析的主要任务是比较各方案费用和效益的差异,因此方案中完全相同或差别不大的费用可以不予计算。路面残值是路面在分析期末残存的价值,但因不同类型路面经过大修后残值很难计算,故为简化计算可不计残值。

全寿命经济分析的本质内涵是要求从工程项目全寿命周期出发去考虑造价和成本问题,关键是要实现工程项目整个寿命周期的总收益最大化或总成本的最小化。该方法是建筑工程项目管理的一种指导思想和手段,工程项目整个寿命期直接的、间接的、社会的、环境的所有成本以货币值计算,作为评价项目的依据。美国 LCCA 委员会指出,实行 LCCA 法的目的就是减少后期投资、提高项目质量与性能。这是一个使长期效益最大化的有效方法。

与传统的分析方法相比,路面寿命周期经济分析强调的是从一种全局的角度考虑建设方案的成本,进而评价方案的经济效益。作为一种评估项目经济效益的方法,对于道路这种期限长的项目来说是非常必要的。它主要表现为:①传统上,业主往往最先考虑初始建设费用,而忽视运营期间费用,道路这种公共基础设施,其投资是一次性的,业主投资的机会也不是经常有,它不像普通商品,可改作其他用途或立即重建,方案选不好,运营期间的费用将会是一个庞大的数字,不仅没有收益,而且还给业主带来沉重的负担。②它强调了业主与一些功能性成本项目之间的关系,例如:削减研究勘测、降低设计成本可能会导致以后寿命周期内的养护成本的增加(那些成本的上升是因为成本未能满足其允诺的质量表现水平)。而且,LCCA 整个分析始终强调综合经济效益,从费用数据来直接观察各种成本之间的关系,可以认为:只有当道路寿命周期成本减少时,才能真正达到道路建设项目中所有成本之间的平衡,业主才能获取最大的投资利益。

在路面管理系统的经济分析中,应用寿命周期费用分析法具有以下几个重要特点。

(1)进行寿命周期费用分析时,需要有以下几方面的数据或资料:①客观而定量的路面使用性能评定数据,例如路面平整度等;②路面使用性能随时间变化的预估模型;③与路面使用性能变化相关联的用户费用模型,例如 VOC 模型;④把路面使用性能变化转化为路面养护需要和养护费用的模型。

(2)用户费在路面寿命周期费用中具有重要作用。特别是在交通量大的情况下,更起着主导作用。如果不考虑用户费用,所得到的可能是次佳方案。

(3)贴现率的选用对分析结果有重大影响。低贴现率对于初期投资高和服务年限长的方案有利;反之,高贴现率将会导致选择初期投资低的分期修建方案。

(4)覆盖项目的全寿命周期,考虑时间长,比较合理;考虑项目总收益的最大化。

(5)可以作为投资决策分析、支持方案选取和成本管理的工具。

(6)决策和设计阶段对 *LCC* 影响的可能性最大,一般为 30% ~50% 。

由于 LCCA 应用的时间不长,仍存在一些争议,如用户费用如何计算、寿命周期长度的原则、计算的费用和效益的可靠度等仍有待研究。路面寿命周期费用法的一般分析步骤见图 5-9。

从寿命周期费用分析法的一般步骤和特点可以看出,使用该方法的关键因素是,要对分析期内道路用户费用和养护费用逐年变化的情况进行预估,即对路面管理系统的经济效益进行预测。

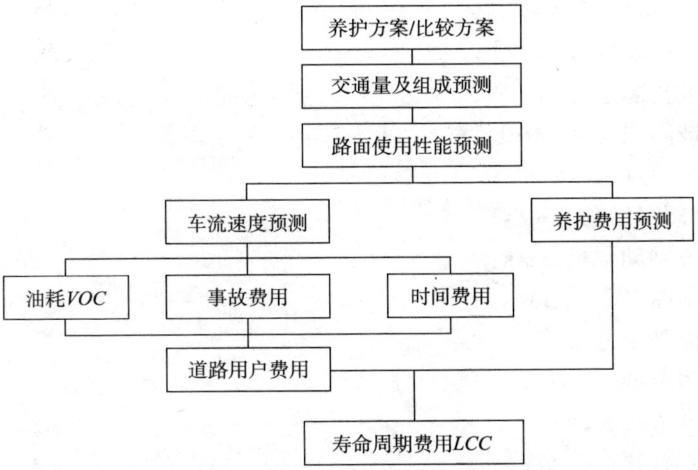

图 5-9　路面寿命周期费用分析的一般步骤

5.3.1　路面养护费用估算

给定养护方案,利用上述性能预测模型和日常养护费用模型,可得到分析年限内的现值路面养护费用,由下式计算:

$$PMC_{in} = \sum_{t=0}^{n} pvrt \times (RCC_{in} + OC_{in} + RC_{in}) - SV_{in} \times pvrn \tag{5-17}$$

式中:PMC_{in}——n 年内现值道路养护费用总和;

RCC_{in}——大修补强费用;

OC_{in}——中修罩面费用;

RC_{in}——日常养护费用;

SV_{in}——残值。

在式(5-17)中,大中修养护费用可通过处治路面面积与单位材料价格求得。残值 SV 用线性插值法计算。

5.3.2　车速预测

车速是油耗等用户费用估算必需的数据。车速预测分两步进行,先预测自由流稳态速度,然后预测拥挤条件下的车速。

(1)自由流稳态速度预测

在路面管理系统经济分析中,所有车速和费用的估算都采用"集合"方式,即平均的概念。根据这个假设,车辆在公路上行使时,平整度、坡度和曲度等都采用双向平均值。速度预测考虑 5 种车型,每种车型在路段上的往返平均车速用式(5-18)~式(5-46)计算:

$$VSS_j = \left(\frac{LP}{VSS_u} + \frac{1 - LP}{VSS_d}\right)^{-1} \tag{5-18}$$

$$VSS_u = \frac{E^0}{(v_{drive,u}^{-\frac{1}{\beta}} + v_{brake}^{-\frac{1}{\beta}} + v_{curve}^{-\frac{1}{\beta}} + v_{rough}^{-\frac{1}{\beta}} + v_{desir}^{-\frac{1}{\beta}})^{\beta}} \tag{5-19}$$

$$VSS_d = \frac{E^0}{(v_{drive,d}^{-\frac{1}{\beta}} + v_{brake}^{-\frac{1}{\beta}} + v_{curve}^{-\frac{1}{\beta}} + v_{rough}^{-\frac{1}{\beta}} + v_{desir}^{-\frac{1}{\beta}})^{\beta}} \tag{5-20}$$

式中：VSS_j——车型j的稳态速度，km/h；

VSS_d——下坡稳态速度，km/h；

VSS_u——上坡稳态速度，km/h；

LP——上坡路段比例，取0.5；

$v_{drive,u}$——上坡驱动限速，m/s；

$v_{drive,d}$——下坡驱动限速，m/s；

v_{brake}——下坡制动限速，m/s；

v_{curve}——路面曲度限速，m/s；

v_{rough}——路面平整度限速，m/s；

v_{desir}——期望速度，m/s；

E^0——偏差校正系数；

β——威布尔线形参数；

j——车辆类型，1～5。

$$v_{drive,u} = (d_1 + B)^{\frac{1}{3}} - (d_1 - B)^{\frac{1}{3}} \tag{5-21}$$

$$A = 0.5RHO \times CD \times AR \tag{5-22}$$

$$B = \frac{HP_{drive}}{2A} \tag{5-23}$$

$$C_1 = \frac{GVW \times g \times (CR + PG)}{3A} \tag{5-24}$$

$$D_1 = B^2 + C_1^2 \tag{5-25}$$

$$d_1 = \sqrt{D_1} \tag{5-26}$$

$$CR = 0.021\,8 + 0.000\,046\,7 \times 13IRI(\text{小汽车}) \tag{5-27}$$

$$CR = 0.149 + 0.000\,325 \times 13IRI + \frac{0.000\,068\,6u^2}{g} \tag{5-28}$$

$$CR = 0.013\,9 + 0.000\,019\,8 \times 13IRI(\text{货车}) \tag{5-29}$$

$$RHO = 0.056\,7 + 1.225\left(1 - \frac{2.26ALT}{1\,000}\right)^{4.225} - 0.003\,77T_{AIR} \tag{5-30}$$

$$GVW = TARE + LOAD(\text{kg}) \tag{5-31}$$

$$v_{drive,d} = \max(v_1, v_2, v_3)(\text{如果 } D_2 \leqslant 0) \tag{5-32}$$

$$v_{drive,d} = (d_2 + B)^{\frac{1}{3}} - (d_2 - B)^{\frac{1}{3}}(\text{如果 } D_2 > 0) \tag{5-33}$$

$$v_1 = r\cos z \tag{5-34}$$

$$v_2 = r\cos\left(z + \frac{2\pi}{3}\right) \tag{5-35}$$

$$v_3 = r\cos\left(z + \frac{4\pi}{4}\right) \tag{5-36}$$

$$z = \frac{1}{3}\arccos\frac{-2B}{C_2 \times r} \tag{5-37}$$

$$C_2 = GVW \times g\,\frac{CR - NG}{3A} \tag{5-38}$$

$$D_2 = B_2 + C_2^3 \tag{5-39}$$

$$d_2 = \sqrt{D_2} \tag{5-40}$$

$$v_{\text{brake}} = \infty \text{（如果 } CR \geqslant NG\text{）} \tag{5-41}$$

$$v_{\text{brake}} = \frac{-HP_{\text{brake}}}{GVW \times g \times (CR - NG)} \text{（如果 } CR < NG\text{）} \tag{5-42}$$

$$v_{\text{curve}} = \sqrt{F_{\text{R}} + S_{\text{P}} \times g \times R_{\text{C}}} \tag{5-43}$$

$$R_{\text{C}} = \frac{180\ 000}{\pi \times \max\left(\frac{18}{\pi}, C\right)} \tag{5-44}$$

$$v_{\text{rough}} = \frac{ARV_{\max}}{0.088\ 2 \times QI} \tag{5-45}$$

$$QI = 13 \times IRI \tag{5-46}$$

式中：CD——空气动力系数；

AR——挡风面积，m^2；

RHO——空气密度，km/m^3；

HP_{drive}——使用驱动功率，kW；

PG——坡度阻力；

CR——滚动阻力系数；

GVW——车辆施加于路面的荷载重量，kg；

g——重力加速度，m/s^2；

ALT——道路海拔高度，m；

T_{AIR}——空气温度，℃；

$TARE$——车辆轴重，kg；

$LOAD$——车辆载重，kg；

NG——坡度阻力；

HP_{brake}——制动功率，kW；

F_{R}——侧向摩阻系数；

S_{P}——曲线超高率；

R_{C}——曲线半径；

C——曲度，(°)/km；

$ARV_{\max}$——最大平均矫正速率，mm/s；

QI——路面平整度，四分之一车平整度指数。

（A,B,B_2,D_1,D_2,z,r 等未予注释符号均为计算参数）

（2）非自由流车速预测

非自由流车速由式（5-47）~式（5-53）计算。

$$v_j = VSS_j - a_1 Q \tag{5-47}$$

$$v_{\text{u}} = VSS_{\text{u}} - a_1 Q \tag{5-48}$$

$$v_{\text{d}} = VSS_{\text{d}} - a_1 Q \tag{5-49}$$

$$Q = \frac{\sum_{j=1}^{n} PCSE \times Q_j}{12} \tag{5-50}$$

$$a_j = SLOP_j = \frac{VSS_j - u_{\text{c}}}{Q_{\text{c}}} \tag{5-51}$$

$$Q_c = \frac{Q_{cL} \times VSS_1}{VSS_{1L}} \tag{5-52}$$

$$u_c = \frac{VSS_1}{2} \tag{5-53}$$

式中：v_j——车型 j 往返路段平均速度，$j=1\sim5$，km/s；

v_u——对应车型上坡速度，km/s；

v_d——对应车型下坡速度，km/s；

a_1——发动机转速为“0”时的比油耗；

Q——换算交通量，辆/h；

$PCSE$——车型换算系数；

Q_j——j 型车交通量，辆/d；

a_j——实际交通状况修正系数，小车取 1.15，载货汽车取 1.16；

$SLOP_j$——同 a_j；

u_c——指定地形条件和道路等级的平均速度，km/s；

Q_c——通行能力，辆/h；

Q_{cL}——平均路段通行能力，辆/h；

VSS_1——小汽车的稳态速度，km/s；

VSS_{1L}——平均路段小汽车自由流速度，km/s；

12——$AADT$ 小时交通量转换系数。

5.3.3 油耗预测

车辆发动机的百公里油耗用式(5-54)～式(5-71)预测。

$$FCC_j = \sum_{t=1}^{n}\sum_{j=1}^{5}\left[\frac{3.6a_1\ FC_{uj}LP + FC_{dj}(1-LP)L \times Q_j}{u}\right]pvrt \times FP \tag{5-54}$$

$$FC_{uj} = \frac{UFC_u \times 360}{u_u} \tag{5-55}$$

$$FC_{dj} = \frac{UFC_d \times 360}{u_d} \tag{5-56}$$

$$UFC = UFC_{i0} + a_3RPM + (a_1 + a_2RPM)HP_{et}\ (HP_{et} > 0) \tag{5-57}$$

$$RPM = RPM_0 + a_1u + a_2u^2 \tag{5-58}$$

$$HP_{et} = HP_{RRF} + HP_{ARF} + HP_{GF} + HP_{CF} \tag{5-59}$$

$$HP_{et} = \frac{(RRF + ARF + GF + CF) \times v}{736\eta_\tau} \tag{5-60}$$

$$RRF = m \times g \times CR \tag{5-61}$$

$$ARF = 0.5RHO \times CD \times AR \times (v + v_W)^2 \tag{5-62}$$

$$GF = m \times g \times CR \tag{5-63}$$

$$CF = \frac{(m \times v^2/RC - m \times g \times SP)^2}{N_W \times C_S} \times 10^{-3} \tag{5-64}$$

$$C_S = 43 \tag{5-65}$$

$$C_S = 8.8 + 0.088\frac{m}{N_W} - 0.225 \times 10^{-4}\left(\frac{m}{N_W}\right)^2\ (0.7 < TD \leqslant 0.9) \tag{5-66}$$

$$C_S = 0.0913 + 0.088\frac{m}{N_W} - 0.0000114\left(\frac{m}{N_W}\right)^2 \ (TD > 0.9) \tag{5-67}$$

上坡单位油耗：

$$UFC_u = UFC_{i0} + a_3 RPM_u + (a_1 + a_2 RPM_u) HP_{etu} \tag{5-68}$$

$$RPM_u = RPM_0 + a_1 u_u + a_2 u_u^2 \tag{5-69}$$

下坡单位油耗：

$$UFC_d = UFC_{i0} + a_3 RPM_d + (a_1 + a_2 RPM_d) HP_{etd} \tag{5-70}$$

$$RPM_u = RPM_0 + a_1 u_d + a_2 u_d^2 \tag{5-71}$$

式中：FCC_j——路段 L 所有车辆在 I 养护方案 n 年百公里油耗，L/100km；

Q_j——各类车型的交通量，辆/d；

L——路段长度，km；

LP——上坡路段比例，取 0.5；

FP——油耗单价，元/L；

FC_{uj}——上坡百公里油耗，L/100km；

FC_{dj}——下坡百公里油耗，L/100km；

UFC——单位油耗，mL/s；

UFC_u——上坡单位油耗，mL/s；

UFC_d——下坡单位油耗，mL/s；

UFC_{i0}——最小内部功率油耗（转速为 0 时），mL/s；

RPM——发动机转速，r/min；

RPM_0——怠速转速，r/min；

u——车速，km/h；

HP_{et}——发动机克服外部阻力所需功率，kW；

a_1——发动机转速为 0 时的比油耗；

a_2——比油耗斜率，(mL/s · kW)/(r/min)；

a_3——内部功率油耗斜率，(mL/s)/(r/min)；

HP_{RRF}——克服滚动阻力所需功率，kW；

HP_{ARF}——克服空气阻力所需功率，kW；

HP_{GF}——克服坡度阻力所需功率，kW；

HP_{CF}——克服曲度阻力所需功率，kW；

RRF——滚动阻力，N；

ARF——空气阻力，N；

GF——坡度阻力，N；

CF——空气阻力，N；

v——速度，m/s；

v_W——前进反方向的风速，m/s；

η_τ——传递效率系数；

m——有效汽车质量，kg；

g——重力加速度，m/s^2；

RC——曲线抽象半径，m；

SP——超高；

N_W——轮胎数量；

C_S——轮胎黏阻系数，kN/rad；

TD——名义轮胎直径，m；

RPM_u——上坡发动机转速，r/min；

RPM_d——下坡发动机转速，r/min；

HP_{etu}——上坡时发动机克服外部阻力所需功率，kW；

HP_{etd}——下坡时发动机克服外部阻力所需功率，kW；

j——车辆类型。

上述计算考虑因素较多，也较复杂，可简化为：

$$FL = a_1 + b_1 IRI \quad (\text{L/100km}) \tag{5-72}$$

式中：FL——油耗；

IRI——道路国际平整度指数。

计算式中的系数见表5-4。

油耗、轮耗和材料消耗公式中的各项参数 表5-4

车辆类型	a_1	b_1	a_2	b_2	$C_0(\times10^{-6})$	$C_q(\times10^{-3})$	k_p	$C_{km}(\times10^4)$
小客车	9.78	0.182	0.046 6	0.007 1	12.95	17.81	0.308	15
大客车	23.80	0.294	0.739	0.001 6	1.87	4.63	0.483	50
小货车	17.42	0.568	0.066 9	0.010 7	1.87	327.33	0.371	30
中货车	23.00	0.434	0.065 3	0.001 2	1.87	327.33	0.371	30
大货车	19.0	0.298	0.155 6	0.003 4	5.52	45.9	0.371	30
集装箱车	35.39	0.893	0.215 5	0.005 3	5.52	20.35	0.371	30

5.3.4 道路用户费用预测

不考虑交通延误成本和交通事故成本，用户费用由车辆运营成本组成，包括燃油消耗费、轮胎消耗费和保修材料消耗费3项。消耗量分别按下列公式计算，即每辆车：

油耗
$$FL = a_1 + b_1 IRI \quad (\text{L/100km}) \tag{5-73}$$

轮耗
$$Tc = a_2 + b_2 IRI \quad (\text{条/1 000km}) \tag{5-74}$$

材耗
$$Pc = C_0 C_{km}{}^{k_p} e^{C_q IRI} \quad (\text{占新车价比例/1 000km})(\text{小客车}) \tag{5-75}$$

$$Pc = C_0 C_{km}{}^{k_p}(1 + C_q IRI) \quad (\text{占新车价比例/1 000km})(\text{货车}) \tag{5-76}$$

各计算式中的系数，列于表5-4。

其中平整度指数 IRI 按已有的使用性能预估模型由下式预估：

$$IRI = 12.689 - 11.046e^{-0.039y} \tag{5-77}$$

式中：y——年数。

目前国内尚没有可靠的数据来精确估计非油耗 VOC 其他部分，如配件（材耗）和轮耗等。道路用户费用可通过油耗与 VOC 的关系估计。

（1）车辆运营费用（VOC）预测

路面管理系统中，VOC 是通过其与油耗的关系确定的。从表5-1中可看出，从1974年到1993年20年内，我国油耗费占 VOC 的比例分布在25%～32%范围内，变化幅度很小。

由于油耗与 VOC 之比相当稳定，因此可用这个系数通过给定油耗费用来估算 VOC，即

$$VOC_i = r_{FC}^{-1} \times FCC_i \tag{5-78}$$

式中：r_{FC}——油耗与 VOC 之比，取值范围为 0.25～0.32，根据交通统计资料确定；

VOC_i——i 方案 n 年内 VOC 总和。

(2)行驶时间费用

给定路段的平均行驶速度，行驶时间费用可由式(5-79)简单地计算出来。

$$TTC_i = \sum_{t=1}^{n} \sum_{j=1}^{5} \left(360 \times \frac{L}{u} \times Q_j \times QP_j\right) \times pvrt \times TP \tag{5-79}$$

式中：TTC_i——i 方案 n 年内行驶时间费用(不含货物时间费用)；

L——路段长度，km；

u——平均车速，km/h；

Q_j——j 车型的交通量；

QP_j——j 车型旅客人数；

TP——旅客时间价值。

(3)事故费用

事故费用(ACC)等于事故率乘以每个事故的平均费用得到。在实际工作中，常根据公路交通部门的统计资料建立交通事故的预测模型，并依据统计数据得到事故的损失费用，由此来预测事故费用。当然，由于交通事故产生的影响因素很多，随机性较大，事故率和损失费用很难估计，有时这部分费用不予计算，在方案比选时可视各项目或方案的事故费用相等进行分析。

(4)道路用户费用

道路用户费用由式(5-80)估算。

$$RUC_i = VOC_i + TTC_i + ACC_i \tag{5-80}$$

式中：RUC_i——i 方案 n 分析年限内的道路用户费用；

ACC_i——i 方案 n 分析年限内的交通事故费用。

方案 i 在道路寿命周期内的费用由式(5-81)计算。

$$LCC_i = PMC_i + VOC_i + TTC_i - SV_i \times pvrn \tag{5-81}$$

式中：LCC_i——i 方案 n 年内寿命周期费用。

5.4 本章小结

在路面管理中，面对着庞大的公路养护需求和有限的公路养护资金，除了对养护方案进行精确的技术分析外，还需要运用工程经济理论进行经济效益的分析和比较，用最小的资金投入达到效益最大的养护目的。经济分析的目的是选择费用—效益最佳的方案，使决策能以可靠的经济分析作为基础，使各项资源得到最有效的利用。

经济效益分析在路面管理系统不同层次中有不同的作用，在网级系统中，通过经济分析把有限的资金优化地分配到路网最佳位置上并确定最佳的养护措施与时间；在项目级系统中，利用经济评价方法，通过技术—经济分析确定最佳的路面大、中修养护方案。

路面从设计开始到寿命期或分析期末，可能包含的寿命周期费用有设计费、初期修建费、养护费、改建费等管理部门费用，和车辆运营费(即燃油消耗费、轮胎消耗费和保修材料消耗费)、延误费、行程时间费、事故费等用户费用。道路投资所产生的直接效益有车辆运营

费用的节省、行驶时间的缩短和事故的减少,间接效益则有区域开发和流通方式的改善等。

路面管理系统的经济分析方法一般有以下 6 类方法:①年度等额费用法(*AC*);②净现值法(*NPV*);③收益率法(*IRR*);④效益费用比法(*BCR*);⑤费用效果法(*CE*);⑥寿命周期法(*LCC*)。全寿命经济分析的本质内涵是要求从工程项目全寿命周期出发去考虑造价和成本问题,关键是要实现工程项目整个寿命周期的总收益最大化或总成本的最小化。与传统的分析方法相比,路面寿命周期经济分析强调的是从一种全局的角度考虑建设方案的成本,进而评价方案的经济效益。

路面寿命周期费用,与各比较方案预期的使用性能或寿命,拟采用的养护和改建措施的类型、寿命和费用,选用的分析期长短和折现率的大小等,都有密切的关系。路面寿命周期内的主要费用包括设计费、初期修建费、养护费、大中修费及路面残值。

第6章

路面养护方案决策

公路建设的快速发展,使我国公路养护里程迅速增长,与此同时,重载交通和交通量的快速增长和快速出现的路面大中修养护需求,使我国公路养护管理部门承受了巨大的压力。国外经验表明,大规模公路建设之后将是更大规模的公路养护,这一规律在我国高速公路上表现得尤其突出,在已通车9万多公里的高速公路中,早期修建的公路已经基本达到了路面设计寿命,许多区间和路段需要实施大中修养护甚至改扩建工程。根据预测,到十一五末,我国高速公路的养护速度将超过建设速度。预计在不久的未来,高速公路的路面大中修养护里程将分别达到每年7 000km和8 000km,并长期维持在这一水平之上,每年的大中修养护里程将超过养护里程的15% ~20%,为此公路管理部门不得不面临长期、繁重的养护任务。

目前,我国在路面养护方面,无论是理念、模式、技术还是装备,都远远滞后于路面养护的需要,主要表现是:①技术状况评价与养护决策以传统的经验方法为主,缺乏面向损坏、基于原因的养护计划性,由此造成大量的养护资金浪费;②长期公路养护资金需求与养护费用投入缺乏科学的规划性;③公路养护管理缺乏科学的监管手段,路面技术状况的检测方法落后,关键指标采用人工检测;④养护管理缺乏现代化的制度保障体系,新技术、新装备、新方法无法得到有效实施。

路面管理系统是集系统工程、工程经济、预测理论、公路养护及计算机技术为一体的计算机辅助决策系统。一般情况下,路面管理系统应对以下问题作出评估:①不同养护政策将得到怎样的养护结果;②要保证某种路况水平需要投入多少资金;③在一定的预算条件下,应在何时采取何种养护措施等。所谓"决策"就是根据系统所提供的各种信息,对上述问题进行分析、选择方案、合理分配有限的养护资金。确定最佳养护对策和实施时间的过程。

路面养护管理决策的核心内容是:在指定的预算资金和其他资源的约束下,寻求最优养护策略,使得效益目标最大化,或是在一定的路面使用性能要求和资源限制的约束下,寻求最优养护策略,使得费用目标最小化。

路面养护科学决策模式是我国路面养护管理的实际需要,也是公路发展的必然趋势。通过现代路面养护决策模式研究与实施,将有力推进我国公路养护管理的科学化、现代化和规范化建设,改变以往的传统模式,促进公路养护的科技进步。

6.1 路面养护方案决策过程与发展

决策是一种系统的方法或过程,通过对系统当前所处状态的评估和未来发展的分析、判断、选择恰当的系统对策,以最大限度地满足系统的要求。对于路面管理系统而言,其需要决策的是路面养护、大中修和改建的策略、计划和资金分配。

6.1.1 路面养护方案决策过程

路面养护决策以路面使用性能为主要依据。一个良好的性能预测模型是合理决策的基础。路面养护决策与路面使用性能预测模型密切相关,只有在路面使用性能达到某一预定标准时,才能考虑与之相适应的养护措施,而所采取的养护措施一经实施,路面的使用性能及其变化又将直接影响到下一次养护决策。

不同层次的路面管理系统对决策有不同的要求。对于网级路面管理系统,决策就是在给定的限制条件下,进行资金分配方案的分析,选择最为经济有效的方案,合理地分配和使用有限的资金资源,并最大限度地满足系统的要求。而对项目级路面管理系统而言,决策则是在当前年度计划内,利用网级系统的运行结果,对养护项目作进一步详细分析,最终选定年度内的工程项目,确定以达到网级目标为最终目的的年度计划安排。可以说,决策是路面管理系统的核心组成部分。

决策模型的合理与否是系统成败的关键。它涉及系统工程、道路工程和经济分析等多种学科。在系统决策时不仅要考虑道路的建筑材料、设计水平、施工技术等工程实际因素,同时还应考虑道路等级、交通构成、对不同路面的性能评价及性能预测以及养护费用和资金预算水平等因素。为使养护决策结果能适应地区经济发展的需要,还应考虑地区养护政策等因素。

在决策分析期限内,某一年度实际上只有部分路段需要进行养护处治,其他路段可暂不考虑养护。因此,决策过程的第一步就是确定各个决策年度内,哪些项目需要进行处治决策。即所谓的需求分析。确定了需求项目后,应针对各个需求项目,选择恰当的养护对策。这不仅与需处治路段的道路等级、路面使用性能、交通量等条件密切相关,还需考虑各项处治措施的费用、使用性能的改善情况及道路使用者费用等因素。最后,如果某一年度的养护经费不足以完成该年度所需要的所有养护项目,还需要对各个工程项目进行比较和排序,在综合考虑整个路网需求的前提下,最终确定各年度的处治项目计划。此时,还有可能需要对某些需求项目的措施进行调整,决策过程的最后结果对某些项目而言,可能并不是最佳方案,但就整个路网而言,充分利用了养护资金,取得了最佳效果。

6.1.2 路面养护决策的发展历史

路面管理系统(Pavement Management System,PMS)的概念起源于 20 世纪 70 年代的北美,许多研究者致力于引入系统分析和运筹学以建立路面设计系统,并逐渐扩展为公路的路面管理系统。1971 年首先出现了"路面管理系统"的术语,美国和加拿大的许多州和省相继建立和实施了网级路面管理系统。80 年代以后,路面管理的方法与技术在美国、加拿大、澳大利亚、日本及欧洲等国家和地区得到了广泛的应用。比较有影响的系统如美国陆军工兵团 PAVER 系统、加拿大路面信息和需求系统 PINS、改建信息和优序系统 RIPPS、英国运输和道路研究所(TRRL)的公路养护和评价系统 CHART 等。

不同国家和地区的机构组织对路面管理系统分别给出了各自的定义。

美国各州公路与运输工作者协会(AASHTO)在路面管理系统指南中对 PMS 的定义为:用于决策者在公路评价养护决策中寻求投资有效分配方案(cost-effect)的工具。美国联邦公路总署(FHWA)定义 PMS 为一种通过对路面信息的收集、分析、选择并实施路面建设和养护维修资金投入方案的系统决策过程。根据 2001 年美国路面管理指南的定义,PMS 是指一系列的工具或方法，用以帮助决策者在进行路面养护时能够找到最优策略，从而使路面在一定时期内保持良好的使用状态。

澳大利亚道路研究所(ARRB)对 PMS 的定义为：用于优化利用路面养护可用资源，包括信息采集、信息分析和方案决策的管理方法。

一般说来，PMS 主要包括路面状况评价、路面性能预测、管理策略优化等一系列过程。作为一种辅助决策工具，PMS 是专门为相关管理部门的决策提供依据和进行分析的工具。按照不同的管理层次的需要，可分为网级路面管理系统和项目级路面管理系统。网级路面管理系统是涉及整个公路网、用于制订路网养护决策、确定路网养护需求和养护费用优化分配的宏观分析系统，其决策基础是整个路网，目标是追求系统整体效益的最大化，其主要任务是为公路管理部门进行关键性决策提供依据；项目级路面管理系统则是以具体项目为研究对象，从技术和经济的角度分析养护方案的系统，系统往往受到网级路面管理系统所确定的资金和时间条件约束，其目标是实现项目效益的最优化，主要任务是为公路管理部门对某一工程项目进行技术决策提供依据。

6.2 路面养护项目选择

6.2.1 路面养护需求分析

进行养护决策的第一步就是确定哪些项目有养护需求。路网养护需求分析是一项宏观分析工作，需要依靠微观的路面检测基础数据来完成，通过路面使用性能现状评价和预测，得到养护需求结果，为路面养护对策的制订、项目养护顺序计划安排、养护资金的分配优化等决策活动提供最基本的依据。

在路面管理系统发展的初期，路面养护需求的确定主要通过养护工程师在实地观测后，根据工程经验来判断需要进行养护改建的路段以及采取何种养护措施，或者根据设定的路面大中修周期来安排养护计划。这种决策方法存在较大的主观性和随意性。如果实地工程师的经验丰富，判断正确，其结果就较合理，否则难以保证决策的准确性和合理性。

随着路面检测技术的发展，对路面检测基础数据进行分析统计，依据一定的规范和标准，增加了决策的客观性和可靠性，是进行路面养护管理科学决策的有力保障。公路管理部门在积累了大量的路况数据后，可初步建立起公路数据库并开始利用这些路况数据来确定需求项目。其做法是首先针对路面性能指数(或路面破损情况)设置一个固定标准(如 $PCI=50$ 或路面网裂面积大于12%)，并称之为最低可接受水平。假设只有在路面状况达到这个标准时，才采取大中修养护措施。对于没有达到最低可接受水平的路段，不采取养护措施。只有路面状况衰减至最低可接受水平时，才产生养护需求。

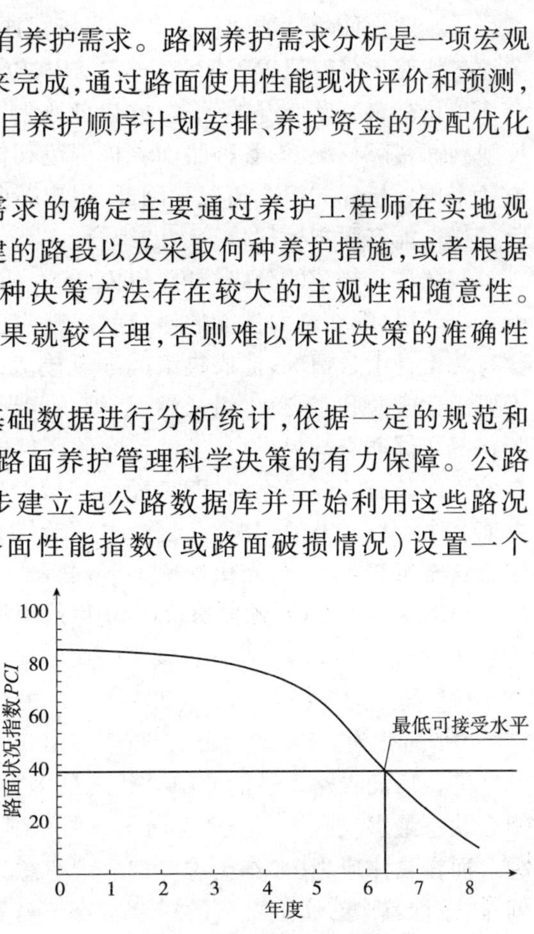

图 6-1 路段预期需求年的确定

综合运用性能预测模型和最低可接受水平，可确定整个规划期内的养护需求项目(图 6-1)。并由此可以列出所有计划年度内的需求项目清单。

该方法比较客观、可靠,并具有较高的可比性。其决策结果不会随工程师经验的差异而出现较大的变化。但它对数据的可靠性有更高的要求,同时还需要建立合理的性能预测模型。另外,在预测模型中没有考虑实地环境等难以量化的因素,在确定最低可接受水平时,初步确定需求项目后,仍需要工程师到实地查看观测后,才最后确定需求项目,这种做法可较好地解决数据不准确的问题。

6.2.2 路面养护对策分析与选择

路面养护维修对策的选择,主要根据路面使用性能的现状、交通量大小、道路在路网中的地位作用,结合专家经验和相关经济、政策等因素综合分析确定的。我国《公路沥青路面养护技术规范》(JTJ 073.2—2001)、《公路水泥混凝土路面养护技术规范》(JTJ 073.1—2001)和《高速公路养护管理手册》中,均对高速公路沥青路面和水泥混凝土路面的养护对策进行了类型划分。其中日常养护维修和小修主要进行预防性养护,中修以修复路面的功能性能和结构性能为主,大修主要以恢复路面结构承载力为目标。

(1)路面性能组合状态的确定

由于路面使用性能评价是一个多指标评价体系,得到路面现状使用性能评价结果后,更关注各线路上各路段 *RQI*、*PSSI*、*PCI*、*SRI*、*RDI* 等指标的组合情况。如果仅根据 *PQI* 这一综合评价指标来判断路况的优劣,并以此来制订养护管理对策,又显得太过笼统,不能真实地反映路面实际情况,而各种路面养护规范和标准中关于养护措施的选择,依据都是单项指标或几个单项指标的组合情况。因此,提出路面使用性能的组合状态这一概念,指同一路段路面使用性能各项指标评价等级的组合。

按照现行规范的分级标准,*RQI*、*PSSI*、*PCI*、*SRI*、*RDI* 等 5 项评价指标均有优、良、中、次、差 5 个等级,那么路面性能的组合状态就应该有 $5^5=3\,125$ 种,如果再考虑养护措施的选择,会有几千种组合情况,造成决策问题规模大,求解困难。因此在网级路面决策优化时,根据需要简化合并状态,减少组合情况,缩小问题规模,这也是系统集成思想的体现。大量的实际路况数据调查结果显示:虽然路面使用性能评价 5 项指标是从不同方面来反映路况的,但它们之间是有一定联系的,即一项指标较差时,其余指标也往往较差,很少出现某项指标优良而其余指标较差的情况。因此,参照我国高速公路养护管理的相关技术规范要求对路面组合状态进行了简化,简化情况如下:

RQI 简化为 3 级:优良级(80~100)、中级(70~80)、次差级(0~70);

PSSI 简化为 2 级:强度足够级(80~100)、强度不足级(0~80);

PCI 简化为 3 级:优良级(80~100)、中级(70~80)、次差级(0~70);

SRI 简化为 2 级:能力足够级(70~100)、能力不足级(0~70)。

简化后沥青路面性能的组合状态最多为 $3\times2\times3\times2=36$ 种,而水泥混凝土路面性能的组合状态最多仅有 $3\times3\times2=18$ 种,既能够满足决策的需要,又大大减小了决策问题的规模。而在具体应用中,真正对养护决策有意义的还没有这么多种情况,根据选择的不同养护对策,选取其中有实际意义的组合状态。各种路面性能的组合状态及其建议的养护对策情况如表 6-1 和表 6-2 所示。

高速公路沥青路面性能的组合状态及养护对策 表 6-1

路面组合状态标号	*RQI*	*PSSI*	*PCI*	*SRI*	建议养护对策	允许养护对策
1	优良	强度足够	优良	能力足够	A	—
2	中	强度足够	优良	能力足够	B	A
3	优良	强度足够	中	能力足够	B	—
4	中	强度足够	中	能力足够	B	A
5	优良	强度足够	次差	能力足够	B	A
6	次差	强度足够	优良	能力足够	B	A
7	中	强度足够	次差	能力足够	B	A
8	次差	强度足够	中	能力足够	B	A
9	—	—	—	能力不足	C(强制措施)	A
10	次差	强度足够	次差	能力足够	D	—
11	—	强度足够	—	—	E(强制措施)	A

注:①养护对策 A-日常养护与小修,B-中修罩面,C-中修加铺抗滑层,D-大修重建,E-大修补强。
其中 C、E 为强制措施,即对处于第 9 种和第 11 种状态的路面必须采取的措施。
②建议养护对策是指按照规范标准要求应采取的措施,允许养护对策是在资金等条件限制下不得已可考虑采取的措施。

高速公路水泥混凝土路面性能的组合状态及养护对策 表 6-2

路面组合状态标号	*RQI*	*PCI*	*SRI*	建议养护对策	允许养护对策
12	优良	优良	能力足够	F	
13	中	优良	能力足够	G	F
14	次差	优良	能力足够	G	F
15	—	—	能力不足	H(强制措施)	—
16	优良	中	能力足够	I	G
17	—	次差	—	I(强制措施)	—

注:养护对策 F-日常养护与局部修补,G-中修罩面或加铺(改善平整度),H-中修加铺抗滑层,I-大修加铺沥青面层;其中 H、I 为强制措施,即对处于第 15 种和第 17 种状态的路面必须采取的措施。

可以看出,对于高速公路网级沥青路面养护决策问题而言,有实际意义的各种路面性能组合状态仅有 11 种,结合可选择的养护对策,共有 19 种组合情况,在一定程度上减小了决策问题的规模。而水泥混凝土路面的养护管理决策优化问题规模更小。

以沥青路面为例,定义 $x_{i,j}$ 为对处于第 i 种组合状态采取第 j 种养护措施的路面所占比例($i=1,2,\cdots,11;j=1,2,\cdots,5$),则可接受的养护措施选择方式分布情况如下:

$$\text{沥青路面:}\begin{vmatrix} x_{1,1} & x_{2,1} & x_{3,1} & x_{4,1} & x_{5,1} & x_{6,1} & x_{7,1} & x_{8,1} & 0 & 0 & 0 \\ 0 & x_{2,2} & x_{3,2} & x_{4,2} & x_{5,2} & x_{6,2} & x_{7,2} & x_{8,2} & 0 & x_{10,2} & 0 \\ 0 & 0 & 0 & 0 & 0 & 0 & 0 & 0 & x_{9,3} & 0 & 0 \\ 0 & 0 & 0 & 0 & 0 & 0 & 0 & 0 & 0 & x_{10,4} & 0 \\ 0 & 0 & 0 & 0 & 0 & 0 & 0 & 0 & 0 & 0 & x_{11,5} \end{vmatrix}$$

水泥混凝土路面：$\begin{vmatrix} x_{12,6} & x_{13,6} & x_{14,6} & 0 & 0 & 0 \\ 0 & x_{13,7} & x_{14,7} & 0 & x_{16,7} & 0 \\ 0 & 0 & 0 & x_{15,8} & 0 & 0 \\ 0 & 0 & 0 & 0 & x_{16,9} & x_{17,9} \end{vmatrix}$

其中要求 $\sum_{j} x_{i,j} = 1$，且当 i,j 组合为不可接受的养护措施时，令 $x_{i,j}=0$。

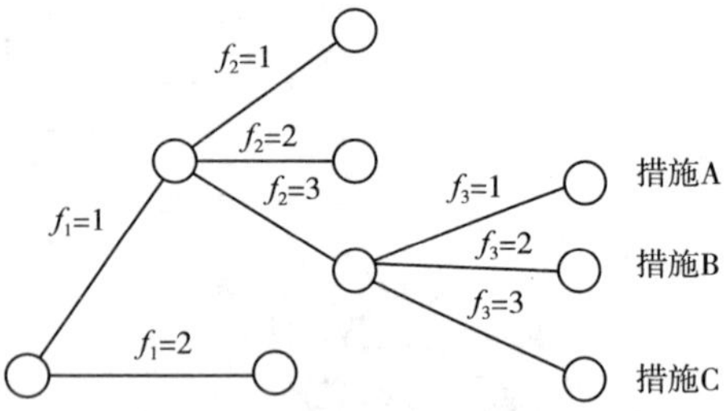

图 6-2　决策树示意图

（2）决策树分析

决策树实际上是以树结构的形式，以道路等级、路况等各种影响决策的因素为依据，不断对路网进行分枝、细化，并综合考虑各种组合条件，在各个分枝的枝末，给出各种组合条件限制下的项目可能处治对策，见图 6-2。

决策树的分枝标准较粗，也有些绝对化。它不能完全考虑影响决策的所有因素，但比较直观，易于为养护工程师和各级管理人员所理解和接受。在确定各种组合条件的可能对策时，还能够通过专家调查等方法，综合考虑地区工程师的经验，较好地与人们的实际经验相结合，在路面管理系统中应用较为广泛。

从图 6-2 中可以看出，决策树的枝末可能有多种处治对策。如果决策树的枝末只有一种处治对策，则毫无疑问该处治措施成了唯一备选对策。如果有多种可能对策，则需要进一步分析比较，最终决定该路段的处治对策。一般情况下，多采用道路寿命周期费用（*LCC*）分析等经济分析方法来进行分析比较，最终为每个路段确定一个有效而又经济的处治措施。

决策树考虑的影响决策因素包括道路等级、路面类型、交通量、路面强度、路况指数等比较确定的决策影响因素。对于地区养护政策等较主观化的因素则难以考虑，同时，由于分枝的标准较为绝对化，使得路况等条件的组合比较呆板，难以考虑多种复杂的组合条件。

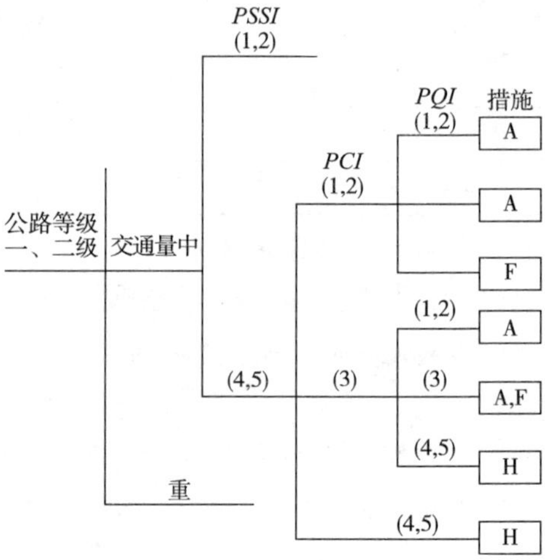

图 6-3　CPMS Vn2. 2 决策树组织形式

决策树法在项目级管理系统中应用较多，我国原交通部公路科学研究所开发的路面管理系统（CPMS Vn2. 2）已在全国各省市得到了广泛应用。在 CPMS 的项目级系统中，采用了决策树的决策方法。该系统通过多张决策表格的形式实现决策树模型（图 6-3）。

该决策树考虑了公路等级、交通量、强度系数、路面状况指数和行驶质量指数 5 种因素（2 × 3 × 2 × 3 × 3），108 种“状态”和最多 216 种决策可能性。对于给定路段，CPMS Vn2. 2 将根据路面状况和上述决策模型循路径寻找，直至搜索到合适的处治措施（最多 2 种）。这些处治措施（表 6-3）的选择将由养护工程师根据专家的意见确定。

CPMS Vn2.2 项目级系统决策模型　　表 6-3

重型交通量(1,2)				中型交通量(3)				轻型交通量(4,5)			
SSI	*PCI*	*RQI*	措施	*SSI*	*PCI*	*RQI*	措施	*SSI*	*PCI*	*RQI*	措施
(1,2)	(1,2)	(1,2)	A	(1,2)	(1,2)	(1,2)	A	(1,2)	(1,2)	(1,2)	A
		(3)	A,C			(3)	A,C			(3)	A
		(4,5)	E			(4,5)	E			(4,5)	C
	(3)	(1,2)	A,B		(3)	(1,2)	A		(3)	(1,2)	A
		(3)	A,C			(3)	A,C			(3)	A,C
		(4,5)	E			(4,5)	E			(4,5)	E
	(4,5)	(1,2)	A		(4,5)	(1,2)	A		(4,5)	(1,2)	A
		(3)	C,E			(3)	C,E			(3)	C
		(4,5)	E			(4,5)	E			(4,5)	E
(3,4)	(1,2)	(1,2)	A	(3,4)	(1,2)	(1,2)	A	(3,4)	(1,2)	(1,2)	A
		(3)	A,F			(3)	A			(3)	A
		(4,5)	H			(4,5)	F			(4,5)	F
	(3)	(1,2)	A		(3)	(1,2)	A		(3)	(1,2)	A
		(3)	A,F			(3)	A,F			(3)	A,F
		(4,5)	H			(4,5)	H			(4,5)	H
	(4,5)	(1,2)	B,C		(4,5)	(1,2)	B		(4,5)	(1,2)	B
		(3)	F			(3)	F			(3)	F
		(4,5)	H			(4,5)	H			(4,5)	H

6.3 路面养护项目排序方法

按照决策模型确定养护措施,其总费用往往超出公路部门的养护预算。在预算受限制的情况下,路面养护需要有轻重缓急。为此,需要用一定的方法在路网中选择最需要养护的路段。选择的基本原则应是工程上最需要处治、经济上效益最大。排序是目前世界各国的路面管理系统普遍采用的一个重要方法。

初步确定养护项目和时间后,考虑资金等约束条件,并根据路况、资金等数据计算出一定排序指标(如路况指标、净现值或效益费用比等)作为项目比较的依据。然后,依排序指标对所有需求项目进行排列的过程,即为排序过程。一年或多年的项目选择决策应根据整个排列次序进行。

曾有学者根据需求分析方法的不同,将排序方法分为确定目标和可变目标。随着技术与需求的发展,人们又发展了可克服单一目标局限性的多目标排序。可变目标的排序模型,采用多种经济指标如初始费用、净现值(*NPV*)和效益费用比等对项目进行综合排序,然后,对各个路段的不同处治对策和不同时间组合进行排序选择。确定目标排序模型则是在采用多种经济指标对项目进行综合排序后,对项目的处治对策进行选择,再对各个项目进行排序。

优先排序是将路况数据转化成有一定数值范围的指数,按照路面类型、交通量、道路等级和其他相关特性进行分类,并按该指数对所有的路段进行排序。不同的地区根据各自的具体情况和需要,可能采用不同的排序标准。若将抗滑系数、结构强度和几何线形等指标引入,则构成了更为复杂的排序标准。

目前各国应用得较为普遍的排序指数主要包括:

(1)路面病害。

(2)路面行驶质量或路面平整度。

(3)交通量,一般采用年均日交通量(*ADDT*)或等效轴载数。

(4)经济因素,包括净现值(*NPV*)、效益—费用比或费用—效果比等。

(5)道路等级。

(6)事故率,特别是在考虑与安全相关的处治措施时。

(7)抗滑系数,在考虑与安全相关的处治措施时,抗滑系数是主要因素。

(8)几何线形,某些公路机构在选择处治措施时考虑可能引起安全问题的几何线形缺陷,并在养护中给予修正。典型的几何线形缺陷有:窄构造物、路肩宽度、标准以下的停车视距、车道宽度和标准以下的曲线数。

(9)结构强度。

(10)工程经验判断。

(11)路龄,多通过测量路面性能保持在可接受水平以上的时间引入路龄的影响。

(12)地理位置,对处于重要位置的路段如工业区等给予较高的优先权。

在以上排序指数中,应用得最多的组合是:

(1)根据病害排序。

(2)根据病害和交通量排序。

(3)根据初始费用排序。

(4)根据净现值(*NPV*)排序。

(5)根据效益—费用比或其他工程经济指标排序。

以上这五种排序方法中,前两种直接采用路面使用性能指标进行排序,因此在项目内选择养护措施时,可采取任何选择标准。后三种方法选择某种经济指标进行排序,则必须保证路段养护措施的选择标准与其保持一致。

6.3.1 按使用性能参数进行排序

前面所述及的养护需求项目选择即为这种排序模型的第一阶段,因此需要设定一个鉴别标准。通常,选用一个或几个使用性能参数(路面状况指数 *PCI*、行驶质量指数 *RQI* 等)作为标准。如果是年度项目计划,则可利用此标准筛选出路网内下年度需采取改建措施的路段,余下的即是需在以后采取改建措施的路段。如果是多年规划,则除了鉴别标准外还需要应用路面使用性能预估模型。预估各路段路面的使用性能在何时达到需采取改建措施的标准,并由此确定各路段的改建时间(图 6-1),进而把路网内的路段按改建年份分为相应的类组。

确定哪些路段需改建后,下一阶段便是为各改建路段选择相应的改建对策。对策选择可以依据经验,也可以在寿命周期费用分析的基础上进行(参见上节)。随后即可编制初步的年度计划或多年规划。编制计划或规划时可能遇到 3 种情况:改建所需的资金与预算额相匹配、或者低于预算额、或者超出预算额。一般多出现第 3 种情况。这时,需将这些项目按预先设定的优序原则进行排序，确定因资金不足而转入下一年度的项目。

按决策者的工程经验判断确定各项目优先顺序的方法简便易行，但工程经验因人、因时、因地而异，随意性较大。如果对这些经验判断进行分析研究，提出影响经验判断的主要因素，使之定量化，在此基础上制定出优先排序的规则并利用这些规则进行项目排序，可以得到比较稳定的结果，还可以通过实施效果的反馈及时对排序规则进行修改。

路面使用性能是影响排序结果的最主要因素。平整度越差、损坏状况越严重或结构强度越显得不足的路段，其改建的迫切性就越大，其通过路况改善而可得到的收益也越大。其次是道路等级和交通量大小对排序结果的影响，同等使用性能水平的路段，道路等级高和交通量大的路段应予优先考虑，另外，环境、政治等因素也应适当考虑。

1）工程经验方法

依据当地工程经验，分析各主要影响因素，选择其中最主要的几项，并分别赋予优先考虑的序列，从而制定出改建项目的优先排序原则和排序表。如表 6-4 所示为美国加利福尼亚州路面管理系统中所采用的改建项目优先排序表。它选用平整度、路面损坏程度和平均日交通量三项因素作为影响排序的主要因素。根据当地养护工作的经验，对这三项因素提出了定量分等的界线（平整度以 45 为界分为两个等级，结构性损坏和日交通量分为三个等级）。并按平整度、日交通量和结构性损坏的优先序列以及按各因素的分等序列，排列组合成表中所示的优先序列。

美国加州路面管理系统项目优先排序表 表 6-4

问题类型		平均日交通量		
		>5 000	1 000 ~5 000	<1 000
平整度≥45	严重结构性破坏，平整度差。 柔性：龟裂面积 11% ~20%、修补面积 >10%；或龟裂面积≥30%。 刚性：第三阶段裂缝≥10%	1	2	11
平整度≥45	中等结构性破坏，平整度差。 柔性：龟裂面积 11% ~29%、修补面积≤10%；或龟裂面积≤10%、修补面积 >10%；或龟裂面积 =10%，修补面积 >20%	3	4	12
平整度≥45	平整度差	5	6	13
平整度<45	严重结构性破坏。 柔性：龟裂面积 11% ~29%、修补面积 >10%；或龟裂面积≥30%。 刚性：第三阶段裂缝≥10%	7	8	14
平整度<45	中等结构性破坏。 柔性：龟裂面积 11% ~29%、修补面积≤10%；或龟裂面积≤10%、修补面积 >10%；或龟裂面积 = 修补面积 >20%	9	10	15

2）工程经验与统计分析结合法

工程经验与统计分析相结合，即由有经验的人员进行评分，然后通过统计分析建立优先排序同各影响因素间的回归方程。这种方法类似于 AASHTO 试验路建立现时服务能力指数（*PSI*）公式时所采用的方法。其步骤可简述如下：

（1）选择认为对排序有重要影响的变量，如路面损坏状况（*PCI*）、平整度（或行驶质量指数 *RQI*）、日平均交通量、气候条件或路面类型等。

（2）确定这些变量的分等数和等级划分的标准。如果没发现有非线性影响的关系，一般仅划分为高低两个等级。

(3)为评分者准备一份详细的评分须知,对各变量的分级标准作明确的定性和定量描述。

(4)列出这些影响变量的全因子表(表6-5)。在全因子表中适当地选择一部分因子,以减少所考虑变量的组合数,从而减少评分表格的数量。

影响变量因子表 表6-5

路面类型				水泥混凝土路面				沥青路面			
路面损坏状况				严重		轻		严重		轻	
平整度				好	差	好	差	好	差	好	差
气候与交通条件	潮湿	有冰冻	重交通	*			*		*	*	
			轻交通		*	*		*			*
		无冰冻	重交通	*		*		*			*
			轻交通		*	*			*	*	
	干燥	有冰冻	重交通	*		*			*	*	
			轻交通				*	*			*
		无冰冻	重交通	*					*		*
			轻交通		*	*			*	*	

(5)设计评分表格(表6-6)。对所需要评分的路段分组,每组一般不超过12个路段(最佳路段数为8~12),每表1组。

优先次序评分表 表6-6

路段编号	路面类型	环境条件	交通量	路面状况	平整度	改建意见	优先评分
258	水泥	干、无冰冻	轻	严重损坏	差	是__否__	
213	沥青	湿、有冰冻	轻	严重损坏	好	是__否__	
206	沥青	湿、有冰冻	重	严重损坏	差	是__否__	
231	沥青	湿、无冰冻	轻	轻度损坏	好	是__否__	
235	水泥	干、有冰冻	重	轻度损坏	好	是__否__	
249	水泥	干、无冰冻	重	严重损坏	好	是__否__	
224	沥青	湿、无冰冻	重	轻度损坏	差	是__否__	
244	水泥	干、有冰冻	轻	轻度损坏	差	是__否__	
218	水泥	干、无冰冻	重	轻度损坏	差	是__否__	
281	沥青	湿、有冰冻	轻	严重损坏	好	是__否__	

(6)选择一组合适的评分人。请他们按评分表中描述的各路段影响变量的情况给予应否改建的意见和改建优先次序的评分值。评分可采用10分制,分数越低该路段越优先。评分可单独进行,也可在小组内进行。

(7)汇总评分资料,进行统计分析,由此建立可用以进行排序的回归方程。其一般形式为:

$$P = a_0 + a_1x_1 + a_2x_2 + \cdots + a_nx_n \tag{6-1}$$

式中:P——优先次序评分数;

$x_1 \sim x_n$——各影响变量；

$a_1 \sim a_n$——回归常数。

利用上述回归公式，就可以为路网内的各个路段，按其影响变量的具体情况确定相应的优先次序评分数。按评分数由小到大排列，可得到路网内需改建项目的排序。这种方法的优点是综合了众多有经验人员的经验和意见，并使各变量对排序的影响程度（权数）定量化，从而减少了凭主观经验决断的随意性。

6.3.2 按经济分析参数排序

按使用性能变量和交通量排序，虽然能反映出各项目需采取改建措施的迫切程度，但并不能保证得到优化的结果，因为这种排序法对于经济效益并没有进行具体的定量分析。

对于需要进行改建的项目，包括项目内的各个方案（即对策选择方案），采用经济分析方法进行寿命周期费用分析，按各项目和方案的初期修建费，净现值或效益费用比等经济指标的大小排序，可以较明显地对比出各项目和方案的经济效益，得到比较接近于优化的结果，而计算工作量并不太大。

如美国陆军工程兵团的路面管理系统（PAVER）采用了按效益—费用增量分析的排序方法，该方法的目标是在改建资金受限制的条件下使效益最大。其具体步骤如下：

（1）对于每一个项目和项目内的方案，分别计算其初期修建费、分析期内的等额年费用和年效益。表6-7是一个包含5个项目规划的计算结果，该计算即可作为计算效益—费用增量的输入数据。

优先次序评分初期修建费用及年收益计算表　　表6-7

项目号	改建方案号	初期修建费（元）	年费用（元/m^2）	年效益
1	1-1	24 000	2.51	32
	1-2	32 000	3.35	28
	1-3	37 000	3.83	45
	1-4	47 000	4.90	53
2	2-1	43 000	4.19	43
	2-2	43 000	4.07	35
	2-3	35 000	3.35	29
3	3-1	46 000	5.02	38
	3-2	29 000	3.23	28
	3-3	62 000	6.82	58
4	4-1	41 000	4.78	54
	4-2	37 000	4.31	45
	4-3	30 000	3.47	36
5	5-1	48 000	5.50	44
	5-2	36 000	4.07	36
	5-3	26 000	2.99	32
	5-4	40 000	4.54	42

(2)对于每一个项目，各方案按年费用大小，由小到大依次排列，分别计算其费用增量 ΔC、效益增量 ΔB 及增量比 $\Delta B/\Delta C$，计算结果列于表6-8。$\Delta B/\Delta C$ 如出现负值，表明费用增加效益反而下降，可剔除此方案，不再作进一步分析。然后，计算新的 ΔB、ΔC 和 $\Delta B/\Delta C$，见图6-4。

效益—费用增量计算 表6-8

项目号	方案号	年费用(元/m^2)	年效益(元)	ΔC	ΔB	$\Delta B/\Delta C$	平均效益/费用
1	1-1	2.51	32	2.51	32	12.7	—
	1-3	3.83	45	1.32	13	9.8	
	1-4	4.90	53	1.07	8	7.5	
2	2-3	3.35	29	3.35	29	8.7	10.3
	2-2	4.07	35	0.72	6	8.3	
	2-1	4.19	43	0.12	8	66.7	
3	3-2	3.23	28	3.23	28	8.7	8.5
	3-1	5.02	38	1.79	10	5.6	
	3-3	6.82	58	1.70	20	11.8	
4	4-3	3.47	36	3.47	36	10.4	10.4，11.3
	4-2	4.31	45	0.84	9	10.7	
	4-1	4.78	54	0.47	9	19.2	
5	5-3	2.99	32	2.99	32	10.7	9.25
	5-2	4.07	36	1.08	4	3.7	
	5-4	4.54	42	0.47	6	12.8	
	5-1	5.50	44	0.96	2	2.1	

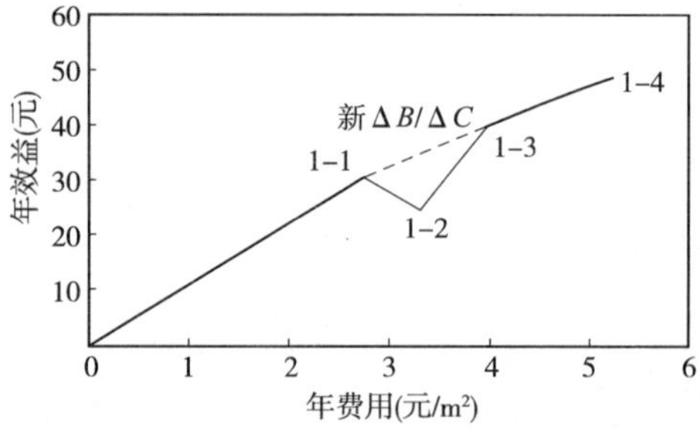

图6-4 年效益—费用图(项目1)

(3)按效益—费用增量比 $\Delta B/\Delta C$ 由大到小次序重新排列各方案(表6-9)。计算包括每一个项目的最佳方案在内的累计初期修建费，从上到下累计时，若遇到同一项目的其他方案，只有在第二个方案的效益较高时，才以它取代前一方案。从表中可以看出，方案1-1的效益最高。如果预算限额在25 000元以内则仅有方案1-1中选，其余项目将留待下年度进行改建。

效益费用增量计算结果 表6-9

编号	方案号	年费用(元/m^2)	年效益(元)	$\Delta B/\Delta C$	初期修建费(元)	累计初期修建费(元)
1	1-1	2.51	32	12.7	24 000	24 000
2	4-1	4.78	54	11.3	41 000	65 000
3	5-3	2.99	32	10.7	26 000	91 000
4	4-2	4.31	45	10.4	37 000	—
5	4-3	4.78	36	10.4	30 000	—
6	2-1	4.19	43	10.3	43 000	134 000

续上表

编号	方案号	年费用(元/m^2)	年效益(元)	$\Delta B/\Delta C$	初期修建费(元)	累计初期修建费(元)
7	1-3	3.83	45	9.9	37 000	147 000
8	5-4	4.54	42	9.3	40 000	161 000
9	2-3	3.35	29	8.7	35 000	—
10	3-2	3.23	28	8.7	29 000	190 000
11	3-3	6.82	58	8.5	62 000	223 000
12	2-2	4.07	35	8.3	43 000	—
13	1-4	4.90	53	7.5	47 000	223 000
14	3-1	5.02	38	5.6	46 000	—
15	5-2	4.07	36	3.7	36 000	—
16	5-1	5.50	44	2.1	48 000	241 000

(4)对于不同预算水平的改建项目排序方案,汇总列于表6-10,如预算额为40 000元,则可选择方案1-1、2-1、4-1及5-3。随着总预算额(累计初期修建费)的增加,总的年效益也增加,但效益—费用比则下降。如将累计初期修建费和效益费用比点绘成曲线(图6-5),可发现当预算额大于150 000元时,效益—费用比急剧下降。故当预算额有限时,决策人可选用累计初期修建费小于150 000元的方案(如编号为7的方案,147 000元),选择方案1-3、2-1、4-1和5-3。

不同预算水平时的建议改建项目和方案 表6-10

累计初期修建费(元)	累计年费用(元/m^2)	总年效益(元)	效益/费用	选择项目和方案
24 000	2.1	32	15.238	1-1
65 000	6.1	86	14.098	1-1,4-1
91 000	8.6	118	13.721	1-1,4-1,5-3
134 000	12.1	161	13.306	1-1,2-1,4-1,5-3
147 000	13.2	174	13.182	1-3,2-1,4-1,5-3
161 000	14.5	184	12.690	1-3,2-1,4-1,5-4
190 000	17.2	212	12.326	1-3,2-1,3-3,4-1,4-4
223 000	20.2	242	11.980	1-3,2-1,3-3,4-1,5-4
223 000	21.1	250	11.848	1-4,2-1,3-3,4-1,5-4
241 000	21.9	252	11.507	1-4,2-1,3-3,4-1,5-1

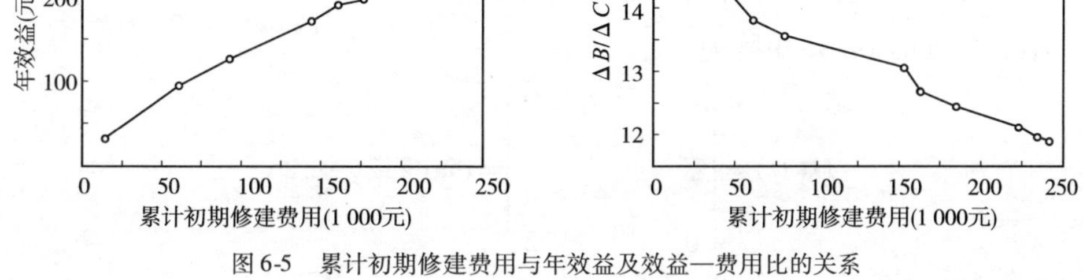

图6-5 累计初期修建费用与年效益及效益—费用比的关系

6.3.3 多目标决策问题的群排序方法

在实际中,高速公路网级路面养护的决策问题属于多目标决策问题。对于多目标决策问题的群排序方法有很多种。层次分析法就是一种常用方法。但在层次分析法中,通过各个重要因素两两比较得到的判断矩阵存在较大的主观性,而采用的1~9级重要性比较标度的划分也比较模糊,因此不同的决策者可能得到不同的评价结果,从而产生不同的决策。下面介绍一种“加权偏差平方和最小方法”在路面养护管理排序问题上的应用。

对于一个多属性多目标决策问题,有 s 个决策者根据某种决策方法进行排序决策,结果是第 k 个决策者 D_k 给出了 m 个方案的优先顺序集合 $r_k=(r_{k1},r_{k2},\cdots,r_{km})$,其中:$k=1,2,\cdots,s$,每个决策者对各种决策方案的排序结果构成了以下矩阵:

$$
\boldsymbol{P}=\begin{array}{c} \\ D_1 \\ D_2 \\ \vdots \\ D_k \\ \vdots \\ D_s \end{array}
\begin{array}{c} \begin{array}{cccccc} A_1 & A_2 & \cdots & A_i & \cdots & A_m \end{array} \\
\begin{bmatrix} r_{11} & r_{12} & \cdots & r_{1i} & \cdots & r_{1m} \\ r_{21} & r_{22} & \cdots & r_{2i} & \cdots & r_{2m} \\ \vdots & \vdots & & \vdots & & \vdots \\ r_{k1} & r_{k2} & \cdots & r_{ki} & \cdots & r_{km} \\ \vdots & \vdots & & \vdots & & \vdots \\ r_{s1} & r_{s2} & \cdots & r_{si} & \cdots & r_{sm} \end{bmatrix} \end{array}
$$

其中:A_i 表示第 i 个方案,$i=1,2,\cdots,m$;$r_{ki}(k=1,2,\cdots,s;i=1,2,\cdots,m)$为群排序中方案 A_i 的排序号。

加权偏差平方和最小方法的基本思想是:若 u_i 为方案 A_i 在群排序中的最优排序值($i=1,2,\cdots,m$),则 u_i 与各决策者对 A_i 的排序结果的加权偏差总平方和应最小。这种排序方法以客观定量计算为基础,可以在很大程度上避免决策的主观性,同时对每个决策者赋予不同的权重,并综合考虑了各决策者的排序结果。

加权偏差平方和最小方法的优化模型及求解过程如下:

$$\min Z=\sum_{i=1}^{m}\sum_{k=1}^{s}w_k(u_i-r_{ki})^2 \tag{6-2}$$

式中:w_k——第 k 个决策者的权重;

u_i、r_{ki}——意义同上。

令:$\dfrac{\partial z}{\partial u_i}=2\sum_{k=1}^{s}w_k(u_i-r_{ki})=2(u_i-\sum_{k=1}^{s}w_kr_{ki})=0,i=1,2,\cdots,m$,则 z 的驻点:$u_i^*=\sum_{k=1}^{s}w_kr_{ki},i=1,2,\cdots,m$。

同时,由于$\dfrac{\partial^2 z}{\partial {u_i}^2}=2,i=1,2,\cdots,m,\dfrac{\partial^2 z}{\partial u_iu_j}=0,i,j=1,2,\cdots,m(i\neq j)$,故 z 在任意一点,$U=(u_1,u_2,\cdots,u_m)^{r_{ki}}$处的 Hesse 矩阵为:

$$\boldsymbol{H}(U)=\begin{bmatrix} 2 & & & 0 \\ & 2 & & \\ & & \ddots & \\ 0 & & & 2 \end{bmatrix}=\mathrm{dig}(2,2,\cdots,2)$$

可以判断 $\boldsymbol{H}(U)$为一正定矩阵,故:

$U^* = (u_1^*, u_2^*, \cdots, u_m^*)^{\mathrm{T}} = (\sum_{k=1}^{s} w_k r_{k1}, \sum_{k=1}^{s} w_k r_{k2}, \cdots, \sum_{k=1}^{s} w_k r_{km})^{\mathrm{T}}$ 为 z 的严格极小点。

通过以上分析计算得到问题优化模型的最优解为：

$$u_i^* = \sum_{k=1}^{s} w_k r_{ki}, i = 1,2,\cdots,m$$

求得最优解后，按照 $u_i(i=1,2,\cdots,m)$ 的大小对 m 个方案进行排序，得到优化后的群排序结果 $r_g = (r_{g1}, r_{g2}, \cdots, r_{gm})$，$u_i^*$ 的计算值越小，则方案 A_i 的排序越靠前。如果有 $u_i^* = u_j^*$ $(i \neq j)$ 的情况出现，则分别另外计算以下方差，方差 σ_t^2 小的方案排序在前。

$$\sigma_t^2 = \frac{1}{s-1} \sum_{k=1}^{s} (r_{kt} - u_t^*)^2 \quad (t = i,j) \tag{6-3}$$

这种基于决策方案优先顺序的群排序方法的实质是先由个体排序结果的加权平均确定群排序指标，依据加权偏差平方和最小的原则进行排序。该方法科学合理，易于操作，是一种行之有效的排序方法。

6.4 路面养护项目优化决策方法

优化决策的主要目的是确定整个规划期内的最优养护计划。路面管理系统中的所谓最优是指系统定义目标的效益最大化或费用最小化。目标最大化或最小化的函数称为目标函数。整个优化决策过程可以是无约束的，也可以是在给定资金约束和期望路况约束下进行的。为寻求最优计划，优化决策模型需要路面性能预测和养护费用等模型的支持。优化过程可以是主观判断过程，也可以是自动执行预定义过程。以往人们普遍认为，优化只能是一个自动的数学过程，不能包含任何工程或其他边界判断。但是 20 世纪 80 年代中期以来，人们开始意识到优化过程是数学与工程判断的结合。有学者提出，优化决策模型应能满足高层管理者的需要，能回答“如果，那么”等问题，能对各种养护策略进行分析，能比较各种策略之间的不同。为此，优化模型应由一系列的小模型组成，而不是一个单一复杂的大模型。

6.4.1 优化决策的目标

决策的最终目标是最大限度地满足系统定义的要求。对于某个特定的决策过程，它的具体目标可能有多种形式。一般来说，主要包括如下几类。

（1）净效益最大化

净效益最大化即追求所有决策方案中净效益最大者。为了达到这一目标，所有决策方案都必须评估不同处治方案之间的净效益差异。其关键问题就是净效益的确定。显然，不同的定义将产生不同的结果。效益一般指车辆运营费、旅行时间费和交通事故费等用户费用的节省或路况条件的改善等。一般来讲，系统要求将所有的效益和费用以货币的形式来衡量。但环境和社会影响（如汽车尾气排放、交通事故费用等）难以完全用货币的形式来充分表达。为解决这一问题，一些公路管理机构开始采用非货币的形式来评估某一决策的“效益”，即我们通常所说的“效果”。但由于“效果”的定义具有一定的主观性，在“效果”的使用与评价上目前存在着较大的争议。

（2）达到某一服务水平所需要的最少养护资金

在路面管理系统中，服务水平是指一定的路况水平。如果各项决策都通过一定的形式与服务水平建立相互影响关系，就可以采用这种目标进行系统优化决策。实际上，这是在路况水平条件约束下的优化决策。这种决策目标在确定某地区的投资水平时应用较广。同时，它也避免了复杂的效益计算问题。

(3)给定养护资金条件下达到最高服务水平

这实际上是资金约束条件下的优化决策问题。当地区的养护资金相对确定时，通常采用这种决策目标。总体上说，路面管理系统采用的优化决策方法主要是静态优化和动态优化两大类。静态优化主要指线性规划，其中以整数规划方法应用较广，动态优化则主要是动态规划方法。本节将简要介绍各种优化决策方法，并给出实际应用的例子。

6.4.2 线性规划方法

当一个优化问题可以用线性关系来表达，且不存在离散约束时，该问题就可以采用线性规划特别是整数规划模型的方法解决。例如，采用一个0-1决策变量 X_{ijt} 来表示某一路段是否采用某一措施。1表示在 t 年对某一路段 i 采取措施 j，0表示不处治。如果优化的目标函数为路网的总效益最大，并以净现值表示效益。则其数学模型可用式(6-4)、式(6-5)及式(6-6)表示。

目标函数：
$$\max \sum_{i=1}^{m} \sum_{j=1}^{k} \sum_{t=1}^{y} X_{ijt} \times B_{ijt} \tag{6-4}$$

约束条件：
$$\sum X_{ijt} \leqslant 1 \text{（对任意年 } t\text{、任意路段 } i\text{）} \tag{6-5}$$

$$Bd_t - d_t \leqslant \sum_{i=1}^{m} \sum_{j=1}^{k} X_{ijt} \times C_{ijt} \leqslant Bd_t + d_t \tag{6-6}$$

式中：m——项目(路段)数；

k——项目的可行对策数；

y——规划年限；

X_{ijt}——第 t 年路网中第 i 个项目采取第 j 个措施的决策变量；

B_{ijt}——第 t 年路网中第 i 个项目采取第 j 个措施的效益：

C_{ijt}——第 t 年路网中第 i 个项目采取第 j 个措施的费用；

Bd_t、d_t——第 t 年路网的养护资金预算和容许偏差。

在上述约束条件中，第一个约束条件为多种选择约束，规定每个路段只能采取一种处治措施，并在规划期内只能处治一次；第二个约束条件为每年的总费用必须处于该年的预算变化范围之内。除这两个约束条件外，还可视具体需要，规定有关路况水平等约束条件。如第 t 年路网内某一路况指数低于某一标准的路段比例不大于某一百分数等。

除了以净现值表示效益外，还可以其他指标表征效益。有的系统认为通过养护和改建措施的实施，全路面使用性能得到改善，从而使道路使用者因用户费的减少而得到收益。因此可以将路面使用性能的改善作为使用者效益的一个间接指标。

加拿大安大略省的路面管理系统(PARS)将路面使用性能曲线当作用户效用的映像(图6-6)，使用性能越好则用户效用越高。使用性能曲线下所包的面积加上残值作为用户效益的代用指标(图6-7)，该系统的规划期限为10年，其残值即为规划期末到使用性能曲线下降到最低水平时曲线所包括的面积。

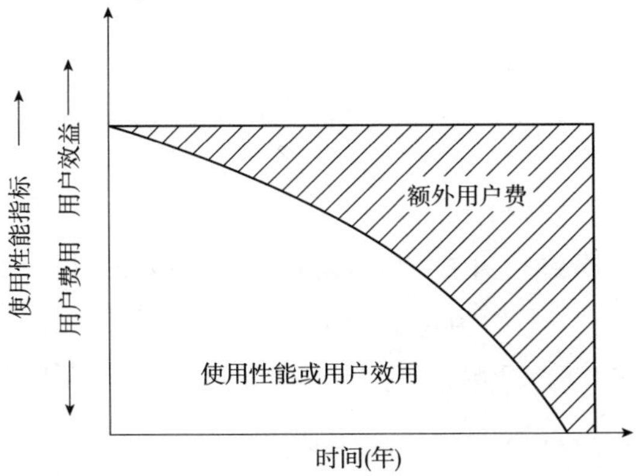

图 6-6　替代用户效用和用户费用的使用性能曲线

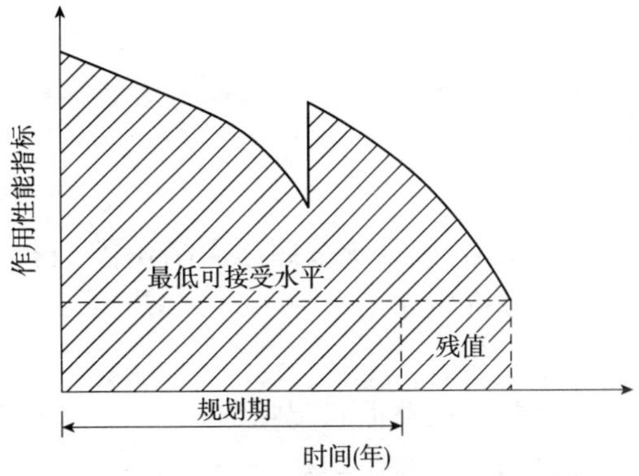

图 6-7　用户效益的度量面积(阴影部分)

美国俄亥俄州的路面管理系统采用线性规划模型进行系统优化决策。其系统将公路分为州际公路、有分隔带的多车道公路和其他公路三类。对每一类公路根据路段病害的类型、程度和范围给出了一个或多个可行的处治措施。性能预测模型预测各类病害的发展,然后由各类病害的发展状况计算路面状况指数(*PCI*)。在各计划年度,养护措施的确定以各种病害的类型、严重程度和病害范围作为依据。

该系统采用"年均现值折减值"来综合考虑效益,其目标函数由以下公式表示:

$$\sum_{kij} C_{kij} \times X_{kij} \Rightarrow \text{最小化} \tag{6-7}$$

$$X_{kij} = 1 \text{ 或 } 0 \tag{6-8}$$

$$C_{kij} = A \times \sum_{t=1}^{f_{kij}} \frac{d_{kijt} \times L_{ki} \times T_{ki}}{(1+R)^t \times (1+R)^{f_{kij}}} \tag{6-9}$$

$$A = \frac{r \times (1+x)^{f_{kij}}}{(1+R)^{f_{kij}} - 1} \tag{6-10}$$

式中:L_{ki}——k 区 i 路段的长度;

f_{kij}——k 区 i 路段实施措施 j 的寿命;

d_{kijt}——k 区 i 路段实施措施 j,在 t 年的折减值;

T_{ki}——k 区 i 路段规划初期变通量;

R——年均交通量增长率;

r——贴现率。

该系统的约束条件为资金约束和计划约束。资金约束条件为:t 年 k 区的资金不超过该年该区的资金安排 y_{kt},各年各区的资金累计总数不超出该年该区的资金总安排 b_t,每年每一个路段只能有一个处治对策。以上各约束条件见式(6-11)、式(6-12)和式(6-13)。

$$\sum_{ij} a_{kijt} \times X_{kij} - y_{kt} < 0 \tag{6-11}$$

$$\sum_{k} y_{kt} < b_t \tag{6-12}$$

$$\sum_{j} X_{kij} = 1 \tag{6-13}$$

式中:a_{kijt}——k 区 t 年 i 路段实施措施 j 所需资金。

当 X_{kij} 仅取 0 或 1 时,该优化问题即成为整数规划问题,若 X_{kij} 能取小数,该优化问题则成为线性规划问题。X_{kij}取小数表示路段的一部分采取措施1,另一部分则采取措施2。此时养护工程师可根据相邻路段的处治情况来进行优化组织,使最后的养护计划切实可行。这种方法为系统提供了灵活性,使养护工程师可以根据经验定义优化决策问题,以更好地满足要求。

我国有关研究机构在对杭州郊区公路网数据进行分析的基础上,提出了路面大中修投资优化模型,该系统按照路面结构类型和修建年份进行分类统计,并以回归预测为基础,结合理论分析建立了3种不同类型沥青路面结构的路面使用性能回归模型。

$$PCI = c/(1 + a \times e^{bt}) \tag{6-14}$$

式中:PCI——路面状况指数;

t——修建年数,年;

a、b、c——回归系数。

该系统考虑了用户费用,用户费用模型为:

$$UC = (a + 13 \times b \times IRI)/k \tag{6-15}$$

式中:UC——道路用户费用;

IRI——国际平整度指数;

k——处治措施数。

路面经大中修处治后,改善了使用性能,使道路用户费用得到降低。因此在效益模型中,道路用户所节省的用户费用与大中修费用之差即为效益。

$$B_{ijt} = \sum_{t=1}^{t_0} \sum_{k=1}^{k_0} [L_i \times ADT_k \Delta UC - C_{ijt}]_t / (1 + r)^t \tag{6-16}$$

目标函数
$$\max \sum_{i=1}^{m} \sum_{j=1}^{k} \sum_{t=1}^{y} X_{ijt} \times B_{ijt} \tag{6-17}$$

约束条件
$$\sum_{j=1}^{k} \sum_{t=1}^{y} X_{ijt} \leqslant 1 (i = 1,2,\cdots,m) \tag{6-18}$$

$$\sum_{i=1}^{m} \sum_{j=1}^{k} \sum_{t=1}^{y} X_{ijt} \times C_{ijt} \leqslant B_{UD5} \tag{6-19}$$

$$\sum_{i=1}^{m} \sum_{j=1}^{k} X_{ijt} \times C_{ijt} \leqslant B_{UDt} (\mathrm{t} = 1,2,\cdots,y) \tag{6-20}$$

式中:B_{ijt}——路段i实施养护措施j,在t年产生的累计净效益;

L_i——路段长度;

ΔUC——因路面性能改善而节省的用户费用;

ADT_k——各类车辆的年累计交通量;

C_{ijt}——大中修费用;

r——贴现率;

B_{UD5}——5年的总预算;

B_{UDt}——各年的资金预算;

m——路段数;

y——分析年限。

上述模型最后采用线性规划近似解代替了0-1规划的惯用解法,实际运用证明,该方法可获得令人满意的运算速度和精度。但由于线性规划解的取值范围为0~1,因而也带来了小数结果处理的问题。

6.4.3 近似规划方法

一个省级公路网一般包括几千至几万公里道路，可划分为几百至几千个路段或项目，每一个项目可以考虑几种养护改建处治对策，规划期也有5~10年之分，若在数学规划模型中同时考虑路段、措施和实施时间3方面的综合优化，就将成为一个非常庞大的规划问题。其计算量和数据存储量将非常大，还将消耗大量的计算时间。为了解决这一问题，可考虑采用各种近似优化方法。

最简单又常用的方法为集成类方法。它将一个较大的路网根据路面状况、交通量、道路等级等特征合并成较少的项目（路段），然后再进行优化处治。这样将一个庞大的规划问题简化，大大降低了模型的计算量。

可用于财政规划的一种简化方法是将路网内的路面按损坏程度等级（或每一种路面的损坏程度等级）归类，以每类路面的总量（公里或占路网总里程的百分率）来表征，其目标是确定为保持路网内各类路面的使用性能在某一预定水平上所需的投资水平。

近似优化的另一种方法是分阶段求解。首先为每一个项目或路段选择最佳养护处治对策，然后为每一个项目或路段确定其在规划期内的最佳实施时间，最后综合规划期内每一年处于最佳实施期的项目，如果各年的项目总费用满足当年的预算约束条件，则所得到的便是最佳方案；反之，则应回到前一步。对各项目实施时间进行重分配，逐年把部分项目提前（该年的总费用低于当年的预算水平时）或推后（该年的总费用超出该年的预算水平时），直到满足预算约束条件。

还有一种近似优化方法是首先对养护策略进行选择。将养护策略总数降低至一个十分低的水平（3~8个），在此基础上再进行下一步的优化。

利用以上这些近似优化方法进行决策，虽然不能获得最优解，但能在较短的时间内求出具有一定精度的近似最优解。

国外学者蒂姆艾特（Dimitir）在1993年提出了一种集成近似方法。他根据路面类型、交通量及路面病害3种状态变量，将路段划分为270个可能状态。其中病害按结构性病害、板及表面病害和接（裂）缝类病害等划分为3类。

对于多年规划和资金分配问题，该系统将其归结为求网络图的修正最小流问题。网络图的节点为各个状态，连接路径为处治措施，网络流为各状态之间转移的道路车道公里数。

整个决策过程按如下5个步骤进行：

（1）在规划初始期，将所有路段划归各个状态；

（2）定义能在一段时期内使得路段由一个状态转移到另一状态的处治措施组合；

（3）确定各处治措施所需的费用及其他资源；

（4）定义管理目标和资金限制条件；

（5）运行线性规划程序。

在步骤（2）中，其所定义的处治措施不是一次性的处治，而是应达到某一性能标准的重复性处治措施。这个特别的过程实际包含了性能预测。它的定义不仅要依靠历史数据，还需要丰富的工程经验。

我国道路工程研究学者刘伯莹等在“网级路面管理系统中优化方法的研究”中对给定资金约束情况下的养护和改建项目计划，提出采用0-1整数规划模型，并采用分枝定界法求解。它并不是在整个分析期上使用0-1 整数规划，而是逐年分别进行路网的项目计划。0-1整数规划模型见式(6-21)~式(6-29)。

目标函数：
$$\sum_{i=1}^{N}\sum_{k=1}^{A_i} X_{ikt} \times B_{ikt} \Rightarrow 最大 \tag{6-21}$$

约束条件：
$$\sum_{i=1}^{N}\sum_{k\in M} X_{ikt} \times AC_{ikt} \geqslant B_M(t) - d_M(t) \tag{6-22}$$

$$\sum_{i=1}^{N}\sum_{k\in M} X_{ikt} \times AC_{ikt} \leqslant B_M(t) - d_M(t) \tag{6-23}$$

$$\sum_{i=1}^{N}\sum_{k\in M} X_{ikt} \times AC_{ikt} \geqslant B_O(t) - d_O(t) \tag{6-24}$$

$$\sum_{i=1}^{N}\sum_{k\in M} X_{ikt} \times AC_{ikt} \leqslant B_O(t) - d_O(t) \tag{6-25}$$

$$\sum_{i=1}^{N}\sum_{k\in M} X_{ikt} \times AC_{ikt} \geqslant B_R(t) - d_R(t) \tag{6-26}$$

$$\sum_{i=1}^{N}\sum_{k\in M} X_{ikt} \times AC_{ikt} \leqslant B_R(t) - d_R(t) \tag{6-27}$$

$$\sum_{k=1}^{A_i} X_{ikt} = 1(i = 1,2,\cdots,N) \tag{6-28}$$

$$X_{ikt} = 0 或 1(i = 1,2,\cdots,N;k = 1,2,\cdots,A_i) \tag{6-29}$$

式中：N——项目(或路段)数；

A_i——第 i 个项目的可行对策数；

X_{ikt}——第 t 年第 i 个项目采取第 k 个措施的决策变量；

B_{ikt}——第 t 年第 i 个项目采取第 k 个措施的效益；

M、O、R——分别为日常养护类、罩面类及改建类对策子集。

逐年优化决策实际上没有考虑时间对项目安排的影响，相对于排序方法而言，也只是多考虑了项目间的作用。在我国，交通和公路建设的发展速度都很快，但养护资金却总是一定的，故这种模型较适合于一般普通公路管理养护系统的养护决策模式。

6.4.4 动态规划方法

前面所介绍的线性规划方法，是一种静态决策模型。它假设路面使用性能在采用某一改建措施后遵循某确定的规律变化，系统所提出的每一个改建对策方案都预先规定了分析期内的养护改建措施序列。然后再分别计算各项对策方案的费用和效益，通过分析比较后选择费用最小或效益最大的方案。

但是路面使用性能的预测具有一定的不确定性，未来路面的使用性能可能比预期的好，也可能比预期的坏。静态决策模型简单的基于经验的项目排序过程没有考虑各种养护改建措施的效益费用比，也没有考虑路面将来的发展。在引入寿命周期费用分析后，采用了静态或开放决策过程，但也无法考虑路面使用性能的不确定性。因而也不是最佳养护改建策略。

动态优化决策模型能较好地反映路面的上述特点。它承认路面在采取任一改建措施后的使用性能变化具有不确定性。在给定的约束条件下，给出规划期内各路段最佳的养护改建对策。

1）动态决策模型

如图 6-8 所示的决策树可较直观地说明动态决策模型。该决策树由决策节点和选择节点及若干分枝组成。决策节点处的分枝表示可采取的各种措施，选择节点处的分枝则表示这些措施采取后可能产生的结果（使用性能水平和相应的概率）。由图 6-8 可以看出，路面目前的使用性能良好，决策节点处仅有采取日常养护措施一项分枝。第一时段末，无法得出路面使用性能的确切状况，但可按路面特性、交通和环境条件估算出不同的路面使用性能水平的概率，如将路面使用性能分为好、中和差 3 级。这 3 个可能的结果便作为第一选择节点的分枝。对于每一个可能的结果，在第二时段开始时便可选择适当的养护改建措施，并再次估算各使用性能水平在该时段末出现的概率。重复这一过程，直到分析期末。

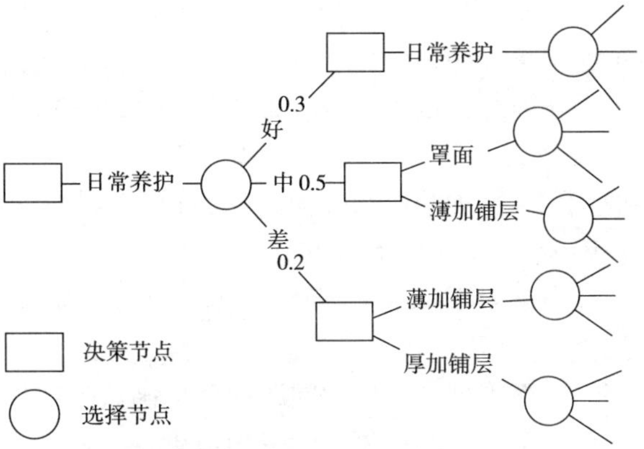

图 6-8　决策树模型示意图

决策树优化分析过程需要估算各级使用性能水平出现的概率和包括修建费、养护费及同路面使用性能水平有关的费用等各项费用。分析一般从末端开始进行，假设分析期为 N 年，在 N 时段末处的每一个选择节点处估算每一项措施的有关费用并在 N 时段初的决策节点处，选择预期费用最小的措施，然后考虑（$N-1$）时段末的选择节点，重新估算有关费用，为该时段初的决策节点选择费用最小的措施。重复这一过程，直到第一个决策节点选择到使总费用最小的对策方案。

由决策树方法确定的最佳对策，仅需确定第一时段所采用的养护和改建措施。随后每一个时段的最佳措施，均取决于前一时段选择节点处可能产生的结果。因此，图 6-8 所示的最佳对策为在 $N=1$ 时段仅采取日常养护措施。如果 $N=2$ 时段的路面使用性能为好，可继续采用日常养护措施；使用性能为中则选择罩面措施；如果为差，则应选择加铺层方案。

上述决策树模型表示的是一种较为简单的情况。对于一个包含众多路段和较长分析期的路网优化问题来说，如果采用路面损坏状况、平整度和结构承载能力等多方面属性表征路面使用状况，对每一时段又考虑多种可能采取的措施，则上述详细列举的决策树分析将难以实施。

2）动态规划方法

动态规划是一种数学优化方法，其最主要原则是“任何一项最优策略只能由最优的子策略”组成。根据这一原则，动态优化过程将一个单一的、复杂的大问题简化为一系列易于单个解决的简单问题，然后再按顺序解决每一个简单问题。前述动态决策模型曾描述，路面养护和改建对策选择具有序贯性质（图 6-8），使得动态优化方法自 20 世纪 80 年代末以来，在路面管理系统中得到了广泛的应用。

动态规划由阶段划分、状态、决策变量、转移函数和递推关系等基本部分组成。分析路面管理系统优化问题时，将每一年看作一阶段，选用路面使用性能指标描述每一阶段路面所处的状态；每一阶段的每一种状态，均可以有一组可能的养护改建对策方案，从中选出最佳方案；由于路面使用性能变化的不确定性，在确定性和随机性两类转移函数中多采用随机性转移函数，以确定路面由一状态至下一状态的转移过程，路面管理系统常选用马尔可夫概率矩阵定义转移函数。

动态规划以一个阶段至下一个阶段的递推关系描述问题。现以项目级路面养护改建对策的优化问题为例，说明动态规划方法的公式表述和分析过程。

路面分析期为 N 年。动态规划将其相应地划分为 N 阶段。路面使用性能以路面状况指数 PCI 表征，PCI 以 10 分为一级，共划分为 10 级状态。对每一种状态都可以采用日常养护、罩面、薄加铺层和厚加铺层等 m 种养护和改建对策。路面在状态 i 时采用第 k 种对策的费用为 C_{ik}，其由 i 状态转移到 j 状态的马尔可夫转移概率为 P_{ijk}。假设路面使用状态在转移过程中最多下降一个等级，则转移到同一级状态的概率为 P_{iik}，转移到下一级状态 $(i+1)$ 时的概率为 $(P_{iik}-1)$。

路面管理系统优化问题的目标函数是在保证分析期内所有路段的路面使用性能不低于某一预定水平时所需要的费用最少。

分析过程从分析期的最后一年（N 年）开始，此时为 0 阶段。第一步计算 N 年中路面处于任一状态时的日常养护费。对于不能采取日常养护措施的状态，可将其日常养护费赋予一个不可能实现的大值，以保证它不会作为费用最小的方案被选上。对于各个状态的其他可能采取的措施，分别计算其费用。分析期内每一状态的最佳对策由下式给出：

$$C_{i,N}^{*}=\min[C_{i1,N},C_{ik,N}] \tag{6-30}$$

式中：$C_{i,N}^{*}$——分析期内，前一状态最佳对策时的最低费用；

$C_{i1,N}$——N 年 i 状态采用日常养护 $(k=1)$ 的费用；

$C_{ik,N}$——N 年 i 状态采用其他改建措施的费用。

依次计算下阶段，即 $(N-1)$、$(N-2)$……年所需的费用，并选择相应的最佳对策，对于任一阶段（n 或 $N-n$），其决策过程均可用下式描述：

$$C_{i,N-n}^{*}=\min[C_{i1,N-n},C_{ik,N-n}] \tag{6-31}$$

式中：$C_{i1,N-n}$——日常养护费用。

一般而言，对任意年 $(N-n)$，均需首先判断采用日常养护措施的可行性，可行则按下式计算分析期为 n 年时采用日常养护措施所需的总费用：

$$C_{i1,N-n}=C_{i1}+[P_{ii1}C_{i,N-n+1}^{*}+(1-P_{ii1})C_{i+1,N-n+1}^{*}]\frac{1}{1+r} \tag{6-32}$$

式中：C_{i1}——在该年采取日常养护措施的费用；

P_{ii1}——采用日常养护措施时路面状态维持同一级状态的概率；

$(1-P_{ii1})$——采用日常养护措施时路面状态转移至下一级状态的概率；

$C_{i,N-n+1}^{*}$、$C_{i+1,N-n+1}^{*}$——相应为前一阶段 i 和 $(i+1)$ 状态选择最佳对策时的最低费用，由前一阶段计算结果提供；

r——贴现率。

其他可能采用对策的费用由式（6-33）计算。与日常养护措施费用计算的不同之处主要为采取改建措施后，路面的状态将会恢复到高级状态（$i=1$ 或 2 等），其随后的状态将根据所采用措施的转移矩阵变化。如维修前的路面面层结构为沥青混凝土，其状态将依沥青混凝土的转移矩阵进行转移，加铺薄层表面处治后，则其状态变化转为按沥青表面处治的转移矩阵进行转移。

$$C_{ik,N-n}=C_{ik}+[P_{ijk}C_{j,N-n+1}^{*}+(1-P_{ijk})C_{j+1,N-n+1}^{*}]\frac{1}{1+r} \tag{6-33}$$

式中：　C_{ik}——i 状态采用 k 措施的费用；

P_{ijk}——i 状态采用 k 措施恢复到 j 状态后，转移到 j 状态的概率；

$(1-P_{ijk})$——i 状态采用 k 措施恢复到 j 状态后，转移到 $(j+1)$ 状态的概率；

$C^*_{j,N-n+1}$、$C^*_{j+1,N-n+1}$——相应为前一阶段 j 和 $(j+1)$ 状态选择最佳对策时的最低费用。

对于分析期内每一年，均应按上述关系式进行逆向递推分析，直到分析期末，由此可得到分析期内每一年处于不同状态路面的最佳养护改建对策，即完成了动态优化过程。

动态规划模型最后的输出结果包括如下内容：

(1)每一年对于每一种状态组台的最佳养护改建措施；

(2)最佳养护改建措施的寿命周期费用贴现值；

(3)最佳养护改建措施的效益；

(4)最佳养护改建措施的效益费用比。

3)马尔可夫决策过程

马尔可夫(Markov)决策过程的主要依据是假设路面性能只与当前状态有关，与路面如何达到该状态无关。它承认路面性能发展的不确定性，认为路面以一定的概率向某一方向发展变化。

马尔可夫决策过程主要由状态定义、状态转移概率矩阵、养护改建对策和处治费用矩阵等组成。概率转移矩阵描述了一年内，从某一状态向任意状态发展的概率。初始状态分布则表示了路网的初始状态。

马尔可夫决策过程系统决策的对象是路面的各个状态，系统所要进行的决策就是如何处治各个状态的路面，使其最大限度地满足系统对目标的要求。在路面管理系统中应用马尔可夫决策过程，应对系统提出如下基本假设：

(1)大的路网区域可分为一定数量的区域，还可细分为更小的区域。

(2)可以按照路面的等级，将路网划分为子网。并在各子网中根据交通量、修建技术等进一步将路面划分为不同类型。对于给定类型的路段，它在分析期内将始终保持该类型，并且该类型的所有路段都是均匀的。经验表明，如果同一类型路段的养护效果不同，就应对这一类型作进一步的划分。

(3)对于每一类型的路面，都可能根据路况的不同分成各个状态以反映性能的动态变化。

(4)对于各类型的各个状态，都有定义的养护对策(包括日常养护)。

(5)在每一阶段，对路网的任一路段都采取了唯一的养护措施。

(6)规划期是一定的，并被分为各个阶段。

(7)对于各类型各状态的每一路段，采取某一特定措施后，路段处于各个状态的概率是已知的，并且与时间和地区无关。

路面状态定义为一组与评价路面使用性能某方面属性有关的指标组合。如平整度、路面结构强度、车辙量、开裂量等。这些指标一方面要能反映路面使用性能水平，同时要能与需采取的养护改建措施相匹配，以使使用者能按路面状态选择可能的对策。由于采用了多项指标，每一项指标又按程度或数量分为若干等级，不同指标分级的任意组合就是一个状态。如果将 *PCI* 分为 5 级，平整度分为 3 级，路面强度分为 2 级，那么，整个路网就有 $5\times3\times2=30$ 个状态。

对于各种不同的路面状态都应给出可能的处治措施集合。在此可根据工程经验归纳出若干种典型对策，从日常养护到维修或重建。如果每个状态都可能有 7 种处治对策，状态和对策的组合就可能有 30 ×7 =210 种。

路段在采用某一处治措施后，将以某一转移概率向任意状态转移，转移概率可由路面性能预测模型得到，也可经数据库直接统计得到。由此可计算出采取处治措施后，路段处于各种路面状态的概率，也可计算出处于各状态的路段所占路网里程的比例。将整个规划年限内各年限各状态路段的比例求出，实际就得到了在某一养护策略下的路况变化曲线。

如果在整个规划期内，各个概率转移矩阵保持不变，而且养护水平也保持不变的话，则经过一段时间后，路网的使用性能会达到一个稳定的状况。在该状况下，处于各个状态下的路段比例保持不变。

路面管理系统的一个重要目标，是寻求以尽可能低的费用，使路网内的路面使用性能长时期内保持在要求的水平上的最佳养护改建对策。路面管理系统的另一个重要目标是寻求最佳短期养护改建策略，它以最低的养护费用，最快的速度使路面性能从初级水平提高到稳定状况，并满足此时段的性能标准要求，这两方面的优化问题，都可转化为线性规划问题求解。

(1)确定最佳长期(稳定状态)养护改建对策

决策变量为在 l 时段开始采取养护改建措施 a_k 的状态为 i 的路段比例 W_{lk}^{i}，由于路面状态处于稳定状态，与时段无关，因此决策变量为 W_{ik}。

$$q_i = \sum_k W_{ik} \tag{6-34}$$

式中：q_i——处于 i 状态的道路比例，k 为措施。

目标函数为长期费用(包括养护和改建费)最低。设 C_{ik} 为对 i 状态道路采用 a_k 措施的单价，则目标函数可写为：

$$\min \sum_{i,k} W_{ik} C_{ik} \tag{6-35}$$

约束条件有两类，其一是 W_{ik} 必须满足的，其二是必须满足使用性能标准的要求。

①W_{ik} 必须满足的约束条件：

$$W_{ik} \geqslant 0 \quad (\text{对所有的 } i \text{ 和 } k) \tag{6-36}$$

$$\sum_{i,k} W_{ik} = 1 \tag{6-37}$$

$$\sum_k W_{ik} = \sum_{i,k} W_{ik} P_{ij}(a_k) \tag{6-38}$$

$$W_{ik} = 0 \tag{6-39}$$

上述约束条件中，第一项表示比例不能为负；第二项表示处于所有可能状态和所有可能措施的道路比例总和应为 1；第三项则为满足稳定状态条件时，稳定期开始处于状态的道路比例应等于稳定期末处于状态的道路比例；第四项约束条件表示某些措施不适用于某些状态的路段时采用。

②满足使用性能标准要求的约束条件：

$$\sum_{i,k} W_{ik} \geqslant \delta (i \in s) \tag{6-40}$$

$$\sum_{i,k} W_{ik} \leqslant \gamma (i \in u) \tag{6-41}$$

这类约束条件表示的是路网处于容许状态 s 的最低道路比例 δ 和路网处于不容许状态 u 的最高道路比例 γ。

(2)确定最佳短期(过渡)改建对策

短期改建对策适用于时段 1,2,…,T-1。此期间不要求路网处于稳定状况,而(T-1)时段末路况要达到所预定的稳定状况。

决策变量为 W_{ik}^l(对所有的 i、k 和 l,$l=1,2,\cdots,T$)。

目标函数为在时段 $l=1,2,\cdots,T-1$ 期间改建措施的总费用最小,即

$$\min \sum_{i,k,l} W_{ik}^l d_l C_{ik}$$

式中:d_l——现值系数。

约束条件有三类。第一类为 W_{ik} 应满足的约束条件,有三项,道路比例不能为负值;第一阶段($t=1$)开始时必须知道不同状态的道路比例;第 t 时段开始时处于 j 状态的道路比例必须等于前一时段末处于 j 状态的道路比例。它们可表述为:

$$W_{ik}^l \geqslant 0 \quad (\text{对所有的 } i、k \text{ 和 } l, l=1,2,\cdots,T) \tag{6-42}$$

$$\sum_k W_{ik}^1 = q_i^1 \quad (\text{对所有的 } i) \tag{6-43}$$

$$\sum_{ik} W_{ik}^l = \sum_k W_{ik}^{l-1} P_{ijk} \quad (\text{对所有的 } i、k \text{ 和 } l, l=1,2,\cdots,T) \tag{6-44}$$

式中:q_i^1——第一阶段处于 i 状态的道路比例。

第二类约束条件为必须满足稳定状况开始时处于不同状态的道路比例(由前面长期改建对策所确定),并且在 T 时段的费用也应符合最佳长期对策的要求。因此有:

$$\left\{\begin{aligned} &\sum_k W_{ik}^T \geqslant \sum_k W_{ik}^*(1-\alpha) \\ &\sum_k W_{ik}^T \leqslant \sum W_{ik}^*(1+\alpha) \\ &\sum_k W_{ik}^T C_{ik} \leqslant \sum_k C^*(1+\beta) \end{aligned}\right. \tag{6-45}$$

式中:W_{ik}^*——在长期最佳改建对策中确定的道路比例;

C^*——长期最佳改建政策的费用;

α、β——规定的容许偏差。

第三类约束条件是有关过渡期使用性能标准的要求,它们是:

$$\sum_k W_{ik}^l \geqslant \rho_1(l)\delta \quad (\text{对 } l=1,2,\cdots,T-1) \tag{6-46}$$

$$\sum_k W_{ik}^l \leqslant \rho_2(l)\gamma \quad (\text{对 } l=1,2,\cdots,T-1) \tag{6-47}$$

式中:$\rho_1(l)$、$\rho_2(l)$——适当放松稳定期使用性能标准要求 δ、γ 的乘子,其中 $\rho_1(l) \leqslant 1$,$\rho_2(l) \geqslant 1$。

求解上述两方面优化问题,便可得到长期和短期的最佳改建对策,并给出路网保持要求的使用性能水平所需的最低预算或预算固定时路网所能保持的最高使用性能水平。

在路面管理系统中运用马尔可夫决策过程具有一系列优点,它们表现在如下几方面:

(1)承认路面使用性能可能与预期的路面使用性能有差异,并在改建对策选择时予以充分考虑;

(2)仅明确不同状态道路目前采取的措施和随后 2~3 年内最有可能采取的措施;未来改建措施的决策,取决于未来路面的实际情况,系统更为现实和经济有效;

(3)采取任何一种改建措施后路面使用性能的预估仅需要一个时段,随后时段的使用性

能预估取决于路面的工作情况和拟采取的措施；

(4)决策的成功与否可以通过路网内处于容许和不容许状态的道路实际比例同预期的比例进行比较评价；如果路网性能比预期的坏，可以在系统中分析出现这种情况的原因并在实施过程中加以改进。

下面对上面介绍的应用于路面养护决策过程中主要的优化方法及其优劣作一比较(表6-11)。

优化方法比较　　表6-11

优化方法	特点(优点)	缺点
线性规划方法	(1)目标函数和约束条件均以线形形式表示； (2)模型简单，易于理解和应用	(1)解通常表现为各类路况状态所占路网总里程的百分比，而非具体路段，不符合高速公路养护管理的具体情况； (2)一般解法难以处理路网规模较大的规划问题
近似规划方法	(1)按某些标准将路网中的路面归类集成，将较大规模的规划问题转化为较小规模的规划问题，可以解决路网规模较大的规划问题； (2)将大的优化问题划分为若干连续的小优化问题，划一步优化为多步优化； (3)可以产生具有一定精度的近似最优解； (4)可以解决路网规模较大的规划问题	优化效果不够理想，难以获得最优解
动态规划方法	(1)最优策略由若干子策略组成； (2)决策过程必须连续且前面决策产生的结果对后面的决策过程会产生影响； (3)通常同马尔可夫决策结合在一起用于网级财政规划确定最佳资金方案	(1)较为复杂，不像线形规划有明确定义的过程； (2)依然存在“维数障碍”，难以求解决策变量数较大的规划问题
马尔可夫决策过程	(1)采用马尔可夫预测模型，考虑了路面性能发展的不确定性及其对后面预测的影响； (2)可以采用动态规划模型或线性规划模型两种表达形式	(1)仅适用于路网财政规划； (2)解表现为各类路况状态所占路网总里程的百分比，而非具体的路段，因此无法充分了解不同路段的具体路况，也难以充分利用财政规划结果进行项目级决策

6.5 我国路面养护决策模式与养护规划

6.5.1 路面养护决策模式与技术支撑

1)路面养护决策模式

养护决策是公路养护工作的重要组成部分，是公路养护管理部门的主要工作。传统的公路养护决策方法是以人工调查、主观决策为主的经验型决策模式。这种传统的经验型决策模式是在特定时期，为适应特定时期技术经济环境及公路养护需求，而形成的一种模式化的决策方法。传统决策模式的优点是决策简单，效率高，不占或少占用资源；缺点是养护决策主观性大，主观决策常常导致应该养护的没有及时养护，不需要养护的却提前养护，另一方面公路养护缺乏科学的规划性和计划性，决策的主观性和只考虑现状不问长期效果的决策方法经常造成严重的资金浪费，同时也使公路尤其是路面处于经常性的维修状态，降低了公路的服务水平和投资效益。

随着我国公路养护规模的迅速扩大、交通量的快速增长和社会对公路服务水平（行驶质量、运行速度和行车安全性）期望的提高，传统的养护决策模式已经远远不能适应以快速、安全、舒适为服务宗旨的现代公路养护要求，公路的快速发展要求建立一种新的养护决策模式。通过建立新的公路养护决策模式，改变现有决策方式的缺点，提升现代技术条件下的科学决策能力，使公路养护资金发挥最大的效益。

新的养护决策模式的产生依赖于成熟的社会环境、技术条件、装备能力和管理水平，并且新模式需要有广泛的可接受性。综合国外的成功经验、我国的技术能力、装备条件，认为我国的养护决策模式，应该是以提升公路检测、科学决策、长期规划、年度计划、项目管理、效益评估和制度保障技术水平为核心的公路养护科学决策模式，见图6-9。

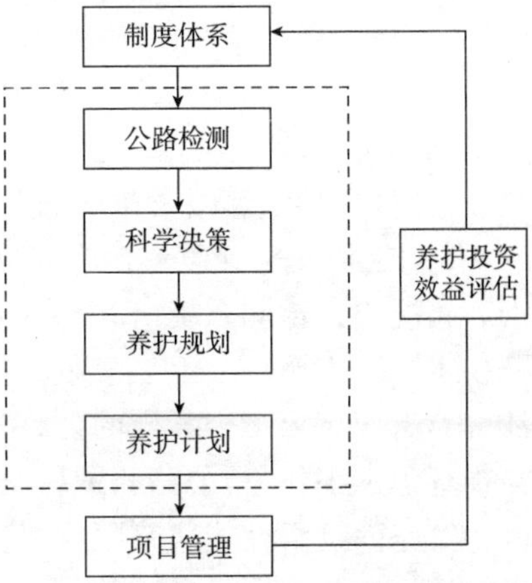

图6-9 公路养护管理的主要内容

目前，我国还没有形成成熟的公路养护科学决策模式，但是浙江、山东、广东、四川等省市公路管理机构和高速公路经营企业，通过公路快速检测技术及装备的引进、以路面管理系统为核心的CPMS资产管理系统的建立和相关的制度保障体系的研究，正在实践和完善公路养护科学决策模式。在以公路检测、科学决策、长期规划、年度计划、项目管理、效益评估和制度保障为主要内容的现代养护决策模式中，核心要素是标准、规范和制度保障下的快速检测与科学决策（图6-10）。

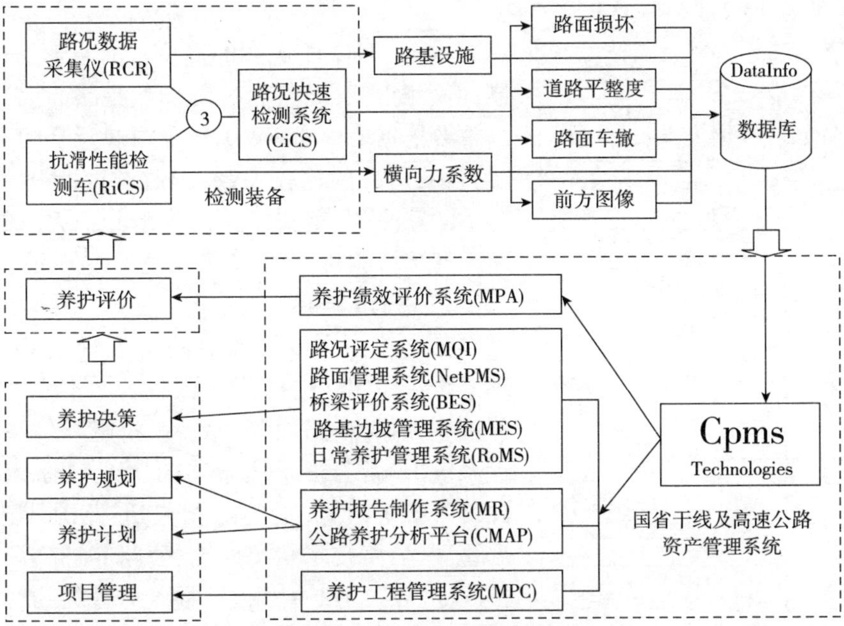

图6-10 公路养护科学决策模式

2)路面养护决策模式的技术支持

公路养护科学决策模式需要成熟的技术支撑。如前所述,经过20多年的研究,我国已经具备了现代公路养护决策的技术能力和装备条件:①快速可靠的公路检测技术及装备;②以养护决策为核心技术的CPMS资产管理系统。

(1)公路检测技术及装备

《公路技术状况评定标准》(JTG H20—2007)的常规技术状况检测内容包括路基、路面、桥隧构造物、沿线设施。其中,最为重要的是路面使用性能的检测,检测指标包括路面损坏、道路平整度、路面车辙、路面抗滑性能和路面结构强度5项内容。在上述检测指标中,路面损坏、道路平整度和路面车辙为经常性的年度检测的指标,抗滑性能检测只需针对高速公路和一级公路且每两年检测一次,路面结构强度不是强制性检测指标,根据需要检测,检测结果不列入统一评定。

①路面损坏、道路平整度、路面车辙。现有的公路快速检测设备[如路况快速检测系统(CiCS)]能以车流速度一次性快速检测上述所有路面指标,并且检测结果可被机器自动识别。路况快速检测系统(CiCS)是原交通部(2003~2007年)投资研究开发的多功能路况(公路技术状况)快速检测装备及配套损坏自动识别(CiAS)成套技术。CiCS已经开始装备浙江、山东、四川等多个省市的公路管理机构,并且完成10 000多公里(2007年底)的路况检测与损坏识别工作,是公路养护科学决策模式的重要技术及装备支撑条件。

②路面抗滑性能。路面抗滑性能指标检测的基本装备是基于横向力系数的路面抗滑性能检测设备。我国已经装备了40多套基于横向力系数的路面抗滑性能检测设备(RiCS),RiCS是公路安全性能检测、评价及路面防滑修复决策的设备。

③路基、桥隧构造物和沿线设施。根据国外及我国的技术条件,路基、路面、桥隧构造物和沿线设施技术状况的检测应采用基于路况数据采集仪(RCR/PCR)的人工现场调查方法。路况数据采集仪(RCR)的作用是提高现场调查的工作效率和质量,同时RCR也是公路技术状况(MQI)现场评定的基本工具。

④路面弯沉。虽然《公路技术状况评定标准》(JTG H20—2007)中没有将弯沉检测列为强制性检测指标,但路面弯沉仍然是路面大修养护设计的重要依据。由于FWD与我国规范上的BB(贝克曼梁)没有可靠的比较关系,因此,对CPMS确定为大修养护的路段,在实施以路面大修养护为目的的项目级路面弯沉检测时,应配备贝克曼梁或路面自动弯沉仪。

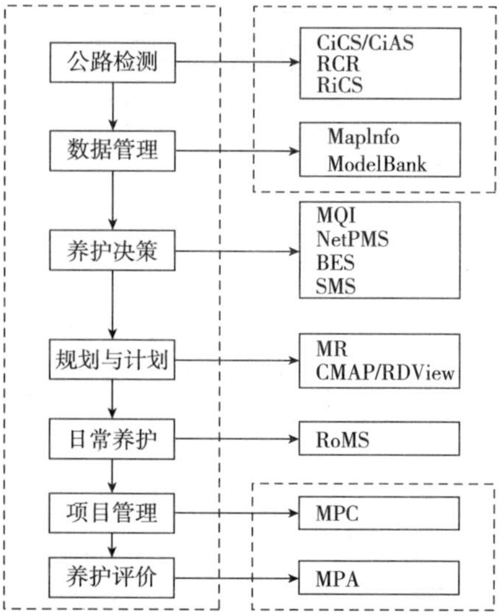

图6-11　CPMS资产管理系统在养护决策模式中的作用

(2)公路养护决策技术

公路养护决策技术的基本工具是CPMS资产管理系统。CPMS包括公路数据库、路况评定系统、公路模型数据库、路面管理系统、桥隧评价系统、边坡管理系统、日常养护系统、养护工程管理系统、养护绩效评价系统等组成,主要功能包括:路况快速检测与数据管理、公路技术状况评定、公路养护决策、中长期养护规划、年度养护计划、日常养护管理、养护工程跟踪管理、养护效果评价等。

图6-11描述了在公路检测、科学决策、长期规

划、年度计划、项目管理、效益评估各个环节中，CPMS资产管理系统所能发挥的作用。

CPMS养护决策需要各种模型和参数的支持，其中包括公路评价模型、评价标准、路面使用性能预测模型、寿命周期费用模型、经济评价模型、速度预测模型、车辆运营费用（油耗、轮耗、配件损耗）模型、时间费用模型、事故模型和养护决策模型。应用CPMS的关键是合理确定CPMS各种模型参数，在实施CPMS养护决策时，需要对各种模型尤其是费用和预测模型定期标定。

6.5.2 路面养护管理与制度保障

1）路面养护管理机构及职能

现代养护决策模式需要通过公路管理机构实施，不同的管理机构有不同的作用。

（1）省级公路局或省级高速公路经营企业

省级公路局或省级高速公路经营企业作为全省公路网的主管机构，主要负责：①下达年度公路检测任务，监督全省公路检测工作；②实施全省范围的养护决策，组织编写滚动式《10年公路养护规划》和《年度公路养护需求（预算）》；③面向整个公路网，优化分配公路养护资金，根据《10年公路养护规划》和《年度公路养护需求（预算）》，编制《年度公路养护计划》、下达养护任务；④跟踪、监督和检查《年度公路养护计划》执行情况；⑤实施养护项目的效益评价和绩效评定；⑥编制、修订或更新必要的技术规范、标准和制度，实施经常性的技术培训和技术升级。

（2）地市公路局或高速公路经营企业

地市公路局或高速公路经营企业作为次级公路管理机构，主要负责：①组织或协助有关公路检测咨询公司，落实每年一度的公路检测任务；②实施管辖路段的技术状况评定与科学养护决策，编制《年度公路养护需求（预算）》，上报省公路局或省级高速公路经营企业，申请年度公路养护资金；③面向区域公路网，优化分配给定的公路养护资金，编制《年度公路养护计划》；④组织实施和检查《年度公路养护计划》。

2）路面养护管理的制度保证

为了加强公路的养护管理工作，确保公路养护科学决策模式（体系）能够有效运行，需要研究建立适合不同省市特点、能满足管理需要的制度和办法。通过法规体系的建设，推进公路养护管理规范化和制度化。法规体系主要包括：

（1）《公路养护科学决策模式（体系）管理办法》，内容包括科学化管理的主要依据、目的和作用、各级管理部门职责和任务、系统的维护与更新、数据采集频率、使用资质确认和应用保障措施等。

（2）《公路养护规划和养护计划的编制办法》，内容包括目的、数据来源、规划构成、计划内容、分析依据和分析方法等。

（3）《路况检测装备的技术要求与检测规定》，内容包括路况检测指标体系、各指标可用的检测装备、装备可靠性评价方法、检测指标标定方法、路况检测监理规定、检测数据的处理方法、检测结果格式要求、与CPMS数据库数据关系等。

（4）《现代公路养护决策技术规范》，建立现代养护决策模式的技术规范，内容包括各系统的作用、分析的基本规则、标准的取值、模型参数设置、预测模型标定、决策模型调整、基本分析和数据格式等。

为保障公路养护科学决策模式长期、有效和制度化运作，在建立相应法规体系的基础上，需要加强保障措施和技术支持的力度，有关措施包括：①人力资源培训：通过定期的公路养护与管理人员技术培训，提高公路养护与管理工程师的管理水平和技能。②定期技术交流：通过定期举办公路养护科学决策模式相关技术经验交流会，参加国内或国外路面管理系统国际会议，开阔思路，吸取经验。③关键支持技术研究：瞄准国际先进水平，开展必要的关键技术研究；包括：a. 结合常规养护管理工作，采用现代化的路况快速检测装备，建立路面损坏基础数据的长期观测机制。通过大规模的观测数据分析，研究路面损坏的规律、损坏原因与损坏修复技术，定期标定路面使用性能预测模型。b. 研究路面大中修养护周期，分析不同路面养护方案对大中修养护的影响，提出解决方案，不断完善和更新养护决策模型。c. 配合现代养护决策模式建设，研究路面大中修养护设计技术，提出能解析路面早期损坏、道路平整度衰变和路面裂缝等损坏现象的，包含路面强度、道路平整度、路面损坏和车辙指标等的路面养护设计理论。d. 研究预防性养护的条件、时机和方法，用研究成果及时更新 CPMS 预防性养护模型参数。

6.5.3 路面养护规划

路面养护规划的目的是根据现有的路面养护技术状况，预测未来路面的使用性能、养护需求、资金需求、投资效益等关键因素时间序列变化趋势，通过科学的中长期（10 年）养护投资安排、养护标准的选择，提出合理的长期投资规模，优化养护资金的使用方案，降低全寿命周期费用成本，提高路面的服务水平。路面养护规划的目标是通过科学、系统的路面养护规划，了解未来、导向未来、把握未来。

根据我国经验、国内的技术条件，我国路面养护规划的主要内容包括：路面使用性能发展趋势、未来路面技术状况评价结果、路面的服务水平、养护需求和养护投资效益分析等技术内容。

1）路面长期使用性能预测

路面是公路的主要组成部分。路面的长期使用性能是路面损坏修复时间、修复对策、修复费用、运行速度、车辆运营费用、旅行时间费用和事故费用等的影响因素之一，是路面养护优化决策和寿命周期费用分析的关键指标，也是养护规划编制的基本依据。

路面使用性能的变化，取决于原有的路面结构、交通流量、交通组成、超载比例、超载率、使用时间、气候条件、路面养护方案（大中修）、养护时间、日常养护效果等多种因素。依靠长期的数据观测、多年 CPMS 大规模推广应用经验和专家调查信息，我国已经初步建立了包含不同路面结构及养护方案组合的路面使用性能预测基础模型。在定期标定的基础上，利用这些性能预测模型，可为公路网提供一个以时间（10 年）和空间（路网）为单元的路面使用性能预测矩阵。为了解掌握未来路面使用性能的变化规律提供了基础数据。

2）公路技术状况评价

公路技术状况评定结果是养护决策的基础和现代公路养护规划的主要内容。基于路面使用性能预测矩阵，依据《公路技术状况评定标准》（JTG H20—2007）规定的评价方法和相关评价模型，CPMS 将为公路网所有路段，提供一个按里程排序的时间序列公路技术状况评价结果。评价指标包括路面损坏（*PCI*）、行驶舒适性（*RQI*）、路面车辙（*RDI*）、抗滑性能（*SRI*）和路面结构强度（*PSSI*）。

3）服务水平评价

运行速度是公路服务水平（运行速度、行驶舒适性、行车安全性）评价的重要指标之一，也是公路通行能力评价、寿命周期费用分析及公路改扩建决策的主要依据。基于30多年国内外速度文献分析结论，我国通过深入的理论分析和大规模的野外道路速度试验，确定了运行速度与车辆动力特征、路面宽度、道路坡度、曲度、道路平整度、载重、超载水平、海拔高度等因素的关系，建立了包含自由流和拥挤状态的速度预测模型，据此可建立包含上述不同因素的公路车辆或车流的运行速度分布函数，见图6-12。

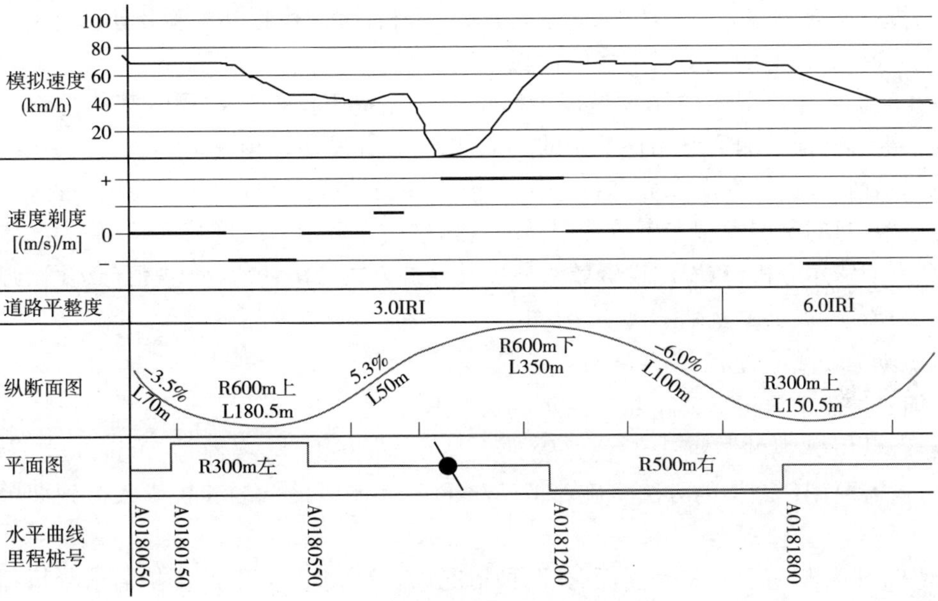

图6-12　公路车辆运行速度模型

4)寿命周期费用预测

道路寿命周期费用的基本组成包括初期建设费用、后期养护(含运营)费用和道路用户费用三部分。三部分费用相互关联、动态变化(图6-13)，而变化的影响因素是路面结构、建设费用、养护方案、养护时间、养护费用、交通流量、交通组成、运行速度和道路状况(平整度、坡度、曲度)等。

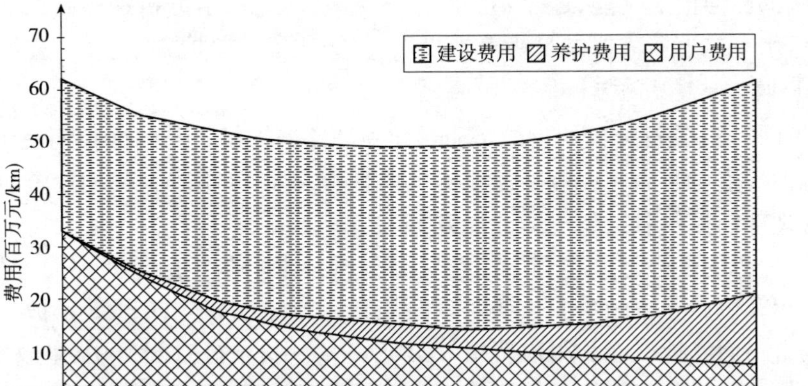

图6-13　路面寿命周期费用模型

在道路寿命周期费用中，道路用户费用是寿命周期费用的最重要的组成之一，所占比例取决于交通流量、路面状况和车流速度，有时可高达60%以上，用户费用的预测对公路养护决策和寿命周期分析结果有直接影响。道路用户费用包含更复杂的组成部分，如车辆运营费用（油耗、轮耗、配件损耗、养护工时、润滑油消耗、车组工时、折旧、利息、管理费用）、时间费用（工作时间、非工作时间、货物在途时间）和事故费用。

在道路用户费用中，发动机油耗约占整个车辆运营费用（*VOC*）的25% ~33%，而且油耗也是 *VOC* 中唯一可通过试验精确观测和准确预测的指标。依托国家重点科技攻关研究项目"公路投资综合效益分析系统的研究"，在理论分析、大规模野外试验和计算机模拟的基础上，开发了近30种不同发动机类型的油耗预测模型。

以往的道路用户费用往往只是通过简单的油耗费用比例系数预测其他的用户费用组成。为了更准确地预测道路用户费用的其他部分，在开发油耗预测模型的同时，系统研究了适合我国国情的轮耗、汽车保养和维修费用预测模型、汽车折旧和利息费用模型、车辆润滑油费用模型、时间费用模型和事故费用模型。通过用户费用组成部分的预测，为公路养护决策、寿命周期费用分析（*LCC*）、投资效益分析及养护方案经济评价[净现值（*NPV*）、经济内部收益率（*EIRR*）]提供了基础。

5）长期养护需求分析

长期养护需求分析是公路养护决策的关键技术之一，也是现代公路养护规划的重要内容，其核心是以客观的数据告诉公路管理人员，公路网中，哪些路段（Where）？什么时候（When）？需要用什么样的方法实施养护（What）？才能以最低的养护投入得到期望的服务水平。

养护需求分析主要对象是路面，分两种情况，养护标准约束下的养护需求分析和服务水平约束下的养护需求分析：

（1）养护标准约束下的养护需求分析，是根据公路网所有养护路段的路面使用性能各项指标评价结果，在养护标准约束下，通过一定的优化决策，确定养护规划分析期限（10年）内，各年度路面大中修和日常养护的修复方案、修复费用、修复位置和修复后路面的使用性能。

（2）服务水平约束下的养护需求分析，是在服务水平限制下，根据公路网当前的路面使用性能和预测的路面使用性能，通过不同的优化决策技术，确定分析期内路面使用性能维持在要求的服务水平之上所需要的最小养护投入、养护位置和养护方案。

6）路面长期养护投资效益

长期养护（投资）效益分析的目的是通过建立公路养护投资与路面长期使用性能的数学关系，分析养护投资对路面使用性能各项指标的影响，提出公路养护长期投资对策和养护标准，为公路管理部门提供养护投资的选择方案。

投资效益分析的核心是道路寿命周期费用分析技术。基于确定的路面养护方案、养护时间、养护费用及由此导致的路面长期使用性能和运行速度变化，CPMS 养护投资效益分析模型，将预测由路面养护引起的用户费用（车辆运营费用、旅行时间费用、事故费用）和后期再养护费用，据此分析公路养护的投资效益及养护方案的经济可行性（*LCC*、*EIRR*）。

7）路面养护计划

路面养护计划的目的，是在当前年度路面技术状况评价的基础上，了解未来一年路面的养护需求，实施科学的路面养护资金优化分配，确定满足养护资金约束要求的大中修养护项目、养护项目优先顺序、养护方案、养护位置和养护费用。路面养护计划的主要内容包括路面技术状况评价、养护需求和养护计划。

(1)路面技术状况评价

路面评价的基本方法是，基于多功能公路检测设备[如路况快速检测系统(CiCS)和路面损坏识别系统(CiAS)等]的快速检测与自动识别结果，依据各种评价模型和标定参数，评价路面使用性能，确定公路的技术状况等级。

(2)路面养护需求

依据路面技术状况(路面使用性能)评价结果，利用CPMS的养护需求决策模型，确定各指标在不同养护标准下的年度养护需求。年度养护需求实际上是《公路养护规划》长期养护需求(10年)的首年需求结果。

(3)年度养护计划

在实际公路养护管理中，养护预算往往不能满足公路的养护需求。在养护资金不能满足需求的情况下，需要通过CPMS优化决策模型，确定资金约束下的公路养护项目，使有限的公路养护资金以最优的方式(费用、性能、效益)分配到公路网最需要养护的路段上。

6.6 本章小结

在公路养护管理系统中，数据采集、路面状态评价和路面性能预测都是为了给系统决策提供足够的依据。决策系统是路面管理系统的核心部分，决策的目的是使主管部门宏观控制预算资金的规模和流向，实现部门的管理目标，合理指导和安排养护与改建活动，实现优先资源的最优配置。路面养护管理决策的核心内容是：在指定的预算资金和其他资源的约束下，寻求最优养护策略，使得效益目标最大化，或是在一定的路面使用性能要求和资源限制的约束下，寻求最优养护策略，使得费用目标最小化。

决策是一种系统的方法或过程，通过对系统当前所处状态的评估和未来发展的分析、判断、选择恰当的系统对策，以最大限度地满足系统的要求。路面管理系统需要决策的是路面养护、大中修和改建的策略、计划和资金分配。路面养护维修对策的选择，主要根据路面使用性能的现状、交通量大小、道路在路网中的地位作用，结合专家经验和相关经济、政策等因素综合分析确定的。

本章回顾了路面养护决策发展的历史，阐述了系统优化决策的基本原理与方法，分析研究了各类数学优化方法和人工智能优化方法在该研究领域的应用情况，提出了我国公路网级和项目级路面养护管理系统决策优化的目标，构建了网级和项目级路面养护管理决策优化研究的主要框架。

优化决策的主要目的是确定整个规划期内的最优养护计划；路面管理系统中的所谓最优是指系统定义目标的效益最大化或费用最小化。决策树和经济分析是优化决策的基本方法，排序方法更适用于项目级系统，如果能将排序和项目的经济评价等有机的结合起来，也能作为网级问题的解决方案；纯数学的优化方法在理论上能够完美地解决公路机构面临的优化决策问题，但由于计算量和数据采集方面的要求，进行整个路网多年的完全优化决策是十分困难的。

一些公路机构逐渐考虑在路面管理系统中运用马尔可夫决策过程。不论采用哪种养护决策技术，都必须从公路机构的需求出发，不能片面的追求理论上的完美，而忽视了本身的需要。而且公路路面养护决策优化模型涉及的因素和相关指标参数众多，直接影响到模型的求解和最优方案的制订。从数学的角度上来讲，目前对于大规模马尔可夫决策规划问题和大规模线性规划问题，仍然比较缺乏十分有效的算法；从路面养护决策的实际需要上讲，公路网规模的逐渐扩大也对问题的研究和模型的求解带来了很大的困难。因此，今后在求解大规模决策问题的算法方面需要进行研究和改进，既能够满足决策实际问题的需要，又能保证算法的有效性和可行性。

路面养护科学决策模式是我国路面养护管理的实际需要，也是公路发展的必然趋势。通过现代路面养护决策模式研究与实施，将有力推进我国公路养护管理的科学化、现代化和规范化建设，改变以往的传统模式，促进公路养护的科技进步。

第 7 章

路面养护管理系统

路面养护管理系统运用计算机和现代管理科学等先进技术来实现养护管理的目标，整个系统是道路工程学、管理科学、计算机科学三者的有机结合，其中道路工程学是路面管理系统的基础。它综合考虑了技术、经济、社会、环境等多方面的因素，使得整个管理过程系统化、科学化和现代化，为管理部门的决策人员提供了分析的方法和工具，并为管理部门的科学管理提供了可靠的依据。系统的核心在于研究如何在有限的资源（资金、劳动力、材料、能源等）下，以最低的消耗提供并维持路面在预定的使用期内具有足够的服务水平，也就是在预定的标准和约束条件下，选用费用—效果最佳的方案。

路面管理系统经过几十年的发展，已经从一个概念变成在很多国家的省、市和地区实际运行的系统，几十年的实践为路面管理系统的建立和实施积累了丰富的经验，本章将介绍这些经验，说明系统建立和实施的过程或步骤，分析系统的结构和组成。

7.1 路面管理系统的构建

路面管理系统的建立和实施过程包括以下步骤。

(1)可行性研究

在决定建立系统之前，要进行可行性研究，了解路面管理的现状和存在的问题，分析系统实施后可能带来的效益，确立系统的目标和目的（预期用途或功能），估算建立和实施系统所需的资源（人力、设备、时间和经费），以充分的材料和分析来论述系统建立和实施的必要性和可能性。

建立路面管理系统的主要目的是改善和提高现有的管理工作，因而需要了解现状和存在的问题。现状包括路面养护和改建的年度预算和单价、总的路面状况、使整个路网的状况达到某一水平所需的费用和这一费用同单位财政能力的比较等。了解的现状要同其他类似的单位相比较，依据现状存在的不足之处，分析出可能存在的管理问题，如项目的优先次序确定、预算要求的满足、路面损坏速度与预期的差异、某一路段何时需要改善和采用什么措施最经济有效等。针对这些问题，可以较明确地提出建立系统的必要性、系统应设立的目标和实施系统可能带来的效益。

为系统确立的目标和目的，可以是为了确定需要进行养护和改建的项目所编制的养护和改建计划，也可以是为了确定资金在养护、改建和新建之间，或者在各地区（行政区划）之间的合理分配，也可能要兼顾两方面的需要。同时，还需要考虑的是所建立的系统的级位，即建立网级系统还是建立项目级系统。目标和目的的确定与现状和存在的问题有关，也与主管领导对系统的预期用途有关。当然，还应考虑单位的实际条件和管理水平。

(2)领导认可或批准

将上述可行性研究结果向单位主管领导汇报，以取得领导对整个计划和所需资源的认可或批准。由于所建立和实施的是一个管理系统,成功的关键是取得行政领导的接受和支持。

(3)制订工作计划

首先成立由本单位各部门人员组成或者邀请有关咨询单位和人员参与的课题组,由课题组研究制订工作计划。其主要工作内容包括:系统设计和分阶段实施计划;确定路面使用性能参数以及指标采集的方法和频率;确定建立使用性能预估模型的方法;规定各项决策标准(如使用性能最低可接受水平,养护和改建对策等);确定数据采集和处理所需设备的类型和数量,数据处理和分析所需计算机硬件和软件设备的类型和数量;制订人员培训计划;编制预算和进度计划等。

(4)建立初步系统

通常采用分阶段建立系统的方法。例如,第一阶段可确定为数据采集和处理,明确养护和改建需要。通常也可选择部分地区作为试点。初步建立系统后,应尽早在试点地区测试和验证,并对所出现的问题进行调整或修改。

(5)向领导汇报

向领导演示初步建立的系统,使之了解前阶段的成果和实施时可能带来的效益,并取得下阶段工作的指示和支持。同时,也邀请其他有关部门参加,以取得他们的理解和协调配合。

(6)确定系统在机构内的位置

课题组需了解和掌握全路网路面使用性能的状况,并提出全路网资金合理分配的方案及养护和改建计划的建议。虽然课题组不做出决策,但其可为上层决策者提供最有价值的决策信息。因而,课题组应尽量设置接近上层决策者的部门,并明确其同决策者和其他部门间的关系。课题组还应避免受到计划、设计或养护等部门倾向性意见的左右。

(7)建立完整系统

在完善初步系统并付诸实施的基础上,按预定的系统目标,进一步建立下阶段的子系统。

(8)日常运行、系统维护和改善

系统需进行维护以保持日常运行,并且依据运行中出现的问题及新技术,不断更新和改善现有系统。

路面管理系统的建立和实施,是一个不断调整、完善和提高的过程,也是一个逐步取得领导和有关部门理解、支持和应用的过程,更是一个逐步改变管理体制、方法和习惯的过程。这一过程通常需要3~5年的时间,并经历若干个发展阶段。

7.2 路面管理系统的结构

不同级别的路面管理系统具有大体上类似的结构,它们的差别主要在于使用性能参数的指标和测定方法的选用,各项决策标准、分析的方法和输出的报表。路面管理系统的建立和实施,需花费好几年时间,投入大量经费、人力和设备,也需要不断地得到单位领导和各个部门的理解、支持和配合。为使系统能得到顺利的实施和应用,宜采用分阶段建立和实施的方法,逐步地投入资源、积累数据,不断完善。

系统宜采用模块式结构(表7-1),以便于分阶段建立和实施。

分阶段建立的路面管理系统模块结构 表 7-1

模 块	主 要 内 容	典型输出结果
数据库管理	路段划分、道路几何尺寸、交通量、路面使用性能、路面修建历史	路面现状报告（图表形式）、路面历史状况报告
养护和改建计划分析	路面使用性能最低可接受水平、决策标准、使用性能预估模型	当年需养护改建的路段、今后需养护改建的路段
改建计划	典型养护措施和单价、养护对策、决策标准、优先排序原则或优化分析	各路段的改建方案、优先计划、预算水平分析、财务计划
养护和改建综合计划	按总预算水平协调养护和改建计划	各路段的养护和改建措施、养护和改建综合计划
项目级分析	路面弯沉和路用材料性能检测、改建路面结构设计、寿命周期费用分析	路面结构分析报告、改建方案分析报告

每一个模块对应一个可区分的发展阶段，依次建立和应用各个模块，可使系统不断扩大其功能，达到不同的发展阶段。而每个模块都有独立的分析结果输出，每个模块都以前一个模块的分析结果为基础，增加新的分析内容而建成。各个模块可根据如下顺序依次建立和实施：

（1）首先建立简单的数据库管理模块，为管理部门提供路面历史和现状资料。

（2）随着更多人力和设备的投入以及数据的积累，可建立使用性能预估模型，形成可以分析目前和今后养护和改建所需要的模块。

（3）进一步引入决策标准、经济分析方法和优先规划方法后，建立养护计划和改建计划模块。

（4）最后在系统中加入路面改建设计方法和改建方案经济比较等内容，可得到项目级分析和设计模块。至此，便形成完整的路面管理系统。

图 7-1 所示为加拿大阿尔伯达省城市路面管理系统（MPMS）的整体结构示意图，该系统是一个包含了上述各个模块的较完整的路面管理系统。

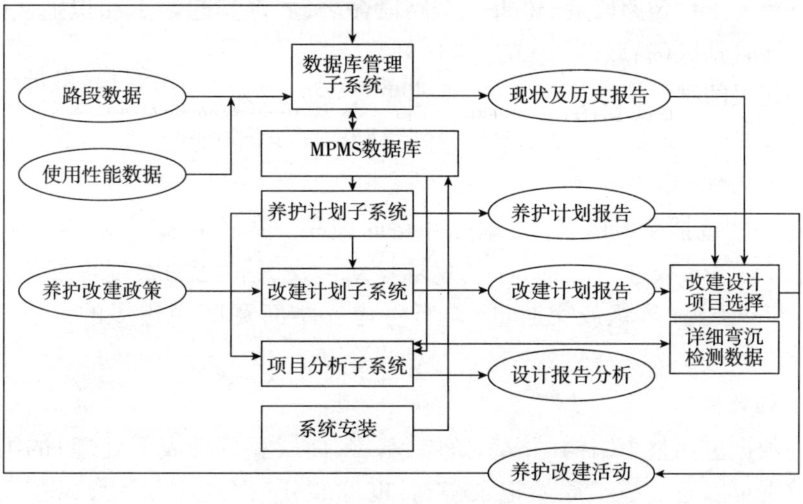

图 7-1 MPMS 整体结构示意图

7.2.1 数据库和数据库管理

路面管理系统的数据库包含了进行各种分析和为决策者提供报告所需要的所有信息,系统所需要的各种路况数据以不同的方式采集后输入计算机,通过数据库进行处理和管理。

数据库在路面管理系统中主要有以下作用:

(1)通过数据转换接口与数据采集设备相连接,直接接收并存储来自数据采集设备的数据;

(2)通过数据库管理模块接收并存储手工输入的数据;

(3)通过数据通信接口,接收来自其他应用系统的数据或向其他应用系统传送数据;

(4)存储并管理系统的模型参数数据;

(5)为网级和项目级系统提供数据;

(6)通过结果输出模块输出路网基本数据信息。

路面管理系统的数据库通常包含六种类型的数据文件:①路段划分和识别;②道路几何尺寸;③路面结构数据;④交通数据;⑤路面使用性能数据;⑥路面处治历史数据。

1)路段划分和识别

在数据入库之前,路网必须划分为若干个均匀路段,这一项工作对于整个数据采集的工作量、系统今后的运行以及报告和分析的质量与可靠性都有十分重要的影响。

在路面管理系统的分析中,将一个路段作为一个单元,同一单元的路面具有相同的表现,对于养护和改建措施有着同样的反应,因而,路段内的路面在路龄、结构、施工方法、路况、交通量和道路等级等方面应相同。为避免路段划分过细、过碎,使数据库因数据量过大而难以处理,可容许某些因素在一个路段内有一定的变异范围。例如,在路龄、结构和道路等级相同的一个路段内,容许交通量有中等的变异;或者在交通量、结构和路况相同的路段,路龄可以有1~2年的差异等。在划分路段前,应对容许的变异范围作出规定。分段的标准还应考虑到是否便于养护和改建工作的进行,是否便于资金分配和工作安排。在双向交通量相差悬殊时,还应按方向划分路段,以考虑路况恶化速率的差异。

路网划分为若干均匀路段后,给每一个路段命名,规定其起始点和识别代码,并注明其道路等级和所属管辖区(行政、养护或其他区划)。

识别码是路段的唯一识别标记,以便迅速输入数据并及时产生报告。另外,还应建立一个编号系或参照系,可以使系统更方便地找到正确的路段识别码。

2)道路几何尺寸

道路几何尺寸包括路段的长度、宽度和路面面积。这些数据可以从道路建设档案记录中查得到,但在输入数据库之前,应到现场核对。交叉口处的长度可能重复计入,应事先作出约定,哪一类路(等级或交通量)先行考虑。路面宽度变化多的路段,可以用平均宽度计。

3)路面结构数据

路面结构数据包括整个结构(路基、垫层、基层、面层和各种表面处理)的组成和各层的厚度。这些数据可以通过施工原始记录得到,也可部分钻取芯样采集,或者经逐步积累而得到。

4)交通数据

交通数据包括两类,一类是交通量调查数据,另一类是交通量统计数据。交通量调查数据通过交通量观测得到,可由各级交通量观测站提供,包括各种类型车辆的数量、轴载组成、空载率和满载率。交通量统计数据通过交通量调查数据统计得出,包括年平均日交通量、小时交通量和承载能力交通量。

5)路面使用性能数据

路面使用性能数据的采集是路面管理系统的核心,许多管理决策和报告都以路面使用性能数据所提供的信息为依据。

路面使用性能数据包括路面损坏状况、路面行驶质量、路面结构能力和路面抗滑能力四个方面,每一方面可以用不同的指标表征,采用不同的方法量测。例如,路面损坏状况用损坏类型、严重程度和范围三个方面属性表征。各个系统依据系统的预期功能及当地的经验和习惯不同,选取不同的损坏类型、严重程度分级和范围度量方法,也可仅考虑某一方面或几方面的使用性能属性。

除了将采集到的路面使用性能数据输入数据库外,还要按所选用的使用性能评价指标(如 *PCI*、*PSI*、*RQI* 等)和计算方法,将各路段的原始数据换算成相应的性能指标值输入数据库内。

6)路面处治历史数据

路面处治历史数据库以路段为单位,记录各个路段的修建及处治数据,包括各路段从施工完毕交付使用后到目前为止的全部养护和改建活动记录(竣工验收日期、养护措施、罩面和加铺层结构类型、施工记录、大修记录等)。

路面管理系统的数据采集工作量很大,需耗费较长时间。数据库的建立可采取分阶段进行的方式,先采集部分数据,以建立数据库的构架,供系统下阶段分析用,而后随着系统的继续开发,不断补充数据采集,逐步完善数据库。

数据库管理工作包括采集路面数据并将其输入数据库、及时更新数据库内信息、组合数据库内数据以编写报告等。

数据库结构应便于从数据库内提取各种数据并组合成各种报表。路面管理系统第一阶段实施时的主要功能便是提供报表,这些报表包括:路面状况分类情况,如按道路等级、养护管理区划、路面类型或结构等进行分类的各种清单;路面养护维修状况,如不同年份修建或采取不同养护和改建措施的路段清单;路面使用性能报告,如各种路面使用性能指标在路段内的分布频率,或者某使用性能指标达某一水平的路段位置和长度等。数据库的报表编制功能应便于路面管理人员经常使用。

7.2.2 养护计划子系统

养护计划子系统用于制订和管理养护计划,分析和评价养护对策,确定养护计划对路面使用性能和资金预算的影响。该子系统中应包含可能采取的养护措施和养护决策参数两方面的信息。可能采取的养护措施信息包括收集总结当地养护经验,整理出可以采用的典型(或标准)养护措施,并提出实施各项养护措施的单价。养护决策参数则是依据当地养护经验和管理单位的养护政策,为每一种损坏类型和严重程度等级提出一种适宜的养护措施,可以用表 7-2 的形式表述,也可用如图 7-2 所示的决策树形式表达。

养护计划子系统可利用上述信息进行养护需要和养护对策分析。

养护对策信息表 表 7-2

损坏类型	严重程度	养护措施	材料	单价（略）
龟裂	轻 中 重	不采取措施 表面修补 全厚度修补	— 沥青混合料 C 沥青混合料 B	—
纵(横)向裂缝	轻 中 重	不采取措施 裂缝封填 全厚度修补	— 橡胶沥青 沥青混合料 B	—
块裂	轻 中 重	不采取措施 裂缝封填 全厚度修补	— 橡胶沥青 沥青混合料 B	—
车辙	轻 中 重	不采取措施 表面修补 全厚度修补	— 沥青混合料 C —	—
松散	轻 中 重	不采取措施 不采取措施 稀浆封层	— — 砂粒式乳化沥青混凝土	—

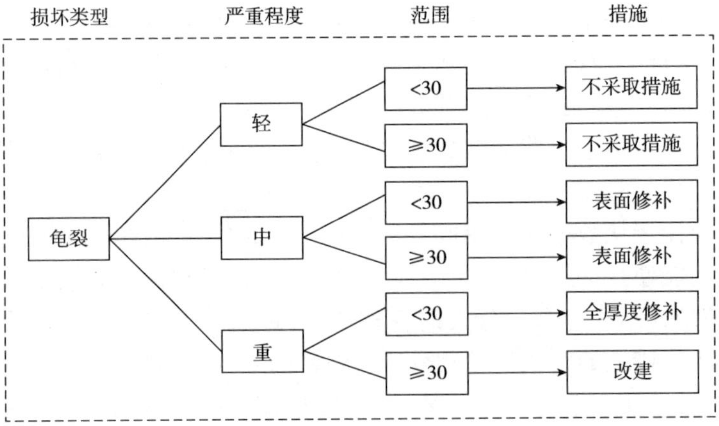

图 7-2 养护对策决策树

1)养护需求分析

养护需求分析是确定为修补路面损坏所需进行的养护活动。首先从路网内筛选出路面有损坏的路段,然后利用上述信息,根据每一个路段的损坏类型和严重程度确定相应的养护措施及单价,由此列出养护需要分析报表。

通过对采取养护措施前后路面损坏状况的比较,可为各项养护措施确定其效益,以评价养护计划方案和优化养护费用支出。例如,养护前后路面状况指数 PCI 相差 25,则采取该养护措施后所得到的效益为 25,此效益也可称之为效果。各项养护措施的效果,可从各类损坏的评分表中近似地估算得出。为了更确切地反映路网内各路段采取不同养护措施所取得的不同效果，各路段估算得出的效果应以单位长度或面积表示，还可根据交通量的大小乘以相应的权数。由此得出的效果值应按效果大小列入养护需要分析表，使养护决策部门能方便快捷地看出效果最佳的路段。

2）养护对策分析

进一步分析不同预算水平条件下的养护需要是养护对策分析的主要内容，它包含下述内容：

（1）用 PCI 平均值或 PCI 分布频率表示整个网络（或进一步按道路等级或地区分类）的路面现状。

（2）估算对养护需要分析表所列的全部路段进行修补所需的预算额和实施后所达到的路面状况。

（3）选择几种不同的预算水平，分别为每一种预算水平按效果大小顺序选择路段，并确定相应的路面状况水平，用平均值和分布频率表示。

（4）由经济分析结果确定分界标准，将需要养护费用过多的路段转为采取改建措施的路段而纳入改建计划。

经上述分析后提出养护对策分析报告，该报告应能反映不同养护预算水平可能取得的效果，供养护决策部门参考。

7.2.3 改建计划子系统

改建计划子系统用于确定路网内需进行改建的路段和所采取的改建方案，分析和评价改建对策，编制改建计划。

路面管理系统建立改建计划子系统的方法在简繁程度上有较大差异。最简单的方法就是规定某一使用性能指标的最低可接受水平，由此确定路网内需改建的路段，并按预定的改建政策为每一改建项目选定改建措施、设定优先排序的原则，最后据此排定各路段的优先次序、预算水平，确定项目，编制改建计划。针对路面改建后使用性能将变化很大且改建所需的费用也很大的情况，建立改建计划子系统的较复杂的方法，包含各种改建措施实施后的使用性能预估模型和以费用最小或效益最大为目标的优化方法。改建计划子系统通常包含以下三方面的内容：

（1）输入信息。可能采取的（典型）改建措施和改建决策参数（使用性能最低可接受水平和改建政策，即不同路况宜采取的改建措施）。

（2）改建路段和改建措施分析。应用使用性能预估模型和使用性能标准分析各年需改建的路段，按改建政策选择改建措施，分析各项措施的效益或效果。

（3）改建计划优先分析。对改建项目进行排序或优化，编制改建计划和分析路网的使用性能水平。

上述分析结果可为决策者编制改建项目和方案分析报告及项目优先次序分析报告等提供参考。

7.2.4 项目级子系统

经改建计划子系统分析确定的改建项目，可进一步送入项目级子系统进行分析，以确定最佳改建方案。项目级子系统分析过程包含以下三方面的内容：

(1)输入路面弯沉实测数据,包括测定日期、路面温度、季节性调整系数和弯沉数据的分析。

(2)输入交通数据,并进行路面结构分析,确定各改建方案所需的路面结构厚度。如果路段内的弯沉值变化较大,需要划分若干个子路段,则对每一个子路段分别进行路面结构分析。

(3)应用路面使用性能预估模型预估分析期内路面使用性能的变化,而后进行费用和效益的计算,得到各方案的各项经济指标,包括效益—费用比、净现值或费用—效果等,供系统比较和选择。

7.3 网级路面管理系统

在多数情况下,国家提供的养护资金是不足或有限的,因此,公路规划和管理部门将力图在技术和经济上对公路建设和养护的各个可行方案从多方面进行分析比较,寻求最佳的路网建设养护方案,以使有限的资金发挥最大的经济和社会效益。这些技术和经济上的分析一般从以下几个方面进行:

(1)采用路面使用性能评价模型,对路网使用性能进行评价,了解路网的基本状况。

(2)利用速度预测模型,针对路网中不同的道路和交通条件,分析预测各路段的道路通行能力及车流速度,提出道路改建计划。

(3)规定路网内各级道路的养护标准,预估路网的养护需求。

(4)分析达到预定要求的路网水平所需要的最小养护资金。

(5)利用优化决策模型对养护资金进行优化分配,确定路网中需要养护处治的路段及处治时间和方法,分析不同投资水平对路网使用性能的影响,确定最佳投资水平。

(6)敏感性及风险保障分析。如资金不足时,推迟道路养护对路面状况、道路用户费用和道路养护费用的影响。

(7)分析比较可选方案,确定技术可行、经济效益最大的新建或改建方案。

网级道路养护分析形式取决于公路部门的养护要求。一般情况下,不同省市和地区有不同的管理方式,存在着不同的资金分配形式,因而有着不同的养护要求。

7.3.1 路网使用性能评价及分析

对于路网中路面基本性能和其状况分布的了解,只能利用有效的路面使用性能评价模型对路网组成区间或路段进行评价,然后根据评价标准对使用性能评价结果进行统计分析,确定路网中优、良、中、次、差各等级公路的比例、长度及分布情况,具体见第3章。

在路网使用性能评价与分析中,评价标准是由多个限值和指标组成的矩阵。路面性能评价限值处于不同的区域时,路面性能也不同。不同的省市和地区由于自然环境和经济条件差异,对于路面状况评价的标准也不同,不同的评价标准所得出的统计及决策结果也不同。但制定标准时一般会受到一些相同的因素制约,如道路等级、路面养护状况、养护资金、管理部门的规定和政策等。

在标准限制下,对各种路面使用性能评价模型的评价结果进行分类统计,可得到路网中以优、良、中、次、差表示的路面里程数和百分比两种形式表示的路网评价结果。这两种结果还可进一步按区域、路线等级及交通量大小进行统计。表7-3即为吉林省5 508km公路网RQI指标的评价分析结果。

吉林省公路网 RQI 指标评价分析结果 表 7-3

评价等级	优	良	中	次	差
里程(km)	652.2	3 131.2	976.1	650.5	97.7
比例(%)	11.9	56.8	17.7	11.8	1.8

7.3.2 路网通行能力对改建决策的影响分析

影响决策者对现有道路进行改扩建决定的因素很多,其中包括技术因素、经济因素和政策因素。对于道路本身而言,最根本的技术因素就是道路的通行能力。道路通行能力的基本指标是行车速度和交通量,因此行车速度和交通量分析是通行能力和路网改进需求分析的基础。

式(7-1)~式(7-3)为我国"干线公路路面评价养护系统 CPMS Vn97"中,结合我国条件开发建立的行车速度预测模型和路段通行能力及通行能力车速预估模型。

$$v = v_{\mathrm{ff}} - a \times Q \tag{7-1}$$

$$Q_{\mathrm{c}} = \frac{Q_{\mathrm{cL}} \times v_{\mathrm{ff}}}{v_{\mathrm{ffL}}} \tag{7-2}$$

$$v_{\mathrm{c}} = \frac{1}{2} v_{\mathrm{ff}} \tag{7-3}$$

式中:v——交通量 Q 下的汽车行车速度,km/h;

v_{ff}——自由流速度,km/h;

v_{ffL}——平原地形条件下重型载货汽车自由流车速,km/h;

Q_{c}——指定地形条件和道路等级的通行能力,辆/h;

Q_{cL}——平坡路段给定路面宽度的通行能力,辆/h;

a——回归系数;

v_{c}——通行能力速度,km/h。

通行能力和对应速度是路网通行能力分析中的两个关键指标。在路面管理系统中,假设速度和交通量其中任何一个指标超过由式(7-2)、式(7-3)计算得出的限值,该路段就有必要考虑改扩建。改扩建方式则应视具体情况而决定。

路网速度预测的目的是分析找出路网中低于通行能力或速度的路段。路网速度评价分析的关键是速度标准确定。CPMS Vn97 系统根据数据统计的结果,给出了行车速度的分级评价标准(表 7-4),据此标准可确定路网中各级车速路段的位置和分布。

行车速度评价标准 表 7-4

分类编码	行车速度(km/h)	分类编码	行车速度(km/h)
A	>100	E	30~40
B	80~100	F	30~30
C	60~80	G	<20
D	40~60		

CPMS Vn97 系统分改建和大中小修两部分对路网进行分析，改建部分的分析由 CPMS Vn97 中的"新改建道路经济效益分析"功能完成，大中小修及日常养护分析则是由需求分析和优化分配等功能实现的，划分以上两部分的依据是道路通行能力和对应速度。

7.3.3 路网养护需求分析

在公路管理工作过程中，路网养护资金需求分析以往通常是由道路工程师根据经验进行的。路面管理系统技术的引进使得路网养护需求分析变得相对客观而易行，特别是在跨越年度的需求估算方面，由路面管理系统所进行的分析使结果更为准确，并避免了由于工程师经验不足造成的分析错误。

路网养护需求分析是一项宏观分析项目，但路面管理系统中宏观分析需要依靠微观的路段破损预测数据实现。在每一路段的路面衰变及养护过程中，养护标准设定、处治时间选择及养护方案组合都将是非常关键的因素。本节将通过分析其影响因素，介绍在给定养护标准情况下养护需求分析的基本原理。

1）路面养护标准和养护时间

路面使用性能衰变曲线有直线、负指数和 S 形曲线等多种类型。不同省市和地区的路面有不同的衰变规律，同一省市不同地区的路面也可能包含多种衰变方式。但无论路面呈现出什么样的衰变方式，其规律都是路面使用性能随着时间的推移而降低。在道路实际养护工作中，当路面使用性能降低到一定程度或低于某一标准时，就要考虑对其进行某种方式的养护，以保持或恢复路面的使用性能。养护标准的高低决定路面的处治时间，也间接地影响路网的大中修里程及费用。高的养护标准将提前对路面进行处治，路面性能维持在较高的水平上。反之则路面使用周期增长，平均性能降低。如前所述，标准的确定取决于道路等级、技术要求和经济状况等因素，是一个较为敏感的因素。进行需求分析时，需考虑多个不同的标准（高、中、低）及对不同标准产生的需求差别进行对比分析。

路面养护时间与养护标准关系密切，标准提高则养护时间提前，标准降低则养护时间推后。在给定的养护标准限制下，路面的处治时间也可在按时处治或提前处治间进行选择。这是因为养护标准是一种技术限值，在考虑了经济因素后，最佳（效益最大）处治时间一般是在标准时间以前，且这种情况多发生在大交通量路段上。当交通量很小时，道路养护带来的用户效益（用户费用节省）常常低于养护费用，这时就需要推迟道路养护时间，以求得用户效益与养护费用之间的新平衡。由于养护时间也影响需求分析结果，因此，进行路网养护需求分析时也要考虑不同养护时间对分析结果的影响。时间影响因素的分析有时可通过养护标准的分析来间接完成。

2）路面养护方案选择

确定了路面处治时间后，需选择技术合理的养护措施或方案，完成路面的大中修养护决策。下面以 CPMS Vn97 系统的养护方案选择为例，说明其一般过程和方法。

为了提出技术上合理、经济上可行的路面养护方案，CPMS Vn97 系统首先选取一个或一组技术上可行的养护方案，这些方案需考虑分析期内（10 年）同一路段可能进行多次处治的情况，且每次处治都必须在技术上可行。CPMS Vn97 系统允许选择一组不同的可选养护方案，使得方案的组建或选择工作可由一般的道路工程师来完成。可选方案确定之后，即可用各项经济指标来分析比较各可选方案的经济性能，据此选出效益最大的可选养护方案作为该路段的最佳养护方案。

CPMS Vn97 系统以三个指标（*RQI*、*PCI*、*PSSI*）来表示路面的总体使用性能。在整个路网中，路面的破损情况往往非常复杂，三个指标并非同时以同一速度衰减。为了综合、全面地考虑各个指标及其他因素的影响，CPMS Vn97 系统采用专家（决策树）决策方法覆盖各种可能的情况（图 7-3）。

表 7-5 是 CPMS Vn97 系统汽车专用公路可选养护方案决策树的应用示例，表中规定每次处治最多有四个可选处治方案。当 *RQI* 或 *PCI* 低于养护标准时（汽车专用公路 $RQI=40$），可选方案仅为表中最后一种 *RQI* 组合（$RQI<40$）。由此，在 CPMS Vn97 系统的分析期限内（10 年），有一部分路段可能需处治两次，最多有 4×4 种可选方案（图 7-4）。

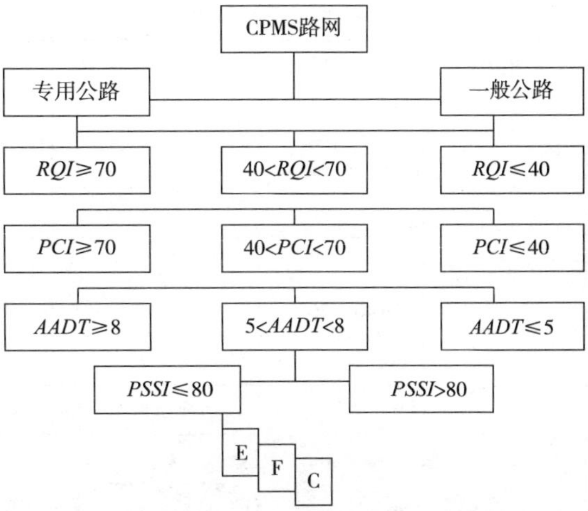

注：*PSSI*-强度指标，*AADT*-年均日交通量；
E-4cm 厚沥青面层＋补强基层；F-6cm 厚沥青面层＋补强基层；C-4cm 厚罩面

图 7-3　CPMS 养护决策模型（决策树）

网级系统需求方案决策选择表　　表 7-5

路网一			0		1		2		3	
RQI	*PCI*	$AAD\times10^3$								
≥70	≥70	≥8	A							
		4～8	A							
		<4	A							
	40～70	≥8	A							
		4～8	A							
		<4	A							
	<40	≥8	B	C	D		E	F	G	
		4～8	B	C			E	F		
		<4	B							
40～70	≥70	≥8	A							
		4～8	A							
		<4	A							
	40～70	≥8	A							
		4～8	A							
		<4	A							
	<40	≥8	B	C	D		E	F	G	
		4～8	B	C	D		E	F	G	
		<4	B	C			E	F		

续上表

路 网 一			0		1		2		3	
RQI	*PCI*	$AAD \times 10^3$								
<40	≥70	≥8	B	C	D		E	F	G	
		4~8	B	C	D		E	F	G	
		<4	B	C	D		E	F	G	
	40~70	≥8	B	C	D		E	F	G	H
		4~8	B	C	D		E	F	G	
		<4	C	D			E	F	G	
	<40	≥8	C	D			E	F	G	H
		4~8	C	D			E	F	G	H
		<4	B	C	D		E	F	G	

注:A-日常养护;B-2cm 厚罩面;C-4cm 厚罩面;D-6cm 厚罩面;E-4cm 厚沥青面层+补强基层;F-6cm 厚沥青面层+补强基层;G-8cm厚沥青面层+补强基层;H-10cm 厚沥青面层+补强基层。

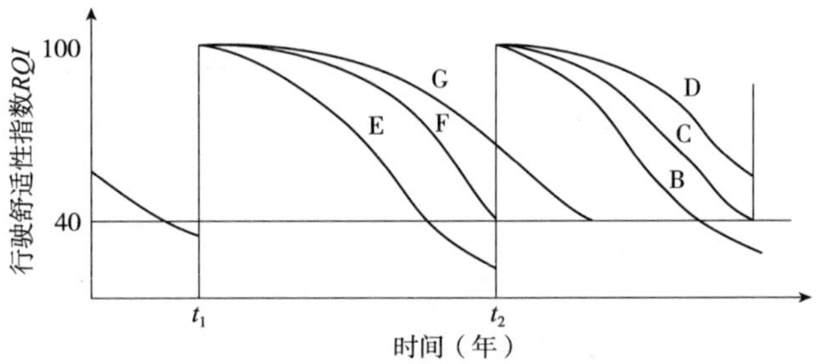

图 7-4 可选方案选择示例

3)最佳养护方案和路段排序

(1)最佳养护方案

确定了各路段可选养护方案之后,就可以利用各种预测模型,预测各种可选方案在分析年限内的交通量、交通组成、路面使用性能、车速、油耗、*VOC*、时间费用、道路总用户费用和道路养护费用。根据预测结果和工程经济分析原理,计算各可选养护方案的效益净现值 *NPV* 或效益费用比 *BCR*,从可选养护方案中选取 *NPV* 或 *BCR* 最大的方案作为该路段的最佳养护方案。

(2)路段排序

①按经济指标排序。用于排序的经济指标有 *NPV* 和 *BCR*,其值在序列中的位置表示道路各路段养护需求性的大小。效益越大,*NPV* 和 *BCR* 的值就越大。

②按技术指标排序。需要从工程技术角度了解路网中最需要处治的路段时,可用单纯技术指标排序模型。在 CPMS Vn97 2.0 中,采用了表 7-6 中的排序模型参数,该模型考虑了道路等级、路面使用性能和交通量等因素,其中道路等级反映了道路的重要程度,交通量反映了用户的多少。在同等条件下,道路等级高、交通量大的路段占有养护优先权。按技术指标排序时,可按式(7-4)计算优先顺序。

排序模型参数 表7-6

因素值 VFP_i	道路等级	*PSSI*	*PCI*	*RQI*	*ADDT*
100	一、二级100	<40			>10 000
90~100	三级90	40~60	<30	<30	8 000~10 000
80~90	四级90	60~70	30~50	30~40	6 000~8 000
60~80		70~80	50~70	40~60	4 000~6 000
40~60		80~90	70~	60~80	2 000~4 000
20~40		90~100	80~90	80~90	1 000~2 000
0~20		>	>	>90	<1 000
权重	0.1	0.33	0.27	0.20	0.1

$$PN = \sum_{i=1}^{5} W_i \times VFP_i \tag{7-4}$$

式中：PN——优先顺序；

VFP_i——排序变量；

W_i——排序变量的权重（重要性）。

4）大中修及日常养护需求分析

在确定了路网中各路段最佳养护方案及优先顺序之后，按照大修、中修及日常养护三种措施类型分别统计路网中各路段、各年及分析期的养护费用、里程及三者的比例关系。统计结果可用图7-5的形式表现。路网中各路段的养护方案、费用等需求分析数据也可以采用地理信息系统（GIS）以地图信息的形式表示。

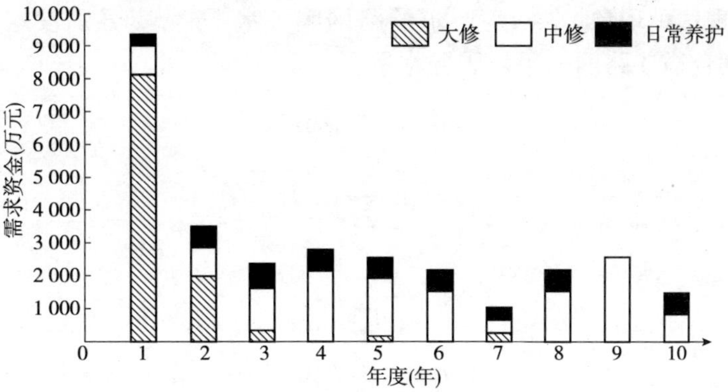

图7-5 路网需求分析结果

5）用户费用—道路投资关系分析

随着路面养护标准的提高，越来越多的路段将被列为需要养护的对象，在分析期内，路面的养护周期将缩短，路面性能也将逐步提高。标准越高，需要的道路养护资金越多，其结果是路况提高，用户费用降低。从理论上讲，在用户费用与道路投资之间存在一种反函数关系（图7-6），这种关系表达了这样一个现象，当道路投资达到一定程度后，它对用户费用减少的影响将减小，甚至没有影响。此时的道路投资在用户费用—道路投资关系上被称为极限最大投资，投资如果超过极限最大投资将导致资金浪费。同样，该关系曲线上还存在着一个极限最小投资点，它意味着道路投资低于极限最小投资时，用户费用将急剧上升。

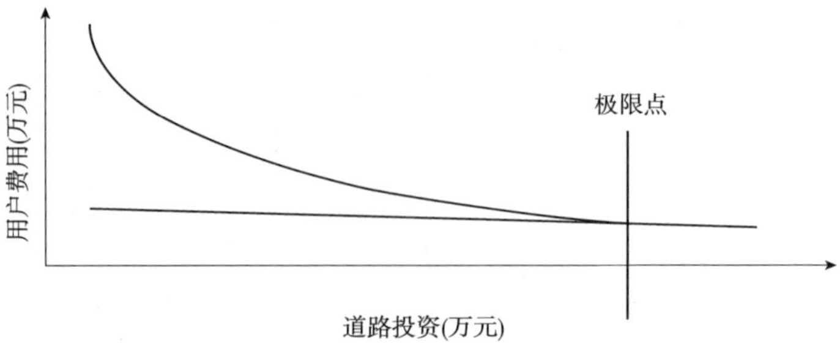

图 7-6　用户费用—道路投资关系图

7.3.4　路网给定要求水平养护需求分析

在公路管理过程中，管理者需要了解使路网达到一定的服务水平所需要的最小养护资金和养护里程，这实际上是附加条件的路网养护需求分析，在这种需求分析中需要讨论如下两个基本问题：①路网平均服务水平的表示方法；②最小养护要求(资金、里程)的确定。

1)路网平均服务水平的计算

CPMS Vn97 系统用 *RQI*、*PCI*、*PSSI* 三个独立的指标表示各路段路面在不同方面的使用性能，用综合指标 *PQI* 表示路面的总体服务水平。

路网中各路段的平均性能可用上述四个指标的均值表示，见式(7-5)～式(7-8)。在设置路网平均服务水平时可由 *PQI* 直接指定，也可以通过其他三个分项指标 *RQI*、*PCI* 和 *PSSI* 指定。值得注意的是，*PQI* 是 *RQI*、*PCI* 及 *PSSI* 的加权函数，*PQI* 反映的是路面总体性能，虽然总体上它满足某种服务水平的要求，但具体到三个独立指标时，有可能产生不均匀的分布。为了避免出现这种现象，在确定要求的路网服务水平时，应分别设定以上三个独立指标，用四个指标联合描述路网的平均服务水平。

$$\overline{RQI} = \sum_{i=1}^{n} RQI_i / n \tag{7-5}$$

$$\overline{PCI} = \sum_{i=1}^{n} PCI_i / n \tag{7-6}$$

$$\overline{PSSI} = \sum_{i=1}^{n} PSSI_i / n \tag{7-7}$$

$$\overline{PQI} = \sum_{i=1}^{n} PQI_i / n \tag{7-8}$$

式中：$\overline{RQI}$、$\overline{PCI}$、$\overline{PSSI}$、$\overline{PQI}$——分别为路网平均舒适性指数、路网平均路面状况指数、路网平均结构强度指数和路网平均总体性能指数；

RQI_i、PCI_i、$PSSI_i$、PQI_i——分别为路段 i 的舒适性指数、路面状况指数、结构强度指数和总体性能指数。

2)服务水平限制下最小养护需求确定

受服务水平限制时，最小养护需求可用系统工程的语言加以描述：

目标→路网养护投资最小；

约束→路网平均服务水平达到要求的水平。

用数学优化和非优化方法可解决上述问题。

(1)数学优化分析

对上述问题进行数学化处理后,可得到如下优化模型:

$$\sum_{i=1}^{S}\sum_{i=1}^{A}\sum_{i=1}^{P}\sum_{i=1}^{P}X_{ijt}MC_{ijtt'}\Rightarrow\min \tag{7-9}$$

$$\sum_{i=1}^{S}\sum_{i=1}^{A}\sum_{i=1}^{P}\frac{1}{S}X_{ijt}PQI_{ijtt'}\geqslant PQI_{\text{req}} \tag{7-10}$$

$$\sum_{i=1}^{S}\sum_{i=1}^{A}\sum_{i=1}^{P}\frac{1}{S}X_{ijt}RQI_{ijtt'}\geqslant RQI_{\text{req}} \tag{7-11}$$

$$\sum_{i=1}^{S}\sum_{i=1}^{A}\sum_{i=1}^{P}\frac{1}{S}X_{ijt}PCI_{ijtt'}\geqslant PCI_{\text{req}} \tag{7-12}$$

$$\sum_{i=1}^{S}\sum_{i=1}^{A}\sum_{i=1}^{P}\frac{1}{S}X_{ijt}PSSI_{ijtt'}\geqslant PSSI_{\text{req}} \tag{7-13}$$

$$\sum_{i=1}^{A}\sum_{i=1}^{P}X_{ijt}\leqslant 1 \tag{7-14}$$

$$X_{ijt}\geqslant 0 \tag{7-15}$$

式中:X_{ijt}——路段 i 养护可选方案 j 在第 t 年是否处治的优化变量,取值 0 或 1;

$MC_{ijtt'}$——$X_{ijt}=1$ 时,在第 t'年的路面大中修养护费用;

$PQI_{ijtt'}$——$X_{ijt}=1$ 时,路段 i 在第 t'年的路面总体性能;

PQI_{req}——要求达到的路网服务水平;

S——路段总数;

A——处治方案总数;

P——分析期限,取 10 年。

优化模型的优化目标是:路网中各年度所有路段采取某种养护方案时的总养护投资最小。其限制条件为路网各年平均综合指标及分项指标均高于相应的要求指标。

我国一般省市的公路网总长在 5 000 ~ 20 000km,在以路段为单位(km)进行优化决策时,计算的工作量相当大,且目前计算机的容量和速度都难以胜任。在求解上述优化模型时,多采用线性规划中的 Simplex 法,它实际上是求解一个巨大的矩阵。在小路网或简化路网中使用这种方法具有一定的有效性和可靠性。

(2)近似优化分析

由于数学优化模型有时难以反映真正的分析环境,且目前的计算条件难以适应大规模优化计算分析要求。因此,实际道路养护管理工作中很少使用纯粹的数学优化模型,而经常采用其他方法对优化模型进行模拟,所得到的结果一般与优化结果近似。近似模拟优化分析方法没有固定的模式,优化过程取决于每个具体的优化实例。图 7-7 具体说明了根据目标和约束条件进行分析的近似优化过程。

①用图 7-3 的决策树决策模型确定每个路段在分析期(10 年)内的各可选方案;

②预测路网中各路段、各方案、各年度的路面使用性能(PQI)及其平均值;

③估算各可选养护方案的养护费用和用户费用;

④选择路网中各路段养护费用最少的可选取方案(满足总体养护费用最小的要求,假设个体最小,作为总体的个体和也最小),据此进行路网范围内的排序,排序指标为 PQI;

⑤如果路面各年平均 PQI 大于要求达到的服务水平(PQI_{req}),则满足第二个条件,否则

对 PQI 小于要求值的路段提高一个养护费用档次，选择对应的可选养护方案，在路网范围内重新排序（含上批大于平均值的路段）；

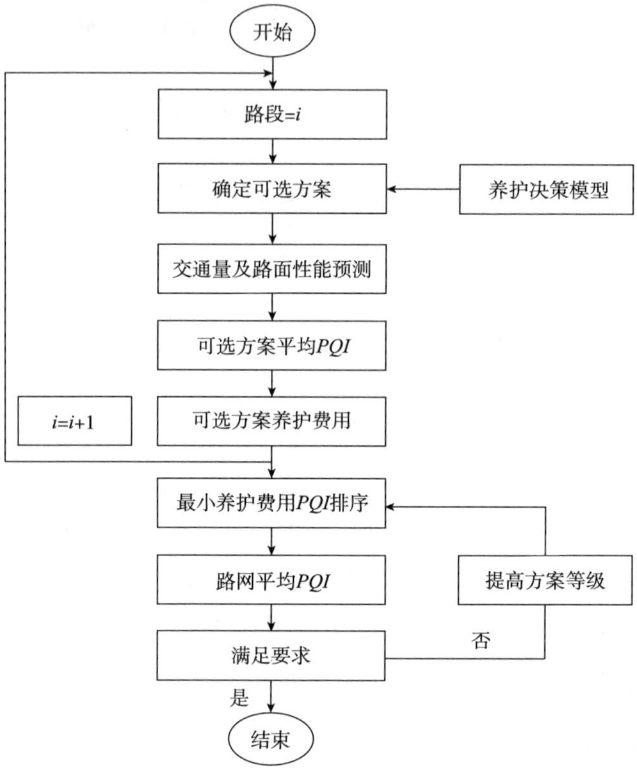

图 7-7　近似优化过程

⑥再次比较平均 PQI 是否大于要求的服务水平；

⑦如果仍满足不了需求，对小于要求的路段再次提高一个养护费用档次，重新排序比较直到满足条件要求；

⑧如果所有路段所有选择都不满足要求，可通过提高养护标准来实现。

按照上述过程得到的优化结果是服务水平限制下路网养护费用需求的最小值，这种结果是近似的，因为在分析过程中，各路段最小养护费用所对应的可选养护方案只进行了横向比较。

尽管上述方法为近似优化，但由于该方法提高了计算机计算速度，节省了计算机资源，因而对于在全国范围内推广应用 CPMS 来说具有重要的意义。

7.3.5　养护资金优化分配

如何把给定的道路养护预算分配到路网中最需要处治的路段上，从而获得最大的经济效益，使目标的经济效益最大，这是养护资金优化分配问题，即

目标→经济效益最大；

约束条件→有限的养护投资或预算。

上述问题在系统工程中是一个目标最大的优化问题。通过优化分配，最终解决路网中哪些路段、用什么方法、什么时候养护这些问题。线性规划中的资源优化分配以及非优化分配的工程经济技术指标综合排序方法等都可解决以上问题。

1)预算优化分配

式(7-16)～式(7-20)是 CPMS 预算优化分配过程中的核心模型,在实际费用分配时,还涉及养护方案决策模型、处治标准、效益计算等因素。CPMS Vn97 系统的资金优化分配过程如图 7-8 所示。

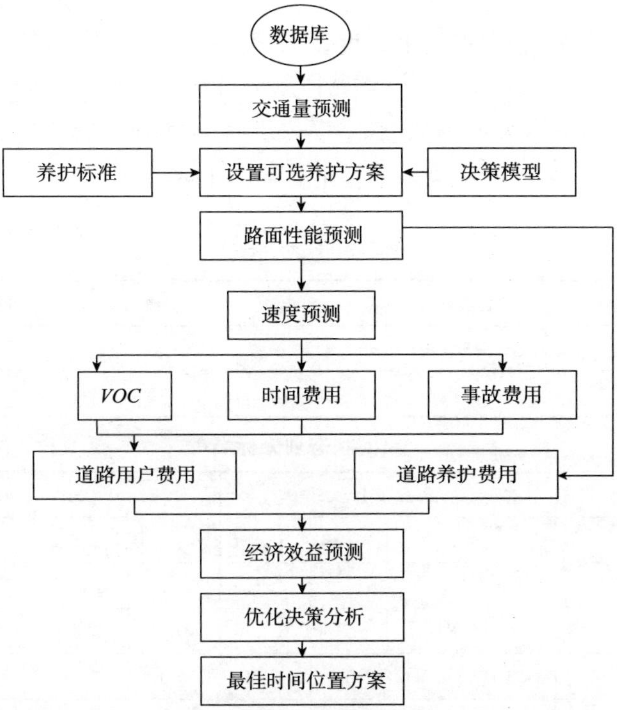

图 7-8 养护预算优化分配过程

系统运行时,首先从数据库中提取数据,预测交通量;在给定的养护标准限制下,对每个路段的年度数据进行决策分析,利用图 7-3 提供的决策树确定 10 年内技术上可行的可选养护方案;根据各可选方案的性能预测结果,预测各路段、各年度、各车型的车速、油耗等用户费用和道路养护费用;对得到的各种费用进行贴现,估计各可选养护方案的效益;把道路养护预算和各可选养护方案数据输入核心模型式(7-16)～式(7-20)中,通过优化比较,确定路网中各路段的养护时间、养护方案及养护费用。

$$\sum_{i=1}^{S}\sum_{i=1}^{A}\sum_{i=1}^{P} X_{ijt}NPV_{ijt} = \max \tag{7-16}$$

$$\sum_{i=1}^{A}\sum_{i=1}^{P} X_{ijt} \leqslant 1(i = 1,2,\cdots,m) \tag{7-17}$$

$$\sum_{i=1}^{S}\sum_{i=1}^{A}\sum_{i=1}^{P} X_{ijt}MC_{ijt} \leqslant BUG \tag{7-18}$$

$$\sum_{i=1}^{A}\sum_{i=1}^{P} X_{ijt}MC_{ijtt'} \leqslant BUG_{t'}(t'、t = 1,2,\cdots,p) \tag{7-19}$$

$$X_{ijt} = 1 \tag{7-20}$$

式中: X_{ijt}——路段 i 采用 j 处治方法在 t 年度是否处治的变量;

$MC_{ijtt'}$——$X_{ijt}=1$ 时,在第 t' 年的路面大中修养护费用;

MC_{ijt}——$X_{ijt}=1$ 时,路面大中修养护费用;

BUG、$BUG_{t'}$——分别为总投资预算和在第 t'年的投资预算；

NPV_{ijt}——$X_{ijt}=1$ 时经济效益(净现值)；

S、A、P——分别为路段总数、处治方案总数和分析年限。

如果路段太多,计算机要求较高,实际应用时对路网的路段数目有一定的要求。为了缩短运行时间,工程上经常用同类合并的方法把大路网简化为小路网。路段合并时一般应考虑道路等级、交通量、路面强度、路面平整度及路面状况和路面结构类型等因素。考虑不同的因素时,有不同的路段划分方法,不同的路段划分方法又将产生不同的状态数及精度。以路网有五种基本的路面结构类型为例,按表 7-7 进行划分将分别产生 540 个和 5 000 个状态,这些状态在路面性能及交通量等方面有相同或相似之处。表 7-8 中所列数值可作为一般标准选用。

路网状态估计 表 7-7

方　法	子路网	交通量	强度	平整度	路况	路面结构
方案 1	2	3	2	3	2	108 × 类型
方案 2	2	3	4	5	5	1 000 × 类型

路网状态划分标准 表 7-8

划分方法	方案 1			方案 2				
子路网	0,1,2		3,4,5	0,1,2,3			3,4	
交通量(10^3)	<2	2 ~ 6	>6	<1	1 ~ 3	3 ~ 5	5 ~ 8	>8
路面强度	>0.8		<0.6	<0.4	0.4 ~ 0.6		0.6 ~ 0.8	>0.8
平整度	<3.0	3.0 ~ 6.0	>6.0	<3	3 ~ 5	5 ~ 7	7 ~ 9	>9
路面状况	<30.0	30.0 ~ 60.0	>60.0	<30	30 ~ 50	50 ~ 70	70 ~ 90	>90
路面结构	n 类			n 类				

2)非优化资金分配

非优化资金分配方法有经济和工程技术指数或指标排序两大类,在 CPMS Vn97 系统中的可选指标有 *NPV*、*BCR*、*LCC*、*PQI*、*RQI*、*PCI*、*PSSI*、*AADT* 等。

在 CPMS Vn97 系统资金分配过程中有两种排序方法。其一为横向排序,即在路段内可选取养护方案间排序;其二为纵向排序,是对路网中各路段进行排序。采用两方向排序可使分析结果双向贴近优化水平。上述各项指标均可作为独立的指标进行排序,但路段内可选方案间的排序一般采用 *NPV*、*BCR* 和 *LCC* 这三个经济指标,也可采用综合方法,即为了反映不同因素的影响,将多种指标组合起来进行综合排序。

3)养护资金投入与路网服务水平的关系

资金分配的结果是对路网中最需要处治的路段以某种方式进行处治养护,养护的结果是提高处治路段及整个公路网的服务水平。可以设想,不同的养护资金会给路网带来不同的服务水平及质量组成。养护资金投入与路网服务水平关系分析有利于工程师了解不同的资金投入所产生的不同效果,分析过程如下:

(1)按前述需求分析的结果,分别设置不同的养护资金投入方案。例如,需求为 100% 时,可选择需求资金的 100%、75%、50%、25% 和 0% 五种不同的投资方案。

(2)按本节所述的资金分配过程,进行各投资方案的资金分配。

(3)统计各投资方案在各年的平均服务水平(*PQI* 等指标),以及各指标在路网中优良中次差的比例。

(4)给出投资水平与路网质量关系图(图 7-9)和路网质量构成与时间分布图(图 7-10)。

(5)利用图 7-9、图 7-10 分析投资水平对路网服务水平及路网质量的影响,据此提出最佳和最可能的投资方案。

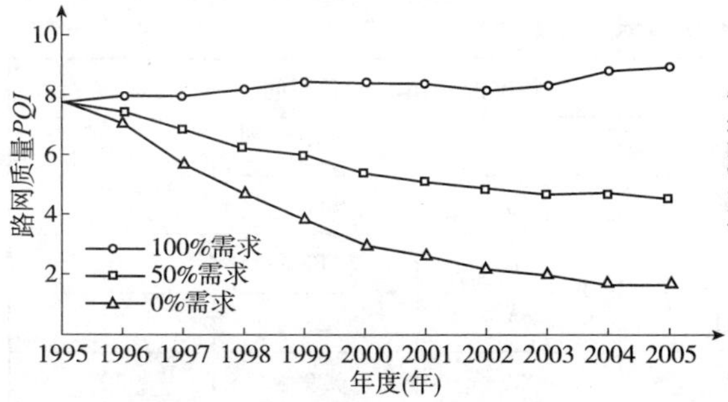

图 7-9 养护投资水平—路网质量关系

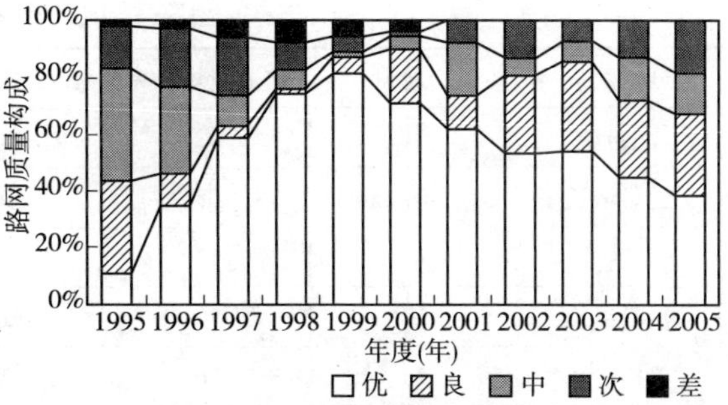

图 7-10 路网质量构成及时间分布图

7.3.6 敏感性及风险性分析

敏感性及风险性分析是道路养护及建设投资分析的重要内容。敏感性分析是通过改变某个重要参数的数值,来分析经济指标 *NPV* 或技术参数 *PQI* 的变化情况。风险性分析则通过改变一组重要参数的数值来确定它对 *NPV* 等的综合影响效果。

在投资分析中,对 *NPV* 或 *PQI* 有影响的指标或参数有如下几类。

(1)交通量

在道路养护及建设项目中,用户费用是通过交通量产生的。在现有交通量的估算及未来交通量的预测中,有许多不确定的因素,这些因素对预测变量如初始交通量、交通量增长率、发生交通量等有明显的影响。对交通量的敏感性分析主要集中在初始交通量、交通量增长率及发生交通量上。

(2)贴现率

贴现率对现值费用的计算有非常明显的影响,分析时须有一个合理的贴现范围,如 0% ~20%。

(3)材料单价

材料单价的变化将同时影响道路养护费用和用户费用。单价的变化起因于通货膨胀等因素,敏感性分析时应考虑一个合理的价格变化范围,如原单价值的 50% ~200%。

(4)养护时间

推迟养护将导致路面继续破损,产生更大的养护需求及更高的用户费用。CPMS Vn97 系统允许用户设定不同的养护计划推迟方案,分别分析这些推迟养护方案对 *NPV*、养护费用及路面性能的影响。

(5)养护标准

养护标准的高低影响路面状况、养护需求及养护方案。敏感性分析时应设置合理的分析标准,如 *PQI* =20 ~70。

风险性分析时需要对上述参数进行组合分析。如表 7-9 所示的风险因素组合表,通过指定相关单元来确定风险性分析的组合因素。如选择表中 09、21 和 27 单元,组合结果是贴

现率 + 交通量增长率 + 材料单价 + 养护时间。由于这四个因素均有不同的数值范围，因而在取值上有许多可能的组合方法，如采用 Monte Carlo 方法对风险性分析的各参数值随机取值，并据此分析它们对 *NPV* 等的影响。

下面以实例说明养护时间对路面使用性能、养护方案、养护费用和用户费用等影响的分析过程。

风险因素组合表 表 7-9

分析因素	交通量	交通量增长率	贴现率	材料单价	养护时间	养护标准
交通量	01	02	03	04	05	06
交通量增长率	07	08	09	10	11	12
贴现率	13	14	15	16	17	18
材料单价	19	20	21	22	23	24
养护时间	25	26	27	28	29	30
养护标准	31	32	33	34	35	36

图 7-11 表示区间 G32703 推迟养护时间对路面状况的影响。第一方案是在 1995 年用“表处 + 补强”处置方案对该区间进行处治。如果推迟到 1996 年养护（第二方案），则必须采用结构较强的处置方案即“混凝土 + 补强”，随后几年的处治方案也将会因此而相应改变。对此，CPMS Vn97 系统给出了两个方案的敏感性分析结果（表 7-10），由表中数据可看出，第二方案优于第一方案。图 7-12 给出了推迟养护时间对用户费用的影响。

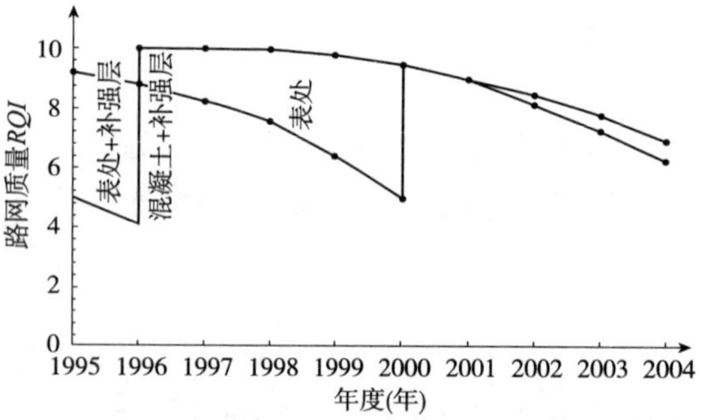

图 7-11 推迟养护时间对路面状况的影响

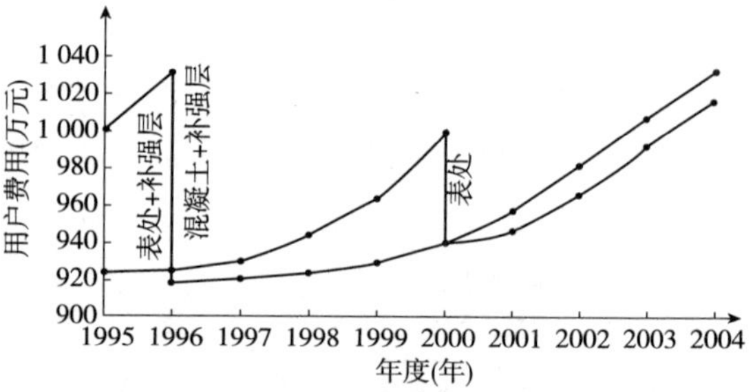

图 7-12 推迟养护时间对用户费用的影响

敏感性分析结果 表 7-10

分析项目	第一方案	第二方案
养护时间	1995 年	1996 年
养护方案	表处 + 补强（1996 年），表处（2000 年）	混凝土 + 补强（1996 年）
处治费用（万元）	311.8	323.3
路面状况	*RQI* = 7.3	*RQI* = 7.8
用户费用（万元）	9 440	9 368

7.3.7 新建和改建道路项目投资效益分析

随着国家经济建设的迅速发展，新建、改建和扩建道路工程越来越多，其中改建和扩建道路的主要依据是路线通行能力、车辆的行驶速度和地区经济发展需求等因素。除此之外，还要根据技术经济因素进行各种方案的优化比较分析，确定改建、新建道路是否具有经济效益，有经济效益时确定其投资规模、回收期限、道路等级、路面结构和施工方式等。在进行投资效益分析时，新建或改建道路类型、效益分析期限、要求的数据项目及基本分析方法和指标是其需要考虑的关键因素。

1）新建、改建道路项目分析

当整条道路或局部路段负担的交通量超过通行能力，或道路达到了它的寿命周期时，就需要对旧路进行改建或新建。改建的方式主要有：

（1）提高路面等级。将砂石路面改建成沥青路面以提高车辆速度和通行能力。

（2）扩宽路面宽度。包括在原有路基基础上扩宽路面宽度及通过增加路基宽度拓宽路面。

（3）修建爬坡车道。在长坡路段，由于小汽车和载货汽车的速度明显不同，为了提高小汽车车流速度及减小干扰，可采用修建爬坡车道的方式分流小汽车和载货汽车。

（4）改造陡坡。提高上坡车速的另一种方法是改造陡坡，减小路段坡度。

（5）小半径截弯取直。公路上的拥挤往往是由于小半径路段的车流速度过低引起的，为了提高局部路段的车速及通行能力，可采用小半径截弯取直或加大半径的措施。小半径路段往往存在于山区公路或城镇公路之间，为了改造小半径往往需要开挖山体、修建隧道或搬迁房屋，这些活动需要经过技术与经济分析确定，经济分析的主要因素是用户费用及工程费用。

（6）修建辅路。道路达到通行能力后的另一种改建措施是修建辅路，辅路与旧路之间双向分道行驶。

（7）修建新路。新路的修建在线形、路面宽度、结构方案等方面可能完全不同，项目构成中还应包括桥梁、涵洞等结构工程。

（8）分阶段修建。在确定修建新路的情况下，有时由于资金的限制要分阶段施工。分阶段施工对于后期养护计划等方面都将产生不同的影响。

2）投资效益分析期限

与原有道路的经济效益分析有所不同，在新改建道路项目分析中，需要考虑充分长的时间，以分析项目的可行性和产生的效益。如 CPMS Vn97 系统对新改建项目的投资分析，即采用了交通运输部规定的 20 年分析年限。

3）要求的数据项目

新建和改建道路项目各方案的数据需要由用户指定，这些数据包括：

（1）道路几何尺寸和状况数据，包括路线长度、宽度、上下坡高差之和、曲线半径、曲率和路面结构及路面状况数据。

（2）交通数据，包括交通量大小、组成和轴载分布，非机动车数据。

（3）环境数据，包括路线所处地区地形、气候条件，如温度、海拔高度和年均风速等。

（4）材料单价，包括各种材料如沥青、水泥、集料、钢筋和燃料等。

（5）用户费用和交通事故费用等。

（6）道路养护和建设费用。

4）效益分析的基本方法和指标

在确定了新建和改建道路类型后，根据用户提供的各类数据，路面管理系统还应对项目进行投资效益分析。其过程为，首先对各种新建、改建方案进行编码，如果涉及新旧路线的比较,对旧路线也应重新编码以满足效益分析的要求;对各方案进行分析期限内的养护方案组合(CPMS Vn97 系统为 20 年),分别预测各方案、各年度、各车型的速度、*VOC*、时间费用、事故费用(事故费用由用户指定)和道路养护费用;计算各种费用的贴现值,并据此计算各方案与比较方案间的经济指标,如 *NPV*、*BCR* 和 *LCC* 等。在进行方案比较时,将原有道路看作比较方案,其他方案为可选方案。根据投资效益分析结果最终将给出技术和经济上最优的方案。

7.4 项目级路面管理系统

项目级路面管理系统仅针对一个具体的工程项目,其主要任务是为管理部门对某一工程进行技术决策时提供对策,以选择费用—效果最佳的方案。

7.4.1 项目级路面管理的主要内容

网级路面管理系统对路网进行系统优化决策后,将提出路面养护项目清单,对于养护段还要进行更详细的设计分析,提出各种可能的设计方案,优化比较得到一个技术可行、经济合理的最优方案,这便是项目级路面管理的主要工作。其主要内容包括如下几个方面:

(1)路面结构分析。对路面结构损坏情况进行分析、对路面使用性能进行预估。

(2)寿命周期费用分析。针对各项目在路面寿命周期内所有费用(包括初建、养护、改建、用户费用等)进行分析。

(3)经济评价。根据实际需要,在现值法、年费用法、收益率法、效益费用比等诸多经济分析方法中选择合适的方法,对各项目的分析结果进行评价。

(4)优化排序。把由网级管理系统得到的三方面目标[行动目标(采取哪一类养护、改建措施)、费用目标(可分配到的最高投资额)和使用性能目标(预定期限内应具有的使用性能指标)]作为约束条件,选择合适的优化模型,以费用最少为目标进行优化,并选择最佳的方案。

(5)方案实施。实施最佳方案并利用使用性能监测系统收集方案实施后的反馈信息。

7.4.2 CPMS 项目级管理系统内容简介

网级路面管理系统对路网进行系统优化决策并提出路面养护项目清单,对入选的大修路段进行更详细的设计分析,提出各种可能的设计方案,优化比较以得到一个技术可行、经济合理的最优方案。在 CPMS 系统中,这项工作由其项目级管理子系统完成。该系统主要针对拟大修的路段,对路面的补强设计进行分析,主要包括:路面补强设计过程、路面弯沉计算、路面容许弯沉计算、路面补强优化设计。

可以看出,这些内容大多是路面工程中的路面设计内容,不同之处仅在于系统要求的补强优化设计过程。

7.4.3 路面补强设计方案的优化选择

路面补强设计过程中,如果选择 A、B 两种面层结构,C、D 两种基层结构,经过组合,可得到 AC、BC、AD、BD 四种不同的路面结构组合,并可分别计算出四种组合结构的各层厚度 h_1、h_2(图 7-13),最后,可以通过经济分析得到一个最佳方案。

为进行不同设计方案间的比较,首先应确定分析期限,在一定的分析期内,通过路面性能预测,确定各年度的费用和效益,利用工程经济分析方法评价各待选方案。

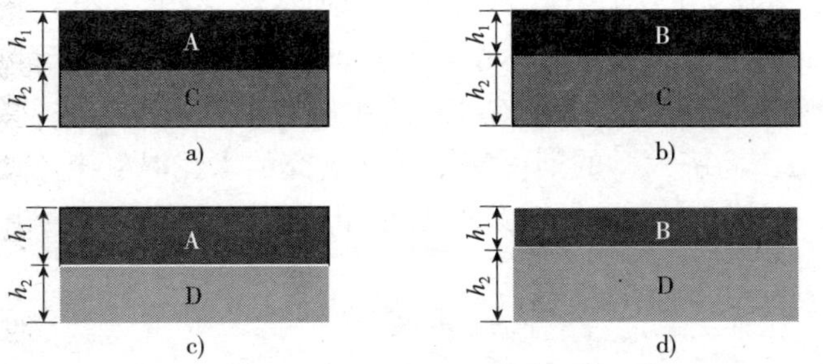

图 7-13　路面补强待选方案

在路面管理系统中普遍采用决策树方法确定分析期内的养护决策方案。该方法是综合考虑道路等级、路况等各种影响决策的因素，不断进行分支、细化，最后给出各种组合条件限制下项目的可能处治对策。

一旦确定了各个方案在整个分析期内的各种费用，就可应用工程经济评价方法进行设计方案的效益分析。在分析各个设计方案的效益时，需有一个比较方案。比较方案是与各个设计方案比较的基础，每个设计方案通过与比较方案的比较来确定各自的效益水平。比较方案通常是在整个分析期内，对路面不进行除日常养护之外的任何大中修养护的"不维修(DN)"方案。如果实施这一方案，在行车和自然因素作用下，路面性能将一直衰减，直到路面使用性能非常差的水平，并在以后的时间内保持这个水平。显而易见，任何设计方案的路面性能都将高于"DN"方案，因此所有设计方案的用户费用也都将低于"DN"方案。效益和费用一经确定，即可通过前面所说的工程经济指标分析，选择最佳设计方案，例如，选择 *NPV* 指标，*NPV* 数值最大的方案为最佳设计方案。

7.5　我国路面管理系统介绍

我国第一次接触路面管理系统是 1984 年交通部组织实施的中国与英国政府间的科技合作项目。从 1983 年开始，经过约 30 年的技术引进、关键技术攻关研究、自主技术开发和系统的推广应用，我国在公路检测、公路管理与养护技术等方面取得了长足的发展，研究成果覆盖了路面快速检测技术、检测装备、公路评价技术、养护决策技术和相关的标准规范。

7.5.1　我国路面管理系统的发展现状

1) PMMS 路面养护管理系统

路面管理系统概念的出现也引起了我国国家交通主管部门、研究院所及各级政府公路管理部门的关注及重视。为了引进、吸收、研究和开发我国自己的公路养护管理新技术，1984 年经过交通部批准，通过中国与英国政府间科技合作项目(1984～1985 年)，引进了英国的 BSM 路面管理系统。在辽宁营口市试点应用的基础上，结合当时国内公路养护管理的特点，基于 BSM 技术和构架，在 1985 年研究开发了我国第一套具有中英混合技术的 PMMS 路面养护管理系统，并在福建龙岩和云南试点应用。PMMS 在研究过程中得到了英国海外开发署和项目执行单位伯明翰大学及英国运输研究所(TRL)等国际机构的支持，它的意义在于为我国通过国家科技攻关项目大规模研究路面管理系统提供了经验，培训了人才。

在 PMMS 路面养护管理系统的基础上，北京、广东、河北、山东、河南和江西等省市的公路部门相继建立了省市级或地区级沥青路面管理系统。在"七五"期间，许多科研院所和公路管理部门联合(或单独)开发了一系列的路面管理系统,交通部公路科学研究所的潘玉利博士提出了我国公路路面管理系统基本框架,路面管理系统大致包括数据库管理、路面性能评价、路面性能预测和路面养护决策四部分,并在参考国外模型方法的基础上,建立了符合我国实际的一些模型。同济大学的刘可博士在其研究的水泥混凝土路面管理系统中提出了水泥路面使用性能的评价体系、养护对策模型和相应费用模型等,并采用马尔可夫法预测路面使用性能。

2)CPMS 路面管理系统

为全面研究路面管理系统新技术,1986 年交通部科技司委托交通部公路科学研究(院)所主持研究了"七五"国家重点科技攻关项目"干线公路路面养护评价成套技术",项目研究历时 5 年,50 多位有经验的工程技术人员加了研究和实验工作。

在实施"七五"国家重点科技攻关项目"干线公路路面养护评价成套技术"过程中,为了及时吸收国外的经验和新技术,1988 年交通部科技司委托交通部公路科学研究(院)所,组织了世界银行 HDM - Ⅲ公路设计与养护模型在云南的引进与推广试点工作(1988 ~ 1990 年)。出于同样的目的,1989 年交通部公路司委托交通部公路科学研究(院)所,组织实施了芬兰路面管理系统在山东省济宁市的引进与试点应用工作(1989 ~ 1990 年)。

通过深入的理论研究和大量的野外道路试验,在充分吸收国外新技术和成熟经验的基础上,交通部公路科学研究(院)所在项目参加单位的支持下,从 1986 年开始,依托"七五"国家重点科技攻关项目"干线公路路面养护评价成套技术",历时 5 年于 1990 年成功研究开发了具有我国自主知识产权的"干线公路路面管理系统 CPMS(Pavement Management System for China Highways)"。CPMS 包含了对沥青、水泥和砂石路面的养护管理,主要作用是协助公路管理部门完成以下工作内容:路况评价分析(包括路面使用性能和交通量等各种道路因素的评价分析)、养护需求分析(预测各年度的路面大中修养护费用和养护措施)、养护投资分析(分析不同投资水平对路面使用性能的影响)、养护资金优化分配和公路养护计划编制。

为了推进我国公路养护管理现代化,1991 年,交通部决定依托"八五"和"九五"国家重点新技术推广项目"干线公路路面管理系统(CPMS)推广应用",利用 10 年的时间,在全国分两批、有计划地全面推广应用路面管理系统(CPMS)成套技术。为了推动 CPMS 推广工作,交通部成立由公路司、计划司和科技司等司局主要领导组成的推广工作领导小组,同时成立了由交通部公路科学研究(院)所主要研究人员组成的推广工作小组,负责全国 CPMS 的推广工作。

经过"八五"和"九五"10 年国家重点新技术推广应用,目前 CPMS 已经在全国 28 个省市得到推广应用。CPMS 推广的目的是为了推进我国公路养护管理现代化建设,通过新技术推广,让有条件的省市使用 CPMS,没有条件的省市了解该技术,待条件具备时再推广。10 年的 CPMS 推广使全国 10 多个省市(河北、山东、浙江、天津、辽宁、四川、新疆和宁夏等)已经将 CPMS 应用纳入了正常工作计划,依靠 CPMS 分析公路养护需求,编制公路养护计划。

在实施路面管理系统(CPMS)推广应用(1991 ~ 2000 年)的同时,为提高路面管理系统基础模型的技术水平、分析能力和适应养护要求的先进性,交通部委托交通部公路科学研究(院)所,承担了"九五"国家重点科技攻关项目"公路投资综合效益分析系统的研究"。经过系统的国内外文献研究、深入的理论分析和大规模的野外道路试验验证,进一步开发和完善了包括车速预测模型、通行能力预测模型、油耗预测模型、事故费用预测模型、时间费用预测模型和投资效益分析模型等路面管理系统需要的一系列经济评价方法和模型,上述模型构成了路面管理系统(CPMS)养护分析与决策的基础。

3)国省干线及高速公路管理系统(CPMS NTHS)

为了满足不断增长的、包含高速公路在内的各级公路养护管理的新需求,交通部公路科学研究院在路面管理系统(CPMS)技术的基础上,经过多年的研究,于2001年开发了“国省干线及高速公路管理系统(CPMS NTHS)”。该系统的主要组成包括:公路技术状况检测、公路技术状况评定、公路评价与养护决策、中长期养护规划、年度养护计划、日常养护管理、养护工程管理、养护绩效评定,其主要作用是为我国公路管理部门提供全过程的科学化公路评价与养护决策的大型软件平台。

目前,我国东部和中西部地区的辽宁、北京(京通)、河北、山东、山西、湖北、江西、浙江、福建、广西、广东、宁夏等省市150条高速公路配置了188套功能不同的CPMS NTHS系统和相关设备。

4)CPMS资产管理系统

在国省干线及高速公路管理系统的基础上,结合交通运输部最新颁布的《公路技术状况评定标准》(JTG H20—2007)和2003~2007年度交通部西部交通建设科技项目“沥青路面快速检测及养护技术的研究”科技成果,交通运输部公路科学研究院公路养护管理研究中心于2008年提出了CPMS资产管理系统的概念和研究范畴(图7-14),开发了CPMS资产管理系统技术及配套的检测装备(表7-11),从而实现了从路线、路基、路面、桥隧构造物到沿线设施的公路资产技术状况采集、性能评价、养护决策、养护规划、养护计划、养护工程和养护资金效益评估全过程的现代化科学管理。

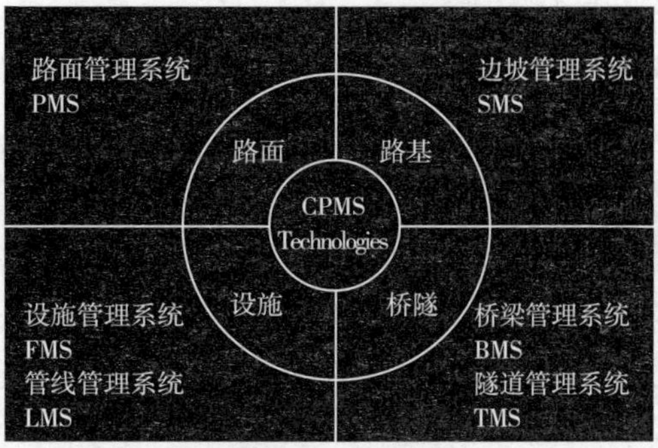

图7-14 CPMS资产管理系统

CPMS资产管理系统及配套的检测装备 表7-11

编号	分类	内容和组成		备注
1	路况快速检测(设备)	CiCS/CiAS	路况快速检测系统	路面损坏、平整度、路面车辙、前方图像
2	路基设施调查(仪器)	RCR	路况数据采集仪	路基、桥隧构造物、沿线设施技术状况调查
3	抗滑性能检测(设备)	RiCS	抗滑性能检测系统	基于横向力系数的抗滑性能
4	数据管理	DataInfo	公路数据库	路线、路面、路基、桥隧构造物、沿线设施、绿化等
5	模型管理	RDmodels	公路模型库	标准、各种模型、各种参数、材料单价等
6	路线管理	RSD	路线评价系统	线形数据、运行质量评价
7	路面管理	NetPMS	路面管理系统	路面评价、养护需求、预算需求、投资效益、优化分配、养护计划

续上表

编号	分类		内容和组成		备注
8	路基管理		SMS	路基边坡管理系统	技术状况评价、灾害预警、养护需求、养护计划
9	桥梁管理		BES	桥梁评价系统	等级评定、养护决策、优化排序、养护计划
10	隧道管理		TMS	隧道管理系统	技术状况评价、灾害预警、养护需求、养护计划
11	日常养护	路面	RoMS	日常养护管理系统（路基、路面、桥隧构造物、设施）	路面、路基、桥隧构造物、沿线设施、绿色等的日常养护计划需求，任务排序，任务审批，工程决策
		路基			
		桥隧			
		设施			
		绿化			
12	公路评定		MQI	路况评定系统	《公路技术状况评定标准》及 CPMS 配套评价软件
13	养护报告		MR	养护报告制作系统	自动生成公路养护规划与养护计划（现状、需求、预算、效益、计划）
14	工程管理		MPC	养护工程管理系统	养护工程项目的全过程管理
15	前方图像		RDView	前方图像管理系统	前方图像
16	养护分析		CMAP	公路养护分析决策平台	公路数据、路面图像、识别结果、前方图像、地图信息、评价结果、决策结果、养护计划的全景信息展示、分析系统

近几年来，由于地理信息系统 GIS（Geographic Information System）的广泛引用，研究者逐渐发现 GIS 应用到 PMS 中的潜力与广阔前景。GIS 技术具有如下特点：

（1）公共的地理定位基础。所有的地理要素要按经纬度或者特有的坐标系统进行严格的空间定位，才能使其具有时序性、多维性、区域性的空间要素，进而才能进行复合和分解，将隐含其中的信息变为显示表达，形成空间和时间上连续分布的信息基础，达到支持空间问题的处理与决策。

（2）标准化和数字化。将多信息源的空间数据和统计数据进行分级、分类、规格化和标准化，使其适应于计算机输入和输出的要求，便于进行社会经济和自然资源、环境要素之间的对比和相关分析。

（3）多维结构。在二维空间编码基础上，实现多专题的第三维信息结构的组合，并按时间序列延续，从而使它具有信息存储、更新和转换能力，为决策部门提供实时显示和多层次分析的方便。这显然是常规二维或二维半的地形图所不具备的。

（4）具有丰富的信息。GIS 数据库中不仅包含丰富的地理信息，还包含与地理信息有关的其他信息，如人口分布、环境污染、区域经济情况、交通情况等。纽约市曾经对其数据库进行了调查，发现有 80% 以上的信息为地理信息或与地理信息有关。

广东省高速公路数据库管理系统开发时加入了 GIS 子模块，实现了简单数据的图形及文字之间的相互查询。由孙立军主持的“基于 GIS 的城市道路管理系统”，在实现基本的道路管理及分析功能的基础上，在数据管理部分通过 GIS 功能实现了数据的可视化管理，使得系统软件的交互性、直观可读性增强。总的说来，我国路面管理系统在近 30 年时间里取得了长足的进步,同时在 GIS 应用方面也做了有益的探索,但其进一步应用还有待深入研究。此外,我国目前所拥有的路面管理系统大多应用程度不高,应用范围狭窄,只发挥了数据查询的功能,路面管理系统的主要功能并没有得到很好的发挥和利用,因此,在路面管理系统的建立和实施方面还需要进一步努力。

5)路面管理系统发展的政策保障

1991 年以来,为了在全国做好路面管理系统(CPMS)的推广应用工作,交通部和有关省市制定了有关政策、法规,提出了相关要求。这些政策、法规及要求包括:

(1)1991 年交通部成立了 CPMS 全国推广工作领导小组和工作小组,发布了有关 CPMS 推广应用的规定。

(2)在《公路养护技术规范》、《公路沥青路面养护技术规范》和《公路水泥路面养护技术规范》中增加了现代化检测指标和评价标准。

(3)委托交通部公路科学研究院等单位编写了《高速公路养护质量检评方法(试行)》(交通部,2002 年)和《公路技术状况评定标准》(原交通部,2007 年)。

(4)在交通部《(1991 ~2000 年)公路养护与管理发展纲要》中,提出了面向全国推广应用 CPMS 技术的发展规划。

(5)在交通部《(2001 ~2010 年)公路养护与管理发展纲要》中,提出要在推广应用 CPMS 的基础上,进一步发展公路信息化管理技术,实现公路信息化管理跨越式发展的要求。

(6)许多省市结合养护管理需要,发布了《路面管理系统(CPMS)使用管理办法》相关标准。

(7)在 2006 年 5 月的全国公路养护管理工作会议上(山东),交通部提出要求全国公路养护根据“路面管理系统(CPMS)和桥梁管理系统的评价结果,适时安排公路大中修工程,全面提高路况水平”(冯正霖副部长关于“认真落实科学发展观,努力提高公路交通网络的公共服务能力”的报告)。

上述政策、法规和要求,为 CPMS 技术的不断发展进步和各省市 CPMS 推广应用工作的顺利实施提供了保障。

7.5.2 我国路面管理系统目前存在的问题及建议

我国路面管理系统发展至今已有几十年的历史了,虽取得了很大进展,但还是存在一些问题。综合来看,问题主要集中在以下几个方面:数据的采集和处理、相关模型的建立与分析、评价指标及其标准化、路面管理系统本身的优化、专家系统。

目前数据采集及处理是我国路面管理系统建立和实施面临的一个最大问题,没有可靠的基础数据作为依据,再好的模型、再好的分析方法也是无用的。国外就很注意路面各方面数据的收集,而我国一直没有重视这个问题,导致在建立路面管理系统时,数据库的建立成为很大的问题。此外,数据采集的手段及方法也存在很大的问题。人工采集数据不仅效率低而且存在很大的主观性,数据离散性大。因此,开发快速、先进的路面数据采集设备极其重要,要求路面数据的采集快速、准确,从而保证路面管理系统数据库的科学性。这里面有很多工作可以做,可以考虑结合 GIS 技术,实现数据采集的自动化。路面管理系统中涉及很多的预测模型,这些模型的建立主要采用的是力学法、经验力学法和经验(回归)法。对于模型中许多参数的取值是否合理,以及模型本身的改进及优化等仍是需要研究的问题。对于评价指标的问题,需要结合各地区的实际情况加以确定,不能搞一刀切,毕竟每个地方路面所处的环境条件不一样,交通量不一样,路面结构和类型也不一样,破坏的主要类型自然也不同。对于同一个地区,一旦路面的评价指标确定了,就应该对各个指标进行标准化处理,否则就无法对采集的数据进行分析和处理了。

对于路面管理系统而言,有许多需要改进的地方。首先,目前各个地区已建立的路面管理系统彼此之间是孤立的,没有任何的联系,这不利于相互之间的交流,也会导致资源的浪费。因此,路面管理系统应该具有开放性,不同地区的路面管理系统彼此之间可以进行数据的传输和交换。此外,路面管理系统还应该扩大覆盖的范围,不仅限于路面的养护、管理和改建,对于桥梁、隧道等其他交通设施也可以考虑补充到路面管理系统中来,使路面管理系统的功能更强大,服务面更广。最后,就是有关专家系统的完善,随着土木工程新技术的产生和发展,新的设计理论与方法以及新的施工技术不断涌现,应该将这些新理念、新方法及时补充到专家系统中,从而不断充实和完善现有的专家系统,才能做出最合理有效的处治对策。

7.6 本章小结

对路面管理系统而言,并不是所有的系统都应具备完善的功能,也并不是所有具备完善功能的系统均能得到实现,路面管理系统的功能不仅取决于其本身,更取决于系统的用户以及用户的管理环境(管理体制和管理方式)。只有进行周密细致的路面管理系统开发与实施,才能使系统实现效益和效率。

路面管理系统的开发与实施可分为问题与定义、可行性研究、系统分析、初步设计、详细设计、实施与维护七个阶段,每一个阶段都有各自的目标,复审和认可是保证各个阶段目标实现的重要步骤。

建立与实施一个先进、实用的路面管理体系应该包括:明确用户需求,对用户单位开发和实施路面管理系统进行可行性研究;提出路面管理系统原型,以给用户提供科学的辅助决策分析工具,指导和帮助路面管理系统的实施以及改善路面管理方式。只有这样,才能达到提高管理效率、改善决策的科学性的目的。

路面管理系统涉及系统科学、管理科学、道路工程以及计算机科学等领域,需要现代化测试手段和广阔的专业指导的支持。国内对路面进行定期数据采集费用较高,普通公路养护技术人员受教育程度不高,掌握和理解路面管理系统有一定困难。因此,国内路面管理系统的普及和实施尚需要大量的努力。

路面管理系统是为了适应大规模、高效率和高质量的公路养护管理要求而发展起来的现代综合管理技术,它改变了传统落后的公路管理模式,使公路管理决策更加客观化、信息化和科学化。各国路面管理系统应用的实践表明,建立和实施路面管理系统是未来发展的必然趋势。尽管目前路面管理系统在实际应用中还存在一些不足,但随着人们研究的不断深入,各种新技术、新方法的不断出现,最终必将促进路面管理系统的发展和完善。

第 8 章

沥青路面养护维修技术

沥青路面是在路基上用柔性基层、半刚性基层、刚性基层和沥青面层铺筑成一定厚度的结构层,它直接承受交通荷载的作用和自然因素的影响,路面性能随着时间的推移而逐渐降低,损坏不可避免。如果不及时进行养护维修,可能加重路面的破损程度,降低公路的使用性能和寿命,严重时还会影响行车安全。

沥青路面养护维修应根据沥青路面出现的病害类型、病害程度和范围等,采取合适的技术措施修复路面,以恢复路面的使用功能和强度。要先对路面进行科学、合理的质量检测与评价,分析路面现时病害状况与病害原因,再采用一定的决策程序,提出沥青路面养护维修方案。

8.1 沥青路面养护维修方案选择

8.1.1 沥青路面养护维修技术措施

1)沥青路面养护维修技术措施分类

1983 年悉尼第十七届世界道路会议上,道路养护与管理技术委员会对路面养护活动的范围建议分为四类:经常养护、定期养护、临时养护和改善养护。1987 年布鲁塞尔第十八届道路会议对道路养护的定义和分类重新进行了修订,将道路养护活动分为三类:一般养护、特殊养护和改善养护。

近年来,西方国家根据沥青路面的病害类型、路面损害程度,以及所需采取的养护维修措施的性质和功能,对养护维修作业进行分类,将沥青路面养护维修分为路面养护(pavement mainterance)、路面修复(pavement rehabilitation)、路面重建(pavement reconstruction)三部分。

路面养护包括表面层的裂缝封堵、表面封层(雾封层、碎石封层、纤维封层、复合封层、稀浆封层、微表处)、局部维修与处治等预防性养护措施,对车辙、磨耗层(抗滑薄层)、坑槽等进行局部铣刨修复、现场再生等矫正性养护措施;下面层的疏通排水系统等预防性养护措施,现场加固、压浆、灌浆、注浆、完善排水系统等矫正性养护措施。路面修复包括沥青加铺层、水泥混凝土薄层加铺、路面再生利用再加铺等。路面重建包括结构补强、改建等。上述多数处治方法属于预防性或矫正性养护,其余全部归为修复范畴。针对路面状况的不同,可以采取路面养护或修复策略,其中路面养护主要针对上、下面层的预防或处治,主要采用预防性养护措施或矫正性养护措施。当路面出现结构性病害,根据情况可采用加铺层、铣刨与加铺、面层再生利用和重建等方案。

我国沥青路面的养护工作按其工作性质、规模和时效性不同,《公路沥青路面养护技术规范》(JTJ 073.2—2001)将其分为日常巡视与检查、小修保养、中修、大修、改建和专项养护工程等。

(1)日常巡视与检查

工作内容包括:检查路面上是否有明显的坑槽、裂缝、壅包、沉陷、松散、车辙、泛油、麻面、冻胀、翻浆等病害,其危害程度及趋势如何;路面排水设施是否畅通;路面上是否有可能损坏路面或妨碍交通的堆积物等。

(2)小修保养

小修保养是对路面进行预防性保养,修补其轻微损坏部分,使之经常保持完好状态的工程项目。小修保养分为日常保养和小修两项工作内容。日常保养包括:清扫路面泥土和杂物,排除路面积水、积雪、积冰,铺防滑料等,拦水带、路缘石的修理,清理边沟、维修护坡道等。小修工程主要包括:修补路面的泛油、壅包、轻微裂缝、横向裂缝、坑槽、沉陷、波浪、局部网裂、车辙、麻面、啃边等病害。

(3)中修工程

中修工程是对路面的一般性磨损和局部损坏进行定期维修、加固、罩面,以恢复原状的小型工程项目。通常是养护部门按照年度安排计划组织实施。中修工程主要包括:沥青路面整段加铺、罩面或封层,沥青路面局部严重病害处理,整段更换路缘石、维修路肩。

(4)大修工程

大修工程是对路面的较大损坏部分进行周期性的综合修复,以全面恢复到原设计标准,或在原技术等级范围内进行局部改善,或个别增建设施,以逐步提高公路通行能力的工程项目。内容包括:路面的翻修、补强等。

(5)改建和专项养护工程

改建和专项养护工程是对不适应交通量和车辆轴重需要的路面,分期逐段提高技术等级,或通过改善显著提高其通行能力的较大工程项目。通常由省级公路管理机构或养护部门根据批准的计划和预算,组织实施或通过招标来完成。改建工程主要包括:提高路面等级、补强、加宽,对不适应交通要求以及不符合路线标准的路段通过局部改线来提高公路等级。专项养护工程主要是指当路面遭受自然灾害后,如因洪水引起的水毁,因地震、滑坡、崩塌、泥石流引起的公路损坏、病害等所进行的专项修复工程,还包括由于各种重大活动需对路面进行的专项整治与维修。

2)沥青路面养护维修技术措施

按照沥青路面病害的程度和规模,一般采用局部病害维修与处治、预防性养护罩面、路面加铺、路面翻修、路面再生利用等养护维修技术方案。

(1)局部病害维修与处治

主要针对沥青路面表面的局部病害或某种单一形式的病害进行维修与处治,如裂缝填封、坑槽填补、车辙修补、沉陷处治、壅包处理、波浪和搓板维修、泛油处治、麻面与松散维修、脱皮维修、啃边维修、磨光处治、冻胀和翻浆维修等预防性措施,防止病害的进一步发展,保证行车的畅通与舒适,属于小修工程范畴。

(2)预防性养护罩面

当沥青路面的整体结构强度满足要求,但出现平整度差,或路面抗滑性能差,或路面大面积麻面、松散、泛油,或路面产生车辙,或沥青老化开裂等现象时,采用路面表面罩面或加铺封层的措施,即功能加铺层。罩面或封层多用于路面表面功能恢复,属于预防性养护措施,其有效性和耐久性与原路面损坏的原因、程度及施工方法、工艺、材料、厚度等有关。

罩面按使用功能不同划分为普通型罩面(简称罩面)、防水型罩面(简称封层)和抗滑型罩面(简称抗滑层)。普通型罩面有热拌、温拌、冷拌沥青混合料薄层罩面;封层有雾封层、还原剂封层、稀浆封层、微表处、表面处治、碎石封层、开普封层、纤维封层、复合封层等;抗滑层有碎石封层、超薄磨耗层、开级配抗滑表层、OGFC 等。

罩面按施工工艺不同,分为洒铺类和拌和摊铺类。洒铺类是指分层洒铺沥青和矿料,并碾压形成表面层,包括表面处治、石屑封层、雾封层、碎石封层、开普封层、纤维封层、复合封层等;拌和摊铺类是指将矿料、沥青结合料和其他成分在现场或拌和场拌和后运输到施工现场摊铺、碾压而形成的表面层,包括超薄磨耗层、开级配抗滑表层、OGFC、沥青混合料薄层罩面、稀浆封层、微表处等。按施工拌和温度不同分为热拌、温拌、冷拌沥青混合料罩面。

(3)路面加铺

随着路面使用时间的延续,沥青路面使用性能和承载能力不断下降,以致无法满足正常通行的要求,需要采用厚加铺层,即结构加铺层,以处理路面的结构性损坏,提高路面的承载能力。加铺层包括加铺沥青面层、薄层混凝土面层和普通混凝土面层。在原沥青路面上进行结构加铺层补强处理时,应按照有关规范进行加铺层结构设计。

(4)路面翻修

当路面状况处于以下状态时,可采用挖除、铣刨旧路面,铺筑新的结构层进行路面修复:

①当受到路面高程限制,采用加铺方案不可行时,可采用铣刨、回填和铺筑方案。

②当路面病害达到严重程度,分布范围广,原路面结构层承载能力利用价值不大时,需采用翻修方案,挖除、铣刨旧路面,回填、铺筑新的结构层。

③病害主要成因在路面结构内部,当采用加铺方案不能根除病害时,或者病害会短时间内重新出现时,需要采用挖除、铣刨翻修至病症部位,并重新换填铺筑新的路面材料。

与加铺方案不同,翻修方案根据沥青路面的病害程度,需要挖除、铣刨原路面的面层或者基层,必要时还需要对基层进行补强处理,然后再用新的路面材料或者旧路再生材料铺筑基层和面层,以修复结构性破坏和比较严重的表面损坏。

(5)路面再生利用

在旧路面翻修改造过程中会产生大量的废弃材料,旧料的再生利用也被作为大修方案之一。沥青路面再生技术是将需要翻修的旧沥青路面,经翻挖或铣刨、回收、破碎、筛分,或者现场加热翻松,与再生剂、新沥青材料、新集料等按一定比例重新拌和,获得满足一定路用性能的再生沥青混合料,并用其重新铺筑路面的一套工艺技术。沥青路面再生技术包括就地热再生、厂拌热再生、就地冷再生、厂拌冷再生四类。

8.1.2 沥青路面养护技术措施的适用性

沥青路面的养护维修技术措施总体包括:局部病害维修与处治等小修工程,表面封层或薄层加铺等预防性罩面中修工程,路面翻修、加铺补强、再生等大修工程,路面改造、加宽、改线等改建工程。各类措施具有其各自的应用条件,具体什么情况下采用哪类养护维修技术措施可参见表 8-1。

沥青路面养护维修技术措施的适用性 表 8-1

病害类型	处治措施							
	裂缝灌缝	坑槽修补	挖补	铣刨	微表处	热再生	罩面	补强
龟裂			H,M	L,M	L	L,M	L,M	L,M
块状裂缝			L,H	L,H	L,H	L,H	L,H	L,H
纵横向裂缝	L,M		H					
坑槽		L	L,H	L		L	L	L
松散			H	L	L	L,H	L,H	L,H
沉陷			L,H			L	L	L
车辙			H	L	L	L	L	L,H
波浪壅包			L,H	L		L,H	L,H	L,H
泛油			√	√	√	√	√	√
修补不良			√	√	√	√	√	√

注:表中 L、M、H 表示损坏轻重程度等级,相应为 L 表示轻微,M 表示中等,H 表示严重,而泛油和修补两类病害没有严重程度之分。

局部病害维修与处治措施主要针对沥青路面表面局部病害进行维修。裂缝维修主要采用填缝和灌缝措施,填缝适用于裂缝宽度较小、裂缝边缘损坏程度小的裂缝,灌缝适用于裂缝宽度大、边缘损坏较大的裂缝。坑槽主要是由于水损害造成,坑槽修补根据所用材料和目标,分为临时性修补、半永久性修补、永久性修补三种方式,在雨季时一般采用临时性修补,待雨季过后再进行永久性修补。车辙处治主要针对路面纵向车辙损坏,车辙深度在 25mm 以内的一般采用纵向微表处进行表面填补,超过 25mm 的较大车辙一般应对车辙部分进行铣刨,再生铺筑新的路面材料。沉陷处理一般针对局部下沉路段,如桥头沉降、软基沉降、填挖交界处沉降、局部采空区或岩溶塌陷沉降等情况,需对原路面进行处治后进行加铺至原高程,再行平整、接顺。

预防性养护罩面是主要针对整段路面出现的较大范围病害进行表面处理的一种措施,如沥青路面老化、抗滑性能不足、泛油、表面松散或麻面、平整度整体不足等。罩面大多为原路面提供了一层新的表面层,从而明显改善路面的表观、平整度和抗滑性能,并具有封闭裂缝、防渗水的效果;减缓原有沥青路面表面的老化速率,防止使沥青路面老化的水分与空气进入,隔断紫外线的辐射;改善路表的不均匀性,提供完整、美观的路表面。一般情况下,如果旧路面结构无法承受未来 3 ~ 5 年的交通,则不宜考虑使用罩面措施;如果旧路面存在排水性差或基层不稳定导致的结构问题,也不宜采用罩面措施;如果旧路面存在严重的结构性损坏,也不宜采用罩面措施。常用预防性养护罩面措施适用条件见表 8-2。

结构加铺层是提高沥青路面结构承载能力的常用方法,根据加铺作业的方法不同,可分为直接加铺和经过处理后加铺两种形式。如果原路面所显示的裂缝细微,路面的变形不大,病害较少,可在原路面上直接铺设加铺层;如果原路面呈现大面积龟裂及坑洞的局部软弱路段,可采用局部修补方法,将原路面挖除或铣刨并换上强度高的路面材料,再铺设加铺层;如果原路面出现严重车辙,以及由于路面材料不稳定而产生严重的变形等情况,可采取局部挖除或铣刨的方法,车辙和变形较大的路段应先做整平层,后加铺沥青层;如果原路面出现较严重的裂缝现象时,铺设前必须对原路面裂缝进行有效处理,以防止裂缝反射到加铺层。

常用预防性养护罩面措施适用条件　　表 8-2

项　　目	稀浆封层	微表处	碎石封层	雾封层	薄层罩面
交通量	中、小交通量道路，1 000 辆/车道 < *ADT* < 5 000 辆/车道	中、高交通量道路	中、小交通量道路，1 000 辆/车道 < *ADT* < 5 000 辆/车道	中、小交通量道路，*ADT* < 4 000 辆/车道	大交通量道路
适用性	修补主要病害为老化的沥青路面，如细小裂缝、轻微松散和老化、氧化、车辙（< 15mm）等	修补车辙（< 15mm）和摩擦力下降的路面或路面过度老化或浸水	修补路面出现的主要病害为裂缝、松散、泛油、磨光等	填封微小裂缝，增加沥青，延缓松散和老化，适用孔隙率较大路面	修补的主要病害为裂缝（较浅）、破损严重、摩擦力降低、贫油、泛油、渗水等
施工温度条件	气候温暖，日温差小且较干燥时，温度 > 10℃	气候温暖，日温差小且较干燥时	施工温度 > 15℃，相对湿度 < 75%	较温暖或较热时，北方一般为 5 ~ 9 月份	气候温暖，日温差小且较干燥时，快速铺筑

8.1.3　沥青路面养护维修方案选择

我国道路工程一般采用半刚性基层沥青路面，由于交通量、交通组成、气候、水文地质、养护条件、材料等因素的影响，路面的使用性能逐渐下降，服务水平随之降低，须在路面质量降低到一定程度时，采用合适的措施，通过路面养护、修复、改建等手段，以预防或减少病害，降低病害的发展速率，以保证路面具有足够的使用性能和使用寿命。

沥青路面在交通荷载与气候环境的综合作用下，随着路面服务年限的增加，其使用性能会逐步衰减，不同技术状况的路面，需采用不同的养护技术，在合适的时候，必须对旧沥青路面进行修复以恢复到一定的服务水平。沥青路面养护维修技术措施有多种，如改建、薄罩面、厚罩面、旧沥青路面再生等，养护方案的选择涉及技术、经济、政策等，采用何种修复方法，取决于对路面的现状和路面材料性能的评估、对各种方案的社会和经济效益等因素进行综合考虑。养护决策就是针对路面状况，考虑可行养护方案的技术性、经济性，以及其他限制条件，确定何时、采用何种方案的决策过程。沥青路面养护维修方案决策流程见图 8-1。

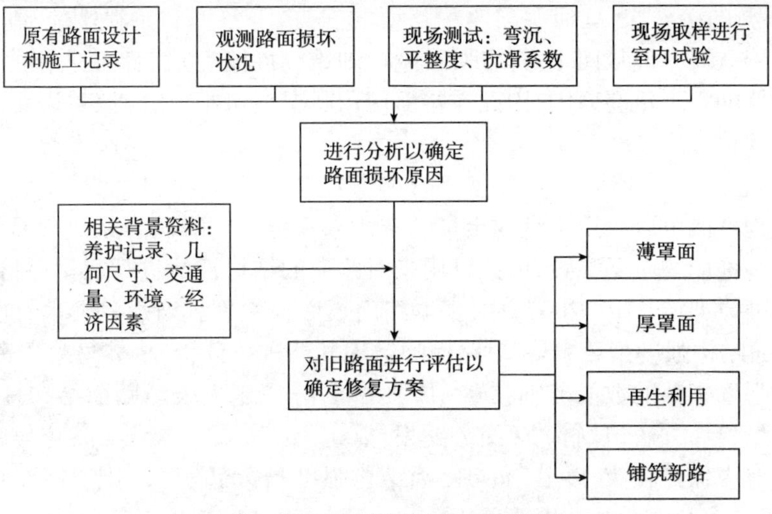

图 8-1　沥青路面养护维修方案决策流程

1)路面技术状况检测与数据采集

路面技术状况检测与数据采集的目的是为其后的决策提供所需要的信息，一个技术上可行、经济上合理的路面养护与维修方案的提出应该基于以下几类数据的采集和分析：

（1）道路基本信息。包括路段定位信息如路段所处路线名称、起终点桩号，以及其他如路面结构、路面宽度和车道数、修筑年度和处治历史等。

（2）交通量信息。包括 *AADT* 值、交通量组成、交通量增长率等。这些信息不仅有助于分析路面损坏的原因，而且是确定路面养护与维修方案的重要依据之一。

（3）路况数据。包括路面病害、平整度检测、抗滑能力检测和弯沉检测数据等。这些路况数据是路面使用性能评价的基础和养护维修方案选择的主要依据。路面病害的调查往往是最先实施的，调查内容包括损坏类型、严重程度和破损面积或长度。通过对路面病害调查结果的分析，不仅帮助判断路面损坏的原因，还可以进一步确定其他项目调查如弯沉检测和钻芯取样的频率和范围。

（4）路况历史数据。它可以用来与现有路况数据进行比较，通过计算路面破坏的速率，帮助分析路面损坏的原因。

（5）排水状况调查信息。水损坏是高速公路沥青路面损坏的重要原因之一，排水设计不足和排水沟的清理养护不及时，都易导致沥青路面发生水损坏。通过对排水状况的调查，可以判断道路是否存在路面排水方面的缺陷，以便在路面的养护维修方案设计时，采取相应的措施防止路面发生重复损坏。

（6）环境数据。除荷载的作用外，道路所处的自然环境如降水量、温度等条件也是路面损坏的另一个重要影响因素。通过环境数据的分析，有利于因地制宜地选择合理有效的养护维修措施。

（7）材料试验信息。材料试验的目的也是判断路面损坏的原因，防止路面修复后发生重复损坏。有时候仅仅从路面损坏的表现并不能判断路面损坏到哪个层次及准确的损坏原因，这时就需要现场取样，并进行必要的材料试验。

2)路面使用状况的评价

对路面使用状况的客观准确评价是选择合理的养护与维修方案的前提和基础。通过路面使用状况的定量或定性评价，可以确定路面存在哪些方面的不足，以及路面产生损坏的原因。

路面的使用状况一般从两个方面进行评价，即结构性能和功能性能。此外，由于水损坏是沥青路面破坏的一个重要原因，因此在路面使用状况评价中，还应该对道路的排水情况进行一些定性的评价。

（1）结构性能

路面的结构性能可以采用定性或定量的方式来评价。一般认为路面表面的弯沉值是反映路面整体结构性能的重要参数，因此可用来对路面的结构性能进行定量评价。在《公路技术状况评定标准》（JTG H20—2007）中，根据路面表面最大回弹弯沉检测值计算的结构强度系数 *SSI* 和路面结构强度指数 *PSSI* 对路面的结构性能进行评价，具体见第 3 章。

路面结构强度指数的数值范围在 0 ~ 100 之间，分值越大表示路面结构性能越好。《高速公路养护质量检评方法（试行）》（交公路发［2002］572 号）中规定，高速公路沥青路面结构强度指数一般应保持在 75 以上，如果路面结构强度指数低于 75，则表明路面的结构性能存在不足，需要采取某些措施加以改善。

工程上也经常根据路面表面的病害情况对路面结构性能进行定性评价。轮迹处的龟裂、局部的沉陷或路面破碎以及较深的车辙都被认为是结构性的病害，其产生与路面结构性能的不足有关。关于这类病害的范围或严重程度，有资料认为，如果50%的轮迹面积存在龟裂，或者有大于12.7mm的车辙，都是路面结构存在不足的标志，应采取补强措施。此外，由路面病害的历史调查数据推算的路面破坏速率也可帮助判断路面是否存在结构性不足。

(2)功能性能

路面的使用功能性能主要指从用户的角度来看，路面所表现出的行车舒适性和安全性。对于高速公路沥青路面，主要利用平整度、抗滑系数和车辙等指标进行评价。《公路技术状况评定标准》(JTG H20—2007)中利用国际平整度指数计算路面行驶质量指数 *RQI*；路面在雨天的抗滑能力是表征路面安全性的重要指标，规范中采用横向力系数和抗滑性能指数对路面行驶安全性进行定量评价；高速公路行驶质量和抗滑性能指数的数值范围都在0～100之间，分值越大表示路面的行车舒适性(安全性能)越好，对于高速公路沥青路面一般要求这两项指数都应保持在75以上，如果低于该数值则需采取相应的措施加以改善。

由于车辙在一般公路中并非突出的病害，因此都是作为多种路面病害的一种，而不单独评价。但有关调查显示，车辙是高速公路沥青路面的突出病害，严重地影响了道路行车的舒适性和安全性，从而成为路面养护维修的重要原因之一，因此有必要对高速公路沥青路面的车辙进行单独的评价。我国《公路沥青路面养护技术规范》(JTJ 073.2—2001)中已经提出了基于车辙的养护标准，要求高速公路沥青路面的车辙深度一般应小于15mm，否则应采取措施进行改善。

除了利用上述指标进行定量评价外，对于路面功能性能的评价，还可以利用路面表面的破损调查情况及路面行车的事故记录进行定性评价，确定是否存在行车舒适性或安全性能方面的不足。

(3)排水状况的评估

路面水渗入路面结构或路基会造成路基和基层的软弱并失去承载力，积聚在面层结构的水也会造成沥青的剥离，从而使面层结构破坏，因此水损坏成为很多路面结构损坏的重要原因之一。

通过对排水状况的调查，可以判断道路是否存在路面排水方面的不足。若存在，则在设计养护维修方案时需要考虑采取排水或疏水措施。

3)沥青路面养护维修技术措施的选择

《公路沥青路面养护技术规范》(JTJ 073.2—2001)规定：公路养护管理部门可根据公路等级、交通量、路面技术状况评定结果，结合养护资金情况，采取适当养护维修对策。

(1)在满足强度要求的前提下(路面的结构强度系数为中等以上时)，若高速公路及一级公路的路面状况指数(*PCI*)评价为优、良，或者二级及二级以下公路的路面状况指数评价为优、良、中时，以日常养护为主，并对局部破损进行小修；若高速公路及一级公路的路面状况指数评价为中及中以下，或者二级及二级以下公路的路面状况指数评价为次及次以下，应采取中修罩面预防性养护措施。

(2)在不满足强度要求的前提下(路面的结构强度系数为中等以下时)，应采取翻修、加铺等大修补强措施以提高路面结构承载能力。

(3)若高速公路及一级公路的行驶质量指数(*RQI*)评价为优、良，或者二级及二级以下公路的行驶指数评价为优、良、中时，以日常养护为主；若高速公路及一级公路的行驶质量指数评价为中及中以下,或者二级及二级以下公路的行驶质量指数评价为次及次以下时,应采取预防性罩面措施改善路面的平整度。

(4)高速公路及一级公路的抗滑能力不足($SFC<40$)的路段,或二级及二级以下公路抗滑能力不足($SFC<30$ 或 $BPN<32$)的路段,应采取加铺罩面层等措施提高路表面的抗滑能力。

(5)因路面不适应现有交通量或载重的需要,应通过提高现有路面的等级,或通过加宽等改建措施提高道路通行能力和服务质量。

(6)大、中修及改建工程的结构类型和厚度,可根据公路等级、交通量、当地经济条件和已有经验,通过设计确定。对项目级的养护维修对策,可根据公路网的资金分配情况和养护工作计划安排,结合各路况分项指标评价结果和本地区成熟的养护经验,选择具体的养护维修措施。

4)加铺、改建等补强方案的结构设计

在进行路面结构加铺设计与施工之前,需要对使用中的路面进行结构状况调查与评定,以获得旧路路面结构状况和强度,分析损坏的原因并结合调查结论提出加铺方案,加铺层厚度需根据《公路沥青路面设计规范》(JTG D50—2006)设计确定,但在确定原路面的计算弯沉值时需考虑路面修补的影响。加铺前需对原路面进行必要的处治,如果不对原有的路面病害做出必要的处治而简单地直接铺设加铺层,势必导致加铺层过早损坏。

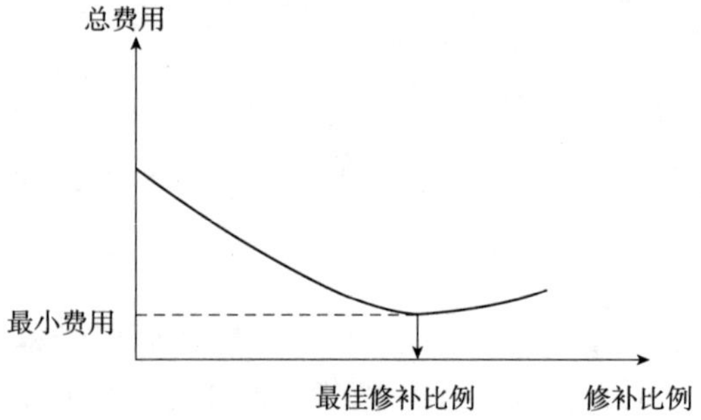

图 8-2 路面补强总费用与原有路面修补比例之间的关系

因此,补强前对原有路面的处理是对将来补强性能影响最大的一个因素,也直接影响补强层的结构厚度设计。原有路面病害的修补水平和费用与补强结构厚度与费用之间有一个此消彼长的关系。原路面修补得越多,补强的厚度就可以越小,费用也越少,反之亦然。因此,需要确定合理的修补面积以使路面维修的总费用达到最低。在设计时一般至少要做出两种方案(两种路面修补水平及相应的补强层结构),以进行比较优选,如图 8-2 所示。

在挖除铣刨旧路面、换填铺筑新结构的翻修方案设计前,应充分调查路面病害成因,分析原路面结构或材料设计存在的缺陷与不足,通过优化设计,采用更为科学合理的结构方案,铺筑所用新材料必须符合规范要求。为防止路面病害的再次出现,在设计沥青路面翻修结构方案时,若路面损坏是由于原路面达到设计年限造成的,应尽量采用和原路面相同的设计方案;若路面损坏是由于设计和施工缺陷引起的,在翻修工程中应进行路面病害的调查和成因分析,吸取教训,优化路面结构。

5)铣刨及罩面厚度设计

对于涉及铣刨和罩面的方案,需要进一步确定铣刨的厚度和罩面的厚度。铣刨一般可用于处理车辙、改善路面的平整度和抗滑性能,修整路面的横断面,或作为罩面前的一种修复措施,为后续施工提供一个粗糙干净的表面。铣刨既可用于道路全部长度和宽度,也可用于局部修补,因此需要依据铣刨的目的确定合理的铣刨厚度。高速公路沥青路面对于用于改善路面的平整度和抗滑性能的罩面方案,罩面层厚度一般采用 4 ~ 5cm,对于用于路面病害治理的铣刨加罩面,罩面的厚度应与铣刨厚度相当。

8.1.4 可行养护和维修方案的形成

考虑不同措施间的包容或排斥关系,可以生成一个或多个可行的维修方案(策略)。小修措施如裂缝灌缝、坑槽修补以及处理局部严重病害的挖补措施可以和任何其他措施一起使用。其他路面整段处治措施可以单独或组合使用,形成如表 8-3 所示的七种维修方案。

养护维修方案形成的过程如下:

(1)若路面存在结构性能不足,则应采用大修补强方案,即表 8-3 中的方案 7。如果路面存在补强措施不能修复的病害,则还需要根据表 8-1 增加其他修复措施。

(2)如果路面整体结构性能足够,但功能性能存在不足,则应选择表 8-3 中的方案 1 ~ 方案 6。如果原有路面存在上述方案所含措施不能修复的病害,则还需要根据表 8-1 增加其他修复措施。

(3)如果路面整体结构性能和功能性能均满足要求,则仅需进行小修,根据路面病害情况由表 8-1 选择裂缝灌缝、坑槽修补或挖补措施即可。

(4)如果道路存在水损坏或存在排水方面的问题,需要采取有效的排水和防水措施,如在挖方路段重修边沟,并铺设盲沟等。

可能的沥青路面养护措施组合 表 8-3

方案编号	处治措施				
	铣刨	微表处	热再生	罩面	补强
1	√				
2		√			
3			√		
4				√	
5	√			√	
6			√	√	
7					√

8.1.5 与养护维修方案相关的交通和施工问题分析

公路在进行养护维修时不可避免地要对正常的交通造成影响,而不同的维修方案由于其不同的施工工艺和要求,其对交通的影响是不同的。对于交通量较小、重要性不大的公路,这种影响在养护方案的选择中往往只作为参考因素,因此一般只做简略的分析。但高速公路不仅交通量大,而且往往连接的是经济发达的地区,由于养护施工造成的交通中断或延误造成的用户费用和事故率的增加以及对社会造成的不良影响都是不可忽视的,甚至会改变最初的方案选择。因此,在对不同维修方案进行筛选和评估时,根据项目规模的大小,需要预先对有关交通控制和施工方法进行不同详细程度的分析。

在方案筛选阶段,通过对不同维修养护方案相关的交通和施工问题的初步分析,确定这些交通控制措施和施工组织方法是否满足当地交通政策对道路开放时间和通行能力等方面的要求,如不满足要求,则排除该维修方案。交通分析首先需对养护项目有关区域内的交通特性,如每天的交通流量特性、车辆的组成、用户组成及附近的交通源进行分析,此外还需对拟维修路段邻近的公路网进行调查,确定是否存在可进行交通分流的路线,最后拟定可行的交通控制方案。对于施工问题，分析的主要内容是确定工作区的空间位置和时间跨度，评价邻近道路设施对所需施工车辆是否存在限制，以及评价方案在特定交通条件下的可施工性，包括施工方法、施工技术和材料等。在上述分析的基础上就可以初步估计包括施工费用、交通控制费用等在内的不同养护方案的维修费用，根据可利用的资金选择可行的方案。

8.1.6 备选方案的评估及最终方案的选择

如果存在多于一个的维修备选方案，最好通过寿命周期费用分析确定最终的方案。寿命周期费用分析包括不同方案的性能预测、初始修建费用的计算以及分析期内不同方案的养护管理费用计算、用户费用计算等。评价指标可以采用等效年费用法、现值法、回收率法、效益—费用比法或费用—效果法。如果不同的补强方案的经济评价结果相近，那么还需要综合考虑经济因素和其他非经济因素，进行最后方案的选择。

如果存在其他多个备选方案，可以通过优劣系数法，建立决策矩阵选择最佳方案。通过优劣系数法评估不同方案的过程如下。

(1)计算不同方案的等效年值(EAC)

EAC = 方案处治费用/预期的使用年限

(2)确定影响方案选择的主要因素

对于高速公路，一般考虑的因素包括：经济效益(等效年值)、对现有路面性能改善程度、对交通的影响程度、材料及机械设备的可得性、技术的难易程度、以往的经验、季节性要求、环保要求。

(3)确定不同因素的权重值 W_j

不同因素的重要程度即权重值的确定是一个比较主观的判断，它与公路管理部门一贯的养护政策和当地的条件有关，因此需要结合当地实际情况，借助于专家的知识经验确定。

(4)确定优劣系数值 L_{ij}

对所有 N 个方案，确定它对所有 M 个决策影响因素的满足或影响程度，即优劣系数值 L_{ij}。

(5)计算各备选方案的综合评分

第 i 个方案的综合评分根据式(8-1)计算：

$$L_i = \sum_{j=1}^{m} W_j \cdot L_{ij} \tag{8-1}$$

选定综合评分最高的方案作为推荐方案。

高速公路沥青路面是目前我国高速公路主要的路面结构形式，随着公路里程的不断增长和运营时间的增加，路面的养护与维修问题已经成为公路管理部门越来越关注的问题。路面养护与维修方案的选择与设计是一件非常复杂的工作，涉及很多因素，其整个过程从数据的采集、路况的评价、养护措施的选择，到养护方案的筛选、评估和最终养护方案的选择，工程经验和判断都在其中起着非常重要的作用，采用系统化逐步分析的方法有助于养护工程师充分利用可得信息，结合自身的经验和工程知识，选择和设计合理的养护维修方案。

8.2 沥青路面病害维修技术

8.2.1 水损坏维修技术

随着高速公路沥青路面的建设和发展，沥青路面的水损害问题已越来越引起道路工作者的重视。在高速公路建设之初,大家对高速公路车辆分道行驶,以及超载车、重载车增加有可能导致的车辙损坏,半刚性基层沥青路面有可能出现较严重的裂缝等有充分的认识和思想准备,同时对高速公路的抗滑性能也特别重视。为此,各地在沥青面层结构组合及沥青混合料的配合比设计方面采取了一系列的防止车辙和提高构造深度的措施,也在防止开裂方面做了许多工作。但是,对高速公路沥青路面会出现水稳定性不足、坑槽等以及在中低级公路上常见的松散、坑槽现象几乎是没有预料到的。我国许多高速公路,尤其是多雨潮湿地区的高速公路,在春融季节、梅雨季节及雨季,路面会出现麻面、松散、掉粒,乃至坑槽,这种明显的早期损坏,是人们始料不及的。

沥青路面的水损坏已经成为我国高速公路沥青路面早期损坏的一种主要模式。为了了解高速公路沥青路面水损坏的成因,通过大量的调查研究可以发现,各种不同路面结构的水损坏有明显的差别。

1)自上而下的表面层水损害

许多初期的路面水损害是自上而下发生的,它往往局限于在表面层发生松散和坑槽,如果及时修补,路面性能可以很快恢复。在降雨过程中,雨水首先渗入并滞留在表面沥青混凝土的空隙中,当下层的沥青混合料密水性好,且沥青层层厚较大、向下渗透相对比较困难时,在大量高速行车的作用下,反复产生的动水压力逐渐使沥青从集料表面剥离,局部沥青混凝土变得松散,碎石被车轮甩出,导致路面产生坑槽。实际上,无论表面层沥青混凝土是密实式的还是半开式的,甚至是采用了改性沥青或加了抗剥落剂的 SMA 结构,许多工程都有类似的表面层坑洞,只是坑洞的个数和面积的比例有显著差别。

国际上通称的典型的水损害是雨水使沥青膜从集料表面脱落,失去附着力的过程。水损害的先决条件是水的存在,同时存在外力作用的环境。汽车荷载的压应力和高速行驶产生的真空吸力形成剪应力的反复泵吸作用,使沥青膜从剥离发展到松散、掉粒、坑槽,损害的进程与荷载的大小、频度有关。在初始阶段,集料与集料之间发生剪切滑移,伴有沥青膜移动和脱离,当剪切应力超过沥青与集料的黏附力时导致附着力丧失,这个过程很短暂。一条公路在长时间干燥少水的情况下可以稳定地使用,一旦有充足的水大量地从裂缝和大的孔隙中迅速渗入达到饱和,经行车反复泵吸很快就造成沥青膜剥离,成为水损害的典型模式。这和疲劳破坏有根本不同之处。

另外还有一种理论认为,沥青混合料中涂敷沥青的集料颗粒遭遇水的浸泡后,由于水具有很强的表面张力和浸润性,可以通过沥青自发的乳化作用进入并穿透沥青膜侵入沥青集料界面上,并最终将沥青膜取代。如果界面上包含有乳化剂时,集料表面的沥青膜有可能比一般情况下更容易乳化,因此抗剥落剂一方面增强了沥青与酸性石料的黏附性,同时也增加了沥青被乳化流失的可能性。

由此可见,自上而下的沥青路面的水损害主要表现为表面型坑槽。产生水损害坑槽的原因如下:

(1)沥青混合料的设计空隙率或施工后的残余空隙率大,渗水严重。我国有些工程采用的Ⅱ型沥青混合料,抗滑表层级配等,空隙率较大。广东某高速公路最具代表性,它的沥青层很厚,水渗入下层的路径长,很难到达下层,而表面层的 AC-16Ⅱ型混合料的空隙率较大,所以路面破坏普遍表现为表面型的坑槽;山东某高速公路采用了 AK-16B 型级配,通车不久因严重的渗水,产生大量的表面型坑槽;江苏某高速公路也同样是由于表面层空隙率过大而产生大量的表面水损害。由于这些高速公路的沥青层较薄,如果产生的坑槽不及时修补，将会迅速扩展，导致坑槽连片，小坑变大坑。

关于空隙率与水损害的关系，国内外都进行过大量的研究。例如，辽宁省铁四高速公路1998年建成，1999年夏季遇雨发生大面积水损害。根据对路面钻取的89个钻孔测定，水损害的严重程度与空隙率密切相关：破坏严重路段，空隙率8.9%～13%，平均11.4%；破坏轻的路段，空隙率3.3%～10.9%，平均7.5%；无破坏路段，空隙率4.1%～8.4%，平均6.3%。

国内外的研究认为，沥青路面的空隙率小于8%（相当于设计空隙率4%、压实度96%）时，沥青层中的水在混合料内部以毛细水的形式存在，在荷载作用下一般不会产生大的动水压力，不容易造成水损害破坏。而排水性混合料的路面空隙率大于15%时，水能够在空隙中自由流动，也不容易造成水损害破坏。当路面实际空隙率为8%～15%时，水容易进入并滞留在混合料内部，不容易排走且易在荷载作用下产生很大的毛细压力成为动力水，造成沥青混合料的水损害。

其实，空隙率不是最根本的因素，最根本的因素应该是渗水性。空隙率包括开孔隙和闭孔隙，造成水损害的原因是渗水，而真正能够渗水的路径只有开孔隙，闭孔隙是不会引起渗水的。研究表明，渗水系数与空隙率有密切的关系，但又有根本的不同。据研究，渗水系数更能够反映路面离析的真实情况。《公路沥青路面施工技术规范》（JTG F40—2004）规定，密级配沥青混凝土的渗水系数宜不大于120mL/min，SMA宜不大于80mL/min。

（2）在平均空隙率并不大的路段上，产生局部性坑槽的主要原因是沥青混合料的离析。坑槽为什么不同时在所有的地方发生，而首先在某一些地方发生呢？那就是因为某些地方有比其他地方大的空隙存在，而这种大的空隙基本上都是由于离析造成的。沥青混合料的离析有两种含义，一种是集料粗细不均的离析，一种是温度的离析。离析的后果是压实度不均，致使空隙率不一样。粗细集料的离析可以凭肉眼观察，国外检测离析是通过表面构造深度和渗水程度评价的。

近年来，离析问题已经成为施工中最迫切需要解决的问题，粗细集料的离析同时还伴随着油石比的不均匀，直接导致空隙率不一致。例如，在施工质量检验中，油石比稳定是基本的要求，规范要求实际配合比中的油石比与设计油石比的误差不超过±0.3%。许多工程声称油石比误差不超过0.1%，是因为每天基本上是在比较固定的时间取样，且都是找认为比较均匀的混合料取样，但粗细集料实际上是不均匀的。

广东省广深珠高速公路采用的是AK－13Ⅱ型沥青混凝土表面层，渗水比较严重。据维修记录，通车后逐渐产生了2 000多个坑槽，都是表面型的。由于沥青混凝土的不均匀性，坑洞总是首先在局部沥青混凝土孔隙率较大处产生，因此是随机分布的一个个孤立的坑洞。很多实例证明：不管是传统的纯沥青混凝土，还是新型的沥青混凝土，在大量行车作用下，都会产生沥青剥落现象和水损坏。

（3）发生表面层坑槽的路段，经常是表面层与中面层之间有严重的层间污染，存在两层皮似的脱开现象。我国的高速公路沥青路面由于施工段比较长，基层到面层不可能在同一年建完。前一年修建半刚性基层后，为了防止开裂，多半都先铺筑完下面层保护过冬，而第二年，铺筑中面层以后又不立即铺筑表面层，要等工程快要竣工验收时才急急忙忙铺筑表面层。在铺完中面层后，工程施工车辆肯定要通行，社会车辆可能也会通过，污染几乎是不可避免的。而且，许多与开挖有关的中央分隔带、路肩的施工，绿化、埋设电缆、安装防护栏、标志牌等都可能在此间隙中进行，这种情况在我国屡见不鲜。层间污染对路面的寿命有直接影响，界面上的泥在遇水后成为泥浆，界面条件就由设计时假定的连续变为半连续，甚至滑动，严重影响疲劳寿命。有相当一部分的表面坑槽，是因为某个地方先进水，成为滑动的界面条件，在表面层独立的承受交通荷载的作用下，表面层底部就出现大的弯拉应力，从而在短期内损坏。

自上而下的水损害即使出现表面型坑槽，也容易修补，但是如果不及时维修，损坏面积的扩散也很快。所以要尽快维修，以尽量减小对路面的损坏。

2）自下而上的水损坏

当半刚性基层沥青路面的沥青层较薄时，沥青路面的水损坏经常是自下而上发展的。

水是水损坏的主要原因，水进入沥青路面几乎是不可避免的。但是，由于半刚性基层本身的强度较高，细料含量又多，本身非常致密，它基本上是一种不透水或者渗水性很差的材料。这一点在柔性基层试验路上对比十分明显，在级配碎石基层沥青层上钻孔，灌水后水马上就渗走了，而在水泥稳定基层上钻孔取样后灌水，观察其渗水情况，经常发现到第二天水量都很少变化。这说明半刚性基层确实十分致密，渗水性能很差。

基层不能排水，不等于水就不进入沥青层，沥青混合料即使是空隙率很小的密级配，也不是完全不进水。例如，在京秦高速公路上有20多公里的改性沥青SMA路面，只铺筑在行车道和超车道，并没有铺到硬路肩，每当下雨过后，可以清晰地看见水从SMA层边缘漏出，很明显如果边缘无处排水，水将滞留在沥青层中。水从各种途径进入路面并到达基层后，不能迅速排走，只能沿沥青层和基层的界面扩散、积聚。

水通过多种形式途径进入路面，例如：

（1）降雨。有的地方梅雨季节能持续数月之多，时间越长，进入路面的水越多，相比较之下，暴雨形成的积水反而能很快从表面排走。影响水量的因素有年降雨量和年降雨日数。在我国东部和中部的大部分地区，年降雨量1 000mm地区与雨日数（>1mm的天数）大于120d的地区位置非常接近，因此采用大家比较熟悉且容易得到的年降水量作为分区指标。

（2）雪水。冬季下雪后融化需要很长的时间，路面一直处于水泡的状态下。有时为了融雪还需要向路面洒盐水或融雪剂。

（3）夏季为使路面降温也经常洒水。为了防止车辙，在高温季节的中午和下午洒几次水，不失为降低路面温度的好办法，但如果沥青层的孔隙较大，洒水的同时也会有水不断渗入路面，路面混合料在有水的情况下，车辙变形可能会更严重。

（4）汽车为了降温向轮毂不断喷水，以保持汽车的制动性能，这种情况在超载车众多的山区和丘陵区路段特别常见。例如在八达岭高速公路上，为了保证来自山西省运煤车的安全需要，公安交通管理部门强制性地要求车辆必须装3t水并不断地向轮毂洒水，一直洒到京津塘高速公路连接线，为了使路面常年处于潮湿状态，这与季节没有关系。

（5）中央分隔带的绿化浇水，以及从中央分隔带渗入路面的水（尽管大部分是渗入路基）。山东省曾经对中央分隔带边缘进行开挖，发现很快就流出大量的水。为了路基路面的稳定，不宜在中央分隔带植树绿化，在美国等许多国家，经常可以看到草坪植树被改为沥青层封闭，但在我国特别重视中央分隔带绿化。尽管各地在中央分隔带的排水问题上采取了不少措施，但最后只要护栏立柱一打下去，就将封闭水的土工布、沥青层等破坏，渗水问题无法解决。

（6）挖方路段的裂隙水。现在普遍是挖方路段的水损害破坏比填方路段严重，其中很重要的一个原因是挖方破坏了山体的水文地质平衡，使路基下方出现水压力，而向上涌水，有泉水的地方更加严重。目前，挖方路段的边沟几乎全部都是浆砌片石的，这种边沟将路堤内的水彻底地封闭住，使路基冒上来的水没有出路。如果山区挖方路段没有排水层，涌水无处可走，水损坏将不可避免。例如南方某公路，在山区石方路段上做了水泥稳定碎石基层，将水封闭在下面致使路基多次软化破坏。后来改为有孔隙的碎石层，相当于全断面盲沟，水从边沟排出，确保了路基不受水的损害。

(7)冬季由于冰冻引起的水分积聚。我国北方地区是典型的季节性冰冻地区，入冬以后，温度降低，地层由上而下封冻，并开始结冰，下方的水分逐渐向上积聚，甚至超过饱和含水量。如果在冬季挖开路面，可以清楚地发现路面沥青层下方基层上面有一层厚薄不均的冰层。待到春天升温冰雪融化时，情况恰好相反，基层还没有化开，上方的冰层先融化。这种情况是最典型的由界面连续变为滑动的状态。

(8)有些公路在沥青层铺筑过程中采用水冲洗方法处理层间污染，污水大量储存在下卧层的缝隙中(同时进入的泥土危害更大)。我国沥青层的铺筑工艺不能做到连续铺筑，这是个很大的问题。一般情况下，一年内不能将路面施工完成，为了过冬，在基层铺好后往往先把下面层铺好进行保护，以减少基层开裂，第二年铺筑中面层后，一直到临近验收才铺筑表面层，目的是使表面层十分整洁。这期间，交通不能得到控制，势必污染沥青层，反复的冲洗必然使污物和水同时下渗进路面，从而造成隐患。

因此在沥青路面内部，水的存在几乎是无可避免的，只不过程度不同而已。而沥青层的水是易进不易出，在不能及时排走的情况下，危害性就更大。

这种类型的水损坏基本过程是：

(1)表面雨水从裂缝和较大孔隙的裂隙中进入路面。当沥青路面存在薄弱环节，例如由于离析造成上下有连通的孔隙，水在这些地方比其他地方更容易进入路面内部，并很快进入基层表面。

(2)由于半刚性基层过分致密，不能迅速将水排除，水滞留在沥青层和基层的界面上。

(3)在汽车荷载的作用下，下面层沥青混合料的粗集料对基层造成损伤，并形成灰浆。如果基层表面存在薄弱环节，如铺筑沥青层前就有浮灰、修补的薄层等，遇水很快就成为灰浆。

(4)灰浆从上下连通的孔隙中被荷载挤出，成为唧浆。通过观察唧浆部位发现，开始发生唧浆的孔一般都很小，肉眼看只有1～2mm，被挤出的灰浆可能喷射到数米以外，尤其是有重载车辆高速通过时，这种集中的冲击力很大。在发生唧浆的路段，两侧的护栏几乎都被泥浆所污染，这就是最好的证明。

(5)与此同时，沥青层和基层的界面条件恶化，可能很快转变为滑动的界面条件，沥青层底部承受很大的拉应力，反复荷载的疲劳作用同时发生，拉应力超过极限而开裂。

(6)下面层的公称最大粒径较大，离析也比较严重，并存在一些孔隙较大的部位，水在孔隙中承受很大的高速汽车荷载的抽吸作用。孔隙率较大的下面层将很快出现沥青从集料表面剥离，沥青膜逐渐被水乳化而丧失，导致集料松散。这种情况逐渐向上发展，最后顶破表面，成为坑槽。

总结以上的各种情况，第二类水损坏有以下特点：

(1)水损坏发生在雨季或梅雨季节、季节性冰冻地区的春融季节，有时一场持续几天的大雨就导致严重破坏。

(2)行车道破坏严重，超车道一般没有破坏，显然与重车、超载有关。

(3)水损坏之初一般都先有小块的网裂、冒白浆(唧浆)，然后松散成坑槽。

(4)发生水损坏的地方一般是透水较严重且排水又不畅的部位,如挖开可见下面有积水或浮浆。

3)沥青路面水损坏的破坏形式与维修措施

(1)麻面与集料外露

对于轻微的麻面和集料外露,且数量较小的路段,可薄刷一层沥青,撒石屑或粗砂扫平压实。当沥青面层不贫油时,可在高温季节撒适当的细料,并用扫帚扫匀,使集料填充到路面的空隙中。大面积麻面应喷洒稠度较高的沥青,并撒适当粒径的石屑或粗砂,应使麻面部分中部的集料稍厚,周围与原路面接口要稍薄,定型要整齐,并碾压成型。

对于麻面和集料外露严重,或有松散且数量较大的路段,可在气温10℃以上时,清扫干净,重做沥青封层。其沥青洒布量为0.8 ~0.9kg/m^2,然后撒布3 ~8mm石屑或粗砂(5 ~8m^3/1 000m^2),扫匀后碾压成型,也可铺筑10 ~15mm厚的沥青砂罩面。如在低温季节,也可用稀浆封层。高速公路宜采用超薄磨耗层或改性沥青薄层罩面。

(2)松散

因沥青用量偏少或因施工气温较低造成的沥青面层松散,其处治方法是:先将路面上已松动了的矿料收集起来,待气温升至15℃以上时,按0.8 ~1.0kg/m^2的用量喷洒沥青,再均匀撒上3 ~6mm的石屑或粗砂(5 ~8m^3/1 000m^2),用轻型压路机压实。

对于因油温过高、沥青老化失去黏结性而造成的松散,应将松散部分全部挖除后,重做面层。

因沥青与酸性石料间的黏附性不良而造成的路面松散,应将松散部分全部挖除后,重做面层。重做面层的矿料不应使用酸性石料,在缺乏碱性石料的地区,应在沥青中掺入抗剥落剂、增黏剂或使用干燥的生石灰、消石灰、水泥等表面活性物质作为填料的一部分,或采取用石灰浆处理粗集料等抗剥落措施,以提高沥青与矿料的黏附力,并增加混合料的水稳性。

由于基层或土基软化变形而造成的路面松散,应先处理好基层后,再重做面层。

(3)坑槽

坑槽修补可分为永久性修补、半永久性修补和临时性修补。永久性修补用于条件尚好、设计寿命较长的道路,包括挖除破损处材料、置换新的沥青混合料等;半永久性修补用于防止较小的坑槽向更大损坏变化,修补方法与永久性修补相同,但不必将坑槽切割成矩形;临时性修补用于需立即修补的已经影响车辆行驶的坑槽,也可用于严重影响行车的道路或已计划进行罩面或重建的道路。

①坑槽的修整

a. 局部挖补

局部挖补适用于坑槽范围内结构稳定的损坏,可采用人工挖凿、人工摊铺。

首先沿坑槽损坏部分扩大10cm画线,线框呈矩形且与路中心平行或垂直。切割机沿画线位置进行切割,深度约为3cm。人工凿除画线内的面层损坏部分,深度至坚实稳定的底面,但不应小于3m。槽壁要垂直,槽底要平整,清除坑槽内碎粒和尘土。

b. 机械铣刨

当路面出现大面积坑槽病害时,应采用铣刨机铣刨路面,重新铺筑面层。根据路面铣刨的范围,画矩形框线,且尽可能与路面中心平行。铣刨的宽度一般采用铣刨机铣刨宽度的倍数,长度不宜小于3m。铣刨深度以3cm为宜,铣刨面应平整,铣刨后,底面凡已松动的原沥青混合料应予挖除,底面如为光滑的表面(如旧路面)则应予凿毛,局部低洼处用沥青混合料填平、夯实。铣刨时,应边铣刨边清扫路渣,便于铣刨机行走、找平。铣刨后,横向边口往往不整齐,可用切割机沿边线切割后,人工凿齐。最后扫除尘土和积水,晾干。

由于基层原因而出现的坑槽或沉陷,坑槽的修整还包括对强度或稳定性不足的下卧层或基层进行处治。

②摊铺与压实

在修整好的凿壁四周切割面上仔细涂上黏层油,然后摊入热拌沥青混凝土或冷铺沥青混合料铺平。混合料应首先摊入凿壁四周,由边向中摊铺,并避免混合料离析。

面积小的修补面可用夯板先四周后中间均匀夯实,面积大的宜用压路机碾压。挖补部分与原路面一样平后,用烙铁熨平修补面的四周,使新旧路面结合良好。

③常温混合料修补

用常温混合料修补坑槽时,其施工工艺如下:

a. 在坑槽处放样,确定作业面,用切缝机在坑槽周围切缝,刨出多余的混合料。如没有切缝机,可用人工刨出规整的作业面。作业面要与路面纵向平行,槽壁要垂直。

b. 彻底清扫坑槽,使槽内、槽壁无尘土、杂物。

c. 为使常温混合料与原路面结合良好,应在坑底槽壁上刷黏层油,黏层油量一般为 $0.3 \sim 0.5 kg/m^2$。

d. 待常温混合料在坑槽内均匀摊铺整平,松铺系数一般为 1.1 ~ 1.3。深度大于 4cm 的坑槽要分层铺筑压实。

e. 用振动夯板将混合料夯实,如没有振动夯板,可用 6 ~ 8t 压路机压实。

f. 碾压后为防止初期松散,应及早通车,可以在作业面上洒适量矿粉或石屑,以吸收水分,加快混合料成型。

常温混合料不同于热拌沥青混合料,需待乳化沥青破乳后方能成型。为此,要加强初期养护工作。一般来说,在乳化沥青未破乳、混合料未成型时,不能让任何车辆在修补面上通行,不得已时要设专人指挥过往车辆均匀、慢速行驶,并及时处理发软、泛油等病害。

使用常温混合料修补完坑槽后,应按热拌沥青混合料质量检验标准,对其施工质量进行严格的检验。

8.2.2 路面变形维修技术

沥青路面变形有车辙、壅包、沉陷、波浪与搓板等几种形式,从我国沥青路面的破坏现象分析,变形类病害中车辙问题尤为突出。车辙是路面上沿行车轮迹产生的纵向带状凹槽,它除了影响行车舒适性外,还对交通安全有直接影响。车辙在行车荷载重复作用下,有扩展和积累的趋势。

1)车辙病害与维修

沥青路面车辙一般包括:结构性车辙、流动性车辙、磨损性车辙、压实不足引起的车辙。

根据车辙类型的不同,常用的维修措施有:稀浆封层、微表处、石屑封层、罩面或改建等。高速公路一般采取局部铣刨、局部填补或整体改造措施。

(1)因表面磨损过度出现的车辙,可先行铣刨,喷洒黏层沥青后,铺筑沥青混合料。

(2)属于路面横向推挤形成的横向波形车辙且已稳定者,可按上述方法修补;如因不稳定夹层引起,则应清除该夹层,重铺面层。属于局部下沉造成的车辙,可按路面沉陷的处理方法进行修补。

(3)车道表面因车辆行驶推移而产生的车辙,应将出现车辙的面层切削或铣刨清除,然后重铺沥青面层。在高速公路及一级公路上可采用SMA混合料或改性沥青混合料修补车辙。

(4)路面受横向推挤形成的横向波形车辙,如果已经稳定,可将凸出的部分铣刨,在波谷部分喷洒或涂刷黏结沥青并填补沥青混合料并找平、压实。

(5)因面层与基层间有不稳定的夹层而形成的车辙,应将面层挖除,清除夹层后,重做面层。

(6)由于基层强度不足、水稳性不好,使基层局部下沉而造成的车辙,应先处治基层。

2)纵向变形及维修

(1)纵向变形

路面的纵向变形是由路基的纵向变形造成的。软土地基和非软土地基都可以产生纵向变形,纵向变形造成路面大波浪形的不平整,包括路面沉陷、桥头跳车、波浪、搓板、壅包等。

沉陷是由于路基路面产生竖向变形而导致路面下沉的现象,通常有均匀沉陷、不均匀沉陷、局部较大面积沉陷等。桥头跳车是由桥台背填土压实不够而引起路基不均匀沉降,从而使路面产生沉陷,形成跳车。沉陷、桥头跳车都是因为施工质量没有严格控制所造成的,可采用新技术、新材料、新工艺来加强填方的压实度,使其达到要求。

波浪是指路面有规律地纵向起伏,波峰与波谷交替出现,间隔很近,一般在60cm之内。造成波浪的主要原因是材料组成设计差、施工质量差,使面层材料不足以抵抗车轮水平力的作用。此外,产生波浪也可能是由于旧面层已有搓板,而加铺沥青面层时未予妥善处理(铲除搓板)所致。

(2)壅包维修

①属于施工时操作不慎将沥青漏洒在路面上形成的壅包,将壅包除去即可。

②已趋于稳定的轻微壅包,应将壅包用机械刨削或人工挖除。如果除去壅包后,路表不够平整,应予以处治。

③因基层沥青用量过多或细料集中而产生较严重壅包,或路面连续多次出现壅包且面积较大,但路面基层仍属稳定,则应用机械或人工将壅包全部除去,并低于路表面约10mm。扫尽碎屑、杂物及粉尘后,用热沥青混合料重做面层。

④因基层局部含水率过大,使面层与基层间结合不良而被推移变形造成的壅包,应把壅包连同面层一起挖除,将水分晾晒干,或用水稳定性较好的材料更换已变形的基层,再重做面层。

⑤由于基层局部强度不足或水稳定性不好,使基层松软而导致的壅包,应将面层和基层完全挖除。如土基中含有淤泥,还应将淤泥彻底挖除,换填新料并夯实。在地下水位较高的潮湿路段,应采取措施引出地下水并在基层下面加铺一层水稳定性较好的材料,最后重做面层。

(3)沉降的维修

①因路基不均匀沉降而引起的局部路面沉陷,若土基和基层已经密实稳定,不再继续下沉,可只修补面层,并根据路面的破损状况分别采取下列处治措施:

a. 路面略有下沉,无破损或仅有少量轻微裂缝,可在沉陷处喷洒或涂刷黏层沥青,再用沥青混合料将沉陷部分填补,并压实平整。

b. 因路基沉陷导致路面破损严重,矿料已松动、脱落形成坑槽的,应按照坑槽的维修方法予以处治。

②因土基或基层结构遭到破坏而引起路面沉陷，应处治好基层后再重做面层。

③桥涵台背因填土不实出现不均匀沉降的，可视情况选择以下处理方法：

a. 挖除沥青面层，在沉陷的部分加铺基层后重做面层。

b. 对于台背填土密实度不够的，应重新做压实处理，台背死角处的压实宜采用机械夯实。

c. 对含水率和孔隙比较大的软基或含有有机物质的黏性土层，宜采取换土处理，换土深度应视软层厚度而定。换填材料首先应选择强度高、透水性好的材料，如碎石土、卵砾土、中粗砂及强度较高的工业废渣，且要求级配合理。

(4)波浪与搓板的维修

①属于面层原因形成的波浪或搓板可按下述方法进行维修：

a. 路面仅为轻微波浪或搓板，可在波背部分喷洒沥青，并匀撒适当粒径的矿料，找平后压实。

b. 波浪(搓板)波峰与波谷高差起伏较大时，应顺着行车方向将凸出部分铣刨削平，并低于路表面约10mm。削除部分喷洒热沥青，再匀撒一层粒径不大于10mm的矿料，扫匀、找平，并压实。

c. 严重的、大面积波浪或搓板，需将面层全都挖除，然后重铺面层。

②若面层与基层之间存在不稳定的夹层，面层在行车荷载的作用下推移变形而形成波浪(搓板)，应挖除面层，清除不稳定的夹层后，喷洒黏结沥青，重铺面层。

③因基层局部强度不足或稳定性差等原因造成的波浪(搓板)，应先对基层进行处治，再重做面层。

8.2.3 表面损坏维修技术

沥青路面表面损坏形式有泛油、磨光、油包、啃边和脱皮等。

1)泛油维修

泛油是指沥青从沥青混凝土层的内部从下向上移动，使表面出现过多沥青。泛油主要是由于沥青用量过大、稠度太低或热稳定性差等原因所引起的。此外，也可能由于低温季节施工，层铺法沥青路面的嵌缝料失散过多，在气温转暖后，在行车荷载作用下多余沥青溢出表面而形成的。

在轻微泛油的路段，可撒上3~5mm粒径的石屑或粗砂，并用压路机或控制行车碾压；在泛油较重的路段，可先撒上5~10mm粒径的碎石，用压路机碾压，待稳定后，再撒3~5mm粒径的石屑或粗砂，并用压路机或控制行车碾压。

面层混合料中沥青含量过高，且已形成软层的严重泛油路段，可视情况采用下述方法：①先撒一层10~15mm粒径(或更大的)碎石，用压路机将其强行压入路面，待基本稳定后，再分次撒上5~10mm粒径的碎石，并碾压成型。②将沥青含量过高的软层铣刨清除后，重做面层。

维修要点：①泛油处治时间应选择在泛油路段已出现全面泛油的高温季节，并在当日气温最高时进行。②撒料应顺行车方向撒，先粗后细，做到少撒、薄撒、匀撒、无堆积、无空白。③禁止使用含有粉粒的细料。④采用压路机或引导行车碾压，使所撒石料均匀压入路面，如采用行车碾压，应及时将飞散的粒料扫回。

2)磨光维修

高速公路、一级公路路表抗滑能力降低且已磨光的沥青面层,可用路面铣刨机直接恢复其表面的粗糙度。

路面石料棱角被磨掉,路面光滑,抗滑性能低于要求值时,应加铺抗滑层。加铺前,应先处治好原路面上的各种病害,若原路表有沥青含量过多的薄层,应将其刮除后洒黏层油。罩面形式可以采用拌和法或层铺法施工的单层表面处治和各类表面封层措施,高速公路一般采用超薄磨耗层、薄层罩面等措施。

3)油包维修

对于较小的油包、油垄或轻微的搓板,在气温较高时(或用加热器烘烤)铲除,也可用机械铣刨。铲除后找平补顺,再用热烙铁烙平。因基层强度不足或稳定性差而引起的严重壅包或波浪(搓板),应对基层做补强处理后,再铺面层。如面层与基层间有不稳定层,应清除不稳定层,再铺筑面层。

4)啃边维修

(1)啃边的处治。因路面边缘沥青面层破损而形成的啃边,应将破损的沥青面层挖除,在接茬处涂刷适量的黏结沥青,用沥青混合料进行填补,再整平压实。修补啃边后的路面边缘应与原路面边缘齐顺。因基层松软、沉陷而形成的啃边,应先对路面边缘基层局部补强后再恢复面层。应加强路肩的养护工作,保持路肩稳定。随时注意填补路肩上的车辙、坑洼或沟槽,保持路肩与路面衔接平顺,并保持路肩应有的横坡,以利排水。

(2)路面啃边的防止。用砂石、碎砖(瓦)、工业废渣等改善、加固路肩或设硬路肩,使路肩平整、坚实。可在路面边缘增设路缘石,或将路面基层加宽到其面层宽度外20~25cm处。在平交道口或曲线半径较小的路面内侧,可适当加宽路面。

5)脱皮维修

(1)因沥青面层与封层没有黏结好以及初期养护不良引起的脱皮,应清除已脱落和已松动的部分,再重新做上封层,所做封层的沥青用量及矿料粒径规格应视封层的厚度而定。

(2)如沥青面层层间产生脱皮,应将脱落及松动的部分清除,在下层沥青面上涂刷黏结沥青,并重做沥青层。

(3)面层与基层之间因黏结不良而产生的脱皮,应先清除掉脱落、松动的面层,并分析黏结不良的原因。若面层与基层间所含水分较多,应晾晒或烘干;若面层与基层之间夹有泥层,则应将泥砂清除干净,喷洒透层沥青后,再重做面层。

8.2.4 裂缝维修技术

1)路面裂缝

沥青路面在使用期内开裂,这是世界各国普遍存在的问题,如果不及时对路面裂缝进行合理处治,必然会加剧路面的进一步损坏。路面裂缝的危害在于,从裂缝中不断进入的水使基层甚至路基软化,导致路面承载力下降,产生唧浆、错台、网裂,加速路面破坏。

沥青路面裂缝按形成原因可分为温度裂缝(由沥青面层温差导致的温缩裂缝)、干缩裂缝(主要由半刚性基层干燥开裂引起,反射到沥青面层形成的反射裂缝)、荷载裂缝(行车荷载作用导致的结构性破坏裂缝)、沉降裂缝(由填土固结沉降或路基不均匀沉降引起)等几种主要形式。

沥青路面开裂的原因和裂缝的形式是多种多样的。影响裂缝轻重程度的主要因素有：沥青和沥青混合料的性质、基层材料的性质、气候条件(特别是冬季气温及其变化量)、交通量和车辆类型以及施工因素等。由调查可知,往往由于路面设计或施工原因造成结构层本身强度不足,不适应日益增长的交通量及轴载作用而产生开裂,最初一般表现为纵向开裂,然后发展成为网裂。由荷载产生的这一类裂缝,在我国中低级道路及一些超载严重的高等级公路车行道中是常见现象,然而,对我国大多数高等级公路来说,由于普遍采用半刚性基层,有足够的强度,这一类荷载性裂缝并不是主要的。相反,另一类裂缝即非荷载性裂缝的普遍存在,却引起了极大的关注,尤其是横向裂缝,是与半刚性基层材料与沥青及沥青混合料的性质密切相关的。

2)路面裂缝修补技术

沥青混凝土路面的早期病害多以裂缝的形式出现,加上半刚性基层反射裂缝的普遍存在,沥青路面产生裂缝后,大量路表水沿裂缝侵入路面结构内部,甚至进入路基,致使沥青混凝土路面在车辆荷载特别是重载交通和动态水的交互作用下,经常出现基层细集料流失、唧泥(浆)现象,严重的则可能导致坑槽的出现。及时进行维修,控制裂缝的进一步发展,可以防止路面早期破坏,而选用适宜、经济可行的维修方法,严格的工艺操作是维修裂缝的关键。维修方法一般有灌缝、封层、薄层罩面、现场再生等,常用的方法是灌缝。

开裂后路面的养护措施取决于裂缝的密度与开裂程度。如果裂缝已经钝化或裂缝边缘已损坏,甚至达到了高度损坏,这类路面则最好采用诸如石屑封层、稀浆封层等措施。如果裂缝处于低度至中度损坏状态,开始向边缘损坏发展,维修措施宜采用修补。表 8-4 为路面裂缝养护措施推荐表,表中给出了裂缝状态的描述。

如果裂缝处伴有其他形式的损坏,如沉陷、边缘损坏、错台等,或在荷载作用下弯沉显著增大,维修措施可以采取修补或铣刨。但如果弯沉很大或损坏非常严重,为了临时服务交通,可先对裂缝进行临时性处治,并尽快安排大修计划。

路面裂缝养护措施推荐表 表 8-4

裂缝密度	裂缝边缘损坏程度(占裂缝长度的比例,%)		
	低(0~25)	中(26~50)	高(51~100)
低	不处治	不处治或仅处治裂缝	裂缝修复
中	裂缝处治	裂缝处治	裂缝修复
高	处治面层	处治面层	大修

(1)灌缝修补法

①灌缝与填缝的目的

尽管裂缝宽度是选择灌缝或填缝的关键因素,但特定类型裂缝的年横向位移量是最主要的决策依据。通常,在工作裂缝边缘损坏之前应采取填缝措施,而非工作裂缝中等边缘损坏到无边缘损坏范围内应采用灌缝措施。

裂缝属于工作裂缝还是非工作裂缝,可根据其类型判定。工作裂缝在方向上常为横向,但是某些纵向和斜向裂缝也可能满足 3mm 位移量的指标。填充工作裂缝的材料必须能黏结裂缝的两侧壁并能随裂缝的开与合而伸缩。在低温、低应力下具有一定延伸能力的橡胶改性类材料一般适用于处治工作裂缝。

非工作裂缝包含斜向裂缝、大多数纵向裂缝和某些网状裂缝。由于裂缝间距小,裂缝宽度变化较小,允许使用价廉和特殊要求较少的灌缝材料。有经验的技术人员一般可根据经验确定工作裂缝和非工作裂缝,表8-5给出了判别工作裂缝与非工作裂缝的建议标准。

裂缝类别判定指标 表8-5

裂缝特征	裂缝处治措施建议	
	填缝	灌缝
宽度(mm)	5~19	5~25
边缘损坏情况(特别是碎落、碎裂)	最小~无(边缘损坏长度≤25%的裂缝长度)	中~无(边缘损坏长度≤50%的裂缝长度)
横向位移(mm)	≥3	<3
裂缝类型	横向温度裂缝、横向反射裂缝、纵向反射裂缝、纵向冷接缝	纵向反射裂缝、纵向冷接缝、纵向边缘裂缝、间距较大的网状裂缝

②灌缝与填缝的时间

填缝是一种预防性养护。当工作裂缝发展到一定程度后就应进行填缝处理,填缝的时间最好安排在天气偏凉的季节(温度在7~18℃),如安排在春季和秋季。

选择在有点凉的季节填缝出于两方面的考虑:第一,此时裂缝已开始张开(或尚未闭合),可以填充足够的材料;第二,裂缝张开正好在年平均宽度左右,便于选择填缝材料,因为填缝材料能承受的胀缩总是有限的。

灌缝可以是预防性的也可是日常养护,这取决于公路管理机构处治裂缝的方法。像填缝一样,非工作裂缝发展到中等程度就应该进行预防性灌缝处治。灌缝应使用耐久性好的灌缝材料,以减少灌缝次数。裂缝完全形成之后马上灌缝,可以延缓其进一步的增长。

③灌缝方案

a. 主要考虑因素

选择灌缝和填缝处治措施应考虑下列因素:气候条件,包括处治时的气候和一般的气候条件;公路类型与等级;交通量与货车比例;裂缝特征与密度;材料;填缝、灌缝方式;养护工艺和机具;安全因素。

方案设计时应重点考虑公路现状及发展趋势,选择适当的材料和填缝、灌缝方式,确定养护工艺和机具。特定路段位置和养护时的气候条件对选择材料和工艺有较大的影响,例如,如果养护时湿度大、温度低,使用加热喷枪能缩短灌缝时间。

在选择材料和养护工艺时,也应考虑公路所在地区整年的气候条件,气温偏高的地区,所选择的材料不应在温度高时出现显著软化和流动,相反,非常冷的地区要求材料在低温下有一定韧性。裂缝特征,比如宽度、张开位移、边缘损坏情况等都对选择材料和工艺有影响。

b. 选择填缝与灌缝材料

目前市场上有多种牌号的灌缝与填缝材料,每一种都有其明显的技术特点。根据灌缝与填缝材料的组成与生产工艺,可分成两大类和不同的小类。

第一类是冷操作的热塑性沥青材料,又可分为液体沥青(乳化)和聚合物改性液体沥青。

第二类是热操作的热塑性沥青材料,又可分为沥青、纤维沥青、橡胶沥青、改性沥青、低模量橡胶改性沥青和化学处理的热融性材料。

除以上两大类以外,其他材料还有裂化沥青、沥青胶浆和砂粒式沥青混合料。

热塑性沥青材料中,沥青和液体沥青韧性较小,温度敏感性高,因此,用于非工作裂缝的灌缝受到限制;类似地,因为纤维不能增加沥青的弹性,不能显著改进其温度敏感性,所以纤维沥青多数适宜于作灌缝材料。在液体沥青或加热沥青中添加胶类聚合物,一般能增加沥青的韧性,改善沥青的野外性能。韧性改善的程度取决于沥青的类型和性质、硫化橡胶的掺量以及橡胶与沥青的混合工艺。其他类的聚合物也常与沥青混合使用,单独或与橡胶一起使用。

化学处理热融性材料是把一种或两种材料通过化学反应使其从液态变为固态。这类材料近几年在沥青路面中得到了应用。

材料选择的第一步就是确定材料应该具备的性能,以适应特定的要求。用于填缝与灌缝的材料,应考虑以下几方面的性能是否合适:准备工作时间、工作和易性、养生时间、黏附性、黏结性、抗软化与流动能力、韧性、弹性、抗老化与气候作用、抗磨损。

c. 选择填缝或灌缝构造

填缝与灌缝材料填灌入缝的构造形式较多,裂缝填、灌处治的典型构造示意图如图 8-3 所示。这些构造可分为四组。

a. 齐平。在齐平构造中,材料仅简单地注入既有的不经处理的裂缝中,裂缝外面的材料应铲除。图 8-3a)的构造即为齐平构造。

b. 刻槽构造。将裂缝切齐,称裂缝刻槽,材料仅放入切齐的裂缝内。材料或者与缝顶面齐平,或者略低于路面表面。图 8-3d)、f)、h)、j)、k)为刻槽式填灌缝构造。

c. 顶式。材料置入未经切齐的裂缝内。如材料超出裂缝口,应用橡胶滚轴将超出材料滚压成条带,简单的条带构造如图 8-3b)所示;如超出材料不使其形成条带形,则形成图 8-3c)的帽形。

d. 刻槽梯形封顶。材料置入切齐的裂缝,然后用橡胶滚轴使超出裂缝的材料滚压成条带,形成的条带应对称于裂缝。图 8-3e)、g)、i)、l)即为该种组合构造。

几乎所有的填、灌缝工艺都是直接把材料放入裂缝缝道内[图 8-3a)~i)],但有时在填缝之前,将嵌缝条材料(如聚乙烯泡沫条)放在工作裂缝的刻槽底部。泡沫条的作用是防止填、灌缝材料进入切割的刻槽下的裂缝,并且不会与刻槽的侧面黏结在一起,这样,可以加强填、灌缝材料的潜在性能。

填缝料的形状,特别是对于刻槽模式,也影响其性能。在最初的设计时就应考虑其形状,通常用形状参数表示,形状参数定义为宽和深度的比。一般情况下,形状参数仅受切割槽的尺寸控制,当采用嵌缝条时,形状参数受嵌缝条和切割槽尺寸的影响。

只有在下列两种情况下,才考虑使用嵌缝条:一种是使用嵌缝条具有技术经济效益;另一种是工作裂缝比较直(比如反射裂缝),并且边缘损坏非常轻。

热施工的橡胶改性填缝料多数建议直接填入缝内,但使用嵌缝条也不会增加太多的费用。硅树脂作填缝料时,应使用嵌缝条。

④灌缝常规方法

在深秋冬末季节,将纵横裂缝处清扫干净,直接用油壶灌入加热的沥青,是一种常规使用的方法。但常出现浇灌的沥青晾干后进入不到缝纹深处,在与冷的旧沥青路面黏结前就轻易被车轮带走。因此,开发出用乳化沥青进行灌缝处理的技术,效果较理想。有的在灌沥青前,用液化气将缝壁加热至黏性状态后,再把沥青或沥青砂浆喷抹到缝中,最后在缝口表面撒布热砂或石屑加以保护。细小的裂缝,则要用盘式铣刀进行扩宽,再做处理。

1995 年,美国公路部门研究出一种 CRF – PM 聚合物改性乳液,具有很好的弹性、流动

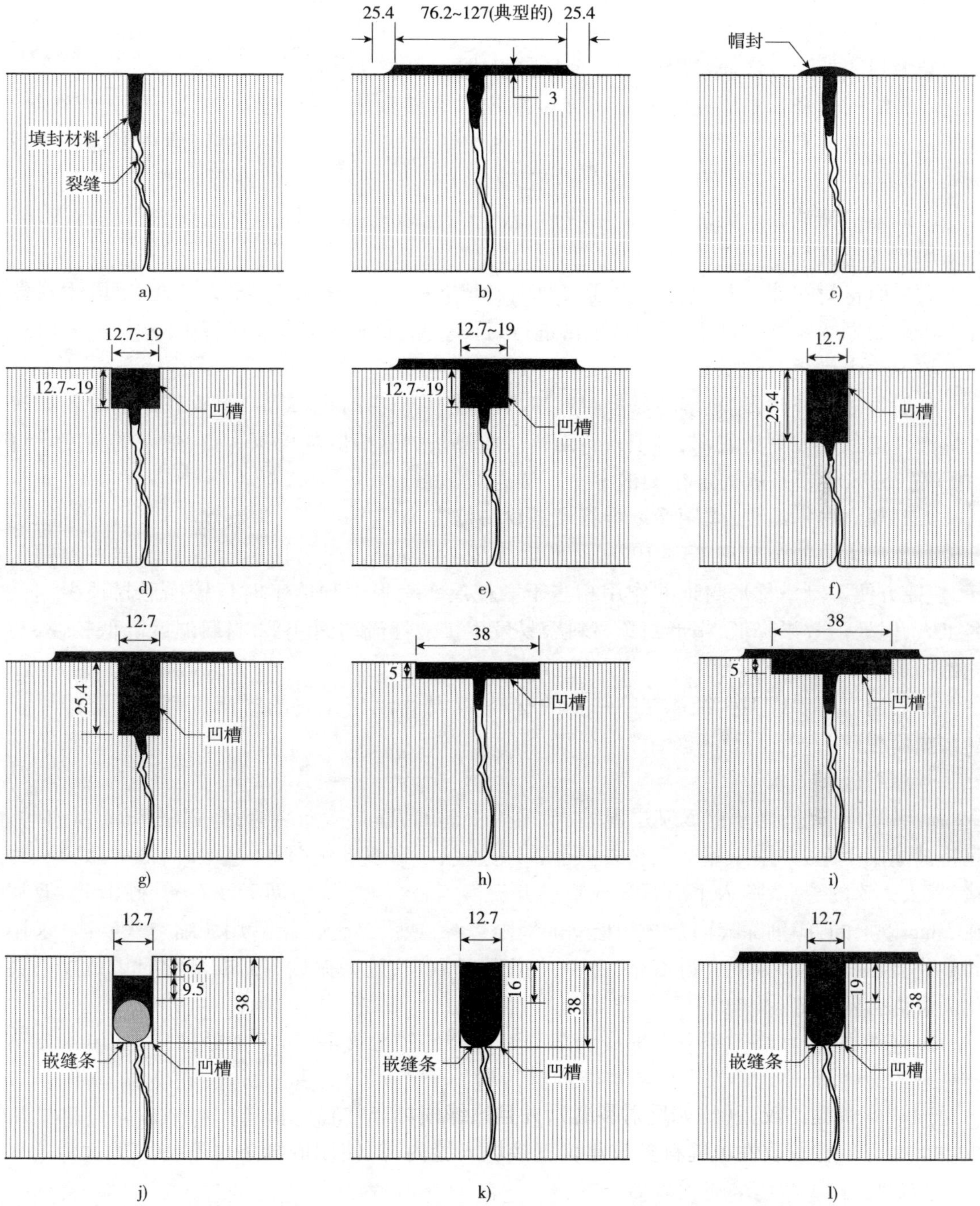

图 8-3　裂缝填、灌处治的典型构造示意图(尺寸单位:mm)

a)路表齐平式;b)简单梯形封顶;c)冒式封顶;d)标准刻槽路表齐平式;e)标准刻槽梯形封顶;f)刻槽路表齐平式;g)深刻槽梯形封顶;h)浅刻槽路表封顶;i)浅刻槽梯形封顶;j)深刻槽凹式填充;k)深刻槽路表齐平式;l)深刻槽梯形封顶填补

性和黏结性,不受季节和气温的影响,填缝后能牢牢地黏附在裂缝壁上和路面连成一体。施工时,只要将 CRF - PM 聚合物改性乳液放在一个专用壶中,由人工浇入裂缝中,再铺砂子,即可开放交通。国外最近研制出一种合成橡胶填缝材料,可在高于 40℃ 的温度下使用,施工时，只需用瓶子盛装，将填缝料灌入裂缝，30min 内即可恢复交通。

⑤裂缝封闭处治技术

裂缝封闭处治方法通常由以下五个步骤组成。

a. 裂缝的整修。采用裂缝刻槽机或金刚锯对裂缝刻槽，刻槽应均匀且断面垂直边缘。刻槽机上一般装有调节刻槽深度的装置。有些裂缝形状不规则，很难准确地在裂缝上进行刻槽，未刻到的部分与刻槽形成相邻的两道缝（槽），此时还应对余缝进行刻槽。

b. 缝槽的清洁和干燥。需要采用吹风器、空气压缩机、钢毛刷等对已刻缝槽进行清洁，并采用热气枪进行干燥。

c. 封面材料的准备和填充。主要仪具有：沥青锅、沥青分配器、垫条安放工具、输料器等。当路面潮湿或气温低于 5℃时，不得进行封面。封面料不应在输料管中停留，灌入时材料的温度应由供货商提供。

一般裂缝修补时，是直接将修补材料填入缝槽中，但有时也将隔离黏附作用的材料如聚乙烯泡沫垫条放在刻槽底部，再填入封面料。放垫条的缝槽应刻得深一点，垫条的宽度比缝（槽）宽 25%，使垫条能固定在刻槽中。

d. 整料。根据需要，采用橡皮棍将填缝材料修整为凹形、齐平、帽形和梯形封顶等形式。梯形封顶尺寸一般为宽度 76 ~ 127mm，厚度 3. 2 ~ 4. 8mm。简易梯形封顶可以省去刻槽工序，快捷方便。刻槽梯形封顶的作用相当于磨耗层。帽形封顶施工时可较梯形封顶少用一名工人，但处治效果降低，帽形封顶材料容易发生扩散性流动而变平，材料温度降低较快，与刻槽的黏附不够充分。

e. 吸油。用砂或卫生纸罩在刚修整的材料上，防止刚施工完的封面材料在车轮作用下受磨损而脱落。

⑥灌缝施工要求

a. 纵横向裂缝：由于路面基层温缩、干缩等引起的纵向、横向裂缝，缝宽在 5mm 以内的，宜将缝隙刷干净，并用压缩空气吹去尘土后，采用热沥青或乳化沥青（潮湿时）灌缝撒料法封堵，灌入 2/3 的缝深，填入干净石屑或粗砂并捣实，将溢出缝外的沥青及石屑、砂清除；缝宽在 5mm 以上的，应剔除缝内杂物和松动的缝隙边缘，或沿裂缝开槽后用压缩空气吹净，采用砂粒式、粒式热拌沥青混合料填充、捣实，并用烙铁封口，随即撒砂、扫匀，潮湿时也可采用乳化沥青混合料填缝。

b. 轻微裂缝：在高温季节全部或大部分可愈合的轻微裂缝，可不加处理；对高温季节不能愈合的裂缝，在高温季节可将有裂缝的路段清扫干净并匀洒少量沥青（在低温、潮湿季节宜采用乳化沥青），再匀撒一层 2 ~ 5mm 的干燥洁净石屑或粗砂，最后用轻型压路机将矿料碾压。

c. 土基、路面基层的病害或强度不足引起的裂缝类破损，首先应处理土基或基层，然后修复路面。

d. 因路面沥青性能不好或路龄较长、沥青路面层老化产生较大面积的裂缝（包括网裂），若强度尚好时，通过技术经济比较，可选用下列修理方法：乳化沥青稀浆封层，封层厚度宜为 3 ~ 6mm；加铺沥青混合料上封层，或先铺设土工布后，再在其上加铺沥青混合料上封层；改性沥青薄层罩面或超薄磨耗层；单层沥青表处。

（2）乳化沥青微表处和稀浆封层修补法

使沥青、水和化学物质（乳化剂分为阴、阳离子两大类）的混合物，在强力机械剪力作用下形成悬浮液，即用胶体磨使其变成黑色流体，形成乳化沥青，其中沥青的含量为 50% ~ 70%（乳化沥青可直接用来灌缝、刷边等），用 50% 石屑、30% 粗砂、20% 细砂混合成符合级配要求的集料，按油石比 8% ~ 12% 掺入乳化沥青，加入 2% 普通水泥作填充料，形成稀浆，由专用的封层机铺在旧沥青路面上，厚度为 0.5 ~ 0.6cm。在铺筑过程中，乳化沥青将渗入裂缝中，待其破乳水分蒸发，达到修补裂缝的目的，还可使路面平整。使用沥青混合料进行封层时，一般厚度在 1.5cm 以内，可采用层铺法或者拌和法施工。

（3）沥青混合料罩面法（超薄磨耗层、薄层罩面）

这是一种根据路面裂缝严重情况，结合路段使用间隔年限、交通量大小所选用的一种方法。常用标准的中粒式、细粒式沥青混凝土作罩面材料，一般厚度在 1.5 ~ 4.0cm，施铺前原路喷洒黏层沥青。目前已开始应用土工布、土工格栅和喷洒橡胶沥青作为应力吸收层，以提高防裂效果。

用于表面处治层的沥青材料，还有一种是冷拌掺纤维的断级配沥青混合料，添加纤维的比例可降至 0.1% ~ 0.2%，这种混合料具有良好的流动性和均匀性且施工费用少，因掺入了纤维，防裂效果明显。

沥青路面相隔大约 10m 就出现横向裂缝，英国对此进行过研究试验，他们的维修工艺是：首先标出裂缝和大面积损坏处，使用破碎机将大面积损坏处挖出，用切削机将裂缝处切割成 V 形截面槽，上宽最小 60cm，深 30cm（包括沥青层和部分基层），洁净后均用密级配沥青混凝土填平、压实；完成裂缝的处置后，在表面铺一层黏结层，然后摊铺 30mm 厚的密级配沥青碎石作为平整层；再铺一层 45 ~ 50mm 厚的热压沥青碎石，再以 13.5kg/m^{2}的用量，撒铺厚度为 20mm 的热拌沥青石屑，并将石屑压入热沥青层中。两年后观察效果很好，预计可使用几年。

（4）现场再生维修法

封层、罩面法虽可利用机械化施工，但对开裂处的沥青混合料未能触动，性能得不到改观，加之覆盖层的厚度有限，裂缝在封层、罩面后常会在表层复出。对此，采用沥青路面再生利用的原理，应用到裂缝的维修上来，即现场再生维修法。

①裂缝处的再生

沥青路面再生利用技术目前已普遍应用。就现场再生利用来讲，首先采用再生系列设备，将旧沥青路面加热至融化松散，然后加入再生剂和一定数量的沥青和集料，就地拌和成新的沥青混合料，经摊铺碾压成性能较好的路面。裂缝的再生维修是先用已研制成的轻便型路面加热器，在裂缝处宽 5 ~ 10cm 范围内加热数分钟后，约 1m 长的裂缝处旧路面便可变软，如果缝深，则加热时间长。此时，用油壶倒入适量热沥青，掺入少量砂或石屑，人工就地热拌，使裂缝处自上到下、左右两边形成含油量较大的新混合料，再找平、撒砂养护，这样处理过后的裂缝含油量大而且柔，可吸收各种因素引起的应力。试验证明，这种方法可消除裂缝，而且人工操作，无须大型设备，是代替传统灌油缝的好方法。

②大面积裂缝路面的再生

对于裂缝多的路段，用加热车对旧路面实施两次加热，使表面裂缝深处全部融化变软，喷洒一定数量的再生剂和稀沥青后，与掺入适量的集料实施就地拌和，拌和方式可采用再生机或铣刨机或人工拌和，然后再进行碾压成型。有的是将有松散裂缝的旧沥青路面趁夏季高温刨出，堆成小堆，采取加热融化或人工破碎或利用融化剂粉碎，重新添加沥青、集料拌和后，就近摊铺碾压，由于改变了裂缝处的沥青混凝土性能，从而达到消除裂缝的目的。

8.3 沥青路面预防性养护维修技术

8.3.1 预防性养护基本概念

预防性养护于20世纪80年代作为一个概念被提出，是一种周期性的保养措施，是在路面结构强度足够，只是出现轻微损坏，仅表面功能降低的情况下，通过对道路早期病害的调查、对病害成因的分析、对病害发展的判定，提前发现隐形病害的存在，为恢复路面表面服务功能而采取的一种养护措施，以达到延缓路面破坏、保持或提高路面使用性能、延长路面使用寿命、节省养护费用的目的。预防性养护肯定需要投入一定的费用，但它是一种费用效益比最优的养护措施。

预防性养护分为两层涵义，第一层是狭义的预防性养护，第二层是广义的预防性养护。从第一层上讲，预防性养护就是在路面发生结构性破坏以前，为了保持路面的正常运营状态，延长未来的路面寿命，获取道路使用的最大效益，在不做结构性改变的前提下，在适当的时间，采取合适的技术措施恢复路面系统的功能状况，改善路面服务水平。从第二层上讲，除了改善路面系统的功能状况之外，还要针对路基、桥涵、附属设施等进行处理和维护，用以改善道路系统的总体功能状况，提升道路服务水平。

狭义的预防性养护与国外的预防性养护概念一致，突出的是路面本身的预防性养护，并且突出了以预防为主及不改变结构的两方面意思。广义的预防性养护则是在狭义预防性养护的基础上进一步延伸，一方面将预防性养护概念延伸到路基、桥涵及附属设施等，另一方面，根据实际情况，完全按照国外预防性养护理念在路况尚好的情况下进行大的养护投入也不现实，因此以预防为主、防治结合，路面即便稍超出狭义预防性养护的范畴与时机，但仍可以通过小的处治达到避免大病害时，也符合广义预防性养护的“治小病防大病”的基本原则。

按照规范中的养护工程类别划分，狭义的预防性养护，属于小修保养及部分中修工程的范畴；广义的预防性养护则包含了预防性养护和矫正性养护两个层面的内容，是除大修工程以外的包括维修保养、中修工程及桥隧加固等范畴。从预防性的角度来看，小修工程是对小病害的及时性修复，用以防止大病害的发生，广义的预防性养护则是全方位立体的概念，属于系统工程。

预防性养护同传统养护观念相比，有很大的区别。传统的养护观念是，养护工作一般在公路病害已经形成的情况下，再采取相应的技术手段进行处治以达到恢复正常使用。这种条件下的养护带来两个方面的弊端，一是公路出现病害后，对其服务社会的功能受到影响，导致了使用者成本的增加；二是错失了公路设施在病害刚出现时的最佳处治时机。而预防性养护是一种新的公路养护理念，其改变了传统的养护观念和习惯，在公路病害发生初期，即对其进行养护，不让破坏向更深层次发展，从而达到延长公路有效使用期、保持公路路况良好、提升公路使用质量、降低公路养护成本、延长中修或大修周期的目的。

路面预防性养护技术的发展与沥青和沥青混凝土技术的发展历程，以及与高速公路网的建设历程密切相关。纵观发达国家的路面预防性养护技术发展史，大致可分为三个阶段。

第一阶段是20世纪20年代至80年代初，随着沥青和沥青混合料技术的发展，大量的预防性养护措施被研发出来。例如20世纪20年代于德国出现的稀浆封层技术，50年代于南非出现的碎石封层技术，60年代和70年代于德国出现的SMA技术和微表处技术，以及80年代初于法国出现的薄层罩面技术。虽然在此阶段并没有出现路面预防性养护的概念，但上述的预防性养护措施却逐渐走向成熟并被大量应用到实体的养护工程中。

第二阶段是 20 世纪 80 年代初至 90 年代末，大量关于预防性养护措施应用条件、应用效果的研究项目得到开展。随着路面管理系统技术的发展，人们需要更深入地理解路面养护工作的内涵。1980 年 Blum 和 Phang 结合加拿大路面管理系统项目正式提出了路面预防性养护的概念，这是最早关于路面预防性养护概念的报道。为更深入地了解预防性养护措施的性能，1987 年 SHRP 计划开展了代号 SPS－3 的柔性路面预防性养护技术试验路的研究项目，用以考察碎石封层、稀浆封层、封缝和薄层罩面措施的短期及长期应用效果。随着美国国会 1991 年、1995 年和 1997 年不同法案的签署，预防性养护技术在路面养护工作中的重要地位得以最终确定。

第三阶段是 20 世纪 90 年代末至今，系统性、可量化的预防性养护策略理论方法得到深入的研究。20 世纪 90 年代末，随着大量预防性养护措施的应用，公路管理部门迫切需要可量化的方法制定预防性养护策略。2001 年路面保护基金会将预防性养护技术的内涵定义为：在最合适的时间，将最合适的措施，应用到最合适的位置上。此后，很多学者围绕着"三个最合适"对预防性养护策略理论进行了深入研究。这些研究的开展意味着人们对预防性养护技术的认识已由最初的感性层面上升到了深层次的理性层面。

我国路面预防性养护技术概念的引进，是伴随着 20 世纪 90 年代末一些预防性养护措施的引入而来的。目前国内一些省市开展了大量的预防性养护措施的应用研究，但关于预防性养护策略理论的研究尚处于起步阶段。

8.3.2 裂缝填封类预防性养护技术

沥青路面建成后，不论其基层是柔性的还是半刚性的，都会不同程度地产生各种各样的裂缝。路面使用初期产生的裂缝对沥青路面的使用性能常无明显影响，但随着表面雨水或雪水的逐渐浸入，致裂缝两侧的路面结构层特别是裂缝附近土基的含水率加大，甚至饱和，其结果是路面承载力明显降低，在大量行车荷载反复作用下，产生冲刷和唧浆现象，加速路面破坏。所以，对沥青路面产生的裂缝必须及时修补。修补裂缝是沥青路面预防性养护作业中的一项重要内容。

开槽、灌缝工艺。首先通过利用专用开槽工具沿裂缝开具一定宽度和深度的矩形小槽，然后采用自行加热与灌注一体的灌缝机把热熔型聚合物密封胶灌入槽(缝)。由于该工艺所采用的开槽工具具有特殊灵活和密封胶材料优越的技术性能，大大提高了路面裂缝处治的质量和耐久性，真正达到了抑制裂缝的继续扩展、有效延长路面使用寿命的目的。对于开挖面层后发现的大于 5mm 的基层裂缝，则可以在进行裂缝清理后直接灌注，以密封胶灌满为佳。

清缝、灌缝工艺。主要针对温缩裂缝、反射裂缝进行预防性养护，利用专用的清灌缝机进行缝养护，一般工序为：预备工作→备料→开槽(沿裂缝走向)→清缝(吹干加热，清除缝内杂物)→灌缝(压入专用灌缝料)→人工刮平形成封膜→固化→开放交通。

8.3.3 表面涂刷(喷洒)类预防性养护技术

表面涂刷(喷洒)类预防性养护技术包括表面涂刷或喷洒还原剂、沥青再生剂、各类乳化沥青等，也称雾封层、还原剂封层。

美国早在 1960 年就已开发用于军用机场，1980 年由军用转向民用，后来加拿大、巴西等国陆续采用。而我国则于2001年在昆明、广州试用。沥再生(Rejuva Seal™)是一种用于沥青路面的三合一的液体维护剂,是一种极其高效的具有渗透性的沥青再生密封剂。其特点主要有:①具有不改变沥青表面结构就能起到密封和再生作用的特性;②能渗透到沥青表层,变成沥青层整体的一部分,与之共同收缩和膨胀,不像普通表面密封剂那样易于剥落、开裂和脱层,因而具有较强的温度适应性,十分耐久。沥再生是一种预防性的沥青路面维护产品,在路面未出现病害或刚出现轻微病害时即对路面进行保养,使其恢复新路面使用性能。

(1)雾封层施工工艺

由于目前高速公路沥青面层事实存在的施工离析现象或孔隙率过大,即工程先期已有的缺陷、隐患问题,有效地预防路(桥)面造成的渗水现象已变得非常必要,而路面雾封层技术是一种很直接、有效和经济的预防性养护措施。雾封层是在沥青面层上喷洒一层薄薄的、高渗透性改性乳化沥青,形成一层严密的防水层将路面封闭,起到隔水防渗、保护路面使用功能,最大限度地减少路面的水损坏,加大路面粗细集料间的黏结力,由此延长路面使用寿命,从而节约养护资金。雾封层作为一种沥青路面的预防性养护措施,不仅经济、迅捷,而且能有效地防止沥青路面的水损坏,比较适用于高速公路的特殊养护条件和要求。

(2)抗滑型雾封层

抗滑型雾封层是一种新型高速公路沥青路面预防性养护技术,利用专用设备将具有良好渗透性的油剂型雾封层材料和铁钢砂均匀地摊铺到沥青路面上。雾封层材料可以填封微小裂缝和表面空隙,起到防水和抑制松散的作用,防止路面材料进一步老化。铁钢砂可以增大路表面的粗糙程度,起到提高路面摩擦系数、保证行车安全的作用。该工艺可提高路面抗滑性能、避免水损害,达到保护路面结构,延长路面使用寿命的目的,是一种经济有效的预防性养护措施。抗滑型雾封层适用于表面产生渗水、贫油、微细裂缝等病害,以及老化严重的高速公路沥青路面养护。

8.3.4 封层类预防性养护技术

目前,在世界各地的高速公路养护技术中,用于抗滑表层维修的混合料有三种代表类型:一是改性沥青超薄抗滑表层(厚度2cm);二是改性热沥青表面处治;三是改性稀浆封层,即微表处。其工程造价分别为普通密级配沥青混凝土(厚度4cm)的60%~80%、15%和20%。除非是重建磨耗层,否则这三种养护技术应是高速公路表层维修的首选技术,用于维修路面,能生成稳定面层,防止路面夏季出现车辙和推移,冬季出现开裂等破坏,并能承受重载和大交通量,适合于高速公路路面预防性养护。

1)稀浆封层

稀浆封层(图8-4)广泛应用于沥青路面预防性养护,当路面整体强度足够,但面层出现各种轻微病害如裂缝、车辙、平整度不够、抗滑性能不足时,采用稀浆封层薄罩面,可起到防水、防滑、耐磨、改善平整度等作用。用适当级配的石屑或砂、填料(水泥、石灰、粉煤灰、石粉等)与乳化沥青、外掺剂和水,按一定比例拌和而成的流动状态的沥青混合料,将其均匀地摊铺在路面上形成沥青封层,由专用的稀浆封层车进行摊铺,为冷拌冷铺作业,摊铺后无需碾压。稀浆封层多用于处治沥青路面老化、裂缝、松散、磨光等病害。

2)微表处封层

(1)微表处技术

微表处技术(图8-5)是采用专用摊铺设备将聚合物改性乳化沥青、集料、填料、水和添加剂等按合理配合比拌和成稀浆混合料并迅速摊铺到原路面上,形成一层与原路面结合牢固、具有良好的抗滑耐磨性能、在摊铺后1~3h内开放交通的薄层(1cm)结构,常用于高速公路预防性养护。

图8-4 稀浆封层技术

图8-5 微表处技术

微表处封层是与稀浆封层功能相近、所用材料大致相同的一种沥青封层,即改性乳化沥青稀浆封层,在国外亦称为聚合物改性稀浆精细表面处治,简称为PSM,在法国和美国的高速公路养护工程中应用最为广泛。微表处技术是在稀浆封层技术上发展起来的技术,微表处封层与稀浆封层的主要区别在于黏结物、集料和混合料配合比设计不同,微表处要求更高,微表处封层使用聚合物改性乳化沥青,而稀浆封层使用普通乳化沥青,但随着技术的发展,近年来研发的部分稀浆封层设备也可以使用聚合物改性乳化沥青,缩小了二者之间的差别。

聚合物改性乳化沥青微表处是一种采用高分子聚合物使乳化沥青改性的沥青路面铺筑技术。美国、法国、澳大利亚等欧美国家20世纪80年代初即开始应用这项技术,简称PSR。微表处作为路面的恢复层,有较好的密封、抗滑和耐磨性,能够填补车辙,并可有效消除雨季路面打滑问题。该技术被国际公认为是修复道路局部范围内车辙、轻度裂缝等病害,防止路面水损坏,改善沥青路面表面功能,提高路面抗滑性能的最有效、最经济的手段之一。改性乳化沥青稀浆混合料,在国外还用于填补车辙,可填补深度达40mm的车辙,由车辙最深处自动变薄铺开,而不用铣刨旧路面,既节约资金,又提高生产效率。微表处主要用于防止路面松散、延缓路面老化、提高路面摩擦力、弥补路面微小的缺陷及用于车辙的填补,一般情况下,微表处封层多用于大交通流量、重载交通的高速公路的车辙修复。

微表处技术有如下优点:①施工速度快,连续式稀浆封层机一天能摊铺500t微表处混合料,施工后1h即可通车,非常适合高速公路;②可提高路面的防滑能力,改善路面性能,延长路面使用寿命;③成型快,施工期短;④常温条件下施工,符合环保要求;⑤微表处层很薄,不影响路面排水,不增加桥面厚度。

目前微表处罩面技术主要是用于建立和恢复道路表面功能,在高速公路路面养护工程中,微表处已经成为防水、抗滑、耐磨、耐久的道路表面功能层。随着该施工工艺的规范化、标准化以及施工质量的提高和综合成本的降低,在高速公路沥青路面的预防性养护上将得到更为广泛的推广和应用。

(2)微表处技术的适用条件

微表处是稀浆封层技术发展的高级阶段,是利用专用设备将聚合物改性乳化沥青、集料、填料、水和外加剂等按合理配比拌和并迅速摊铺到原路面上,形成一层与原路面结合牢固的抗滑磨耗层。其适宜应用的路况为:①路面轻度纵、横向裂缝和块裂;②路面磨耗严重或松散;③轻度或中度泛油的路面;④轻度不平整的路面;⑤摩擦系数不足的路面;⑥渗水的路面;⑦疲劳裂缝轻微的路面;⑧车辙稳定的路面。

以下情况不宜使用微表处:①疲劳裂缝严重的路面;②路面损坏严重、使用寿命短的路面;③温度裂缝严重的路面;④炎热地区的泛油路面。

(3)微表处修复车辙施工技术

微表处修复车辙施工技术是以聚合物改性乳化沥青为黏结料,借助专用的摊铺设备进行施工的一种冷拌沥青混合料不等厚薄层摊铺技术。它具有施工进度快、成本低、效果好等特点,可以迅速恢复和改善原沥青路面的平整度,提高防水性和抗滑性。车辙横断面一般为下凹形曲线,其填补厚度为变量,这就需要混合料中集料粒径按照辙槽的断面正态分布。这种近乎理想化的技术要求只有微表处工艺可以做到。因为用于微表处的稀浆封层机配置一个V形摊铺槽,在摊铺过程中,混合浆体中各种粒径的集料就会在V形摊铺槽内经搅拌按照厚度变化呈正态分布进行摊铺,同时在辙槽上方形成一定的预留拱度,为混合料经受行车荷载进一步压密做出预留。

一般来说,微表处适用于25mm深度以内的车辙处理。根据经验,对于12mm以内的车辙可以一次摊铺修复;较深车辙分层摊铺时,每层摊铺间隔一般在1d以上,待下层完全干燥并基本压实后,再进行上层摊铺。微表处处理车辙面层一般以略高于路面摊铺厚度20~40mm为宜,即预留适当的拱度,经过相当一段时间的辗压后与原路面基本持平。根据经验,夏季高温季节一般一星期左右,秋冬低温季节半月左右,基本能够达到相对密实。对于早期车辙修复,微表处工艺是一种较好的养护技术,既能节约大量养护资金,又能缩短施工作业时间。

3)纤维微表处封层

纤维微表处与普通微表处的最大区别在于前者中掺加了纤维,而纤维在沥青混合料中能有效地改善沥青胶体结构,形成三维分散形态,起到加筋作用,并且能使沥青、矿粉等在沥青混合料中均匀分散,可有效阻止胶团和泛油。有资料表明,添加纤维的微表处使得路面寿命提高30%左右,车辙量减少50%左右。

4)碎石封层

碎石封层是在路面表面撒布一定量的结合料后,再在其表面撒布一定量的单一粒径碎石,并通过胶轮碾压使碎石2/3嵌入结合料而形成一种耐久、抗滑的路面表面的处治方法。碎石封层在澳大利亚、南非、美国及欧洲等国家和地区广泛应用于新建道路的磨耗层、新建轻交通量道路的面层和路面的预防性养护工程。

碎石封层作为路面养护措施,路面需具有足够的强度和刚度以及良好的整体稳定性;原路面无严重的坑槽、松散、翻浆、沉陷、网裂、车辙等病害现象;原路面无横坡超限,或中线偏移、平整度差等缺陷。采用碎石封层施工前,应对原路面坑槽、车辙、沉陷、大裂缝等既有病害进行全面处治。

(1)碎石封层的种类

碎石封层是按预先设计好的配合比,通过专门的机械将砂石、黏结材料铺设在原路面表面上，形成的一层沥青磨耗层。一般摊铺厚度不大，主要起到增加路面的抗滑、耐磨耗性能，提高平整度、路面的防渗水性能等作用。

碎石封层按撒布层数不同，分为单层碎石封层和双层碎石封层，国外常用双层碎石封层；按黏结层材料类型不同，分为乳化沥青碎石封层、普通石油沥青碎石封层、改性沥青碎石封层、橡胶沥青碎石封层以及纤维改性沥青碎石封层；按施工工艺不同，分为普通碎石封层（异步碎石封层）、同步碎石封层，分别见图 8-6、图 8-7。同时，碎石封层结合微表处或稀浆封层可形成开普封层。

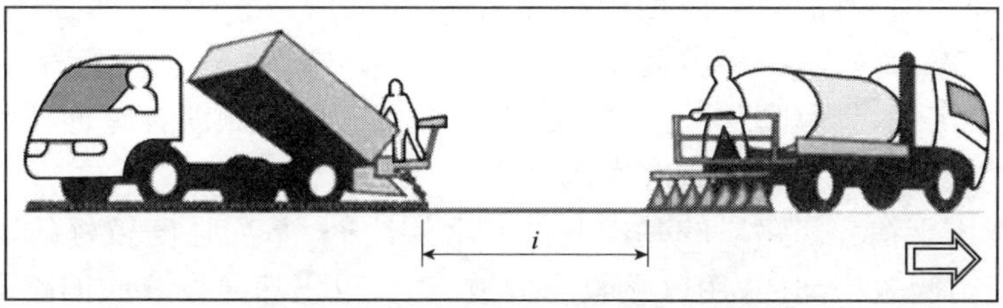

图 8-6　普通碎石封层（异步碎石封层）技术

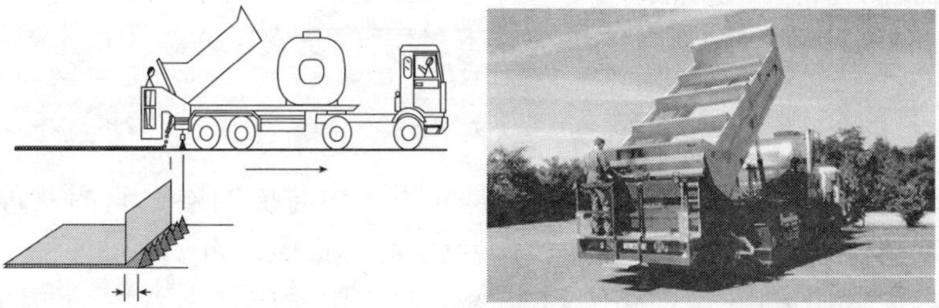

a)　　b)

图 8-7　同步碎石封层技术

（2）同步碎石封层技术

同步碎石封层技术是法国赛格玛公司在 40 多年的实际公路养护经验中总结提出的一种现代道路养护技术，用专用设备即同步碎石封层车将沥青结合料和单一粒径碎石，几乎同时洒布在路面上，在胶轮压路机或自然行车碾压下，使结合料与石料之间有最充分的表面接触，以达到最大限度的黏结，从而形成保护原有路面的沥青碎石磨耗层，改善路面的抗滑能力与路表抗渗水能力。

（3）橡胶沥青碎石封层技术

橡胶沥青同步碎石封层技术是利用具有高变形能力的橡胶沥青作为黏结材料的同步碎石封层技术。该封层是一种在基层表面或旧路面表面的由橡胶沥青镶嵌相同粒径集料而形成的胶状板体，由于橡胶具有高黏度和高抗变形能力，可以作为应力吸收层（SAMI），能够缓解裂缝部位的应力集中，防止沥青路面形成反射裂缝，也可以单独用作预防性养护措施或低等级道路路面，还可以用作新旧路面罩面间的中间封层，起到黏结层和防水层的作用。采用橡胶沥青作为黏结材料时，应当采用同步碎石封层技术，即将橡胶沥青的洒布和碎石的撒布集成在同一辆撒布车上，使后续撒布的碎石能快速嵌入尚处于高温状态的橡胶沥青中。

与其他养护技术相比（如稀浆封层、微表处技术），橡胶沥青碎石封层具有更强的防水性能、极高的抗滑性能和防止路面反射裂缝产生的良好性能，可用作旧沥青路面的维修养护；在水泥路面表面剥落、色泽不一或需要加铺沥青层时被采用，可处治混凝土表面的细小裂缝、防止裂缝处渗水；用在桥面上铺筑封层，可减轻桥身自重。

(4)纤维改性沥青碎石封层技术

纤维封层是法国赛格玛(SECMAIR)公司最新开发的一种道路预防性养护技术，其采用纤维封层核心设备，同时洒布沥青黏结料和玻璃纤维，然后再撒布碎石，经碾压形成新的磨耗层或应力吸收中间层的一种新型道路施工和养护技术。

纤维封层具有如下优点：①良好的应力吸收和扩散能力，是一种很好的应力吸收中间层，能够有效地抑制反射裂缝出现，有效阻止因车辆荷载过重造成路面破坏，极大提高路面的使用寿命；②高耐磨耗性，能有效地限制碎石的滑移、脱落；③高防水性，纤维封层结构为"一层沥青 + 一层纤维 + 一层沥青(连续洒布) + 一层碎石"形成的致密网络缠绕结构，防水性能优良；④高稳定性，具有高弹性模量、延伸力强，能有效抑制沥青路面低温收缩裂缝的产生；⑤施工快捷性，专门施工机械一次完成，施工速度快。

纤维封层适用于在大修路段的基层与沥青面层之间、基层强度较好的旧沥青路面与加铺层之间用作应力吸收中间层，用以吸收和分散应力，阻止基层裂缝或旧路面裂缝反射到上面层或加铺层；适用于基层强度较好、出现轻微的龟裂或网裂现象需要中修改造的老路面；用作磨耗层，能预防并抑制裂缝继续扩延，并起到路面防水防滑的作用；还可用作中、小桥面铺装的防水层，旧水泥路面改造，各等级公路下封层，以及农村公路的路面面层。

8.3.5 罩面类预防性养护技术

薄沥青罩面(thin asphalt friction course)是介于封层与加铺层之间的一种处治技术。法国是国际上采用薄层沥青混合料路面的代表性国家。从1986年开始，各种薄层沥青混合料面层在法国公路上普遍采用，法国路网约30%道路使用薄层罩面养护，尤其是重交通道路。根据法国标准 NFP 98 - 137 的定义，非常薄面层(BBM)的厚度为20 ~ 25mm，超薄面层(BBUM)的厚度为15 ~ 25mm。BBM所选材料类似于SMA混合料。与SMA相比，BBM为明显的断级配，胶砂含量少，0.075mm以下粉料的含量减少3% ~ 5%，沥青结合料含量减少0.5% ~ 1.3%。

薄层罩面结构分为两个层次：表面磨耗层和黏结防水层。表面抗滑磨耗层提供一个安全、舒适、耐久的行驶表面，恢复路面的表面功能，提高路面的抗滑性能，改善路面平整度；黏结防水层能够保证薄层罩面与原路面结合紧密，防止雨水下渗，适度延缓旧沥青路面的反射裂缝。

薄层罩面具有表面封层(处治)的全部优点，而没有表面处治后续养护的缺点，可以在不适宜表面处治的气候条件下进行铺筑，可在一定程度上调整原路面的不平整度。但是，薄层罩面必须铺筑在路面结构强度和下层沥青面层的高温抗变形能力满足要求的路面上，而且不能提高路面结构的强度和承载能力，也不能提高沥青路面的抗高温变形能力和防止原路面的反射裂缝。

1)薄层罩面的分类与特点

(1)薄层罩面的分类

薄层罩面按材料、级配、厚度以及施工工艺不同可划分为多种类型。按厚度不同可分为薄层罩面层(25 ~ 30mm)、很薄罩面层(20 ~ 25mm)、超薄罩面层(15 ~ 20mm)；按施工工艺不同分为冷拌薄层罩面、温拌薄层罩面、热拌薄层罩面；按级配类型不同分为开级配、密级配、间断级配，如AC系列级配、SMA级配、SAC级配、OGFC级配；按材料不同分为纤维沥青混合料、SBS 改性沥青混合料、橡胶沥青混合料、Novachip 改性沥青超薄磨耗层等；按黏结层与薄层罩面的施工时间间隔不同分为同步薄层罩面和分步薄层罩面。

(2)薄层罩面的特点

热拌薄层罩面具有以下几个特点：①服务寿命长；②使用性能好，能承受重载交通，可适用于高速公路；③可以有效防止下渗水的破坏，具有更好的防水损坏性能；④独特的断级配混合料，表面粗糙，能有效地降低路面噪声；⑤具有更高的抗滑性能，更好的排水性能，减少水雾，雨天行车安全性好；⑥施工效率高，年施工期长，开放交通时间短；⑦在一定范围内矫正表面缺陷，提高路面平整度；⑧必要时需对原路面进行铣刨处理。

热薄层沥青混凝土罩面技术是一种经济适用的沥青路面维修技术，同时也可用于新建的沥青路面表面的抗滑磨耗层，广泛应用于沥青路面的预防性养护或中修养护工程中。

目前，热薄层罩面技术中主要是采用热拌密实型沥青混合料 AC 加铺层、SMA、SAC、橡胶沥青混合料、SBS 改性沥青混合料以及超薄磨耗层等。

薄层罩面结构均需设置原路面与薄层罩面层间的黏结防水层，以加强层间黏结，防止雨水进入原路面结构。黏结防水层材料可采用乳化沥青、改性乳化沥青、普通石油沥青、SBS 改性沥青、橡胶沥青，通常采用 SBS 改性沥青和橡胶沥青，一般按热沥青封层技术进行施工。

必须在原沥青路面结构强度和沥青面层高温抗变形能力满足要求的前提下铺筑薄层罩面，薄层罩面必须对原路面进行病害处理，不能留下隐患。

2)橡胶沥青混合料薄层罩面

在西方欧美发达国家，干线公路及高速公路网建成较早，已经进入维修养护的阶段，橡胶改性沥青的应用十分广泛。橡胶粉沥青混合料(在沥青中掺入橡胶粉)在国外应用较广泛，如在美国，每年废弃的车辆轮胎约 2.4 亿条，已形成了一种公害。1992 年，美国国会通过了“冰茶法”，要求从 1994 年起，每年沥青总用量的 5% 必须掺用废轮胎橡胶粉材料，以后每年再增加 5%，到 1997 年，沥青总用量的 20% 要使用橡胶粉改性沥青。但这一法案很快即遭到美国沥青技术国立研究中心的反对，其理由是用废旧轮胎橡胶粉改性沥青路面的再生问题尚未解决，有可能造成更大的公害，致使这一方案未付诸实施。其他工业发达国家也有类似的法律。我国每年废旧轮胎数量也很大，除橡胶行业和其他行业回收一部分之外，也有大量的废弃轮胎尚未得到充分的再生利用。

近年来，橡胶改性沥青在我国南方地区也开始应用。该材料具有高温稳定性好、水稳性强、低温抗裂性明显改善等优点，常用来进行沥青路面中罩面及铺筑较薄的磨耗层，可全面提高路面的使用性能，或铺在面层与基层之间作应力吸收层，抑制基层反射裂缝。

应用橡胶粉沥青混合料进行中修罩面，其施工工艺和普通沥青混合料中修罩面基本相同。在施工中应注意以下三点。

(1)正确选择橡胶粉掺量

许多资料表明，橡胶粉掺量越多，橡胶粉沥青材料的黏度势必增大，造成沥青泵送比较困难；掺量若少，改性效果会不好。从技术、经济相结合的角度出发，橡胶粉的用量不宜超过沥青总量的 20%。具体掺量数值应通过室内试验确定。

(2)正确确定橡胶粉沥青用量

用橡胶粉沥青拌制混合料，其沥青用量比普通沥青混合料要大一些，具体可按下列公式确定沥青用量：

$$Q = q(1 + K) + (0.1 \sim 0.4) \tag{8-2}$$

式中：　Q——每吨橡胶粉沥青混合料的沥青用量，kg；

q——基质沥青混合料的沥青用量，kg；

K——橡胶粉掺量，%；

(0.1～0.4)——额外增加的沥青用量，kg，视橡胶粉掺量及沥青的稠度而定，橡胶粉掺量大、沥青稠时取上限，反之取中限或下限。

(3)严格控制施工温度

在橡胶粉沥青混合料中修罩面工程中，要严格控制加热沥青、拌和、摊铺、碾压等的温度。橡胶粉沥青混合料施工中各项控制温度应比《公路沥青路面施工技术规范》(JTG F40—2004)规定的温度高5～10℃。

3)SMA *混合料薄层罩面*

沥青玛蹄脂碎石(SMA)混合料是一种以沥青、矿粉及纤维稳定剂组成的沥青玛蹄脂结合料，填充于间断级配的矿料骨架中所形成的沥青混合料。SMA混合料具有密实耐久、抗滑耐磨、抗疲劳、抗高温车辙、减少低温开裂等特点，可用于高速公路沥青路面罩面。

SMA混合料的技术性能非常好，主要有以下几点，

(1)普通沥青混合料在高温条件下，沥青砂浆黏度变小，承受变形的能力急剧降低，很容易产生永久变形，造成车辙、推拥等。而SMA混合料中粗集料含量高，增加了集料与集料之间的接触面，沥青玛蹄脂部分仅是填充粗集料之间的空隙，交通荷载主要由粗集料骨架承受。所以即使在高温条件下，沥青玛蹄脂的黏度下降，对这种抵抗能力的影响也会减小，因而SMA混合料有着较强的高温抗车辙能力。

(2)在低温条件下，沥青混合料的抗裂性能主要由结合料的拉伸性能决定。由于SMA混合料中的粗集料之间填充了足够量的沥青玛蹄脂，它包裹在粗集料表面，即使在低温条件下，随着温度的下降，混合料收缩变形使集料拉开时，沥青玛蹄脂仍有较好的黏结作用，它的韧性和柔性使沥青混合料有着较好的抵抗低温收缩变形能力。如果在SMA混合料中再同时使用改性沥青，则混合料的低温抗裂性能更可大幅度提高，抗低温开裂能力会更强。

(3)提高沥青混合料水稳定性的主要措施就是尽量防止水进入混合料中，或者提高沥青与集料之间的黏结力。SMA混合料的空隙率很小，几乎不透水，混合料受水的影响很小，能够大幅度减少路表水对混合料的浸入，再加上沥青玛蹄脂与集料之间的黏结力强，SMA混合料的水稳定性也是很好的。

(4)延长路面使用寿命需要沥青混合料有着良好的耐久性。由于SMA混合料沥青含量高、沥青膜厚、变形率小，沥青与矿料之间的黏结力很强，混合料的空隙率很小，沥青与空气的接触少，所以混合料不易发生松散、变形、脱粒等病害，抵抗温度变化的能力和交通荷载性裂缝的性能均比较好。此外，由于SMA混合料基本上是不透水的，对下面的沥青层和基层有较强的保护作用和隔水作用，使路面能够保持较高的整体强度和稳定性。所以，使用SMA混合料铺筑沥青路面，能够提高路面的抗老化性能、耐疲劳性能，使用寿命大大高于密级配沥青混凝土。

(5)沥青路面的表面服务功能主要包括路面的抗滑能力、平整度、噪声等。由于SMA的矿料是间断级配，粗集料含量高，路面压实后表面的构造深度较大，必然使路面的抗滑性能有所提高。由于SMA混合料的高温稳定性比较好，可使路面长期保持稳定而不变形，因而具有较好的平整度和行车舒适性。此外，由于SMA混合料压实后表面构造深度大，在雨天行车不会产生大的水雾和溅水，夜间行车会减小行车灯光反射，路面噪声可降低3～5dB。

所以,使用 SMA 混合料铺筑沥青路面,能够全面提高路面的表面服务功能。

欧洲沥青路面协会(EAPA)归纳 SMA 混合料的优点是:抗滑性好、车辙小、平整度高、噪声小、能见度好、表面服务功能良好;增加了路面的抗变形能力,透水小,使用寿命长,维修养护工作量少、费用低;可以减薄沥青路面表面层厚度,易于施工和重建,维修重建对交通的影响小;能正面提高沥青混合料和沥青路面的使用性能,以抗车辙性能及耐久性的改善效果最为显著。

SMA 混合料也有其缺点,主要是:配合比设计要求较严,设计技术指标不易达到;对沥青与矿料的质量要求较高,施工难度较大,大量的矿粉不易加到混合料中去;添加纤维稳定剂比较麻烦,摊铺、压实工艺比较讲究;初期投资比较大,成本比较高。

SMA 在国内养护工程中已开始应用,但由于造价偏高,应用不多。不过从长远来看,在交通特别繁忙的高速公路上采用 SMA 面层,仍是首选结构。

4)热沥青混合料薄层罩面技术

热沥青混合料薄层罩面是用摊铺机摊铺和用压路机碾压的单层热拌沥青混合料技术。热沥青混合料包括普通石油沥青、SBS 改性沥青、橡胶沥青混合料、高黏度沥青等。作为技术等级较高的预防性养护措施,薄层罩面的主要优点在于:服务寿命长,平均预期服务寿命约为 7 ~ 10 年;适应范围广,可有效解决各种路面早期损坏;耐用性好,能承受重载交通及高剪应力;铺层表面平整、抗滑及耐久性能好;铺层厚度及纵、横坡度可根据需要调整,并能在一定程度上校正路面轮廓;此外还有利于改善原路面外观。

基于以上特点,热薄层罩面主要适用于:①路面轻度纵、横向裂缝;②路表轻度或中度的磨耗及松散;③摩擦系数偏低的路面;④路面轻度不平整;⑤轻度泛油路面;⑥轻度块裂路面;⑦车辙稳定路面。薄层罩面应避免用于出现结构损坏或温缩裂缝严重的路面。

热沥青混合料薄层罩面施工有以下三种方法:

(1)直接加铺罩面法。此种方法的优点是相对于大面积修补情况下,原路面不必处理,施工周期短;但缺点是投资大,且由于提高了路面高程,给路面排水带来了问题,若是桥面,则增加了桥梁荷载。

(2)铣刨加铺新料法。这种方法彻底解决了大面积补修路面产生的病害,但施工工序多,沥青废料对环境产生的污染严重,且由于沥青废料未能再利用,所以投资大、浪费多,相对施工周期也长。

(3)原路面病害处治后加铺薄层罩面法。对原路面病害进行挖补,修补局部路面病害,经常采用冷补材料。随着冷补材料的不断推陈出新,该方法不失为一种经济的补修方法。但缺点是修补后路面平整度、密实度质量难以保证,且施工基本是人工操作,也不符合高速公路高质、快速补修的要求。

5)Novachip 改性沥青超薄磨耗层罩面技术

美国科氏 Novachip 改性沥青超薄磨耗层罩面技术是将间断级配的沥青混合料与乳化沥青相结合的一项技术,是一种具有较大构造深度、抗滑性能好的磨耗层,适用于路面平整、车辙深度小于 10mm,且无结构性破坏的公路,也适用于新建公路的磨耗层。科氏 Novachip 改性超薄磨耗层(ultra – thin asphalt friction course)源于 1986 年法国 Screg Routes Group 的产品,形成于 1988 年,材料组成类似于 SMA。

按照施工工艺不同,超薄磨耗层可分为同步施工超薄磨耗层、分步施工超薄磨耗层。同步施工是指乳化沥青洒布与沥青混合料摊铺同步进行;分步施工是乳化沥青洒布与沥青混合料摊铺分步进行。洒布乳化沥青不单单起到黏结磨耗层与下承层的作用，更重要的是乳化沥青融入上部沥青混合料中，形成富油层，起到封层作用。沥青混合料摊铺后，压路机紧跟快速碾压，在短时间内即可开放交通。

超薄磨耗层一般铺筑厚度为15～25mm，不仅能修补表面破损，而且能有效提高路面表面的摩擦力，具有表面抗滑性能好、减少雨天水雾及路面水膜、低噪声、施工速度快、开放交通快等特点，预估寿命7～10年，既可用于道路养护中的路面加铺罩面，也可用于新建道路。

其工艺流程为：在旧沥青路面上铺设一层较厚的改性乳化沥青，然后立即铺筑热沥青混合料，紧接着压路机进行碾压，20min内即可开放交通，摊铺厚度10～20mm。改性乳化沥青的加水、黏附混合层的喷洒、改性沥青热混合料的拌和以及摊铺由一台专用设备一次性完成。

6）开普磨耗层罩面技术

开普封层是碎石封层（chip seal）与稀浆封层（slurry seal）的结合，这种结构首先在南非的开普敦（Cape Town）使用，因此称为开普封层（Cape seal）。随着路面技术的发展，表面层引入了微表处，开普封层结构得到进一步改良。

开普封层结构以碎石封层（或者改性稀浆封层）为下承层，微表处作为面层形成整体的结构层次，这种结构结合了碎石封层（或稀浆封层）和微表处两者的优点，结构在具有优良的抗滑性能和良好的平整度的同时，可以有效地阻止地面水对基层的渗透，缓解基层病害对面层的影响。开普封层可以有效地保护路面，提高路面耐久性。

碎石封层可以提高路面的防滑系数，延缓沥青的老化，提高路面的防水性能。但用于高速公路的面层时，存在集料容易脱落、噪声比较大等不足，使得碎石封层不被允许直接作为高速公路的面层。碎石封层之后再进行一层微表处，就可以解决碎石封层的石屑脱落、高噪声、外表不够美观等问题。因此，开普封层具有以下特点：①经济性好，开普封层的价格介于碎石封层、微表处和热沥青摊铺之间；②铺层比较美观；③防水性好；④摩擦系数较高，防滑性能好；⑤寿命较长，在美国开普封层结构可达8～10年。

（1）开普封层的作用机理

①透层乳化沥青和碎石封层（或稀浆封层）的沥青结合层能有效防止渗水。水对路面的损害是致命的，当水渗入半刚性基层后，会引起路面唧泥、集料松散等病害，使得路面使用效果大大降低，道路的使用寿命大为缩短。

②足够厚度的胎体沥青能有效延缓路面的反射裂缝。开普封层的胎体沥青结合层厚度达到了1～3mm，这个厚度的沥青层能有效吸收路面水平位移的应力，有着良好的变形性能，同时能牢牢黏结下面层与上基层，防止出现脱层、推移等病害。

③采用碎石封层为主受力结构的开普封层能适应重载交通的要求，对提高路面抗滑性能效果也很好。

④微表处可为路面提供一个平整抗滑的表面，对美化道路路面表观、增强表观构造深度效果明显，能有效提高行车安全性与舒适性。

⑤微表处作为上封层结构，可进一步防止水渗入基层，避免道路受水破坏。微表处混合料使用高的油石比和较多的细集料，因此其空隙率很小，雨水难于下渗破坏基层，增强了基层的耐久性。

⑥微表处有着良好的抗滑耐磨耗性能，路用性能优良。微表处使用的是改性乳化沥青与高强耐磨的石料，作为路面抗滑磨耗层使用，道路寿命也就相应延长。

⑦微表处能有效增强路面结构的内聚力,防止石料脱落,提高了行车安全性,降低了交通事故的发生。

(2)开普封层的适用性

开普封层主要用于县乡公路及乡村道路,在南非和美国,成熟的开普封层工艺还应用于主干道公路和住宅区街道。

①主干道公路。开普封层采用碎石封层或者橡胶沥青碎石封层作为下面层时,可适用于高等级公路。

②住宅区街道。开普封层在原住宅区道路基层上应用能够使道路的使用寿命延长 8 ~ 12 年。

(3)开普封层的结构选择

针对不同道路状况,设计不同的开普封层方案。按照正确配合比进行施工,路面使用寿命可提高至 10 年以上。

开普封层根据半刚性基层不同,结构可进行适当调整。半刚性基层上有坑洞、边线破损、宽大裂缝或其他类型破坏时,施工前都应进行修补;如果基层出现网裂或微裂缝则需要采用碎石封层作为下面层。

一种较好的做法是在半柔性基层上做开普封层结构。半柔性基层材料来源广泛,可充分利用废旧路面材料再生使用,由于添加了柔性的沥青材质,半柔性路面具有更好的抗裂缝性能,更耐疲劳破坏,与开普封层能形成极佳的路面结构组合。

当然,对预定铺装的基层表面,应事先将所有的废弃物、松动的石料、泥块以及任何其他障碍性的物质加以清除。当基层孔隙率很大或透水性太高时,应避免用水冲洗,可采用高压吹气的方法清理。若对基层进行水冲洗时,应等水分蒸发干后方可施工下一分项工序。

(4)开普封层经济性分析

开普封层的成本较传统的沥青贯入式或沥青表处略高,然而开普封层非常耐磨,碎石封层中的大集料具有优良的抗滑性和承载性能,微表处具有良好的平整度和耐久性,使得车辆营运费和后期养护费用大为降低。开普封层的使用寿命较沥青贯入式和沥青表处要高得多(平均高出 3 ~ 8 年),从长远经济效果进行分析,开普封层是具有绝对优势的。开普封层采用了连续级配石料和柔性沥青胶结料,因此其路用性能、表观效果、行车舒适性、安全性等方面与一般 40mm 的密级配沥青混凝土路面相比毫不逊色。

铺筑 2.5cm 开普封层的造价与铺筑 15cm 的水泥混凝土的造价相当,但从后期的维护、耐久性及使用寿命方面考虑,开普封层具有明显的优势。

开普封层与在半刚性基层上直接铺装 40mm 沥青混凝土路面的使用寿命相当,造价却只有其 1/3 ~ 2/3,考虑到以后的修补养护费用,开普封层的性价比更为突出。

开普封层道路在后期改造升级时,原路面可直接作为防水黏结层和应力吸收层使用,因此,对于后期有改造升级需要的道路,采用开普封层更显优越。

8.4 沥青路面加铺维修技术

8.4.1 沥青路面加铺方案

1)路面状况判定

对现有路面的使用状况进行调查和评定的目的是了解现有路面的物理或结构状况,评定它对当前和今后使用要求(结构和功能)的适应程度,以便确定需采取修复措施的路段和方案,选择合适的修复对策,并为加铺层设计提供依据和参数。路面技术状况调查与评定见本书第二章和第三章。

2)加铺层结构方案

对沥青路面进行加铺层设计可以分为两种类型,旧沥青路面上的沥青加铺层和旧沥青路面上的水泥混凝土加铺层。

按照原路面的结构损坏状况以及新路面的使用要求,可以采用不同的加铺层结构方案,如表 8-6 中所列举。

旧沥青路面上沥青加铺层结构方案 表 8-6

方　案	1	2	3	4	5	6
加铺层结构	上面层	上面层	上面层	上面层	上面层	上面层
	中面层	中面层	中面层	中面层	中面层	中面层
	整平层	整平层	再生沥青层	下面层	下面层	下面层
	—	—	—	新粒料层	新粒料层	新粒料层
原路面结构	原沥青层	原沥青层	(1)	原沥青层	原沥青层	(2)
	原粒料层	原半刚性层	原粒料层	原粒料层	原半刚性层	原粒料层
	原路基	原路基	原路基	原路基	原路基	原路基

注:(1)原沥青层就地再生利用为再生沥青层。

(2)原沥青层被移除。

在原沥青路面开裂不太严重的情况下,可以在对原路面的病害进行修补后,直接在原沥青路面上铺设沥青加铺层,其中包括最下面的整平层,如表 8-6 中方案 1 和方案 2。

在原沥青路面开裂较严重的情况下,可以在对原路面的病害进行修补后,在原沥青面层与加铺层之间增加一个粒料层,以减少原沥青层或半刚性基层的裂缝对加铺层的反射作用,如表 8-6 中方案 4 和方案 5。或者,对损坏严重、无法修补(经济上不合算)的原沥青层予以铲除(方案 6)或就地进行再生利用(方案 3)。

8.4.2 旧沥青路面处治技术

1)加铺前预处理

在对现有沥青路面的损坏状况进行调查、检测和评定的基础上,对原路面存在的病害提出相应的处治措施:

(1)面层出现中等或严重程度的龟裂时,进行全深度修补。

(2)面层出现纵向裂缝时,按裂缝深度进行部分深度(疲劳裂缝)或全深度(施工接缝)修补。

(3)面层出现横向裂缝时,进行全深度修补或采取其他控制反射裂缝的措施。

(4)面层出现沥青老化和由此引起的裂缝时,采用冷磨措施铣刨表层。

(5)面层出现轻度或中度车辙或者纵向不平衡时,采用冷磨措施铣刨表层;出现严重车辙或纵向不平衡时,进行整层更换。

(6)沥青层出现严重沥青剥落时,采用冷磨措施铣刨该层。

(7)半刚性基层出现严重碎裂、粒料层被细粒土渗入和污染或者路基湿软沉降变形过大时,不应在旧面层上直接采用加铺层措施,而应对整个路面结构进行重建设计。

对路面的维修措施进行选择的过程如下：

(1)如果路面整段存在结构上的不足，则需采取单层或双层补强措施。

(2)如果路面整段存在功能上的不足，可采取如下措施中的一种或几种措施的组合恢复路面的表面功能：铣刨、罩面、微表处、热就地再生。

(3)根据路面的病害情况，分别针对不同类型的病害和严重程度选择可行的处治措施。

(4)如果存在排水不良问题，选择采取铺设盲沟或重设排水边沟等措施。

沥青路面各种损坏可选用的维修对策，可参考表8-1。

2)反射裂缝防治

反射裂缝产生是由于应力集中造成的，在荷载和温度收缩的作用下，产生弯曲或剪切应力。荷载产生的应力集中与加铺层厚度、材料劲度以及路面结构整体强度有关，温度收缩产生的应力集中与温度的日(季)变化、材料温度胀缩系数有关。加铺前的预处理，如裂缝修补或灌缝有助于减少反射裂缝产生，同时采取一些反射裂缝防止措施则更有利。常用的措施有：

(1)应力吸收层：在控制轻度或中等程度的龟裂裂缝反射方面，应力吸收层被证明是有效的，同时，在控制温度收缩裂缝的反射裂缝方面也是有效的，和灌缝一起使用效果更好。但一般不能延缓由显著的水平和竖向位移产生的裂缝反射。

(2)集中应力释放层：7.5cm以上厚度的裂缝集中应力释放层在控制大位移产生的反射裂缝方面是有效的，这类材料一般是低沥青含量的开级配粗集料组成的沥青混合料。

(3)锯缝与填缝：在直裂缝的对应位置，对AC加铺层进行锯缝处理，并用适当的材料填缝，这种措施对于控制反射裂缝的损坏是很有效的。

(4)增加加铺层厚度：可有效降低荷载作用下的弯曲和剪切位移，也可减少路面内的温度变化，在延缓反射裂缝和其他损坏的反射方面最为有效，但缺点是费用较高。

反射裂缝对加铺层的寿命影响很大，一旦出现反射裂缝，应及时封缝或采取其他措施处理。

8.4.3 沥青加铺设计技术

对已建成的沥青混凝土路面，如果需要承受比原设计更大的交通量，或是经荷载、温度等因素的反复作用已产生损坏，不能承受原设计荷载时，就要在旧沥青路面上铺筑新的路面，这是提高路面结构承载力、恢复路面使用性能的有效且经济的修复措施。

1)国外沥青路面加铺沥青层的设计方法

根据加铺目的，具有代表性的美国《AASHTO设计指南》把加铺分为结构性加铺和功能性加铺。所谓结构性加铺是指由于路面结构承载力不足，需要加铺一层或多层来提高路面的承载力以适应预期的交通荷载；而功能性加铺是指路面的结构承载力仍能满足交通荷载的需求，但路面的使用功能已不能满足人们的需求，需要加铺一层以改善道路的行驶质量，提高行车的舒适性和经济性。在加铺设计的过程中，主要考虑原路的处理、设计所采用的损坏准则等。沥青路面加铺层的设计主要是补强设计。起初加铺层的类型和厚度的确定主要依靠工程经验判断，随着无损检测技术的发展和广泛应用，现多依据检测结果进行旧路面现场评估，发展出了许多合理的加铺层设计方法。对于沥青加铺层的设计，不同的国家和部门有不同的方法，目前有关沥青加铺的设计方法主要可分为：有效厚度法、弯沉法、力学—经验法。

(1)有效厚度法(组分分析法)

这类方法需要从现有路面采样,进行实验室测试或利用无损检测来反算路面材料的设计参数。这些参数包括土基强度、路面材料的模量及路面的损坏情况等。同时还要调查确定设计交通量,有时还包括地区环境因素。采用该法的有美国沥青学会和美国各州公路者协会 AASHTO,以色列的 Ehud Cohen 等也采用了类似方法。

(2)弯沉法

弯沉主要用来表征路表面垂直应变。弯沉较大说明路面和土基强度较弱,因而需要厚一些的加铺层,且加铺层必须有足够的厚度使路表面弯沉减小到允许范围内。弯沉法需要对现有路面进行无破损弯沉检测,以评价路面现有结构承载力,一般都认为这种测试方法比组分分析法更能代表现有路面的实际状况。选择代表弯沉值的具体方法依赖于加铺设计的方法和观测到的路况信息。加铺厚度主要是根据弯沉和现场经验关系来确定,基本原则是将路面的弯沉降低到可接受的水平。

(3)力学—经验法

力学—经验法依据一定的准则,可以根据实测的路表弯沉反算路面结构的回弹模量等参数,这使得对原路加铺的设计可以像新路一样进行。在加铺层设计中,最常用的破坏准则是疲劳开裂和永久变形(车辙)。疲劳开裂法应用 Miner 疲劳积累损坏机理。Miner 疲劳积累损坏的三个假定是:疲劳损坏的积累是直线型的;它与作用应力的大小无关;应力之间没有相互作用,直至达到破坏时的疲劳寿命为 N_i,则该级荷载作用 n_i 次造成的损坏率为n_i/N_i,若材料承受 k 级混合荷载的作用,则各级荷载造成的累积损坏率为 $\sum_{i=1}^{k}\frac{n_i}{N_i}$,当积累损坏率达到 1 时,材料即出现疲劳破坏。根据这一定律,原路面的剩余寿命可据下式计算:

$$\frac{n_t}{N_a}=1-\frac{n_e}{N_a} \tag{8-3}$$

式中:n_t——加铺后路面能够承担的荷载重复作用次数;

N_a——原路面加铺前允许的荷载重复作用次数;

n_e——原路面加铺前实际荷载重复作用次数。

然后根据加铺后旧面层底部的拉应力或拉应变,确定加铺路面的允许荷载重复作用次数。由于旧路面具有剩余寿命$\frac{n_t}{N_a}$,所以允许荷载重复作用次数必须乘以比值$\frac{n_t}{N_a}$,即可得到加铺后的允许荷载重复作用次数。该方法对较重荷载状况和新的或不同的材料均适用,但也有许多附加的工作要做。

2)国内设计方法

我国《公路沥青路面设计规范》(JTG D50—2006)中建议的沥青加铺层设计方法,采用力学经验法,对各路段进行弯沉测定,评定旧路面的结构承载能力,确定其顶面的计算弯沉值后,转换为当量回弹模量,以此为基础,按新建沥青路面设计面层(加铺层)结构。

设计步骤如下:

(1)进行旧路面结构和损坏状况调查,据此划分设计路段(分析路段)。

(2)对各个设计路段进行弯沉测定。

(3)计算各设计路段的计算回弹弯沉值或代表弯沉 l_r。

(4)将各路段的计算回弹弯沉值转换为旧路面顶面的当量回弹模量 E_t。

(5)按旧路面的结构承载能力和设计使用期的交通要求，选择加铺层的结构层组合和各层的材料组成。

(6)按新建沥青路面设计方法设计加铺层结构所需的厚度。仍以设计弯沉值作为路面整体结构刚度的控制指标，而对于二级及二级以上的公路，还应验算补强层底面的拉应力。

与国外沥青路面加铺层设计方法不同的是，国内的沥青路面补强设计方法与新建路面设计方法基本上是相同的：以弹性层状理论为基础，首先计算原有路面的当量土基回弹模量，若单层补强时，以双层弹性体系为设计计算的力学模型，补强 $n-1$ 层时以 n 层弹性体系为力学模型进行计算，只是在确定下卧层模量时的方法有所区别。对比我国交通部1958年、1966年、1978年、1986年和1997年制定的不同版本的公路柔性路面设计规范，不难看出都是以路表弯沉作为设计指标，所不同的是新版本的规范中对路表弯沉的要求更加严格，而且增加了一些验算指标。国内有学者对加铺层的厚度进行了研究，利用大量的现有数据，分析有效厚度和使用性能指标 *PCI* 之间的经验关系，从而建立了基于使用性能的原有路面有效厚度计算法。该法简化了传统有效厚度法中必须进行路面采样，然后对这些样本进行实验室测试以确定设计参数（设计参数包括路基土强度、路面材料的特性、交通量，有时还包括地区环境因素），代之以相对容易得到的使用性能指标 *PCI*。但由于该法历史数据较少，缺乏大量有效的数据库，因此该法在目前实用性较低。

8.4.4 沥青路面加铺薄层水泥路面技术

1)白色罩面技术

在旧沥青路面上加铺水泥混凝土面层，也称白色罩面(whitetopping)，美国在1918年就有尝试。由于所加水泥混凝土层薄(5～10cm)，也称超薄水泥混凝土路面(Ultra Thin Whitetopping，简称UTW)，20世纪90年代在美国被广泛试用，先后在美国30多个州铺筑了试验路。

通过试验路的修筑与观测表明，UTW路面是一种经济、快速、有效、简便、修复后可维持较长时间的旧沥青路面修复技术。这种做法开始是一种尝试，也是一种突破。按照传统的刚性路面设计方法，这样的面层很快就会被破坏，尝试后发现实际情况并非如此，因此美国才在多个州有意识地铺筑UTW试验路。美国肯塔基州预拌混凝土协会计划在肯塔基市街道上铺筑9cm的水泥混凝土罩层，与此同时，美国水泥混凝土路面协会技术革新委员会也在研讨超薄罩面层的可行性。最早的试验路位于肯塔基州通往路易斯维利的一个垃圾场的入口处，每天有400～600辆重型载货汽车在此通过，该试验路上铺有5cm和9cm厚的水泥混凝土罩层。肯塔基试验路获得了成功，其性能比用普通设计方法预计的要好得多，甚至使项目倡导者都感到诧异，试验结果引起了广泛的兴趣。

2)UTW的结构和性能特点

(1)与通常的水泥混凝土面层相比，UTW主要有三个结构特点：一是其厚度很薄，一般在5～10cm之间；二是UTW与作为基层的旧沥青面层之间有良好的黏结，形成一复合路面结构；三是UTW接缝间距较短，缝较窄。根据美国的经验，每2.5cm厚的混凝土板，接缝间距不大于31～46cm，因而一般厚度UTW接缝间距为0.61～1.83m。这些结构上的特点，使UTW表现出其独特的性能。

(2)在成本上，由于UTW充分利用了旧沥青面层，在其上加铺很薄的水泥混凝土面层，因而降低了建设成本。

(3) UTW 降低了成本，但仍能满足使用要求。UTW 能承受较大的荷载，原因有以下三方面：一是由于与沥青层形成一复合结构，使面层中和轴的位置降低，混凝土板中的应力大为减小；二是 UTW 板的尺寸小，也降低了板中应力，使板中弯矩不会太高；三是采用了纤维混凝土，这种路面材料的抗弯强度要比素混凝土高。肯塔基试验路混凝土的抗弯强度 24h 为 5.3MPa，36h 为 5.9MPa，28d 达 7.2MPa。抗弯韧性也因掺加纤维而成倍乃至数十倍地增加。在 UTW 中，尽管接缝数量较多，但缝的宽度较小，缝宽为 0.32cm，因此无须填缝。同样由于接缝很小，不易产生跳车，而且使混凝土板的翘曲和弯曲减小，路面更加平整。

由于 UTW 的结构特点和材料特点，还使路面抗裂性能大为提高。此外，UTW 也可快速开放交通，肯塔基试验路在 24h 后即开放了交通。总的来说，UTW 通过使用掺有纤维网加筋的混凝土，减小厚度（5 ~ 10mm），有效利用有限资源，降低建设投资；缩小接缝间距（6 ~ 18cm），减小板内荷载应力，满足路面强度要求，且便于后期维修；混凝土配合比设计中，采用合理外加剂，形成高强混凝土，缩短施工时间，及时开放交通，提高使用效益；可根据当地材料分布情况，利用粉煤灰替代部分水泥，使废物资源化；利用混凝土材料的特点，解决了车辆频繁制动或启动路段沥青路面易剪切破坏的问题等。美国的研究结果表明，UTW 在大大降低成本的基础上，具有全厚混凝土路面寿命长和耐久性好的特点。随着研究的深入和经验的积累，UTW 将得到越来越广泛的应用。

3) UTW 的施工要求

(1) 基础准备

UTW 是在旧的沥青路面上铺筑的，要求旧沥青路面有一定的厚度，通常在表面凿毛处理后，厚度应大于 8cm，若小于该厚度，则不宜使用 UTW。在施工前，一般要钻芯取样以测定沥青层的厚度并了解底基层的情况。旧沥青路面一般要凿毛，并用气喷或水喷法保持凿毛面清洁，以提高与罩面层的黏结力。施工前，沥青层表面应干燥，天气较热时，可以喷洒水雾以降低沥青表面温度，以防水泥混凝土中水分的蒸发，但表面不得带有自由水分，以确保面层和沥青层黏结在一起，形成一复合路面结构。

(2) 混凝土配合比

配合比是根据面层的厚度、交通状况和路面开放交通的时间限制来确定，同时还要考虑地方材料情况。美国的 UTW 项目，混凝土配合比中普遍采用减水剂和超塑化剂，以提高施工和易性，有时还掺入引气剂，对路面交通开放时间较紧的工程通常采用较高的水泥用量。配合比的另一个特点是普遍采用纤维增强技术，UTW 中使用的纤维有很多种，如钢纤维、聚丙烯纤维、聚烯烃纤维、尼龙纤维等，其中以聚丙烯纤维应用最广。

(3) 接缝切割与处理

切缝必须在路面内具有一定张度但产生开裂之前进行，一般当路面可以上人时，即可开始切缝。肯塔基试验路是在施工后大约 6h 就开始切缝。UTW 的接缝宽度很小，只有几毫米。切缝也不一定要填充，因为下层沥青层起到了防水作用，这与填缝材料所起的作用一致。

(4) 养护

由于 UTW 厚度很薄，其表面与体积比较大，养护时要使用养护剂，且用量较通常情况多。圣路易斯机场项目就采用了比平时多两倍的养护剂，达到 $0.41L/m^2$。

我国已有报道的实施该技术的有，2003 年在河北省邢清公路修筑了 5km 试验段，旧沥青路面结构层为 6cm 沥青层 + 45cm 石灰土，旧沥青路面的主要病害为龟裂、坑槽、松散、泛油以及车辙、壅包。在试验路上直接加铺了最小厚度为26cm的水泥混凝土面层，经过5年的运营，试验路承受的日交通荷载平均达10 000辆左右，全段仅出现了7条裂缝，路面使用状况良好，节省了大量的养护费用。与新建水泥混凝土路面相比，加铺水泥混凝土路面的优势在于至少能够节省一层基层，经济上可行，而且施工过程中对于一般的旧路面病害可以不必处理直接加铺，省掉了一些工序，大大节省了时间，适合在不中断交通的道路改扩建工程中推广应用。

8.5 沥青路面再生技术

8.5.1 现场热再生技术

1）定义

沥青路面的现场热再生是采用特殊的加热装置在短时间内将沥青路面加热至施工温度，然后利用一定的工具将路面面层刨削25～50mm，然后根据混合料性能要求掺加新集料、再生剂等，搅拌摊铺，然后压实完成的一整套工艺。

2）特点

采用现场热再生具有如下几个显著的优点：

（1）可以对旧路面上已经剥落的集料重新进行混合，保证沥青的裹覆。

（2）通过对旧沥青路面的重新加工，可以使得已经老化变脆的沥青路面重新恢复其柔性。

（3）增加了路面的抗滑性，从而提高路面行车安全性。

（4）与传统常温修补工艺相比，采用现场热再生方法可以使得施工工艺大大简化，只需要进行热软化、补充新料、拌和、整平和碾压成型五道工序。

（5）施工配套设备大大减少，可以减少传统常温修补工艺所需要的空气压缩机、挖切机具、装运新混合料和废旧料的车辆等配套设备，因此不但减少了设备投资，而且减少了施工人员和路面施工时的封闭区域，保证车辆畅通。

（6）废料可以就地再生使用，通过对旧料进行加热后与一定量的新料掺配后再生利用，从而保护了环境，节约了成本。

（7）与其他修复方法相比，可以大大减少对交通的影响。

（8）由于现场热再生工艺使得新旧料互相融合，没有明显的接缝，因此结合强度高，平整度好，可完全避免车道接缝所产生的纵向开裂。

（9）大大减少了材料的运输量，减少了对载货汽车的使用以及燃油的消耗。

（10）与传统路面维修方法相比，其维修成本可以节约20%～50%。

3）适用性

现场热再生适用于表面产生波浪、推移、纵向开裂和表面车辙等病害。由于施工工序简化，缩短施工时间，节省运输费用，因此适用于交通繁忙、不能中断交通太久的公路以及市政道路的维修。这种方法虽然将旧沥青层全部利用，但加上新集料搅拌重铺后会改变原路面的高程，不符合原高速公路的纵断面标准。此外，旧沥青混合料的再生质量往往难以达到高速公路沥青面层的要求。因此，现场热再生路面主要用于路基完好、路面破损深度小于6cm

的沥青混凝土路面的维修，并且要求原有沥青材料经再生处理后，能恢复其原有的性能和寿命。

4）施工技术

（1）现场热再生施工机械配备

现场热再生施工使用加热刨削机、加热耙松机、冷刨机等将路面面层的表面刨削 25mm 左右，然后根据再生沥青混合料的配合比设计结果添加新集料、新沥青和再生剂进行再生处理。该方法采用连续施工、一次完成，对机械的成套要求比较高。

现场热再生所用的再生机一般要求包括下列装置：

①一个配备多组加热装置的预加热机，它能在将热能辐射到路面层理想深度的同时，不会燃焦沥青，也不会破坏集料。

②一个耙松装置，其旋转式耙松器可以将旧沥青层均匀耙松到规定深度，并可以进行一定程度的破碎，然后通过传输带传输到拌和锅内。

③一个整平装置，可以在整个工作宽度上使耙松后的路面层具有所要求的横坡度和平整度。

④一个拌和装置，可以将旧料和新料以及新沥青和再生剂充分均匀拌和成满足质量要求的再生沥青混合料。

（2）现场热再生施工工艺流程

现场热再生施工将再生混合料的生产、拌和和摊铺压实等集中在路面现场进行，减少了工序，提高了效率，是较有发展前景的一种再生路面施工方法。现场热再生的施工步骤如图 8-8 所示。

（3）现场热再生施工工艺分类

现场热再生施工一般有三种具体的处理方法，针对不同的路面损坏状况和表面处理要求选取不同的方法。

①表面整形法

此方法施工工艺流程如图 8-9 所示。

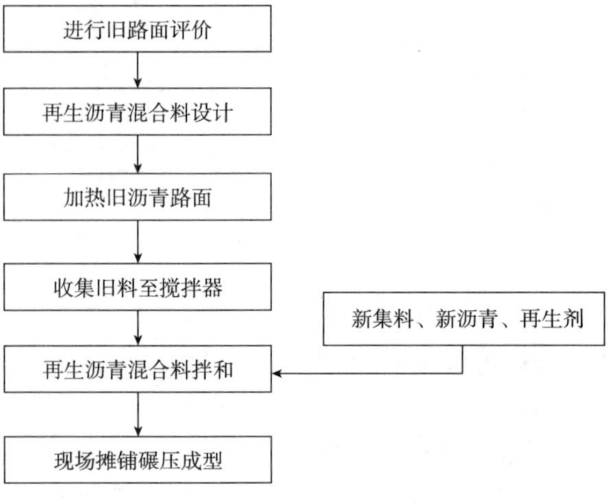

图 8-8　现场热再生的施工工艺流程

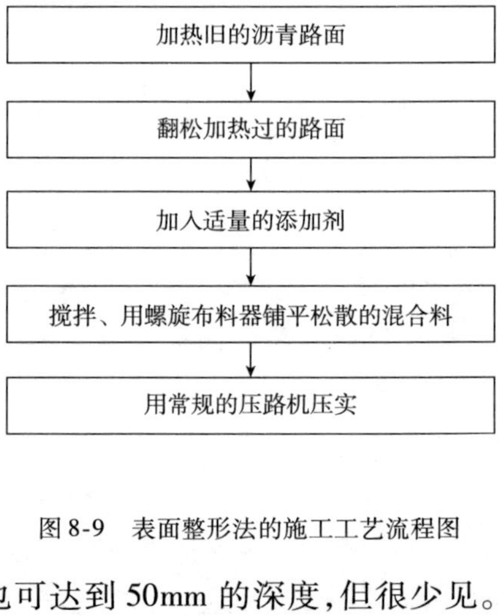

图 8-9　表面整形法的施工工艺流程图

一般的翻松深度为 20～25mm，尽管在某些情况下也可达到 50mm 的深度，但很少见。因为旧路面的强度不同，路面通常不很平顺和均匀。这种方法适合修复破损不严重的路面，修复后可消除车辙、龟裂等变形，恢复路面的平整度，改善路面性能。

②重铺法

重铺法是用复拌机在整形法的基础上，把旧路材料翻松、搅拌均匀后作为中层，同时在上面再铺设一层新的沥青混合料作为磨耗层，形成全新材料的路面，最后用压路机压实。这种方法适用于破损较严重的路面维修翻新和旧路面升级改造施工，修复后形成与新建路面道路性能相同的全新路面。重铺法施工工艺流程见图8-10。

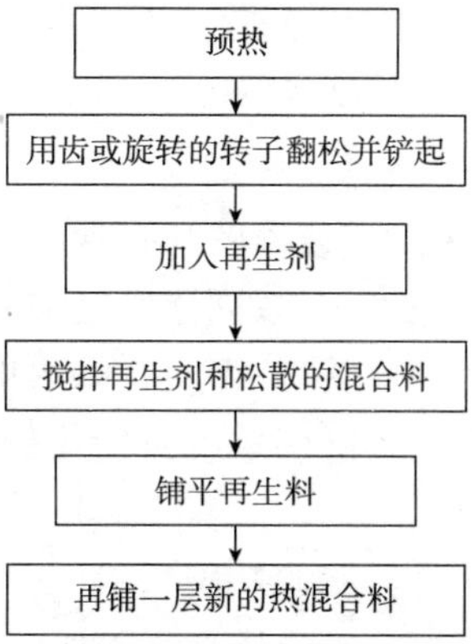

图8-10　重铺法的施工工艺流程图

③复拌法

如果加入一些矿物料或新的热沥青混合料与翻松过的材料一起搅拌，可以提高现有路面的厚度，或者通过改变集料的级配或调整黏合剂的性质从而提高旧的沥青混合料的等级。这种过程有时和重铺法过程有点相似，但通常是比重铺法更彻底地加热和搅拌。这种方法适用于维修中等程度破损的路面，修复后可以恢复沥青路面的原有性能。

(4)施工注意事项

①施工前，应先对路面进行清扫，以保证基层表面平整、干净。

②应该控制旧沥青路面的过度加热，防止旧沥青被烧焦。

③应该严格按照再生沥青混合料设计的用量添加再生剂、新集料和新沥青。

④再生材料摊铺后应立即进行压实，保证碾压温度。

⑤应采取必要措施保证附近环境免受加热的影响。

8.5.2　现场冷再生技术

1)定义

沥青路面的现场冷再生是指利用旧沥青路面材料以及部分基层材料进行现场破碎加工，并根据级配需要加入一定量的新集料或细集料，同时加入一定剂量的添加剂和适量的水，根据基层材料的试验方法确定出最佳的添加剂用量和含水率，从而得到混合料现场配合比，在自然的环境温度下连续完成材料的铣刨、破碎、添加、拌和、摊铺及压实成型的作业过程，重新形成结构层的一种工艺方法。

2)特点

现场冷再生法具有如下优点：

(1)简化施工工序，不存在旧路材料的运输和弃置问题。

(2)可以修补各种类型的路面损坏。

(3)可以改善原有路面的几何形状以及横断面坡度。

(4)可以通过提高基层承载力，提高路面等级。

(5)铣刨、破碎、添加、拌和、摊铺、压实可一次完成，大大提高了生产率，简化了施工工序，使工期缩短。

(6)可以延长施工季节，不受特殊气候条件的影响。

(7)现场无需加热沥青等，减少了环境污染，满足了环保要求。

(8)可以同时对面层和基层进行破碎，保证结构的整体性，对旧路路基的影响和破坏很小。

(9)利用旧路面和基层材料,大大减少了新材料的用量,节约了资源。

(10)再生后只需要在上面加铺薄的罩面,就可以恢复路面强度。

(11)大大降低了工程费用。

3)现场冷再生机理

铣刨、破碎的沥青混凝土路面材料作为基层中的集料重新利用,与添加剂和水充分拌和后,会发生一系列化学反应和物理反应,如水泥与水发生水化反应,同时与破碎的旧路材料发生各种反应,而石灰加入旧路材料中后,则出现离子交换反应和$Ca(OH)_2$的结晶反应等絮凝现象。这些反应致使新的基层材料刚度不断增大,强度和稳定性也不断提高。经过进一步的碾压成型及养生后形成与水泥土、水泥稳定级配粒料及二灰稳定级配粒料等半刚性基层性质类似的基层材料。

4)适用性

现场冷再生可以用来修复原有路面的车辙、养护时的补丁以及荷载导致的路面块状开裂等。由于不需要对沥青混凝土进行加热,从而不会对环境造成大的影响,适用于对环境要求比较高的地方。由于工序比较简单,缩短了施工时间,完成以后只需要在其上进行薄的罩面就可以恢复原有路面等级,因而尤其适用于交通比较繁忙的路段,可以尽量缩短交通的中断。但现场冷再生质量不能达到沥青面层的质量标准,只能用于基层,在国外多用于乡村道路的翻修。而对于高速公路来讲,原先的优质旧沥青混合料如果仅仅用来作为基层的集料,其利用效率是比较低的。只有对原有的等级较低的沥青路面进行升级时,采用这种方法才能带来比较好的效益。

5)施工技术

(1)现场冷再生设备

现场冷再生设备由沥青铣刨装置、乳化沥青喷洒装置及行走系统和控制系统等组成。

(2)现场冷再生施工工艺流程

现场冷再生技术的工作过程为:随着设备的行走,铣刨装置将旧路面铣刨并破碎,喷洒装置按照配比的要求喷入乳化沥青,同时铣刨装置将各种材料搅拌均匀并整平,最后用压路机压实路面成型。现场冷再生施工工艺流程如图8-11所示。

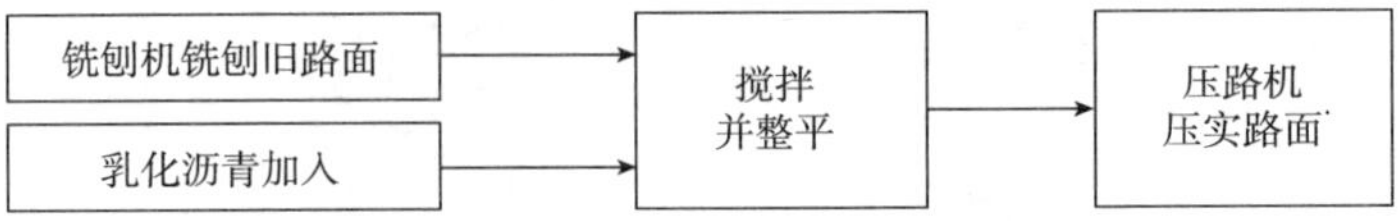

图8-11　现场冷再生施工工艺流程图

(3)现场冷再生施工工艺技术分类

现场冷再生技术主要有两种方式,一种方式是利用专用再生机械在现场铣刨、破碎、加入新料(包括乳化沥青或其他再生剂、稳定剂和集料)、拌和、摊铺和预压,再由压路机进一步压实;另一种方式是在旧路面上洒布再生剂封层,再生剂能渗入路面5~6mm,恢复表层被氧化沥青的活性,并形成抵抗燃油泄漏的封层,延长路面的使用寿命2~3年。

(4)施工注意事项

①路面施工中应严格控制原材料的质量,外购材料应注意存放时间,混合料摊铺应严格

按照相关施工技术规范执行，严格控制施工温度和时间，确保工程质量。

②施工前应对路面各结构层材料的质量、级配、配合比及强度等进行试验。

③对于罩面路段，在罩面施工前，应先对旧路面进行拉毛处理，深度不小于 5cm，以确保罩面质量。

④修补面层时应采用刷黏层等措施，保证修补部分与原路面联结紧密。

⑤冷再生路段在施工前，对原路面的所有病害均应处治。

8.5.3 场拌热再生技术

1）定义

旧路面就地翻松以后，就地打碎然后运到再生处理厂或运至厂内打碎，利用一种可以添加旧沥青混合料的沥青混凝土搅拌设备，根据高速公路路面不同层次的质量要求，进行配合比设计，确定旧沥青混合料的添加比例，并添加新集料、稳定处理材料或再生剂等，从而得到满足路面性能要求的新的沥青混合料。

2）特点

场拌热再生技术具有如下的优点：

（1）由于是将原有旧沥青路面直接回收处理后重新铺筑，所以对于所有的路面损害，这种方法均适用。

（2）将新旧沥青混合料采用集中厂拌法生产，沥青混合料的质量可以得到较好保证。

（3）由于是重新摊铺路面，所以可以保证路面的各项性能，如平整性、抗滑性等，与传统的热拌沥青混凝土路面的使用性能类似。

采用场拌热再生法增加了对旧料的加热拌和工艺，从而需要对原有的沥青混合料拌和等生产工艺进行一定的调整，这也增加了一定的成本，同时也可能带来一定的环境污染。

3）适用性

场拌热再生技术可以修复所有的路面损坏情况，并且可以充分保证路面的使用性能。但由于对旧沥青混合料的掺加比例有一定限制，一般在 15% ~30%，不超过 50%，因此不能充分利用回收的旧料。该方法适合于要求完全达到原有高等级沥青路面使用性能的修复。

4）施工技术

（1）场拌热再生设备

场拌热再生设备是指回收料的加热在专门的干燥筒内完成，该设备也与强制间歇式沥青混合料搅拌设备配套使用。它主要由回收料供给系统、提供系统、干燥系统、热回收料储存仓、热回收料称量斗、有害气体吸收管道及控制系统等组成。

（2）场拌热再生施工工艺流程

场拌热再生技术的施工工艺流程为：沥青混合料搅拌设备开始工作时，回收料供给系统开始供料，提升系统开始提料，干燥系统加热回收料，加热后的回收料进入热回收料储存仓储存；当需要添加回收料时，热回收料储存仓的放料门打开，热回收料进入称料斗称量；当达到所需要的数量时，热回收料储存仓的放料门关闭，热回收料称量斗的放料门打开，向搅拌器内放料，一个搅拌周期完成。气体吸收管安装在热回收料储存仓的顶部，以吸收在热回收料储存仓中加热后的热回收料所排出的有害气体。如果回收料成大块状，还可以配备块状挤压设备，可在不破坏集料外形尺寸的情况下，将大块状的回收料挤压成小块状。场拌热再生施工工艺流程见图 8-12。

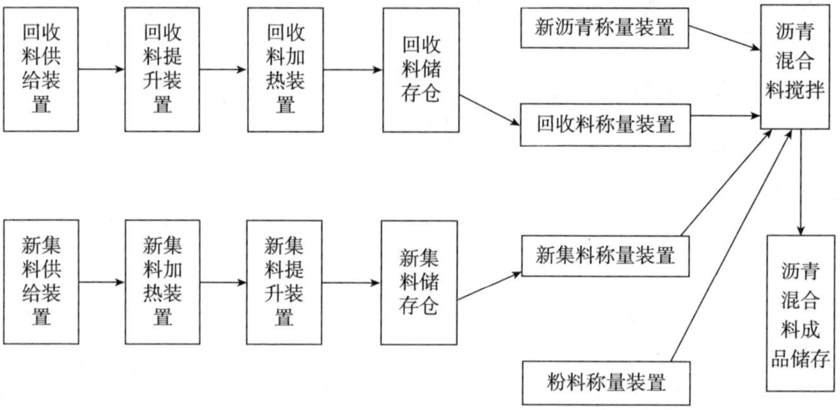

图 8-12　场拌热再生施工工艺流程图

(3)场拌热再生施工工艺分类

场拌热再生施工主要有两种施工方法，即间歇式施工和连续式施工。

①场拌热再生间歇式施工

"枫木法"是现在应用最广的场拌热再生间歇式施工方法，即先将回收料筛分好，然后经由回收料仓与预热的外加集料一起加入计量仓中。在进料过程中，回收料应在第一热料斗和第二热料斗之间加入，这样有利于回收料充分混在热集料当中进行热交换。这些混合料进入拌和仓时，可能会产生少量的水蒸气喷发，所以可在计量仓中配备功率强大的排气装置或在拌和楼后面建一个大蒸汽室。

②场拌热再生连续式施工

"中间加料法"是广泛应用于场拌热再生连续式施工的施工方法，该方法要求回收料在新加集料的下游进入拌和筒，新集料将热量传递到回收料中，前面加入拌和筒的新石料形成了一层幕布，使回收料不会直接接触燃烧的火焰，从而可以避免回收料直接接触火焰产生大量浓烟。有时还可以使用特殊提升叶片、金属漏斗形叶片或环形钢制火焰网，来防止火焰接触回收料以消除浓烟。

8.5.4　场拌冷再生技术

1)定义

沥青路面场拌冷再生是将回收沥青路面材料运至拌和厂，经粉碎、筛分，以一定的比例与新集料、沥青类再生结合料、活性填炭(水泥、石灰等)、水进行常温拌和，常温铺筑形成路面结构层的沥青路面再生技术。

2)特点

与就地冷再生相比，场拌冷再生主要有以下优点：

(1)材料控制严格。就地冷再生对原路面材料难以做到严格控制，而场拌冷再生却可以通过掺配不同材料以满足再生混合料的质量要求。用于场拌的材料可以在拌和前储存和测试，材料的添加比例可以根据要求改变。

(2)控制拌和质量。通过调整拌和机参数，可以改变材料在拌和仓的拌和时间，从而提高混合料的质量。

(3)具备储存性能。拌和好的材料可以储存一段时间,并根据需要使用从而消除了生产和摊铺相互依赖的情况。

3)适用性

场拌冷再生技术适用于低等级公路的面层和各种基层的病害处理,但大多数情况下应用于基层。冷再生最广泛的工程应用是处理反射裂缝和提高行车舒适性。乳化沥青、泡沫沥青、稀释沥青、粉煤灰和水泥都在冷再生技术中普遍应用。而且,乳化沥青和泡沫沥青还可以同石灰和水泥配合使用。冷再生结构层一般需要加罩表面处治或加铺热拌沥青罩面作为磨耗层,磨耗层可以减少再生层的水损害和行车磨损。

4)施工技术

(1)场拌冷再生施工设备

回收料的加热是在搅拌器内完成的,场拌冷再生设备与强制间歇式沥青混合料搅拌设备配套使用。它主要由回收料供给系统、提升系统、皮带、皮带秤称量系统、有害气体吸收管道及控制系统等组成。

(2)场拌冷再生施工工艺流程

场拌冷再生施工根据搅拌设备和搅拌工艺的要求,当需要添加回收料时,整个再生设备全部运转,供给装置供料,提升装置提升,皮带秤称量,然后加入搅拌器内。当达到需要数量时,整个再生设备全部停止运转,一个搅拌周期完成。气体吸收管道吸收冷再生料在搅拌器内与热沥青混合料结合时产生的有害气体。如果回收料成大块状,还可以配备块状挤压设备,可在不破坏集料外形尺寸的情况下,将大块状的回收料挤压成小块状。场拌冷再生施工工艺流程见图 8-13。

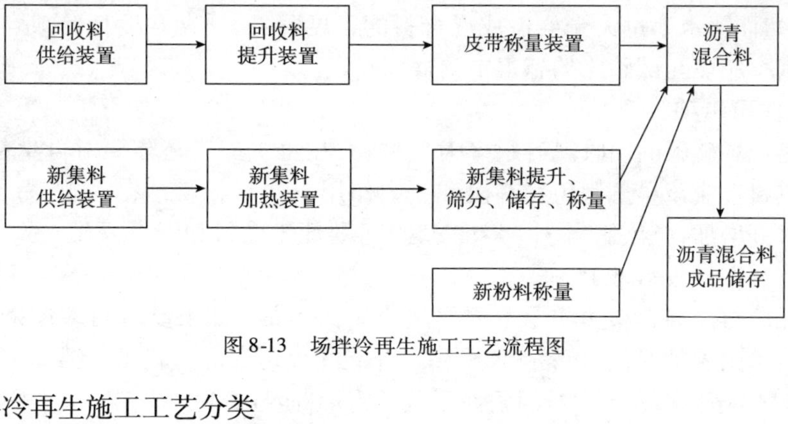

图 8-13　场拌冷再生施工工艺流程图

(3)场拌冷再生施工工艺分类

场拌冷再生施工包括以下四个步骤:现有旧路面的挖除处理,破碎和堆放,拌和,摊铺、压实和养生。

旧路面的挖除和处理可以采取以下三种方法:第一种方法是全厚度破碎旧路面,破碎后的材料在工厂中再进行破碎并筛分。在工厂加工的优点是可有效控制再生料尺寸,避免大块材料的存在。第二种方法是破碎和加工再生料都在现场完成,然后再将材料运往工厂。这种挖除方法的特点是需要特殊现场生产设备和完善的现场组织调度,并且交通管制时间长。另外,在现场很难控制再生料的尺寸,会有大料出现。第三种方法就是路面冷铣刨。这种方法容易控制挖除的路面深度,而且生产效率也很高。一般不同铣刨深度和不同结构层材料的回收料,应当分开堆放,以便根据这些铣刨材料的形状,采取不同的处理方法。

拌和再生料可以使用间歇式、滚筒式或连续式拌和设备。连续拌和式再生设备是应用最广的一种。在再生拌和工厂,通过调节各冷料仓的添加速率可以控制再生料和外加集料的混合比例。大块再生料在通过过滤筛时会被自动剔除出去,掺配后的材料通过传送带进入搅拌器。场拌冷再生的拌和器通常采用双卧轴强制搅拌系统。破碎好的回收料、外加集料、新的沥青胶结料和外加水等按照设计比例加入拌和器中。添加顺序通常是:回收料和外加集料、水泥等外加固体填料、水、沥青胶结料。这些材料在拌和器中搅拌均匀形成混合料装到运输车上,然后准备拌和下一批料。

冷再生混合料的摊铺设备与传统热沥青相同。拌和好的再生混合料摊铺在路上以后,由平地机刮平,形成设计路拱断面。也可以用平地机来回翻刮混合料,使混合料的水分尽快蒸发。养护过程中的水分(或溶剂)蒸发可以提高混合料的初期黏结性,使其尽快达到可以压实的条件。水分(或溶剂)的蒸发速度与沥青胶结料的改进类型、含水率、集料级配、温度和风速有关。如果摊铺过程不需要翻动混合料来加速水分蒸发,或含水率很小,可以采用普通的热沥青混合料摊铺机来进行摊铺,这种情况下必须保证混合料中的水分不会过少,以免造成熨平板下面沥青剥落。另外,熨平板不必加热,否则其下面的混合料也会因过快失去水分而容易出现沥青剥落。泡沫沥青冷再生混合料的松铺系数一般为1.1~1.3,而乳化沥青冷再生混合料为1.1~1.4。混合料应该摊铺均匀,最好由远离拌和厂的一端开始摊铺。

压实可以应用普通钢轮压路机、轮胎压路机或振动压路机,也可以用任意两者的组合。20t以上的重型轮胎压路机比较适合进行第一次碾压,特别是厚度大于7.5cm的情况。振动压路机要采用高频低幅的方法碾压。碾压的次数应该考虑混合料的类型、层厚、压路机的类型和重力,以及环境条件。冷再生混合料碾压过程中有时会出现“弹簧现象”,需要调整混合料的厚度才有利于压实。含水率对压实效果会有很大的影响,充足的水分可以帮助压实、起到润滑作用,然而含水率过大又会造成混合料的密度降低,早期强度低等缺点。因此,混合料的合理含水率应该在试验路的施工中调整和确定。

(4)施工注意事项

①在道路现场破碎的回收料有很多大块材料,在再生工厂还需要对再生料进一步破碎和筛分。回收料堆应该尽量避免在高温和重力作用下使材料黏结在一起,为了减少料堆的结块现象和水分增加,应该适当选择料堆高度,且要便于取料和混合操作。施工和运输机械不许碾压或停留在回收料堆上。

②密级配冷再生混合料压实厚度要尽量小于7.5cm。如果要进行多层摊铺,那么在各层摊铺之间需给出养护时间,通常为2~5d。开级配冷再生混合料可以摊铺10cm以上。乳化沥青冷再生不应该在低于10℃的条件下继续施工,而且避免雨季施工。

③常冷再生沥青混合料比较适用于路面的下面层或基层,然后上面再加罩热拌混合料磨耗层。在罩面之前,应该保证冷再生的水分彻底蒸发,稳定性达到要求。在水分蒸发期间,应该禁止车辆在新冷再生路面上通行。

8.6 本章小结

沥青路面养护维修应根据沥青路面出现的病害类型、病害程度和范围等,采取合适的技术措施修复路面,以恢复路面的使用功能和结构强度。先对沥青路面进行科学、合理的技术状况检测与评价,分析沥青路面现时病害状况与病害原因,再采用一定的决策程序,提出沥青路面养护维修方案。

根据沥青路面的病害类型、路面损害的程度，以及所需采用养护维修措施的性质和功能，对养护维修作业分为路面养护、路面修复、路面重建三部分，一般采用局部病害维修与处治、预防性养护罩面、加铺、翻修、改建和再生等养护维修技术方案。沥青路面的养护维修技术措施总体包括：局部病害维修与处治等小修工程，表面封层或薄层加铺等预防性罩面中修工程，路面翻修、加铺补强、再生等大修工程，路面改造、加宽、改线等改建工程。养护方案的选择涉及技术、经济、政策等，采用何种修复方法，取决于对路面的现状和路面材料性能的评估，以及对各种方案的社会和经济效益等因素进行综合考虑。

沥青路面病害维修包括：表面水损害处治、结构水损坏维修，车辙、壅包、沉陷、波浪与搓板等变形维修，表面泛油、磨光、油包、啃边和脱皮等损坏维修，路面裂缝维修等。预防性养护是指在路面发生结构性破坏以前，为了保持路面的正常运营状态，延长未来的路面寿命，获取道路使用的最大效益，在不做结构性改变的前提下，在适当的时间，采取合适的技术措施恢复路面系统的功能状况，改善路面服务水平。沥青路面预防性养护维修包括：裂缝封填；表面涂刷或喷洒还原剂、沥青再生剂、各类乳化沥青等表面涂刷（喷洒）类技术，也称雾封层、还原剂封层；改性沥青超薄抗滑表层（厚度 2cm）、改性热沥青表面处治（碎石封层）、改性稀浆封层（微表处、纤维微表处）等封层类技术；薄层（厚度25 ~ 30mm）、很薄层（厚度 20 ~ 25mm）、超薄层（厚度 15 ~ 20mm）等 SBS 改性沥青、橡胶沥青、SMA 混合料、Novachip 改性沥青超薄磨耗层、开普磨耗层等薄层罩面技术。

沥青路面加铺维修技术包括旧沥青路面上的沥青加铺层和旧沥青路面上的水泥混凝土加铺层。沥青加铺层技术包括旧路病害处治，反射裂缝防治，有效厚度法、弯沉法、力学—经验法等加铺层设计，层间结合与防水等。旧沥青路面上加铺薄水泥混凝土面层（5 ~ 10cm），也称白色罩面（UTW，超薄罩面）技术。

旧沥青路面再生技术包括：再生原理，场拌冷再生、场拌热再生、现场热再生、现场冷再生四类再生技术的工艺原理、技术特点、施工流程及质量控制方法。

第9章

水泥路面养护维修技术

我国公路修建水泥混凝土路面已有70余年的历史,真正快速发展是在1990年以后,20世纪90年代每年建成里程在1万km以上,进入21世纪后,每年建成水泥混凝土路面在2万km以上,到2012年年底,有铺装路面210.34万km,其中,沥青混凝土路面59.13万km,水泥混凝土路面151.21万km,占有铺装路面的71.9%。20世纪80年代建成的水泥混凝土路面已接近使用年限,20世纪90年代上半期建成的水泥混凝土路面也由于特重、重交通量和超轴载的强大破坏作用,陆续开始破损。因此,水泥混凝土路面养护工作的任务越来越繁重。

特别是近年来,随着国民经济的迅速发展,交通荷载的日益重型化,不仅交通量大幅度增长,而且超轴载增加得很快。超载现象日益严重,加速了水泥混凝土路面的损坏。因此,加强对水泥混凝土路面的养护与维修,延长水泥混凝土路面的使用寿命,是公路交通养护部门面临的刻不容缓的任务和非常重要的工作内容。

9.1 水泥路面养护维修方案选择

9.1.1 水泥路面养护维修技术措施

1)养护技术措施

水泥混凝土路面常用的有效预防性养护技术措施包括以下7种:接缝、裂缝的封闭和修补;剥落、表面坑洞的修补;错台磨平处治;局部全厚补块;板底灌浆封堵处理;增设传力杆;疏通边缘排水系统。

2)维修技术措施

水泥混凝土路面的养护维修技术措施主要有以下9类:裂缝或接缝的填封;部分厚度修补;全厚度修补或换板;面层表面金刚石研磨和冷磨;面层底部灌浆填封;修复接缝传荷能力;设置路面内部(边缘)排水设施;铺设乳化沥青封面、砂封面、稀浆封层、表面处治层或抗滑磨耗层等;沥青混合料加铺罩面、复合式加铺或混凝土加铺。

9.1.2 水泥路面养护维修技术措施的适用性

水泥路面的养护维修技术措施具有其各自的应用情形,具体什么情况下采用哪类养护维修技术措施见表9-1。

水泥路面养护维修技术措施的适用性　　表 9-1

类　型	日常养护	裂缝填封	接缝填封	部分厚度修补	全厚度修补	换板	沥青修补	板底填封	研磨	刻槽	边缘排水
纵、横、斜、角隅、裂缝	L	L、M、H	—	—	H	—	—	—	—	—	—
交叉裂缝和破碎板	—	LM	—	—	—	M、H	—	—	—	—	—
唧泥、错台和脱空	L	—	L、M	—	—	—	—	H	H	—	M、H
接缝碎裂	L	—	—	M、H	H	—	M、H	—	—	—	—
拱起	L	—	—	—	M、H	H	—	—	—	—	—
填缝料损坏	L	—	M、H	—	—	—	—	—	—	—	—
纵缝张开	—	—	L、H	—	—	—	—	—	—	—	—
沉陷或胀起	L、M	—	—	—	—	—	M、H	H	M、H	—	—
纹裂或网裂和起皮	L、M	—	—	M、H	—	—	M、H	—	—	—	—
磨损和露骨磨损	—	—	—	—	—	—	露骨	—	—		
活性集料反应	L	—	L	M、H	—	—	—	—	—	—	—
耐久性裂缝	L	L	L	M、H	H	—	—	—	—	—	—

注：L、M、H 表示损坏轻重程度等级，L 表示轻微，M 表示中等，H 表示严重。

9.1.3　水泥路面养护维修方案选择

1）水泥混凝土路面技术状况评价

路面技术状况调查与评价是了解路面现状，选择相应养护措施，制订养护政策，规划养护工程项目，编制养护计划，进行路面改造设计的基础。水泥路面技术状况调查一般包括以下内容：路面破损状况、接缝传荷能力、行驶质量、抗滑能力、交通状况、路基和路面排水状况、路面修建和养护历史。

2）养护维修方案选择

（1）二级及二级以下公路

①当路面完好性评定等级为优等时，只需进行路面日常保养。

②当路面完好性评定等级为良等时，在做好路面日常保养的同时，还应对一些轻微的损坏进行小修。

③当路面完好性评定等级为中等时，在做好路面日常保养和对一些轻微的损坏进行小修的同时，还应对一些较严重或较普遍的路面病害进行中修，包括对路段中个别的严重破碎板进行换板、对唧泥脱空路段进行板下封堵、对错台路段进行整段处治。

④当路面完好性评定等级为次等时，在做好路面日常保养小修和中修的同时，应安排较大数量的路面换板。

⑤当路面完好性评定等级为差等时，应安排路面大修（加铺）。

⑥当路面抗滑性能评定等级为次等或以下时，应整段进行路面刻纹。

（2）高速公路和一级公路

①当路面完好性评定等级为优等时，只需进行路面日常保养。

②当路面完好性评定等级为良等时，在做好路面日常保养的同时，还应对一些轻微的损坏进行小修。

③当路面完好性评定等级为中等时，在做好路面日常保养和对一些轻微的损坏进行小修的同时，还应对一些较严重或较普遍的路面病害进行中修处治，包括对路段中的破碎板进行换板、对唧泥脱空路段进行板下封堵、对错台路段进行整段处治等。若路面病害发展速度比较快且路面平整度评定等级为差等，则应安排路面大修（加铺）。

④当路面完好性评定等级为次等或以下时，应安排路面大修（加铺）。

⑤当路面平整度评定等级为次等或以下时，应整段进行罩面；当路面抗滑性能评定等级为中等或以下时，应整段进行路面刻纹。

⑥当路面承受的年平均换算标准轴载日作用次数明显大于设计预期值（例如实际值为预期值5倍或以上）时，应尽快安排路面加铺补强。若路面完好性评定等级为良等或以上时，可采用结合式加铺，否则采用分离式加铺。

（3）加铺处治方案选择

①素混凝土：结合式——当混凝土路面面层绝大部分完好，路面完好性评定等级为良等以上时，出于补强面层的考虑，可采取结合式加铺。分离式——当路面损坏严重时，只能采用分离式加铺。

②钢筋混凝土：一般都做成分离式，板厚与素混凝土加铺层相同，当路面破损严重，路基、基层强度不均匀，路面通行的重轴载较多时应采用。钢筋的作用是在混凝土开裂后能将裂缝拉住不张开，使裂缝保持结构性能。路面缩缝间距10～30m。当缩缝间距为20m时，纵向配筋率0.18%左右，总配筋率0.3%左右。

③连续配筋混凝土：板厚与素混凝土相同或略薄，纵向配筋率为0.6%～0.8%，总配筋率为0.7%～0.9%，可做成1km以上的连续无缩缝的路面，用作旧混凝土路面的加铺效果好；但用钢量大，造价高。

④预应力混凝土：作混凝土加铺层可适用于所有情况。其面层厚16cm左右，板长40～200m。施加预应力可采用先张法或后张法。造价比普通钢筋混凝土略高。

⑤钢纤维混凝土：板厚为素混凝土的0.55～0.65倍，钢纤维的体积含量为0.5%～2.0%（一般为1.0%～1.2%），抗折强度为素混凝土的1.5～2.0倍。用于混凝土路面的加铺是一个较好的结构方案，可做成结合式、直接式或分离式。造价较钢筋混凝土高，与连续配筋混凝土相当。

⑥老路面病害处治＋沥青混凝土：在旧水泥路上罩面，用于处治错台和改善平整度等。适用于旧混凝土路面破损不十分严重的路段，可延缓病害的发展。

⑦老路面病害处治＋隔离层＋沥青混凝土：适用于处理水泥路面严重破损路段，先要将老水泥路的病害处治好，用作加铺路面的基层，然后做隔离层，再做加铺层。

⑧打碎并压稳老路面＋基层＋沥青混凝土：适用于处理水泥路面严重破损路段，先将老

水泥路面彻底打碎并压稳，用作加铺路面的底基层，然后做基层，再做加铺层。

9.2 水泥路面病害维修技术

9.2.1 裂缝与断板维修

水泥混凝土路面裂缝与断板的形式是多种多样，其产生的原因也是多种多样的。有施工养生不当引起的早期表层开裂，有基层脱空引起的面板全厚度断裂，有在荷载和温度应力共同作用下的疲劳开裂，有活性集料反应引起的网裂，也有板长过长的翘曲或过量收缩而产生的板角和横向裂缝等。裂缝与断板的出现如果不及时维修处治，病害将继续扩大，面板将丧失传荷作用，导致路面的严重损坏，影响行车安全。

1）裂缝的类型及产生的原因

水泥路面裂缝可分为表面裂缝和贯穿板全厚裂缝（以下简称贯穿裂缝）。混凝土板表面裂缝主要是混凝土浇筑后表面未及时养生，在炎热或大风天气表面游离水分蒸发过快，混凝土体积急剧收缩和碳化收缩引起的。贯穿裂缝又有横向裂缝、纵向裂缝、交叉裂缝和板角裂缝等。横向裂缝主要由干缩、温缩和切缝不及时造成，纵向裂缝主要由路基或基础不均匀沉降以及板底脱空造成，交叉裂缝和板角裂缝主要是由荷载、温度和基础不均匀沉降等综合因素造成。

2）断板产生的原因

由纵向、横向、斜向交叉裂缝发展而产生的贯穿板厚折断成两块以上的水泥混凝土路面板称为断板。混凝土面板浇筑完成后，未完全硬化和开放交通就出现的断板为早期断板或施工断板；混凝土面板开放交通后出现的断板称为使用期断板或后期断板。

3）裂缝与断板的维修

裂缝与断板的维修，应根据其损坏程度，采取不同的维修方法和使用不同的维修材料。

（1）维修材料

裂缝与断板的维修材料，根据其功能可分为密封材料和补强材料。当水泥混凝土路面出现裂缝或贯穿裂缝而板面强度仍能满足使用要求时，应选用密封维修材料；当路面由于裂缝断裂造成了强度不足时，应选用补强材料。

①密封材料宜选用聚氨酯、聚硫环氧树脂（聚硫橡胶 + 环氧树脂）、日产 BI - GBOUT 等高分子工程材料，密封材料技术要求应符合表 9-2 规定。

密封材料技术要求 表 9-2

性　能	技术要求
灌入稠度（s）	<20
拉伸强度（MPa）	≥4
黏结强度（MPa）	≥4
断裂伸长率（%）	≥50

②高模量补强材料宜选用经过改性的环氧树脂类材料或经乳化反应过的环氧树脂乳液，补强材料技术要求应符合表 9-3 规定。

补强材料技术要求 表 9-3

性　　能	技术要求
灌入稠度(s)	<20
拉伸强度(MPa)	≥5
黏结强度(MPa)	≥3
断裂伸长率(%)	2~5

(2)裂缝维修

①扩缝灌浆法

适用于裂缝宽度小于3mm的表面裂缝。其修补工艺如下。

a. 扩缝。顺着裂缝用冲击电钻将缝口扩宽成1.5~2cm 淘槽,槽深根据裂缝深度确定,最大深度不得超过板厚的2/3。

b. 清缝填料。清除混凝土碎屑,用压缩空气吹净灰尘,并填入粒径0.3~0.6cm 的清洁石屑。

c. 配料灌缝。采用聚硫橡胶∶环氧树脂=6∶(2~16),配成聚硫环氧树脂灌缝料,拌和均匀并倒入灌浆器中,灌入扩缝内。

d. 加热增强。宜用红外线灯或装有60~100W 灯泡的长条形灯罩,在已灌缝上加温,温度控制在50~60℃,加热1~2h 即可通车。

②直接灌浆法

适用于裂缝宽度大于3mm,且无碎裂的裂缝。修补工艺如下。

a. 清缝。将缝内泥土、杂物清除干净,并确保缝内无水、干燥。

b. 涂刷底胶。在缝两边约30cm 的路面上及缝内涂刷一层聚氨酯底胶层,厚度为0.3mm ±0.1mm,底胶用量为0.15kg/m^2。

c. 配料灌缝。由环氧树脂(胶结剂)、二甲苯(稀释剂)、邻苯二甲酸二丁酯(增稠剂)、乙二胺(固化剂)、水泥或滑石粉(填料)组成。采用配合比为胶结剂∶稀释剂∶增稠剂∶固化剂∶填料=100∶40∶10∶8∶(200~400),视缝隙宽度掺加,按比例配制好,并搅拌均匀后直接灌入缝内,养护2~4h 即可开放交通。

③条带罩面补缝

适用于贯穿全厚大于3mm 小于15mm 的中等裂缝。其罩面补缝工艺如下:

a. 切缝。顺裂缝两侧各约15cm,且平行于缩缝切7cm 深的两条横缝,如图9-1 所示。

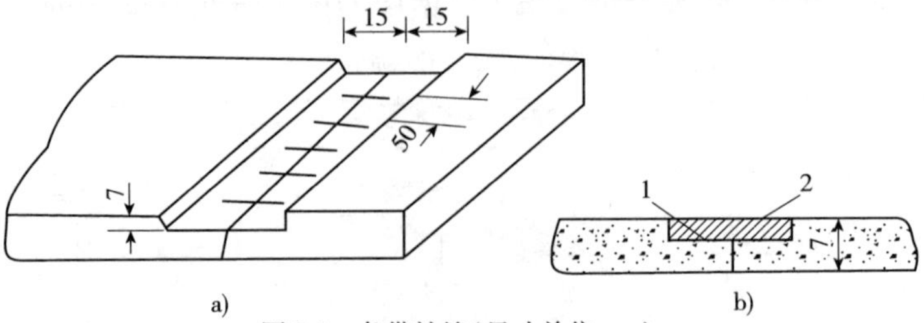

图 9-1 条带补缝(尺寸单位:cm)

1-钯钉;2-新浇混凝土

b. 凿除混凝土。在两条横缝内侧用风镐或液压镐凿除混凝土,深度以7cm 为宜。

c. 打钯钉孔。沿裂缝两侧15cm,每隔50cm 钻一对钯钉孔,其直径各大于钯钉直径2~4mm,并在两钯钉孔之间打一与钯钉孔直径相一致的钯钉槽。

•安装钯钉。用压缩空气吹除孔内混凝土碎屑,将孔内填灌快凝砂浆,把除过锈的钯钉

（宜采用 ϕ16mm 螺纹钢筋）弯勾长 7cm，插入钯钉孔内。

•凿毛缝壁。将切割的缝内壁凿毛，并清除松动的混凝土碎块及表面松动裸石。

•刷黏结砂浆。将修补混凝土毛面上刷一层黏结砂浆。

•浇筑混凝土。应浇筑快凝混凝土，并及时振捣密实，磨光和喷洒养护剂，其喷洒面应延伸到相邻老混凝土面板 20cm 以上。

④全深度补块

适用于宽度大于 15mm 的严重裂缝。全深度补块分集料嵌锁法、刨挖法、设置传力杆法。

a. 集料嵌锁法适用于无筋混凝土路面交错的接缝、且接缝的间隔小于 300 ~ 400cm。其修补工艺如下：

•画线、切割。将修补的混凝土路面沿面板平行于横向纵缝画线，并沿画线用切割机进行全深度切割，在全深度补块的外侧锯 4cm 宽、5cm 深的缝，如图 9-2 所示。

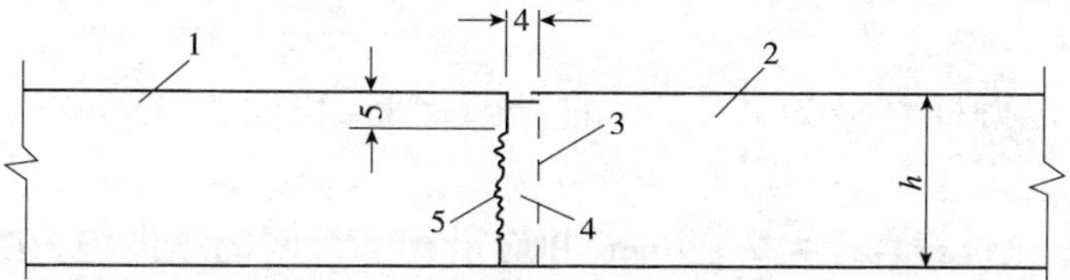

图 9-2　集料嵌锁法（尺寸单位：cm）

1-保留板；2-全深度补块；3-全深度锯缝；4-凿除混凝土；5-缩缝交错接面

•破碎、凿毛。用风镐破碎并清除旧混凝土，将全深锯口和半锯口之间的 4cm 宽条混凝土垂直面凿成毛面。

•基层处理。基层强度如果符合规范要求，应整平基层，若低于规范要求应予以补强，并严格整平；若基层全部损坏或松软，应按原设计基层材料重新做基层。

•混凝土配合比。新的混凝土配合比应与原混凝土材料一致。若采用 JK 系列混凝土快速修补材料，水灰比以 0. 30 ~ 0. 40 为宜，坍落度宜控制在 2cm 内。混凝土 24h 的弯拉强度应不低于 3. 0MPa。

•混凝土拌和、摊铺。严格按配合比用搅拌机将混凝土搅拌均匀，将拌好的混合料摊铺在补块区内，并振捣密实。浇筑的混凝土面层应与相邻路面的横断面高程一致，其表面纹理应原路面相同。

•养生。补块的养生宜采用养护剂养生，其用量根据养护剂材料性能确定。

•接缝处理。做接缝时，将板中间的各缩缝锯切 1/4 板厚处，并将接缝材料填入缩缝内。

•浇筑混凝土达到通车强度后，即可开放交通。

b. 刨挖法（倒 T 形法）。适用于接缝间传荷很差部位。其施工工艺如下：

•施工要求按集料嵌锁法进行。

•在相邻板横边的下方暗挖一块面积为 15cm × 15cm 的槽，用于荷载传递，如图 9-3 所示。

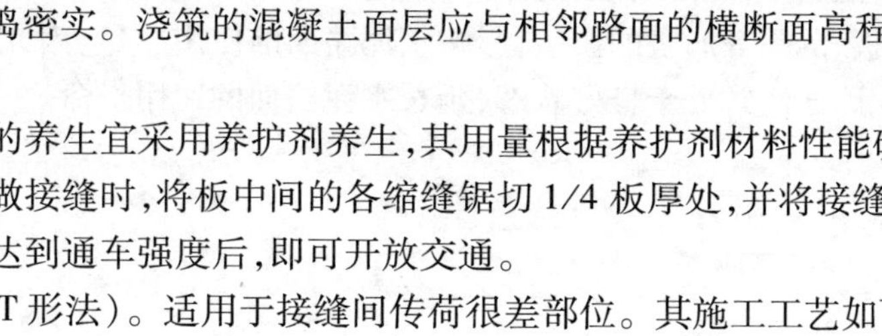

图 9-3　刨挖法（尺寸单位：cm）

1-保留板；2-补块；3-全深度锯缝；4-垫层开挖线

c.设置传力杆法。适用于在寒冷气候和承受重型交通荷载的混凝土路面。其施工工艺如下:

•施工要求按集料嵌锁法进行。

•处理基层后,应修复、安设传力杆和拉杆,如图9-4所示。

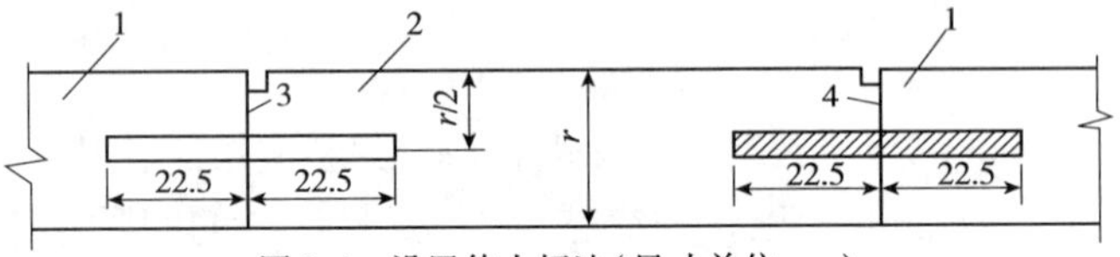

图9-4 设置传力杆法(尺寸单位:cm)

1-保留板;2-全深度补块;3-缩缝;4-施工缝

•原混凝土面板没有传力杆和拉杆折断时,应用与原尺寸相同的钢筋焊接或重新安设。安装时应在板厚1/2处钻出比传力杆直径大2~4mm的孔,孔中心间距30cm,其误差不应超过3mm。

•横向施工缝传力杆直径为ϕ25mm的光圆钢筋,长度为45cm,嵌入相邻保留板内深22.5cm。

•拉杆孔直径宜比拉杆直径大2~4mm,并应沿相邻板间的纵向缝,在板厚1/2处钻孔,中心距80cm。拉杆采用ϕ16螺纹钢筋,长80cm,40cm嵌入相邻车道的混凝土面板内。

•传力杆和拉杆宜用环氧砂浆牢牢的固定在规定位置,摊铺混凝土前,光圆传力杆的伸出端应涂少许润滑油。

•新补块与沥青混凝土路肩相接时,应和现有路肩齐平。

•传力杆若安装倾斜或松动失效,应予以更换。

9.2.2 接缝、板边与板角修补

水泥混凝土路面接缝包括纵向施工缝、纵向缩缝、横向施工缝、横向缩缝等。接缝是水泥混凝土路面的薄弱环节,经常出现接缝填料损坏、纵向接缝张开、接缝板边和板角碎裂等病害,由于这些病害的产生,地面水从接缝渗入,使路面基层强度降低,在行车荷载作用下,导致唧泥、脱空、断板、沉陷等病害的产生,影响水泥路面的使用质量,因此,对接缝必须加强养护和修补,使水泥路面经常处于良好状态,延长水泥路面的使用寿命。

1)接缝病害产生的原因

(1)灌缝材料的老化、脱落,软化和溢出。

(2)垫料的老化、变形、脱落。

(3)接缝结构、机能不完善。

(4)接缝内嵌入硬物会造成接缝处剥落或胀裂。

(5)填缝材料和接缝板质量欠佳。

2)接缝的修补

(1)接缝填缝料损坏修补

①清缝。用清缝机清除接缝内杂物,并将接缝内灰尘吹净。

②接缝作胀缝修补时,先将建筑热沥青涂刷缝壁,再将接缝板压入缝内。对接缝板接头及接缝与传力杆之间的间隙,必须用填缝料灌实抹平,上部用嵌缝条的应及时嵌入嵌缝条。

③用加热式填缝料修补时，必须将填缝料加热至灌入温度，滤去杂物，倒入填缝机内即可填缝。在填缝的同时，宜用铁钩来回拌动，以增加与缝壁的黏结和填缝的饱满，在气温较低季节施工时，应先用喷灯将接缝预热。

④用常温式填缝料修补时，除无需加热外，其施工方法与加热式填缝料相同。

⑤填缝料的技术要求应符合表9-4和表9-5的规定。

⑥施工质量验收标准应符合现行《水泥混凝土路面施工及验收规范》(GBJ 97—1987)的规定。

加热施工式填缝料的技术要求 表9-4

试验项目	低弹性型	高弹性型
针入度(0.1mm)	<50	<90
弹性(复原率)(%)	>30	>60
流动度(mm)	<5	<2
拉伸量(mm)	>5	>15

常温施工式填缝料的技术要求 表9-5

试验项目	技术要求
灌入稠度(s)	<20
失黏时间(h)	6~24
弹性(复原率)(%)	>75
流动度(mm)	0
拉伸量(mm)	>15

(2)纵向接缝张开维修

①当相邻车道面板横向位移、纵向接缝张开宽度在10mm以下时，宜采取聚氯乙烯胶泥、焦油类填缝料和橡胶沥青等加热施工填缝料。其方法按第9.2.1节有关条款实施。

②当相邻车道面板横向位移，纵向接缝张口宽度在10~15mm时，宜采取聚酯类常温施工式填缝料进行维修。

a.维修前应清除缝内杂物和灰尘。

b.按材料配比配制填缝料。

c.宜采用挤压枪注入填缝料。

d.填缝料固化后，方可开放交通。

③当纵向接缝张口宽度为15~30mm时，采用沥青砂进行维修。

④当纵缝宽度达30mm以上时，可在纵缝两侧横向锯槽并凿开，槽间距60cm，宽5cm，深7cm。要设置ϕ12mm螺纹钢筋钯钉，钯钉在老混凝土路面内的弯钩长度为7cm，纵缝内部的凿开部位用同强度等级的水泥混凝土填补，纵缝一侧涂刷沥青。

(3)接缝板边出现碎裂时，接缝的修补

①在破碎部位边缘，用切割机切割成规则图形，其周围切割面应垂直板面，底面宜为平面，如图9-5所示。

②清除混凝土碎块，吹净灰尘杂物，并保持干燥状态。

③用高模量补强材料进行填充，其材料技术性能应符合《公路水泥混凝土路面养护技术规范》(JTJ 073.1—2001)的规定。

④修补混凝土达到通车强度后，方可开放交通。

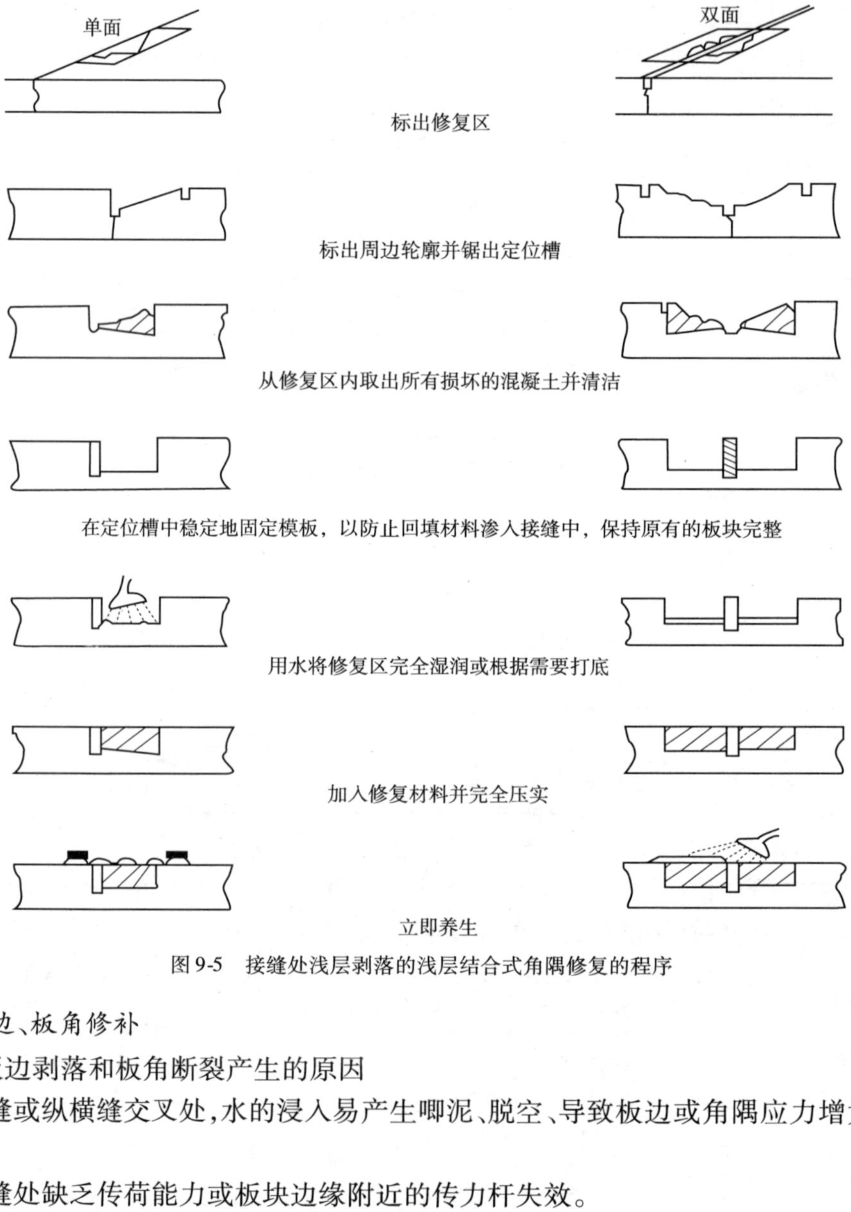

图9-5 接缝处浅层剥落的浅层结合式角隅修复的程序

3)板边、板角修补

(1)板边剥落和板角断裂产生的原因

①接缝或纵横缝交叉处，水的浸入易产生唧泥、脱空、导致板边或角隅应力增大，产生破损或断裂。

②接缝处缺乏传荷能力或板块边缘附近的传力杆失效。

③路基基层在荷载和水的作用下，逐渐产生塑性变形，使板边、板角应力增大，产生剥落和断裂。

④面板边缘的接缝中嵌入硬物等。

(2)板边剥落、板角断裂修补

①板边修补

a.当水泥混凝土板边轻度剥落时，应将混凝土剥落的碎块清理干净，可用灌缝材料填充密实，修补平整。

b. 当水泥混凝土板边严重剥落时，在剥落混凝土外侧，平行于板边画线，用切缝机切割混凝土，切割深度略大于混凝土剥落深度，用风镐凿除损坏混凝土，用压缩空气清除混凝土碎屑立模，浇筑混凝土修补材料，用养护剂养生，达到设计强度后，即可开放交通。

c. 当水泥混凝土板边全深度破碎，可按全深度补块的方法进行修复。

②板角修补

a. 板角断裂应按破裂面的大小确定切割范围并放样，如图 9-6 所示。

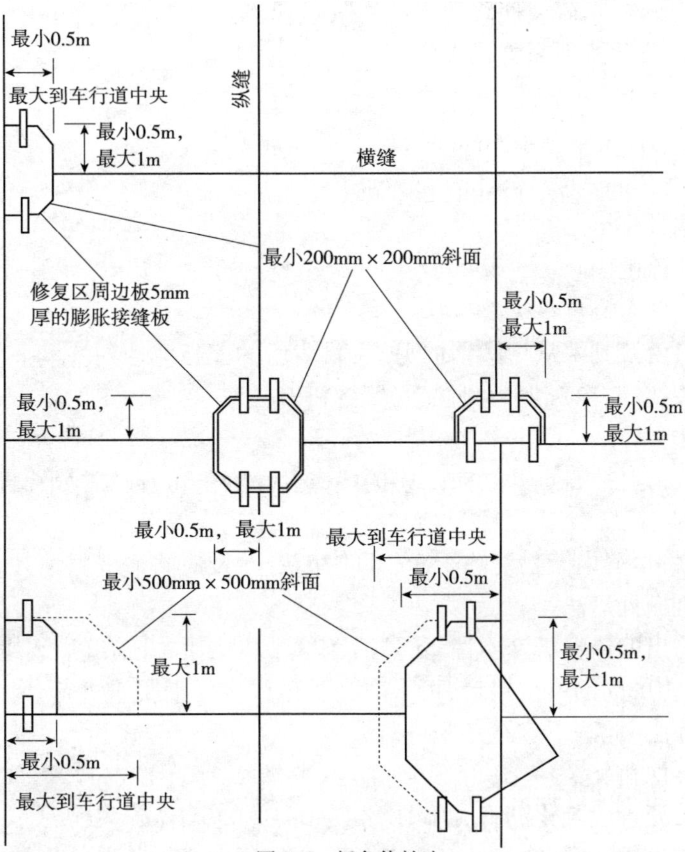

图 9-6 板角修补法

注：修复纵向边不能位于车轮轨迹上。

b. 用切割机切边缝，用风镐凿除破损部分，凿成规则的垂直面，对原有钢筋不应切断，如果钢筋难以全部保留，至少也要保留长 20～30cm 的钢筋头，且应长短交错。

c. 检查原有的滑动传力杆，如果有缺陷应予更换，并在新老混凝土之间加设传力杆。

d. 如基层不良时，应用 C15 混凝土浇筑基层，并在面板板厚中央用冲击钻打水平孔，深 20cm、直径 30cm、水平间距 30～40cm。每个洞应先将其周围湿润，先用快凝砂浆填塞捣实，然后插一根直径为 2cm 的钢筋，待砂浆硬化后，浇筑快凝混凝土。

e. 与原有路面板的接缝如为缩缝，应涂上沥青，防止新旧混凝土黏结在一起。如为胀缝，应设置接缝板。

f. 浇筑的混凝土硬化后，用切割机切出宽 3mm、深 4cm 接缝槽，并用压缩空气清缝，灌入填缝材料。

g. 待混凝土达到强度后，方可开放交通。

9.2.3 错台处治

水泥混凝土路面错台,轻者影响行车的舒适性,重者危及行车安全,应根据错台轻重程度采取不同措施及时维修处治。

1)错台产生的主要原因

(1)路基基层碾压不密实,强度不足。

(2)局部地基不均匀下沉或矿区地基大面积沉陷。

(3)水浸入基层,行车荷载使路面板产生泵吸现象。

(4)传力杆,拉杆功能不完善或失效。

2)错台处治的方法

(1)轻微错台。其高差小于5mm时,可不作处理。

(2)高差为5~10mm的错台处治方法如下:

①人工处治法

a.划定错台处治范围。

b.用钢尺测定错台高度。

c.用平头钢凿由浅到深从一边凿向另一边,凿后的面板应达到基本平整。

d.清除接缝杂物,吹净灰尘,及时灌入填缝料。

②机械处治法

a.用磨平机从错台最高点开始向四周扩展,边磨边用3m直尺找平,直至相邻两块板齐平为止,如图9-7所示。

b.磨平后,应将接缝内杂物清除干净,并吹净灰尘,及时将嵌缝料填入。

③人工配合机械处治法

即先人工将高出的错台板基本凿平,然后用磨平机磨平,并清缝灌入填缝料。

(3)高差大于10mm的严重错台,可采取沥青砂或水泥混凝土进行处治。

①沥青砂填补法(此法不宜在冬季进行)

a.清除路面杂物和灰尘。

b.喷洒一层热沥青或乳化沥青,沥青用量为0.4~0.6kg/m^2。

c.摊铺沥青砂,修补面纵坡为$i\leqslant1\%$。

d.沥青砂填补后,应用轮胎压路机碾压。

e.待沥青砂修补层冷却成型后开放交通。

②水泥混凝土修补法

a.用风镐将错台下沉板凿除2~3cm,修补长度按错台高度除以坡度(1%)计算,如图9-8所示。

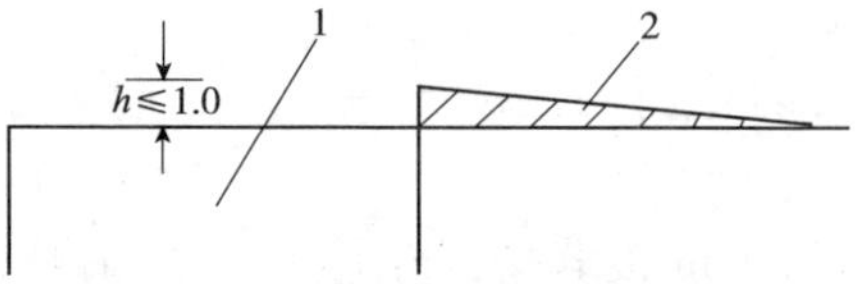

图9-7 错台磨平法示意图(尺寸单位:cm)
1-下沉板;2-磨平

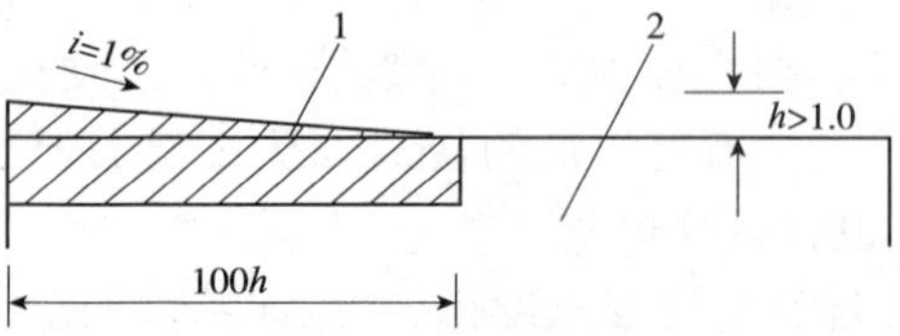

图9-8 错台填补法示意图(尺寸单位:cm)
1-凿除修补;2-下沉板

b. 用压缩空气清除毛面混凝土上的杂物。

c. 浇筑细石混凝土,材料配合比参照表9-6。

d. 喷洒养护剂,养护混凝土。

e. 待混凝土达到通车强度后,即可开放交通。

细石混凝土配合比　　表9-6

材　料	水　泥	快速修补剂	水	砂	碎　石
用量(kg)	437	70	131	524	1 149
比例(与水泥的质量比)	1	0.50	0.30	1.20	2.63

9.2.4　沉陷、拱起处理

沉陷是水泥混凝土路面严重病害之一,它可导致面板的错台,严重破碎以致影响到行车安全。因此,必须设置排水措施,对严重沉陷应即时处治,其方法有板块灌砂顶升法、千斤顶顶升法和整块板翻修法等。

1)沉陷的主要原因

(1)路基基层稳定性不够,强度不均匀,造成地基不均匀下沉。

(2)排水设施不完善,地面水渗入基层导致基层强度减弱,唧泥、面板严重破碎造成面板沉陷。

2)沉陷处理

(1)板块灌砂顶升法

①板在顶升前,应用水准仪测量下沉板的下沉量,测站与下沉处距离应大于50m,并绘出纵断面,求出升起值。

②在每块板上,钻出两行与纵轴平行的直径为3cm的透孔,孔的距离约为1.7m(板宽3.5m时,一孔所占面积为3~3.5m^2),当板需要从一侧升起时,只需在升起部分钻孔。

③在升起前将所有孔用木塞堵好,一孔一孔地灌砂,充气管与板接头处,用麻絮密封,用排气量为6~10m^3/min的空气压缩机向孔中灌砂,直至砂冒出缝外时为止。

④板升起后,接连往另一个孔中灌砂,直至下沉板全部顶升就位。

(2)整板翻修法

当水泥混凝土整板沉陷并产生破碎时,应进行整板翻修。

①宜用液压镐将旧板凿除,尽可能保留原有拉杆,并清运混凝土碎块。

②将基层损坏部分清除,并整平压实。

a. 对基层损坏部分,宜采用C15混凝土补强,其补强混凝土顶面高程应与旧路面基层顶面高程相同。

b. 宜在混凝土路面板接缝处的基层上涂刷一道宽20cm的薄层沥青。

③整块翻修的面板在路面排水不良地带,路面板边缘及路肩应设置路基纵横向排水系统。

a. 单一板块翻修时,应在路面板接缝处设置横向盲沟。

b. 路面有纵坡时,宜设置纵向盲沟,在纵坡度底部设置横向盲沟。

④板块修复,混凝土施工时,配合比及所有材料宜采用快速修补材料。

a. 按配合比采用混凝土搅拌机拌和混凝土材料。

b. 将拌和好的混合料用翻斗车运送到施工现场,进行人工摊铺。

c. 宜采用插入式振捣器振捣边角混凝土，并用振动梁刮平泥浆，人工抹平，与原混凝土板面高低一致。

d. 按原路面纹理对混凝土表面进行处理。

e. 宜采用养护剂进行养护。

f. 相邻板边的接缝，用切缝机切至1/4 板块深度。

g. 清除缝内杂物，灌入接缝材料。

h. 待混凝土达到通车强度后，开放交通。

3）拱起处理

水泥混凝土路面拱起主要是因胀缝失效，混凝土板块热胀而突然使横缝两侧的板体明显提高，其处理措施应根据具体情况，采取不同的方法。

（1）路面拱起的主要原因

①非高温季节施工时，胀缝设置间距过长或失效。

②接缝内嵌入硬物。

③夏季连续高温，使板体热胀。

（2）拱起处理方法

①对轻微拱起处理

a. 用切缝机或其他机具将拱起板间横缝中的硬物切碎。

b. 用压缩空气将缝中石屑等杂物和灰尘吹净，使板块恢复原位，并灌入填缝料。

②对严重拱起处理

a. 板端拱起但路面完好时，应根据拱起高低程度，计算多余板的长度，将拱起板块两侧附近1~2 条横缝切宽，待应力充分释放后切除拱起端，逐渐使板块恢复原位。

b. 将横缝和其他接缝内的杂物、灰尘用空气压缩机清除干净，并灌入填缝料，如图9-9所示。

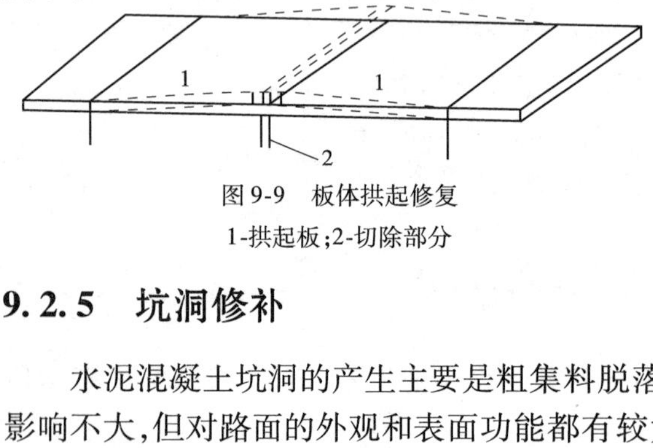

图 9-9 板体拱起修复

1-拱起板；2-切除部分

③拱起板端发生断裂或破损时，按整块路面板翻修进行。

④胀缝间因传力杆部分或全部在施工时设置不当，使板受热时不能自由伸长而发生拱起，应重新设置胀缝，按胀缝施工进行。

9.2.5 坑洞修补

水泥混凝土坑洞的产生主要是粗集料脱落或局部振捣不密实等原因，坑洞尽管对行车影响不大，但对路面的外观和表面功能都有较大影响，因此，对坑洞应根据实际情况采取相应措施进行修补。

1）对个别坑洞的修补

（1）用手工或机械将坑洞凿成矩形的直壁槽。

（2）用压缩空气把槽内的混凝土碎块及尘土吹净。

（3）用海绵块沾水后湿润坑洞，不得使坑洞内积水。

（4）用高强度等级水泥砂浆等材料填补，并达到平整密实。

2）对较多坑洞的修补

对较多坑洞且连成一片，面积在20m^{2}以内的坑洞，应采取罩面方法修补：

(1)画出与路中心线平行或垂直的修补区域图形。

(2)用切割机沿修补图形边线切割 5 ~7cm 深的槽,槽内用风镐清除混凝土,使槽底平面达到基本平整,并将切割的光面凿毛。

(3)用压缩空气吹净槽内混凝土碎屑和灰尘。

(4)按混凝土配合比设计配制修补混凝土。

(5)将拌和好的混凝土填入槽内,人工摊铺、振捣密实,并保持与原路面齐平。

(6)喷洒养护剂养生。

(7)待混凝土达到通车强度后,方可开放交通。

3)对大面积坑洞的修补

对面积大于 $20m^2$,深度 4cm 左右成片的坑洞,可用浅层结合式表面修复或沥青混凝土罩面进行修补。

(1)浅层结合式表面修复

①将连成片的坑洞周围标画出与路中心线平行或垂直的区域,并用风镐凿除深度 2 ~3cm,如图 9-10 所示。

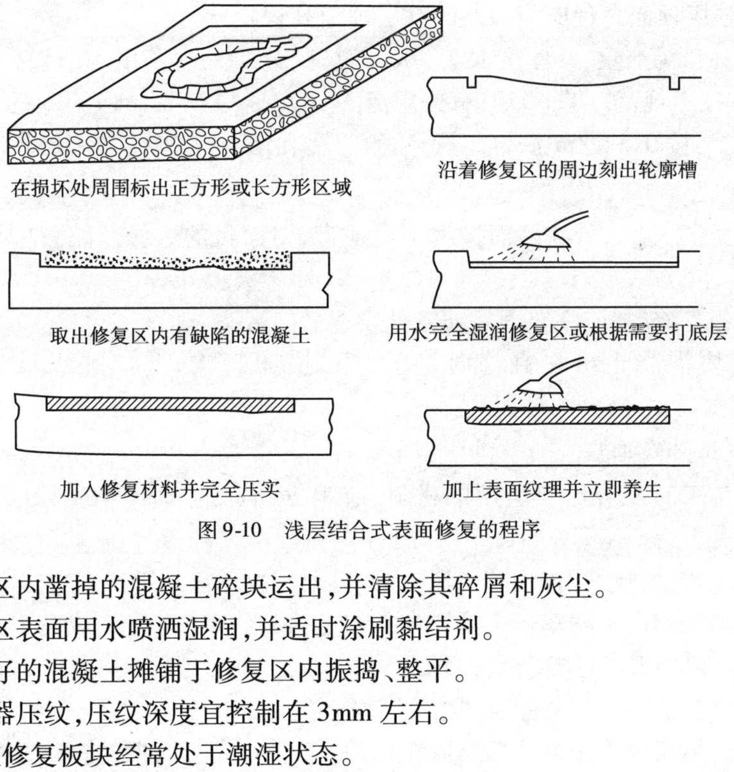

图 9-10　浅层结合式表面修复的程序

②将修复区内凿掉的混凝土碎块运出,并清除其碎屑和灰尘。

③在修复区表面用水喷洒湿润,并适时涂刷黏结剂。

④将拌和好的混凝土摊铺于修复区内振捣、整平。

⑤用压纹器压纹,压纹深度宜控制在 3mm 左右。

⑥养生,使修复板块经常处于潮湿状态。

⑦待混凝土达到通车强度后,开放交通。

(2)沥青混凝土修补

①画出与路中心线平行或垂直的处治区,并用切割机在其周围切割 2 ~3cm 深度。

②用风镐凿除处治区内的混凝土,并清除混凝土块、碎屑和灰尘。

③将切割的槽壁面和凿除的槽底面喷洒黏层沥青,其用量为 0.4 ~0.6kg/m^2。

④铺筑沥青混凝土,并碾压密实。

⑤待沥青混凝土冷却后,开放交通。

9.2.6 换板

水泥混凝土路面，由于施工、养护和自然因素等原因，使路面产生严重的沉陷或严重的破碎板等病害，而且集中于一块板内。这时，正常的养护手段无济于事，只能通过整块面板的翻修，才能恢复其使用功能。

整块面板翻修的方法和工艺如下。

1）清除混凝土碎块

首先，用风镐或液压镐凿除损坏的水泥混凝土板块，尽可能保留原有拉杆、传力杆，若拉杆、传力杆发生损坏，应该重新补设，将破碎的混凝土碎块，清运至指定的堆放场地。

2）处治基层

视基层损坏程度采取不同的处治方法：

（1）基层损坏厚度小于8cm，整平基层压实后，可直接浇筑与原路面强度相同的水泥混凝土，其施工方法应符合水泥混凝土路面施工规范要求。

（2）基层损坏厚度大于8cm，且坑洼不平，应首先整平、压实基层后，采用C15贫混凝土进行补强，其补强层顶面高程应与旧路面基层顶面高程相同。

（3）基层损坏极为严重，其厚度大于20cm时，应分层处理基层，其材料应符合现行《公路路面基层施工技术规范》（JTJ 034）有关规定。

（4）在基层上，按0.5kg/m^2沥青用量，喷洒一层乳化沥青，作为防水层。

3）排水处理

对于翻修的混凝土板，处在路面排水不良地带，路面板的边缘及路肩应设置路基纵、横向排水系统。

（1）单一边板翻修时，应在路面板缩缝处设置横向盲沟。

（2）连续数块混凝土板块翻修时，宜设纵、横向盲沟，并应在纵坡底部设置横向盲沟。

4）水泥混凝土翻修工艺

（1）混凝土施工时配合比及所用的材料，应根据路面通车时间的要求，选用快速修补材料。

（2）将混凝土拌和机设置在施工现场附近，可采用翻斗车运送混合料。

（3）混合料的摊铺由运输车辆直接卸在基层上，混合料尽可能卸成几个小堆，用铁锹摊均匀，严禁使用钉耙耧耙，以防离析，摊铺的材料厚度，应考虑振实的影响而预留一定的高度，松铺系数一般控制在1.1左右，或根据试验确定。

（4）混合料的振捣应先用插式振捣器在板边、角隅处或全面振捣一次，同一位置不少于20s，再用平板振捣器全面振捣，振捣时应重叠10～20cm，不小于15～30s，以不再冒泡并泛出水泥浆为止，全面振捣后再用振动梁振实整平，往返拖拉2～3遍，使表面泛浆，并赶出气泡，振动梁移动的速度应缓慢而均匀，其速度以1.2～1.5m/min为宜。对不平处，应及时人工补平，最后用滚杆进一步滚动表面，使表面进一步提浆。新浇的混凝土表面与旧混凝土表面不平整，应填补找平并重新振滚平整。

（5）混凝土表面整修，应用木抹多次抹面至表面无泌水为止。发现面板低凹处，应填补混凝土。并用3m直尺检查平整度。

(6)按原路面纹理修面,可用尼龙丝刷或拉槽器在混凝土表面横向拉槽。

(7)混凝土硬化后,要在尽早的时间内用切缝机切缝,切缝深度宜为板块1/4厚度,合适的切缝时间须依据经验并进行试切后决定。经验切缝时间见表9-7。

经验切缝时间 表9-7

昼夜平均温度(℃)	常规切缝时间(h)	真空脱水作业(h)
5	45~50	45~50
10	30~45	25~30
15	22~26	18~32
20	18~21	12~15
25	15~18	8~11
30	13~15	5~7

注:表列时间为采用普通硅酸盐水泥并不掺外加剂的切缝时间。

(8)混凝土板块的养生。

①混凝土板抹平之后,可在混凝土板块表面喷洒养护剂进行养生,养护剂应在纵横方向交叉喷洒,养护剂洒布要均匀,其用量不得少于350g/m²。

②也可采取洒水养生,用草帘或麻袋覆盖在混凝土板表面,每天洒水2~3次,使水泥混凝土板块经常保持潮湿状态。

(9)在水泥混凝土板块养护期满后,应立即进行接缝填封。

①接缝填缝材料分接缝板和填缝料两种。填缝料又分为加热施工式及常温施工式两种。接缝板和填缝料的技术要求,应符合相关规定。

②填缝前,接缝缝内必须清理干净,灌注填缝料必须在缝槽干燥状态下进行,其灌注深度以3~4cm为宜,下部可填入多孔柔性材料。

③填缝料的灌注高度,夏天应与面板齐平,冬天宜稍低于面板。

(10)待混凝土强度达到设计要求后,即可开放交通。

9.2.7 表面功能恢复

水泥混凝土路面通车3~5年,路面表面会出现磨光和露骨现象,尤其是耐磨性较差的粗集料、强度不高的水泥和混凝土强度偏低的情况下,路面表面磨损较为突出,影响路面的使用功能。为此通常采用铺薄层水泥砂浆、沥青磨耗层和刻槽的方法来改善和恢复水泥混凝土路面表面功能。

1)*薄层水泥混凝土罩面*

对局部板块出现的露骨,可采用薄层水泥混凝土罩面。

(1)用风镐凿除水泥混凝土面板表面,凿除深度为1~5cm。

(2)清除水泥混凝土碎屑和松散块,用高压水冲洗水泥混凝土板块毛面,用压缩空气清除水泥混凝土板块表面水分。

(3)在现浇混凝土板边立模。

(4)在水泥混凝土毛面上按1kg/m²涂上一层界面黏结剂。界面黏结剂有较好的黏结性能,黏结强度高达4.75MPa。界面黏结剂分A、B两组分,施工时现配现用,比例为:A组分:B组分=10:1.5。

(5)配制快速修补混凝土。

下面介绍 SC－Ⅱ水泥砂浆和 JK－24 水泥混凝土的性能及配合比。

(1)SC－Ⅱ水泥砂浆

SC－Ⅱ水泥砂浆修补剂具有耐磨性好、无收缩、抗冻性好的特点,并且颜色与普通混凝土基本一致,无明显差异。其技术指标如下:

①密度:2.9g/m^3。

②细度:6.2%。

③颜色:浅灰色。

(2)JK－24 水泥混凝土配合比

①原材料:普通水泥 32.5 级,砂:中砂,石子:5～15mm,水:饮用水。

②配合比:水泥∶修补剂∶水∶砂∶石子＝1∶0.16∶0.35∶1.2∶2。

③试验数据。

a. 坍落度:10mm。

b. 凝结时间:初凝 1.5h,终凝:2.5h。

c. 泌水率:1.2%。

d. 抗压强度,如表 9-8 所示。

抗压强度表　　表 9-8

龄期(d)	1	2	3	7	28
抗压强度(MPa)	26.4	38.4	43.9	58.9	62.3

④采用用强制式搅拌机拌和 60～90s。

⑤采用人工摊铺,平板振捣器振捣密实,振动梁找平,人工抹面、压纹。混凝土拌制后使用时间一般不超过 1.5h。

⑥修补混凝土摊铺后 2h,对修补的混凝土采用养护剂进行保湿养生 24h。

2)刻槽

对于弯道、陡坡等磨光的路段,可采用刻槽的方法进行处治。

图 9-11　CW－450 型水泥路面刻槽机

(1)采用自行式刻槽机进行刻槽(图 9-11)。使用圆盘形的金刚石刀片、碳化钨冲头等,在路面上切成窄槽。这种方法可以防止雨天路面打滑现象。

(2)防滑槽的方向主要有两种:

①常采用的纵向刻槽,可以防止横向滑动与横向风力所造成的事故。

②横向刻槽,对缩短制动距离效果较好,适用于陡坡路段、交叉路口附近等。在路线纵向或横向,指定的方向上安置导向轨道,将导向轮扣在导向轨道上。

(3)防滑槽可根据刀片的宽度来选定适宜的形状。一般常用的刻槽深度为 3～6mm,槽宽为 3～6mm,缝距为 19～50mm,见表 9-9。

(4)刻槽时应由高向低逐步推进。

水泥混凝土路面刻纹机规格及型号 表 9-9

参数　　机型	CW-450	CW-600	CW-1000	KW-1200
主电机型号	Y132S2-2	Y160M1-2	Y160M2-2	Y132-S2-2Y160M1-2
主电机功率(kW)	7.5	11	11	7.5/11
配用锯片直径	150	150	150	150
锯片转速(r/min)	2 930	2 930	2 950	2 930
行走电机型号	Y801-4	Y801-4	Y905-4	Y905-6
行走电机功率(kW)	0.55	0.75	1.1	0.75
刻纹深度(mm)	3~8	3~8	3~8	3~8
纹缝宽度(mm)	3~6	3~8	3~8	3~8
一次刻纹宽度(mm)	450	600	1 000	1 200
行走速度(r/min)	0.6	1.2	0.6/1	1.2/1.6/1.8

3)沥青磨耗层

对于水泥混凝土路面较大范围的磨光或露骨可铺设沥青磨耗层。

(1)对水泥混凝土板块进行修整和处理。在沥青磨耗层铺筑前,水泥混凝土路面应做到干燥、清洁,不得有尘土、杂物或油污。

(2)在水泥混凝土路面表面喷洒 0.4~0.6kg/m^2(沥青含量)的黏层沥青,可采用热沥青、乳化沥青,尽可能采用快裂型乳化沥青。

(3)采用沥青洒布车喷洒黏层沥青。在路缘石、雨水进水口、检查井等局部位置与沥青面层接触处用刷子人工涂刷。

(4)喷洒黏层沥青应均匀洒布或涂刷,喷洒过量处应予刮除。

(5)当气温低于10℃或路面潮湿时,不得喷洒黏层沥青。

(6)喷洒黏层沥青后,除沥青混合料运输车辆外,严禁其他车辆、行人通过。

(7)乳化沥青破乳、水分蒸发完后铺筑沥青层。

(8)沥青磨耗层采用砂粒式沥青混凝土,厚度一般为 1.0~1.5cm。砂粒式沥青混合料级配及沥青用量见表 9-10。

砂粒式沥青混合料级配及沥青用量范围(方孔筛) 表 9-10

通过下列筛孔(mm)的质量百分率(%)								沥青用量(%)
9.5	4.75	2.36	1.18	0.6	0.3	0.15	0.075	
100	95~100	55~75	35~55	20~40	12~28	7~18	5~10	6.0~8.0

4)稀浆封层

对大面积露骨或磨光的路段可采用稀浆封层进行处治。稀浆封层的施工温度不得低于10℃。水泥混凝土路面表面要清洁、干燥。稀浆封层机施工时应匀速前进,稀浆封层厚度应均匀、表面平整,稀浆封层机摊铺时应保持槽内有近半槽稀浆,摊铺过程中出现局部稀浆过厚现象时,要用橡皮板刮平。稀浆过少应用铁铲取浆补齐。流出的乳液要用刮板刮平,摊铺起终点接头处须平直整齐。稀浆封层铺筑后应封闭交通。待乳化沥青破乳、水分蒸发、干燥、路面成型后方可开放交通。开放交通初期应有专人指挥,控制车速不得超过20km/h,并不得制动调头。

5）改性乳化沥青稀浆封层（微表处）

普通的稀浆封层厚度一般为3～6mm。改性稀浆封层（微表处）的厚度可达9.5～11mm，改性沥青稀浆封层的施工程序与普通稀浆封层基本相同，可参考行业标准《路面稀浆罩面技术规程》（CJJ/T 66—2011），但必须使用具有储料、选料、拌和、摊铺计量控制等功能的稀浆封层机。将各种原材料的储存、运输、计量、拌和、摊铺、整平及其控制系统集中于一台载重车底盘上，按比例要求，用很短时间制成混合料，并摊铺在路面上，这种改性稀浆封层机的构造如图9-12所示。

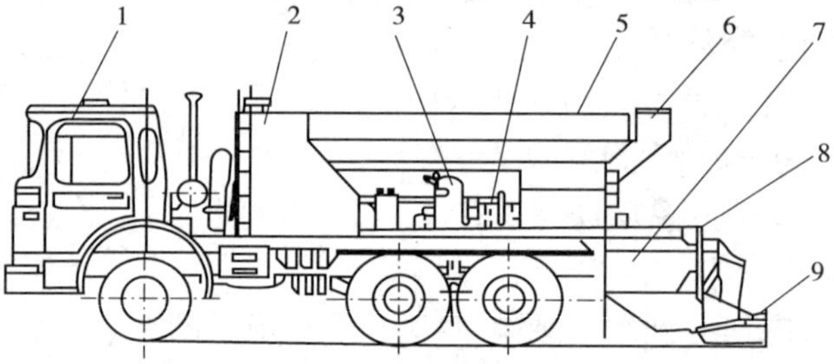

图9-12　稀浆封层机

1-行驶系统；2-水箱；3-风冷柴油机2；4-机械传动系统；5-集料仓；6-填料仓；7-双轴叶片搅拌箱；8-集中操作台；9-双轴叶片摊铺箱

改性稀浆封层必须采用慢裂快凝的改性乳化沥青，在标准气温25℃时，拌和时间不小于120s。当气温为30℃时，拌和时间应不少于180s，拌和后的混合料、沥青能均匀地裹覆在集料表面上，没有花白现象，拌完的混合料在手中用力攥紧，能攥出水并黏成黑球，落地后不散。

施工前对原水泥路面进行修补，如水泥砂浆板下封堵，改性乳化沥青灌缝，清洗原路面等工作。在原水泥混凝土路面上按沥青用量0.15～0.3kg/m^{2}喷洒黏层沥青。

改性稀浆封层现场开始施工阶段，由于现场的气候与集料的情况变化多端，室内外条件瞬息多变，混合料的破乳与凝固速度不断变化，因而在室内选下的配合比数据，必须结合现场情况，作进一步调整，然后确定现场最适合的配比，但是这个配比也随着气候在改变，操作人员必须熟练地掌握变化规律。

工艺流程：封闭施工路段→清洗原路面→喷洒黏层沥青→施工放样→各种原料、机械设备、训练有素的工人的准备→摊铺施工→早期养护或轮胎碾压→开放车辆通行。

刚铺完的稀浆封层，采取各种措施封闭交通，保证早期养护，禁止行车碾压。参照《路面稀浆罩面技术规程》（CJJ/T 66—2011），待混合料达到初凝时间 T_s（set time）［黏聚力 CT（Cohesion Torque）大于1.2N·m时］或摊铺0.5h后，可用10t轮胎压路机碾压

（不能用钢轮压路机），因为碾压后可把封层中析出的水挤出，提高封层的密实度与强度，加快开放行车时间，提高封层抗制动能力，消除纵缝与横缝的不平。1h 后可开放交通（CT 值大于2.0N·m）。

9.3 水泥路面预防性养护维修技术

公路使用寿命的长短，除建设中的质量问题外，在很大程度上取决于养护工作的好坏。水泥混凝土路面作为高级路面，虽然具有使用周期长，养护工作量小，耐久性好的特点。但一旦开始破坏，其破损就会迅速发展，且修补较其他路面困难。因此，必须在对水泥混凝土路面进行经常性认真检查的基础上，及时发现存在的问题和缺陷，采取有效的技术措施，做好日常保养、预防性、经常性养护。保证路面处于完好状态，充分发挥水泥混凝土路面使用寿命长的特点。

9.3.1 水泥路面预防性养护技术措施

1）水泥路面预防性养护理念

美国于20 世纪 90 年代初提出的预防性养护是指在不增强路面结构承载力的前提下，对结构完好的路面或附属设施有计划地采取某种具有较高效益费用比的养护措施，以达到保养路面系统、延缓损坏、保持或改进路面功能状况的目的。预防性养护能减少水分进入路面结构内部破坏路基，保证路面结构的整体性，减缓道路的破坏速度，纠正路面诸如平整度和非荷载性破坏，进而延长道路的使用寿命，推迟昂贵的大修、重建工程，降低全寿命周期费用。美国通过对路面预防性养护的长期研究和实践，证实了预防性养护具有良好的经济效益。

美国 SHRP 研究计划表明，在路面整个生命周期内进行 3～4 次有效的预防性养护，可以延长路面寿命 10～15 年，节约路面养护费用 45%～50%。预防性养护除具有良好的经济效益外，还具有改善路网中路面状况、延长路面的服务寿命、平衡路网中路面剩余服务寿命、增加行车安全性、提高道路使用者满意度等一系列效益。

预防性养护是一种主动型养护方式，与传统的养护方式相比，能够更好地满足我国当前养护管理工作的需要。因此，该养护理念在国内受到广泛的重视。就水泥混凝土路面而言，后期出现病害进行大修、改建的难度远远大于沥青混凝土路面，因此，对水泥路面进行预防性养护具有更为重要的意义。

2）水泥路面预防性养护措施

（1）预防性养护措施类型

预防性养护措施是实施预防性养护的手段，其适用性与水泥路面的病害状况紧密相关。水泥路面常见的初期微病害主要有接缝挤碎、填缝料脱落、胀缝拱起、裂缝、轻微错台、孔洞、麻面、唧泥和板底脱空等。相应地用于水泥路面预防性养护处理的措施有：封缝；接缝重封缝；板底灌注；错台金刚石研磨；增设传力杆；部分厚度修补；全厚度修补；刻槽；表面功能恢复；排水设施维护。板底灌注是水泥混凝土路面断板前积极有效的预防性养护技术，目前，常用处治水泥路面脱空的方法有板底灌注水泥浆和灌注乳化沥青两种。

（2）预防性养护措施选择

水泥路面预防性养护措施的选择是实施预防性养护的关键技术之一。预防性养护措施选择是否得当，直接关系到养护资金能否合理利用和路面预期养护效果能否实现。同时水泥路面预防性养护措施具有很强的针对性，与路面的损坏类型及其损坏程度紧密相关。因此，实施预防性养护之前首先应该对路况进行详细调查、分析预测。

当高速公路及一级公路的路面损坏状况等级为优和良时，应及时采用预防性养护措施，对病害可采用经常性养护和局部或个别板块修补措施。预防性养护措施可参考表 9-11。

水泥路面预防性养护措施 表 9-11

类型＼措施	周期性更换	日常性维护	改善或改建	疏通修复	封闭	填缝	灌浆填隙	恢复提高	调整横坡	定期疏通
填缝料	√	√								
排水构造物		√	√							
路面排水设施				√						
路面板裂缝					√					
路面、路肩及路缘石接缝变宽						√				
脱空						√	√			
沉陷							√			
表面功能								√		
横坡不适									√	
路肩、中央分隔带排水设施										√

注：材料更换周期按所采用材料的推荐周期或实际使用周期执行。

高速公路及一级公路的路面行驶质量等级为中及其以下时，应采取刻槽、罩面或加铺层等措施改善路面的平整度。路面抗滑性能等级为中及其以下时，应采取刻槽、罩面等措施提高路面的抗滑性能。

3）水泥路面预防性养护时机的选择

预防性养护的经济性和有效性在很大程度上取决于采取预防性养护措施的时机，时机的选择对于路面预防性养护至关重要。在最合适的时间采取最恰当的措施，可以起到事半功倍的效果。预养护措施实施太早或太晚，不但不能获得预期的效益，而且会造成养护资金的严重浪费，不利于预防性养护理念的推广。

在当前的实际应用中，确定路面预防性养护最佳时机的方法主要参考路面维修养护的方法，可从以下两个角度分类：技术角度（使用性能指标）；经济分析角度。常用方法主要有：破损指数—行驶质量指数法、基于时间或路况的方法、决策树或决策矩阵法、排序法、效益费用评估法、生命周期费用评估法等。

（1）基于技术指标的方法

此类方法多采用路面平整度作为技术指标。前提假设为：路面平整度存在一个临界值，当路面平整度达到此临界值时，动荷载的增加将会导致路面损坏显著加速。通过确定动荷载导致的路面破损与平整度之间的关系，求得动荷载导致的路面破损加速度最大时的平整度临界值，进而可得到确定路面预防性养护最佳时机。

Doseung Lee 等人通过对 37 个工程项目的破损数据进行分析，建立破损指数 *DI* 和动荷载导致的破损 *DP* 与行驶质量指数 *RQI* 之间的关系式：

$$DP = a\frac{e^{b+c\cdot RQI}}{1+e^{b+c\cdot RQI}} \quad (9\text{-}1)$$

相关指数为0.739。对上式求二阶导数,得

$$DP^{*} = -2ac^{2}(e^{b+c\cdot RQI})^{2}\cdot(1+e^{b+c\cdot RQI})^{-3} + ac^{2}(e^{b+c\cdot RQI})\cdot(1+e^{b+c\cdot RQI})^{-2} \quad (9\text{-}2)$$

式中:DP^{*}——DP 的加速度,当取最大值时,所对应的 RQI 即为行驶质量指数的临界值,即 RQI 增大到该值时,动荷载导致的 DP 增长速度明显加快。

通过对112个水泥路面工程项目的数据进行分析,得到行驶质量指数 RQI 与时间 t(自道路新建或大修完成之日算起)的函数关系:

$$RQI = 31\times\frac{e^{-3.135+0.48t}}{1+e^{-3.135+0.48t}} + 30.95 \quad (9\text{-}3)$$

将式(9-2)得到的 RQI 临界值代入式(9-3)中,即可反算得到对应的时间,此值即预防性养护实施的最佳时机。

(2)基于经济指标的方法

该类方法是指对预防性养护措施进行效益费用分析,选取效益费用比 B/C 数值最大的方案所对应的时间点。首先需要确定一系列预养护比选方案。比选方案的制订是以实施预养护措施的适用时间范围为基础的。由路面使用性能衰变曲线或方程可知,使用性能是时间的函数,因此可根据预养护措施适用的路况范围来确定相应的时间范围。在该范围内选取若干时间节点,作为预养护措施的实施时间,由此形成一系列预养护比选方案。

预防性养护的效益采用预防性养护相对于日常养护增加的路面性能曲线下的面积表示。

根据我国公路养护经验,建议采用的水泥路面使用性能衰变方程为:

$$RQI = RQI_0\left[1 - e^{-\left(\frac{a}{t}\right)^{b}}\right] \quad (9\text{-}4)$$

式中:RQI_0——路面新建或最近一次大、中修后的数值;

t——自路面新建或最近一次大、中修到计算时为止的使用时间;

a、b——待定参数。

目前常规的做法是确定路面使用性能的上下限作为计算线,取上下限之间的路面使用性能曲线下的面积来计算预防性养护的效益。进行预防性养护的费用分析时,通常考虑如下三种费用:公路养护单位费用、用户费用和社会费用。而有关研究表明:当路面 $PSI>2.5$ 时,可认为不同养护方案的用户费用和社会费用是相同的。因此将这两方面的费用忽略不计,而仅仅考虑公路养护单位费用。采用如下公式算得相应等额年度费用 $EUAC$:

$$EUAC = NPV\times\frac{i(1+i)^{n}}{(1+i)^{n}-1} \quad (9\text{-}5)$$

式中:i——折现率;

n——到实施预养护时间点的年限。

NPV 为预防性养护措施的费用净现值,按下式计算;

$$NPV = C_0 + \sum\left[C\times\frac{1}{(1+i)^{k}}\right] \quad (9\text{-}6)$$

式中:C_0——日常维护费用;

C——各养护措施在实施年的费用;

k——各个养护措施。

在求得各个方案的综合效益和等额年度费用 *EUAC* 之后，进而可得效益费用比 *B/C*。其中，效益费用比数值最大的方案为最优方案，对应时间为预防性养护方案实施的最佳时机。

9.3.2 水泥路面日常养护

1）日常养护的基本要求

水泥混凝土路面养护应做好预防性、经常性养护，通过经常巡查，及早发现缺陷，查清原因，采取适当措施，清除障碍物，保持路面状况良好。

（1）养护内容

①路面行车道和硬路肩上的泥土和杂物应经常予以清扫，当设有中间带、变速车道、爬坡车道、应急停车带时，其上的泥土和杂物也应清扫干净。

②水泥混凝土路面各种接缝的填缝材料缺损或溢出，应及时填补或清除，并应防止泥土、砂石及其他杂物挤压进入接缝内，影响混凝土路面板的正常伸缩。

③路基路面（包括路肩、中央分隔带）排水设施，应经常检查和疏通，防止积水，以保护路面不受地面水和地下水的损害。

④路面各种标线、导向箭头及文字标记，应及时清洗和恢复，经常保持各种标线、标记完整无缺，清晰醒目。辅助和加强标线作用的突起路标应无损坏、松动或缺失，并保持其反光性能。

⑤路肩外和中央分隔带内种植的乔木、绿篱和花草应及时浇灌、修剪，以保持路容整齐、美观。如有空缺或老化应及时补植或更新。对病虫害应及时防治。对影响视距和路面稳定的绿化栽植稍大予以处理。

⑥对路面、路肩和路缘石等的局部损坏应查清原因，采取合适的材料和相应的措施进行修复，以保持路面具备各级公路所要求和使用性能和服务水平。

⑦对路面的较大损坏，应按规范根据路面检查评价结果确定的养护对策，安排大、中修或专项工程，进行维修和整治。局部路段路面损坏严重的，应予以翻修，以达到设计标准；整个路段路面平整度、抗滑能力不足的，可采取罩面，铺筑加铺层，以恢复其表面功能；整个路段路面接缝填料失效的，应予以全面更换。对承载能力不足或不适应交通发展要求的路面，可根据不同情况进行加铺、加宽，以提高承载能力和通行能力。

（2）制订日常养护作业计划

根据水泥混凝土路面日常养护的内容需要，养路部门应编制月、季、年度计划，养路班组根据上级主管部门的安排，制订日、周、旬、月计划，根据计划合理安排养护所需的人、财、物。

制订作业计划时应根据路面状况，结合交通量调查、气象和水文资料分析，按照工作量合理确定。

年计划应按养护维修工作量和各种养护作业时期，均衡安排，避免工作量过分集中。如清扫应全年安排，水泥混凝土路面灌缝、道路植树一般安排在春秋季节，清理排水设施安排在夏季，4 月份和 10 月份可进行路基整修，1 ~3 月份除雪等。季计划、月计划、旬计划、周计划、日计划应运步细化、相互衔接，工作安排均衡、合理。

（3）日常养护机具和材料准备

①采用人工进行日常清扫时应准备好清扫工具，采用机械清扫时，应在清扫前检修好机械，保证清扫设备能正常使用。

②更换或补充路面接缝的填缝料时，根据修补、更换的接缝长度准备好填缝料。

③在冰冻地区的冬季养护中，根据养护里程和面积及撒布次数准备防滑融雪材料。

(4)日常巡查

水泥混凝土路面在行车和自然因素的不断作用下，由正常使用到破损，其初期有一个逐渐的变化过程。养护人员在巡查中通过直接观察或简单的量测工具能及时发现这一变化。如水泥混凝土板块出现错台、填缝料脱落、车辆通过时接缝喷水或冒浆等均为病害产生的特征。巡查时应做好记录，逐级上报，当破损量大、破损状况发展迅速时，应专题汇报，供上级制订养护维修方案使用。

①巡查的目的。发现路面的破损情况和构造物的损坏情况；发现并清除道路上影响交通的障碍物；检查排水系统是否完好畅通；掌握养护工作的实施情况及工程质量。

②巡查的种类。巡查分日常巡查和特殊巡查。

日常巡查是指经常进行的巡查工作，由养护班组进行；特殊巡查是指台风、暴雨、大雪、大雾、地震等可能危害道路交通安全而进行的巡查，如雨前、雨中和雨后巡查。夜间巡查的主要项目有：道路照明设施状况，道路标志状况，路面标线状况，视线导标状况；夜间巡查主要是针对夜间交通安全及直通功能进行的，一般1次/周～1次/月。

2)清扫保洁

水泥混凝土路面的清扫是为了维护路面的使用功能、保持路容路貌整洁、保护沿线环境、保证车辆安全。汽车在行驶过程中可能将泥土、灰尘、石子或其他硬质物体带上公路，污染水泥混凝土路面，甚至造成飞石伤人，路面上散落的石子或其他硬质物在行车的作用下会破坏路表结构、其嵌入路面接缝时会使混凝土路面板块伸缩缝丧失功能。因此要经常保持水泥混凝土路面整洁，清除路面上的泥土、污物、石子及其他硬质物。清扫的主要范围包括：行车道、人行道、中央分隔带、隧道、桥梁伸缩缝、交通标志等附属设施。水泥混凝土路面可采用人工保洁、机械保洁或人工结合机械保洁三种方式。

3)排水设施的养护

水泥混凝土路面、路肩、中央分隔带、边沟、边坡、截水沟、排水沟等组成地面排水系统。

(1)排水设施养护的重要性

水泥混凝土路面若排水不好，水渗透入基层及路基后，将软化路面基及路基，使混凝土板块下形成唧泥，产生脱空，从而导致混凝土板块破坏。此外，水泥混凝土路面积水形成水膜影响行车安全，故必须对其进行妥善的日常养护，保证排水系统的排水功能。

(2)排水系统养护的要求

①对路面排水设施应进行经常性的巡查和重点检查，发现损坏及时修复，发现堵塞立即疏通，发现路段积水及时排出。

②应坚持雨前、雨中、雨后上路检查制度。雨天重点检查有超高路段的中央分隔带纵向排水沟、横向排水管、雨水井、集水井等的排水状况。

③保持路面横坡及路面平整度。当快车道是水泥混凝土路面，慢车道或非机动车道是沥青路面时，应保持沥青路面横坡大于水泥混凝土路面横坡。

④保持路肩横坡大于路面横坡，并且保持横坡顺适，土路肩应定期铲路肩，及时修复路肩缺口。

⑤清除路肩杂草、污物，疏通路肩排水设施和中央分隔带排水设施，同时定期清除雨水井、集水井的沉积物。

⑥保持排水构造物的完好，发现损坏应及时安排修复，修复宜采用与原构造物相同的材料。

⑦对路面板裂缝应进行封闭，对路面接缝、路肩接缝以及路缘石与路面接缝出现接缝变宽渗水时应进行填缝处理。

⑧地下水常以毛细水、结合水、气态水和游离水形式存在于土和粒料路面材料内，存在于基层、垫层和土基内的游离水会使材料的强度降低，产生唧泥和造成路面冻胀破坏。

a. 排出路面下的游离水，常沿水泥混凝土路面外侧边缘稳定基层上设有边部排水设施（一般采用多孔塑料管外包渗滤层），把唧泥或喷射出的板与基层间的截留水排出。

b. 由于排水系统的不均匀沉降及重沉积物可能造成管内沉积物的聚积，应使用大量清水冲洗聚水管，或采用管道清理工具疏通，要注意清除出水口的植物、淤积物、堵塞物。

4）日常养护中对病害的临时处理措施

水泥混凝土路面产生病害后，为了道路使用的安全，避免病害的进一步恶化，在日常养护中常常要对病害采取临时性处理措施。

（1）病害的临时性处理要求

公路养护维修具有经常性、周期性、预防性、及时性、快速性、安全性的特点，要求发现病害立即处理，确保行车安全，不能彻底处理时，必须采取临时处理措施。

（2）对病害临时处理方法及施工工艺

①裂缝

a. 裂缝分为表面裂缝和贯穿混凝土板全厚度的裂缝。为防止雨水从裂缝中渗透至基层和路基，对裂缝常常采用封闭处理。

b. 对于表面裂缝及虽然贯穿板厚但面板仍能满足强度要求的裂缝，且面板稳定的，可采用聚氨酯类、烯类、橡胶类、沥青类胶粘剂对裂缝进行封闭。

c. 对于裂缝造成板块强度不足的，采用环氧树脂类、酚醛和改性酚醛树脂类胶粘剂对裂缝进行封闭。

d. 封闭方法及工艺流程。

•将缝内脱落物及灰尘等清除干净，一般采用铁钩和吸尘器等工具清理，对宽度小于3mm的表面裂缝，可以采取扩缝灌浆的办法封缝。

•根据裂缝长度配备封缝料。

•为防止污染路面，在灌缝前应在缝的两侧撒砂或滑石粉。

•用灌缝机或灌缝器将封缝料灌入缝中。

•待封缝料冷却硬化后，清理干净施工现场。

②坑洞

a. 水泥混凝土路面坑洞产生的原因主要是：

•粗集料本身不干净而脱落，混凝土材料中夹带泥块、朽木等杂物。

•施工质量差，如局部振捣不到位等。

•车辆的金属硬轮或掉落硬物的撞击所致。

b. 临时处理坑洞的方法有：填充沥青混凝土、沥青冷补材料、高强度水泥砂浆等。

c. 填充前应将坑洞内的松动物及尘土清除干净。

③沉陷

水泥混凝土板块沉陷主要是路基强度不足所致。沉陷的临时处理方法有：

a. 当沉陷量较小时，可采取铺沥青混凝土方式处理。

b. 当沉降量大时，可下面铺沥青碎石，上面铺沥青混凝土。

④断板

a. 当断板无变形时，采取灌填缝料将缝封闭。

b. 当断板有变形时，冬季可采取铺筑沥青冷补材料，一般情况可采用沥青混凝土进行临时处理，以保证行车安全。

⑤板角破损处理

对于板角破损但无变形的，可采取封缝临时处理；对于板角破损且发生变形的，加铺沥青混凝土或沥青冷补料补平碾压后开放交通。

9.3.3 水泥路面冬季养护

1)冬季养护的重要性

冰冻地区在冬季公路上积雪，因路面太滑经常发生交通事故。冰雪水渗入路面以下常引发冻融病害，从而破坏水泥混凝土路面。对冰雪地区加强路基和水泥混凝土路面冬季养护十分必要。

2)冬季养护的要求

(1)路基养护的重点是保证路基排水畅通，保持边坡完好，以利冰雪融化水顺利排出路基以外。

(2)路面养护的重点是除冰、防滑。养护作业的重点是：桥面、坡道、弯道、垭口及其他严重危害行车安全路段。

3)冬季养护的方法及施工工艺

(1)清除路面冰雪主要采用四种方法：机械清理；化学处理；路面加热；减少冰与路面的黏着力。目前比较成熟、使用较为便利的是前两种方法。

(2)除雪、除冰、防滑，要根据气象资料、沿线条件、降雪量、积雪深度、危害交通范围等条件，制订作业计划。对于高速公路及冰雪期较长路段的养护管理部门，还要加强与气象部门的联系，广泛收集气象资料，做好信息预报。

(3)冰雪期前要做好专用机械驾驶、操作人员的培训，做好机械设备、作业工具、防冻防滑材料的准备。

(4)除雪工作应力求在雪刚落时开始清扫，不使它形成大量堆积。

(5)路面积雪后要及时清除，防止路面积雪被压实后变成冰，清除困难。除雪作业，应以清除新雪为主，化雪时应及时清除薄冰。

(6)清雪质量受温度影响较大，抓住有利时机融雪非常重要。

①在降雪量较大的情况下，当雪天转晴后，如室外温度在0℃以上，机械推除积雪后，只需撒极少量的融雪剂，随着地表温度的增加和行驶汽车轮胎与地面的摩擦，残留的薄雪将自行融化。

②室外温度在0℃以下时，清雪时间控制在上午10:00～下午14:00之间。

③机械清除积雪后，要及时撒融雪剂融雪、防冻。

④白天行车道的雪残留到夜晚没化而室外温度又低时，由于路面有残存融雪剂不会形成冰面，但为了使雪尽快融化干净，要在清晨交通量增大之前，或者在一昼夜中温度最低的时刻

来临之前,再撒层融雪剂防冻,然后借助过往车辆的车轮压、带、磨,加快残雪的融化速度。

⑤对桥面、高填方等温度低的路段,要适当加大融雪剂撒布量。

(7)除冰作业时应防止破坏路面,除冰困难的路段应以防滑措施为主,除冰为辅,以提高养护作业效率。

(8)路面防滑的主要措施有:

①使用盐或其他融雪剂降低路面上的结冰温度。

②使用砂等防滑材料或砂与盐掺和使用,既降低结冰温度又加大轮胎与路面间的摩擦系数。

③防冻防滑料撒布时间主要根据气象条件、路面状况等来确定。一般在刚开始下雪时就撒布融雪剂或与防滑料掺和撒布,或者估计在路面出现冻结前1~2h撒布。

④防止路面结冰时,通常撒布一次防冻料即可,除雪作业时,撒布次数可以和除雪作业频率一致;盐的撒布量随温度的变化而变化。

(9)常用的融雪剂有:氯化钠($NaCl$)、氯化钙($CaCl_2$)、氯化镁、异丙醇、乙二醇、氨和磷酸盐化合物等。广泛使用的是氯化钠和氯化钙。用融雪药剂时应注意:

①对路面的损伤。

②对汽车、护栏产生的腐蚀作用。

③对绿化植物的影响。

④对环境的污染。

(10)在冰冻和积雪期间,应经常巡视路面和涵洞。

①当冰阻塞涵洞时要及时清除洞内的冰,防止因涵洞堵塞流水从路面经过。

②在春季气温回升冻融前,应将积雪及时清除路肩以外,免除雪水渗入路肩,同时不得将含盐的积雪清除堆积于绿化带内,以防污染绿化植物及绿化地。

③冰雪消融后,应清除路面上的残留物。

9.3.4 接缝材料更换

水泥混凝土路面上的接缝,有纵向施工缝、纵向缩缝、横向施工缝、横向缩缝、横向胀缝等。接缝是水泥混凝土路面的薄弱环节,最易引起破坏,特别是胀缝,损坏率很高。水泥混凝土路面接缝破坏的原因是多方面的,有材料选用问题,也有施工问题。

1)接缝保养和填缝料更换

水泥混凝土路面接缝养护的好坏直接影响水泥混凝土路面的使用周期和使用功能。接缝的失养往往导致水泥混凝土板块唧泥、脱空、胀裂、接缝剥落、错台等病害。

(1)对接缝养护的要求

①防止硬质杂物落入接缝缝隙内,妨碍混凝土板块伸长从而造成接缝损坏。

②防止雨水侵入缝隙内软化路基,导致混凝土板块损坏。

③保持填缝料饱满、密实、黏结牢固,从而保证接缝完好,表面平顺、不渗水。

(2)填缝料的周期性和日常性更换及施工工艺

①填缝料日常性更换是指对填缝料局部脱落、缺失损坏的填补更换,是一项经常性的养护工作。

②缝料更换的周期主要取决于填缝料自身的寿命与施工质量,以及路面条件,从我国目前填缝料研制和使用的状况来看,填缝料的使用周期一般不超过3年。

③更换填缝料的施工工艺。

a. 材料及机具准备。根据更换填缝料的缝的长度准备好填缝料，在现场配制时，按照配方准备好各组分材料以便现场配制；检查清缝机、灌缝机工作是否正常，检查人工作业的工具是否齐备。

b. 采用人工或清缝机将原填缝料及掉入缝槽内的砂石杂物清除。

c. 利用空压机或压力水将缝内灰尘吹洗干净，保证缝槽干燥（采用压力水冲洗时应进行烘干或晒干）、清洁。

d. 在缝两侧撒滑石粉、砂或涂刷泥浆等，确保灌缝时不污染路面。

e. 灌缝。灌缝可采用灌缝机或灌缝枪。采用灌缝机时，灌缝机的出料嘴中心与导向轮必须在一条直线上。填缝料灌注深度宜为 3 ~ 4cm。当缝深过大时，缝的下部可采用 2.0 ~ 3.0cm 高的多孔柔性垫底材料或泡沫塑料支撑条。填缝料的灌注高度夏天宜与板面齐平，冬天宜稍微低于板面，多余的或流淌到面板上的缝料应予以清除。

f. 待灌缝料冷却后，将缝两侧撒落的灌缝料及滑石粉、砂或泥浆等材料清除干净。

(3) 填缝料应具备的主要技术性能

①与水泥混凝土面板缝壁具有较好的黏结力。当混凝土板伸缩时，填缝料应与混凝土板黏结牢固，而不会从混凝土缝壁上脱落。

②较高的拉伸率。回弹力好、能适应混凝土面板收缩、而不至于断裂。

③耐热且嵌入性好。夏季高温时，填缝料不溢出、流淌，并不溶于水、不渗水。

④具有较好的低温塑性。在冬季低温时，填缝料不发生脆裂，并具有一定的延伸性。

⑤耐久性好。在恶劣的气候条件下，填缝料应能耐磨、不过早产生老化，在较长时间保持良好的使用性能。

(4) 填缝料按施工方法可分为加热施工式填缝料和常温施工式填缝料

加热施工式填缝料的品种主要有聚氯乙烯胶泥、沥青橡胶类和沥青玛蹄脂等，其技术要求应符合规范的规定。常温施工式填缝料的品种主要有聚氨酯焦油类、氯丁橡胶类、乳化沥青橡胶类等，其技术要求应符合规范要求的规定。

填缝料更换工作一般应由养路工人在春秋季节实施，较理想的填缝时间是当地气温居中的时间段内或遵照生产厂家的建议。平时发现缺损应即时补填。

2) 水泥路面接缝材料施工技术

目前国内水泥混凝土路面施工中，有些不重视路面接缝施工，选择的接缝材料性能较差，施工质量不高，从而造成混凝土板上出现不规则的裂缝，导致路面通车不久即失去密封作用，严重影响了水泥混凝土路面的使用性能和使用寿命。

(1) 接缝材料的种类

接缝是路面的薄弱环节，混凝土路面既要设置接缝，又应尽量使接缝数量减少，并且从接缝构造上设法保持两侧面板的整体性，以提高传荷能力，保证面板下路基与基层的正常工作条件。不同的接缝选择不同的接缝材料，接缝材料一般分为接缝板和填缝料。

①接缝板

胀缝的下部一般设计为接缝板，常用的接缝板一般分为五种：木质接缝板；沥青纤维质接缝板；沥青质接缝板；橡胶泡沫塑料类接缝板；树脂类接缝板。

②填缝料

胀缝的上部横向缩缝、横向施工缝和纵缝一般设计为填缝料，常用的填缝料一般分为三种:加热灌注型填缝料;常温(冷施工)填缝料;常温施工型成品(嵌缝条)。

(2)接缝材料的特性

①接缝板的特性

接缝板要具有一定的压缩性和弹性,才能在混凝土板膨胀时不被挤出,收缩时不产生间隙,同时还要具备一定的耐久性,保证其不变形、耐腐蚀。海南环岛高速公路一些标段采用栓树皮经高级弹性树脂胶合制的软木板,其压缩应力试验、弯曲荷载试验、复原率、挤出量均满足规范要求,并且不需要进行防腐处理,使用比较方便。

②填缝料的特性

填缝料要具有与水泥混凝土板缝壁黏结力强、回弹性好、能适应混凝土面板收缩的特性,并且要具有较高的拉伸率,不致被混凝土伸缩时拉断。低温时不产生脆裂,仍具有一定的延伸性,温度较高时,不发生流淌、溢出。填缝料还要求耐久性要好,能耐腐、耐晒及耐水。

(3)接缝材料施工技术

①接缝板施工技术

接缝板施工比较简单,首先按设计图加工成板材,一般用整块板材,个别需拼接时,应锯成齿状再用乳胶粘牢固。采用木板作为接缝板时,要进行防腐处理,在高于100℃的煤焦油中泡1h以上。其次,将准备好的接缝板用热沥青黏结在预先浇好的混凝土板面接缝一侧,黏结牢固,接缝严密。接缝板底面应与混凝土板底平齐,不能脱空,脱空部分须用找平层材料填实。在接缝板的上部应黏好嵌缝条,经验收合格才能浇筑另一侧混凝土。

②填缝料施工技术

a. 清缝。无论采用什么样的填缝料,都要先将胀缝内的嵌缝板取走,再把缝内尘土灰浆杂物清理干净。清缝工序,看似简单,但很重要。如果清缝工作不彻底,把关不严,胀缝内有些地方还塞有砂浆块、碎石,便开始灌缝施工,致使有些胀缝附近混凝土板出现不规则裂缝,甚至断裂,只能对混凝土板和接缝返工重做。必须制订接缝灌前标准,检查达标后方可灌缝。清缝工作首先清出缝内所有砂石杂物,底部要露出接缝板,并用电动钢丝轮打毛缝壁,再用2.5MPa以上压力的高压水将缝内冲洗干净,晒干后才可灌缝。

b. 灌缝。橡胶沥青属加热灌注型填缝料,可采用自制的双层锅(2mm厚钢板焊成)加热橡胶沥青,并安放在小车上,以方便施工。首先在清好的缝口涂上一层石灰水(水∶石灰粉=2∶1),作为填缝料与路面之间的防黏剂。待石灰水稍干后,在缝内涂一层冷底子油,然后用灌缝小车将温度100~170℃的橡胶沥青灌入缝内。灌缝小车工作时,前进速度与出料速度必须协调,使其均匀出料并灌到规定高度。灌过后随即用铁钩快速轻轻来回勾动一次,起调平和增加混凝土缝壁的黏结作用。灌缝一般高于板面1~2mm,然后用烙铁烫平并洒上少量石灰粉。

9.3.5 接缝传力杆安装

水泥混凝土路面是城市道路、机场跑道和公路建设中应用非常广泛的一种路面,由于水泥混凝土路面在温度和湿度变化时,板内将产生温度翘曲应力和卷曲应力,为避免路面因收缩而形成不规则裂缝或由于膨胀造成路面板拱起,降低温度和湿度应力,必须设置横向缩缝和胀缝保证水泥混凝土路面的使用品质。而水泥混凝土路面设置横向缩缝和胀缝后,路面整体性减弱,承载能力降低,导致路面大多在缩缝和胀缝处遭到破坏,国外的研究和应用表明:设置缩缝传力杆能充分保证设置缩缝后不降低路面的承载能力和使用品质。

1)缩缝传力杆设置的作用

由于水泥混凝土路面的热胀冷缩产生的温度应力将水泥混凝土拉裂和顶胀,为了使这些裂缝很有规律地在指定位置拉开,故在水泥混凝土路面施工时,每隔一定间距做一缩缝,使混凝土板在缩缝处的受力面积大大减少而形成受力薄弱面,在温度收缩应力作用下,混凝土板在缩缝处拉裂,成为很有规则的裂缝,每隔一定间距设置胀缝以适应水泥混凝土面板的顶胀。

水泥混凝土路面实际上是由纵横向缩缝切割的板块所组成,如果纵横向缩缝处不加强连接,则板与板之间将失去联系,形成独立的板块支承在基层表面,从路面纵横缝下渗的雨水浸湿基层表面,在高速行驶车辆的作用下,面板下的基层表面水形成高压水流,严重冲刷着基层表面,久而久之,基层表面被破坏,基层的细料被高压水流带走,产生水泥混凝土板错台、唧泥、断板、晃动等病害。基于这些病害产生的原因,既要求基层表面应具有良好的排水体系和防冲刷能力,也要求灌缝密实、耐久、防水,更重要的是要加强水泥混凝土板与板之间的连接,加强荷载的传递,使孤立受力的混凝土板变成相互连接的整体,改善混凝土面板的受力,避免或减少水泥混凝土板错台、唧泥、断板、晃动等病害。已通车的高速公路水泥混凝土路面的实践证明,路面板在横向缩缝处错台、唧泥的病害较多,而且当车轮驶进和驶离横向板边时,水泥混凝土板出现晃动和断板的病害较多,而在纵向缩缝处出现这些病害则很少,这也说明水泥混凝土板与板之间的连接是影响路面舒适性、耐久性的重要因素,是防止水泥混凝土面板早期病害发生的重要措施。

2)旧水泥混凝土路面增设传力杆的必要性

在2002年以前,中国修建的高速公路水泥混凝土路面横向缩缝多数未设置传力杆,而使用情况表明,很有必要对缩缝增设传力杆,这是因为缩缝是水泥混凝土路面最薄弱的环节,是漏水唧泥、底板脱空和错台等主要病害的多发部位,水泥混凝土路面板出现唧泥后,慢慢形成底板脱空,由于面板间没有设置横向传力杆,在车辆荷载作用下,板边因挠度大容易迅速产生板块断裂和错台,尤其是在重载、超载交通条件下更为突出,严重影响路面的行驶质量和使用寿命。当有接缝水泥混凝土路面由于未设置传力杆及基层支承不足发生破坏时,在横缝处增设传力杆(DBR),可改善接缝荷载传递效率和预防面板发生进一步的破坏。

3)缩缝增设传力杆的安装

(1)准备工作

技术准备工作。施工前根据设计图纸、合同文件、技术规范和施工条件编制施工方案及工艺流程,进行详细的施工组织设计。组织工程技术人员、管理人员、各工种技术人员进行施工质量控制和安全生产的岗前技术培训。建立工地试验室并对试验设备进行全面检查。

设备与材料的准备。施工设备包括钢筋加工设备、切缝和破碎板设备、搅拌与运输设备、摊铺设备、锯缝与灌缝设备、养生设备等。材料包括水泥混凝土的主要原材料以及路面用钢筋、接缝材料、传力杆套管、沥青、速凝剂、养护剂等;外加剂应保证有利于24h后开放交通;传力杆应满足规范要求的直径和长度。根据开放交通的时间要求进行配合比设计。

(2)施工放样与开槽

增设传力杆可采取两种方式,一是分别开槽,独立安装;二是开设大槽,整体安装。研究表明,若每根传力杆分别凿槽布设,虽然可以节省混凝土的用量,但是给施工造成了很多不便,而且传力杆的整体受力效果并不是很好;而将传力杆都布置于一个大槽内,不仅施工方便,灌注混凝土易捣实,而且传力杆共同受力的整体效果也较好。维修工程中在路面板每边设置了4根直径为28mm的传力杆，间距为26cm，将4根传力杆布置于一个槽内，并将传力杆用横向钢筋进行横向绑扎连接，然后一次性灌注混凝土，并用振动棒捣实，见图9-13。

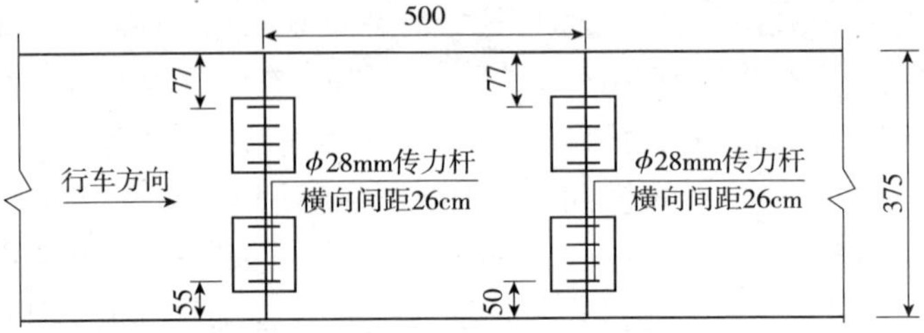

图9-13　增设传力杆布置示意图(尺寸单位:cm)

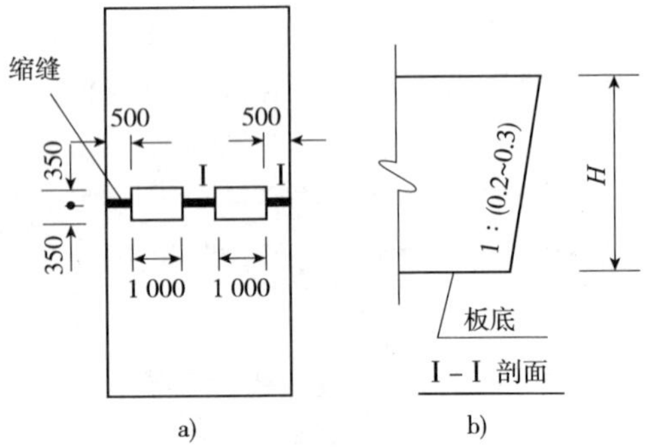

图9-14　增设传力杆施工放样(尺寸单位:mm)

首先，在行车道路路面板确定车轮主要作用的缩缝位置，然后，在平行于道路中线方向标定路面板上需开槽增设传力杆的两个矩形位置，如图9-14所示。

开槽位置为路面板纵缝平行方向，尺寸为1m×0.7m×H，截面凿成梯形斜面，斜率为1：(0.2~0.3)；先采用切割机切割路面，切割深度在H/3以上，然后采用风镐破碎到基层表面，清理碎渣。

(3)安装传力杆与浇筑混凝土

先制作传力杆组件，滑移端长度为传力杆长度的1/2+50mm，在滑移端涂上厚约1mm的沥青，安装滑移端套管；将传力杆并排绑扎在支架上，高度为路面板厚度的1/2，第2根传力杆间距26cm，每组支架上固定4根传力杆，如图9-15所示。

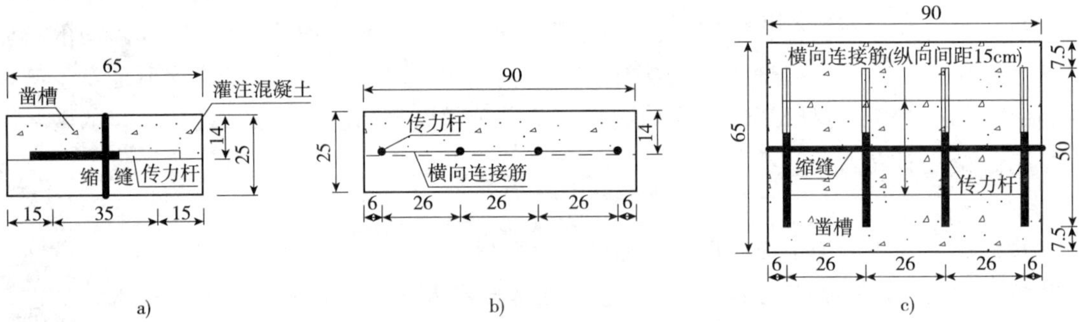

图9-15　增设传力杆施工安装图(尺寸单位:cm)

将绑扎传力杆的钢筋支架放入槽内，并固定在基层上；将配制好运输到现场的混凝土灌入槽中，高度为板厚的1/2，采用振动棒及振动器捣实、提浆；校正传力杆位置，平行于纵向中线，垂直于横向缩缝；灌注以上的混凝土并捣实、整平。

(4)表面整平、修饰、抗滑构造处理和养生

采用抹平器进行摊铺后混凝土的抹平。除规定的切边处，任何超过5mm的路面边角坍落处都应在混凝土硬结前修整好。人工在表面做出表面纹理，保证路面表面的构造深度。采取合适的养生措施进行混凝土养护。

(5)恢复横向缩缝

采用假缝形式，施工8h后切缝，切缝宽度为5~8mm，深度为面板厚度的1/4~1/3。横

向缩缝应做成一条直线，并与原缩缝一致，不得有任何中断，用3m直尺沿接缝量测，其偏差不得大于3mm。

(6)交通管制

根据《公路养护安全作业规程》(JTG H30—2004)相关要求对施工现场进行交通管制，设置必要的标志、警示锥筒等，封闭施工区域。增设传力杆路面养生强度达到规定要求后，即可开放交通，撤除交通管制。开放交通之前应清扫路面，封闭好所有接缝。

9.3.6 水泥混凝土板底脱空处理

水泥路面使用期间出现的断板、断角、裂缝、破碎板、唧浆几乎都与板底脱空有关。在水泥路面加铺修复中，若脱空板不处理，即使沥青加铺层达到20cm以上，也无法防止反射裂缝的出现。水泥路面板下封堵是一种预防性养护措施，可采用钻孔压浆法处理，此法是借鉴后张法应力构件的孔道压浆原理，在混凝土面板底部有脱空处钻孔，利用高压力将流质材料压入脱空空隙，将路面板下和基层、垫层中的细小空隙灌入浆体，填充空隙，待凝固后产生一定的强度，对面板产生均匀承托的作用，进而达到稳固板的目的，减少未来产生唧泥或断板的可能。灌浆不能提高结构设计能力，也难以消除因温度变化和交通荷载而造成的错台。因此板底脱空处理应在板边弯沉增大，尚未产生严重唧泥或断板时进行；板边弯沉较小时也不宜灌浆，以免因灌浆造成板的扰动。

1)板底脱空的评价与脱空标准

水泥混凝土路面在重车荷载的反复作用下，板下基(垫)层将产生累积塑性变形，使混凝土板的局部范围不再与基层保持连续接触，于是水泥混凝土路面板底与基(垫)层之间将出现微小的空隙，即出现了板下局部脱空，或称为原始脱空区。同时，温度、湿度的变化，以及板内温度的非线性分布，引起板向上或向下的翘曲，加速了板与基础之间的分离，形成板底脱空。目前国内常用的脱空检测方法主要有人工目测法、贝克曼梁弯沉测定法、FWD多级加载法、路面雷达扫描法以及路面钻芯法等。

一般采用比较可靠的弯沉测试方法。该方法分为两种方式：单点弯沉测量和相邻板弯沉差测量。

单点弯沉测量：贝克曼梁弯沉测定法须用5.4m长杆弯沉仪，及相当于BZZ－100重型标准汽车，弯沉仪的测点与支座应放在交叉板上，检测方法如图9-16所示。后轮着地矩形的边缘离横向接缝的距离不大于10cm，并靠近外侧纵向缝边缘，贝克曼梁的变位感应支点尽量接近缝边，贝克曼梁的中间支点及百分表支座点，应与变位感应点保持相隔一道缝，尽可能落在交叉板上，不能落在同一块面板块上，待弯沉车驶离测试板块，方可读取百分表值，凡弯沉值超过0.2mm的，应确定为脱空。

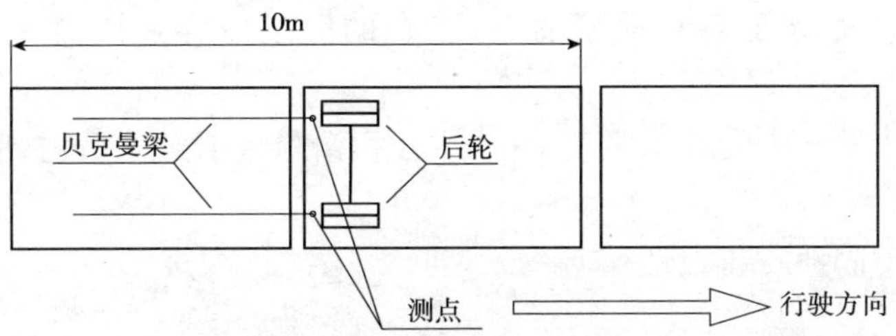

图9-16 水泥混凝土板角脱空弯沉测定示意图

相邻板弯沉差测量：加载用相当于黄河 JN－150 型或其他型号载重汽车，要求后轴重为 10t。准备至少两套贝克曼梁、百分表。测点为每条横向接缝靠路肩纵缝的板角测 1 个点位，测点位置见图 9-17。加载位置在板角处，车轮着地矩形的边缘离纵缝及横向接缝的距离不大于 10cm。贝克曼梁弯沉仪的测点尽量接近角部或缝边，不一定要很靠近车轮。贝克曼梁的支点及百分表支座点应与弯沉仪测点保持相隔两道接缝，不得已时也要相隔一道缝。绝不可落在同一完整板块上。汽车应驶离测点至少 5m 以上并且相隔至少一道缝，才能读数；一般应在车轮驶离影响区域后等待百分表稳定后再读数。当百分表读数不稳定时，应耐心等待，直到稳定为止。凡弯沉值超过 0.24mm、弯沉差超过 0.05mm 时，应确定为脱空。

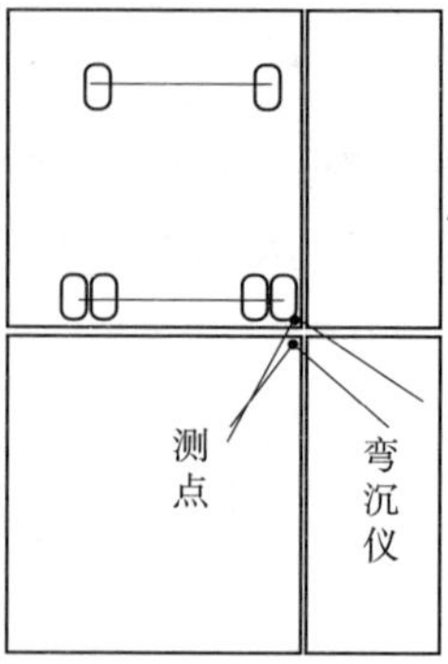

图 9-17　水泥混凝土板角脱空相邻板弯沉测定示意图

2）灌浆前的准备工作

板下封堵主要用于对脱空的水泥混凝土面板底进行处治，从而保证水泥面板支撑均匀，同时防止路表水的渗入造成唧泥和断板。水泥混凝土路面板下脱空处治，在确定脱空板的位置、范围的基础上，准备好灌浆机具及其配置以后，方可实施板下脱空处治作业。

（1）目前板下封堵机具主要有水泥混凝土路面板灌浆机和流动灌浆站。检查压浆泵、发电机组各连接部件是否紧固，供电线路、电器是否正常，润滑部位液面是否足够。

（2）彻底排清砂浆搅拌机的积水及残留物。

（3）机组水箱、钻孔机水箱是否已加满水。

（4）压浆管路及胀卡头是否完整有效。

（5）根据各块板的弯沉值和损坏的具体情况，确定需灌浆加固的水泥混凝土板及范围。

（6）在板上确定孔位，并做好标记。

3）钻孔作业

经板底脱空开挖试验证明，板底脱空层面有的在混凝土面板与基层之间，有的在基层与底基层之间，或二者兼而有之。因此，要求对混凝土面板与基层之间的空隙以及基层与底基层之间的空隙进行注浆，应钻 80cm 左右深的孔，穿透基层的厚度进行灌浆处理。为保证进浆的充分和均匀，每块面板布孔为 5 个，以每块板梅花状布孔效果最佳。一般采用外径为 50mm 的孔，距板缝 80 ~ 100cm；有裂缝的板在裂缝两侧各增加一个压浆孔，孔位距裂缝约 30cm。

（1）将钻孔机放置在确定的钻孔位置，开动钻机开关，观察钻头转向无误，并有水流出，方能开始钻孔。

（2）孔的直径应略大于灌浆的喷嘴直径，孔的深度应穿过混凝土板，钻入稳定的基层 1 ~ 3cm。

（3）用海绵块将钻孔中的积水吸出，并用空压机清除板下杂质污物，形成空腔，以利浆体的分布和黏结。

（4）将胀卡头牢固地安装在钻孔上。

4）砂浆制备

（1）根据所需灌注的体积、浆体配合比及施工速度，称取各种材料。

(2)开动砂浆搅拌机，在水中加入减水剂和早强剂，并将水泥、粉煤灰、砂、膨胀剂倒入灌浆机的搅拌筒中，先干拌均匀，然后再加入已溶有减水剂、早强剂的水，并不断搅拌5～10min，形成均匀浆体。

(3)配制好的浆体，应在30min内使用，并且施工过程中应不停地搅拌，中途不得停机。

5)灌浆作业

(1)灌浆时，应先灌注面板边缘的孔，再灌注面板中间的孔。

(2)将灌浆机的喷嘴插入孔中，并压紧以防浆体由孔中流出。

(3)启动灌浆机，将压力泵的压力均匀增加到1.5MPa左右(因机械不同需要的压力各异)，进行灌浆。

(4)待浆体由其他孔中或板边挤出时，表明板下空隙已被灌满，应减小压力，并将喷嘴提起，立即用木塞塞孔，防止浆体溢出，至浆体初凝，拔出木塞，用高强度等级砂浆封孔、抹平。

(5)关闭压力泵，将灌浆机移到下一个孔继续灌浆，待一块板灌浆完毕后，再移至其他板块灌浆。

(6)灌浆区板下的浆体经2～3d的硬化，通车强度达5MPa以上，即可开放交通。

9.3.7 水泥路面边缘排水措施

1)水泥混凝土路面边缘排水设施

水泥路面养护应重视路面排水，及时填灌水泥混凝土路面裂缝和纵横接缝，防止地表水渗入基层。对已渗入基层的积水，应开设路肩盲沟排水。路面排水设施应加强养护维修，维持路面横坡，保持良好排水功能。水泥混凝土路面出现唧泥、沉陷病害时，除采用灌浆处理措施外，还应疏通或增加路面边缘排水设施。

在进行路面翻修时，在路面排水不良地带，路面板边缘及路肩应设置路基纵、横向排水系统。单一边板块翻修时，应在路面板接缝处设置横向盲沟。较长路段翻修时，宜设纵、横向盲沟，并应在纵坡底部设置横向盲沟。

2)设置边缘排水设施

(1)设置边缘纵向积水管和横向出水管

在水泥混凝土路面的行车道外侧边缘(硬路肩与行车道结构不一致时)或硬路肩外侧边缘(硬路肩与行车道结构一致时)挖一条纵向沟，宽20～30cm，沟深挖至集料基层之下15cm，横沟与纵沟的交角应在45°～90°之间，横沟间距为20～50m，如图9-18所示。

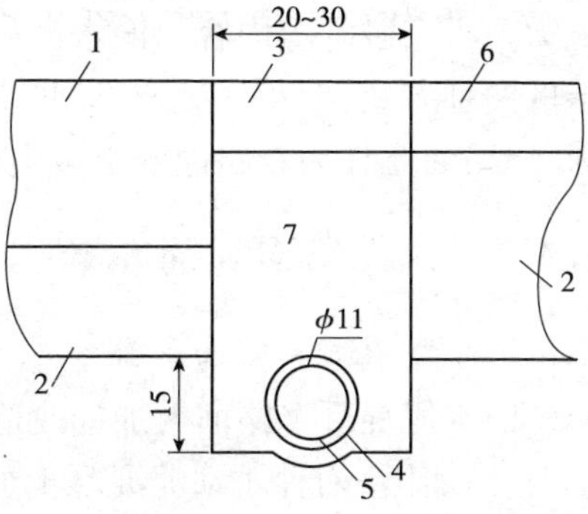

图9-18 边缘排水管布置(尺寸单位：cm)
1-面层；2-基层；3-沥青混凝土；4-渗滤织物；5-多孔管；6-沥青或水泥路肩；7-细渗滤集料

设置纵向积水管和横向出水管。积水管一般采用ϕ110mm多孔塑料管，出水管为ϕ110mm无孔塑料管，并按设计间距将积水管和出水管连接起来。纵向多孔积水管应包一层渗透性较强的土工织物，使其与积水管间无空隙。积水管和出水管放入沟槽时，其底部应平顺，横向出水管的坡度应大于或等于纵向排水坡度，出水管的管端应延伸到排水沟内或边坡外，并设端墙及防冲刷措施。管的外围应填放粗砂或级配碎石等渗滤集料，并振动密实。回填沟槽时，沥青混合料或水泥混凝土均可作封盖排水沟的材料，但应采用与路肩相同的材料，如果使用水泥混凝土时，应用塑料布将混凝土排水沟底与回填材料隔开，使用沥青混凝土时，沟的宽度应不小于压实设备宽度。

(2)局部边缘设置盲沟

沿水泥混凝土路面外侧挖纵向盲沟，沟底应低于面板以下 10cm，在水泥混凝土路面接缝处挖横向沟，如图 9-19 所示。

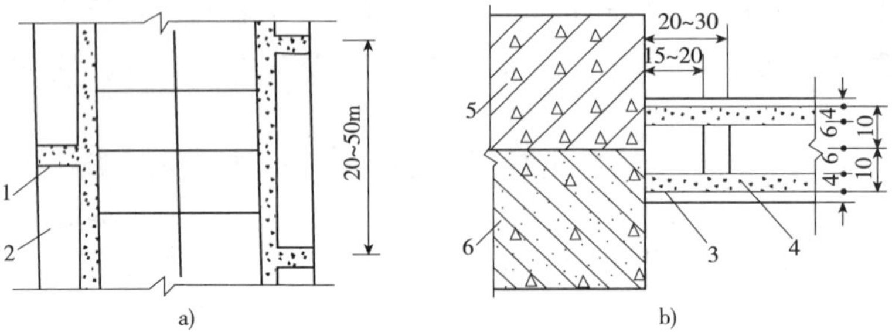

图 9-19 盲沟(尺寸单位:cm)

a)盲沟布置图;b)盲沟构造图尺寸

1-盲沟;2-路肩;3-油毡隔离层;4-石屑及中粗砂;5-面层;6-基层

沟槽底面及外侧铺设油毡隔离层，沿水泥路面交界处及盲沟顶部铺设上土工布过滤层。在盲沟内填筑碎(砾)石过滤材料。盲沟上应用相同材料填筑路面(路肩)，且保持平整密实。盲沟设置应考虑维护的可行性和方便性。

9.4 水泥路面加铺改造技术

我国 20 世纪 80 ~90 年代修筑了大量水泥路面，在长期使用和重载交通的作用下，出现较多损坏，有的还很严重，当路面结构承载能力不满足现有交通的要求时，应采取铺筑沥青混凝土或水泥混凝土加铺层措施提高其承载能力。目前有很多已经进行了加铺，还有很多路面状况较差，路面使用性能差急需改造。

然而旧水泥路面的改造是个比较复杂的问题，对于一条需要改造的旧水泥路面来说，首先要对旧路的路况进行检测和评价，路面状况调查和评价通常包含路面损坏状况、接缝传荷能力及板底脱空等内容。旧水泥板是否继续作为面层的承重结构层，决定了旧水泥路面改造的两种方式：旧路加铺改造、旧路改建。原路面不作为新路面的承重结构层称为旧路改建，原路面还作为新路面的承重结构层称为加铺改造。

9.4.1 水泥路面加铺方案

1)水泥混凝土路面加铺方式

旧水泥混凝土路面上加铺改造方案有：水泥混凝土加铺层、沥青混凝土加铺层(俗称白加白、白加黑)两种。水泥混凝土加铺层有：结合式和分离式两种，混凝土加铺层材料可采用普通混凝土、钢筋混凝土、纤维混凝土和连续配筋混凝土；沥青加铺层有：单层式、双层式和多层式；加铺层包括防水层、防裂层、表面功能层等。

加铺方式应根据原有水泥路面的结构与材料情况、损坏状况、排水状况、接缝类型和布置、气候条件、交通状况、功能要求等条件来选择。加铺层结构应经过专业、正规的设计，经技术经济比较后确定。旧水泥路面加铺的前提条件为原有路面板状况基本完好,现有面板断板率不宜大于20%。加铺前要求处理的面板数量较少,旧混凝土板具有不小于4.0~4.5MPa的残余弯拉强度,原板底设有适宜的具有稳固和足够厚度的基层,路基稳定无浸水软化、大面积沉陷现象。旧混凝土路面加铺前均应进行路况调查与评价,并对旧混凝土板进行处理。

旧混凝土路面的损坏状况和接缝传荷能力评定等级为中或次,或新旧混凝土板的平面尺寸不同、接缝形式或位置不对应或路拱横坡不一致时,应采用分离式混凝土加铺层。旧混凝土路面的损坏状况和接缝传荷能力评定等级为优良,面层板的平面尺寸及接缝布置合理,路拱横坡符合要求时,可采用结合式混凝土加铺层。

2)水泥混凝土路面加铺方式

旧水泥混凝土路面加铺混凝土结构层的形式,应根据旧混凝土路面状况的分级情况、接缝布置及路拱等条件选择。对于大交通量、重载交通道路水泥路面,应采用连续配筋或钢筋混凝土加铺层,对于路面标高受到限制的路面、桥面铺装可采用纤维混凝土加铺层。

(1)结合式加铺层

结合式加铺层指对旧水泥混凝土板采取一定技术处理后,使加铺层与旧水泥混凝土板完全黏结在一起,此时认为两者之间的相对水平位移为零,即连续接触。结合式加铺层水泥混凝土厚度一般不小于10cm。

当旧路面的状况评级为"优"时,混凝土面板基本完好,新旧路拱坡度基本一致,接缝基本对齐,板的平面尺寸及接缝布置合理,为提高水泥路面的承载能力,可采用结合式加铺层。加铺层铺筑前,应对路面的结构性损坏进行修复,并对旧混凝土表面凿毛,仔细清洗,清除旧混凝土表面的油污,剥落板块及接缝中的杂物,重新封缝,并在洁净的旧混凝土路面上,涂刷水泥浆或水泥砂浆或环氧树脂等黏结材料,铺筑水泥混凝土加铺层。

(2)分离式加铺层

分离式加铺层指加铺层与旧水泥混凝土板之间设置了一层隔离层。沥青混合料隔离层厚度为1.5~2.5cm,分离式加铺层水泥混凝土层厚度一般不小于18cm。

当旧路面的状况评级为"中""次",或新旧混凝土板的平面尺寸不同、接缝位置不完全一致,或新、旧路面的路拱坡度不一致时,均应采用分离式加铺层。加铺层铺筑前应对旧路面中严重破碎、脱空、裂缝继续发展的板击碎并清除,用混凝土补平。隔离层材料采用油毡、土工布、沥青砂、细粒式沥青混凝土等稳定性较好的材料。

3)沥青路面加铺方式

沥青路面加铺层厚度确定:能进行旧路加铺的前提是旧水泥路面仍具有一定的承载能力和传荷能力,可以作为加铺路面的一部分,此外,旧路的断板应在加铺之前进行换板处理。旧水泥路面和新加铺的沥青层构成了一个新型的路面结构——复合式路面结构。目前,加铺层的设计方法从设计理论上分为三种:有效厚度法、弯沉法和力学经验法。

9.4.2 旧水泥路面处治技术

1)旧水泥混凝土路面的处治方案

水泥混凝土路面加铺改造技术比较复杂。其中如何处治和利用旧水泥路面,在合适的时间针对不同的路况选择合适的技术方案用在合适位置上,使原路面发挥最大的价值,是旧水泥路面加铺改造的关键技术。

旧水泥路面进行加铺改造的基础是原有水泥混凝土板状况基本完好,可继续作为路面结构的承重结构层，加铺改造前要求处理的面板数量较少，采用换板、压浆、修补和接缝维修等措施，基本恢复水泥混凝土的承重能力。而当旧混凝土面层损坏状况等级为差时，宜将混凝土板破碎，用做新建路面的底基层或垫层，并应按新建水泥混凝土路面或沥青路面类型进行设计。

2）旧水泥混凝土路面技术调查

在对旧水泥混凝土路面进行加铺前，应对原有水泥混凝土路面做下列技术调查：

（1）公路修建与养护的技术资料。包括路面结构与材料组成、接缝构造和养护历史等。

（2）原有路面损坏状况：损坏类型、轻重程度、范围及修补情况。

（3）路面结构强度：路面板边弯沉、接缝传荷能力、板脱空状况、面板厚度。

（4）旧混凝土弯拉强度与弯拉弹性模量、基层顶面的当量回弹模量。

（5）交通荷载与交通需求情况：累计标准轴载交通量、年平均交通量、轴载组成及增长率等。

（6）环境条件：沿线气候条件、路基的填土高度、地下水位、多年平均最大冻深、排水与积水状况等。

3）旧水泥混凝土路面板病害处理

（1）绘制旧水泥路面病害平面图

对旧水泥混凝土路面板块进行调查，按 1km 绘制板块平面布置图，分板块逐一编号，调查路面板块损坏状况，绘制水混路面病害平面图。

（2）按设计要求对旧混凝土板逐块进行处理

①对脱空板块，可采用板下封堵的方法进行压浆处理。

②对破碎板块、角隅断裂、沉陷、掉边、缺角等病害，可用液压镐或风镐挖除，清除混凝土碎屑，整平基层，将基层夯压密实、然后铺筑与旧混凝土板块等强度的水泥混凝土，其高程控制与旧混凝土板面齐平。

（3）对接缝进行清缝、灌缝处理。

9.4.3 水泥混凝土加铺技术

1）结合式加铺层

（1）加铺之前采用专用打毛机、抛丸机、喷砂机或铣刨机将旧路面板表面打毛或铣刨，打毛深度一般宜控制在 2～3mm，铣刨厚度一般宜为 5～15mm。

（2）经打毛、铣刨过的表面，已裸露粗集料或脱层的旧路面板表面，应使用高压水及空气冲洗，清除所有表面玷污的轮胎屑、尘土和污染物及有可能松动的脱落物、碎屑等物体。

（3）立模时，在边模下预焊一个圆环，固定钢钎由圆环打入路肩基层中，中模底部每隔 1m 用射钉工具枪喷射钢钉，并在旧混凝土的接缝处打入钢钎加以固定。在中、边模顶部每隔一定距离用活动卡规辅助固定，活动卡规可根据浇筑进度和实际需要随时推移装卸。

（4）在经清洁湿润无游离水的混凝土表面涂刷水灰比不大于加铺层混凝土水灰比的水泥浆或环氧树脂等作为黏结层。暂停摊铺时，应在已洒布水泥浆黏结层上覆盖湿麻袋。刷浆后立即浇筑加铺层。

（5）加铺层混凝土的摊铺、浇筑、振捣、整平、养生与一般混凝土路面施工工序基本相同。但为了使新旧混凝土路面间结合良好，振捣工序要认真仔细。平板振捣器每板振捣时间不少于 30～40s，振捣重叠 5～10cm。拉杆采用 ϕ14mm 螺纹钢筋，最大间距 90cm，长度 60cm。

(6)加铺层新旧面板所有纵横缩缝和胀缝均应缝对缝,切缝深度宜为加铺层厚度的1/3;其胀缝宽度不应小于旧路面,并应插入胀缝板彻底隔离。模板拆除时,应在新旧对缝的锯缝位置作标记。

(7)加铺层接合面检测应采用钻芯检测结合状态及层间抗剪强度,抗剪强度不应小于0.15MPa。结合面黏结(劈拉)强度试验方法为:先制作与加铺路面粗糙度相当新旧混凝土的立方体或圆柱体试件,再按《公路工程水泥及水泥混凝土试验规程》(JTG E30—2005)中圆柱体(T 0561)与立方体(T 0560)劈裂抗拉强度进行劈裂试验。

2)分离式加铺技术

(1)旧混凝土顶面隔离层铺筑

隔离层铺筑前应先彻底清除旧面板表面杂物,冲刷尘污,使板面洁净无异物。用清缝机清除水泥混凝土面板接缝杂物,用灌缝机灌入接缝材料。

在旧混凝土表面洒布黏层沥青或透层沥青。施工路段长度在封闭交通施工的路段宜为1 000~1 500m,一般不宜大于1 500m;在半幅通车半幅施工路段,宜为500~800m,一般不宜大于800m。黏层沥青采用热沥青或乳化沥青。沥青用量为0.5~0.8kg/m^2(乳化沥青)或1.0~1.5kg/m^2(热沥青);使用乳化沥青宜使用快裂洒布型乳化沥青PC-3、PA-3,乳液中沥青含量不小于50%;洒布过量处应予刮除。透层沥青采用液体沥青;沥青用量为0.3~0.5kg/m^2(沥青混合料隔离层)或0.5~0.8kg/m^2(油毡或土工布隔离层);使用液体沥青宜使用快、中凝液体石油沥青AL(R)-1、2或AL(M)-3。严禁在已洒布或涂刷黏层沥青的面板上通行车辆和行人,并防止土石杂物等散落在沥青上面。

①沥青混凝土隔离层。砂粒式或细粒式沥青混凝土厚度宜1.5~3cm。摊铺宽度应超过加铺板边缘25cm,严禁出现空白区。碾压机械宜采用轮胎压路机,自路边向路中心碾压,边压边找平,至沥青混凝土隔离层平整无轮迹为止。

②沥青防水卷材隔离层。防水卷材的质量和技术标准应符合国家产品技术标准《石油沥青玻璃纤维胎防水卷材》(GB/T 14686—2008)的要求,沥青玻纤胎卷材宜选用型号:Ⅱ25号砂面20m^2—GB/T 14686—2008。防水卷材隔离层有一毡一油或二毡二油,毡与毡之间黏层沥青用量以0.5~0.8kg/m^{2}为宜。旧混凝土面板较完好、平整的可采用一毡一油;面板微裂缝较多,欠平整,宜采用二毡二油。沉陷深度不大于10mm、错台高度不大于5mm的,应先采用沥青砂找平后,再在水泥混凝土路面上满铺沥青防水卷材。防水卷材宜纵向摊铺,每幅纵横向搭接宽度不应小于20cm,每层防水卷材的搭接位置上下应错开,搭接部分应涂刷热沥青。当地面或搭接部分沥青温度较低时,可用烘喷灯局部加热,再粘贴。摊铺时,边铺边用滚筒碾平压实,务必使毡、油贴紧。铺贴好的防水卷材隔离层,严禁车辆和行人通行,并保持洁净。铺筑混凝土加铺层时,应避免施工车辆、机械和人员损坏油毡隔离层,发现损坏应及时修补。

③土工布隔离层。土工布的质量和技术指标应符合《公路土工合成材料应用技术规范》(JTG/T D32—2012)中编织型土工布的要求。粘贴方法和技术要求与粘贴油毡相同。

(2)水泥混凝土加铺层施工

①水泥混凝土加铺层厚度,应通过计算确定,但水泥混凝土加铺层的最小厚度不得小于18cm。

②水泥混凝土加铺层半幅施工时,边模板可采用槽钢,中模采用角钢,必须支立稳固,其平面位置与高度应符合设计要求。模板高度与面板厚度一致,允许误差为±2mm。

③模板安装宜采取由边模固定中模的方法，边模由钢纤固定，中模每间隔 1m 用膨胀螺丝将模板外侧底部预先定位固定。中、边模之间采用横跨两模板的活动卡梁固定。活动卡梁间距为 2m，并随铺筑进度相应推移。

④混凝土配合比设计，混合料搅拌、运输、摊铺、振捣、整平、接缝设置、表面修整、养护、锯缝、填缝等工艺应符合《公路水泥混凝土路面施工技术规范》（JTG F30—2003）的规定。

⑤特重、重交通的高速公路、一级公路上的分离式加铺层中，在全部横向缩缝中应增设传力杆，在纵缝中还应设拉杆。

9.4.4 沥青面层加铺技术

1）沥青加铺层结构设计

（1）当旧混凝土路面的损坏状况和接缝传荷能力评定等级为优良或中时，可采用沥青加铺层。加铺层铺筑前应更换破碎板，修补和填封裂缝，磨平错台，压浆填封板底脱空，清除旧混凝土面层表面的松散碎屑、油迹或轮胎擦痕，剔除接缝中失效的填缝料和杂物，并重新封缝。

（2）当接缝传荷能力评定等级为中时，应根据气温、荷载、旧混凝土路面承载能力、接缝处弯沉差等情况选用下述减缓反射裂缝的措施：

①增加沥青加铺层的厚度。

②在加铺层内设置橡胶沥青应力吸收夹层、玻璃纤维格栅或者土工织物夹层。

③沥青加铺层的下层采用由开级配沥青碎石组成的裂缝缓解层。

④在沥青加铺层上，对应旧混凝土面层的横缝位置锯切横缝。

（3）沥青加铺层的厚度按减缓反射裂缝的要求确定。高速公路和一级公路的最小厚度为 100mm，其他等级的公路最小厚度宜为 70mm。

（4）沥青加铺层下旧混凝土板的应力分析按《公路水泥混凝土路面设计规范》（JTG D40—2011）附录 C 进行。旧混凝土板的厚度、混凝土的弯拉强度和弹性模量标准值以及基层顶面当量回弹模量标准值，采用旧混凝土路面的实测值。旧混凝土板的应力应满足要求。

（5）沥青加铺层混凝土合料的组成设计参照《公路沥青路面设计规范》（JTG D50—2006）和《公路沥青路面施工技术规范》（JTG F40—2004）进行。沥青加铺层的下层采用开级配沥青碎石混合料时，必须在路面边缘设置内部排水系统。

（6）当旧混凝土面层损坏状况等级为差时，宜将混凝土板破碎成小于 400mm 的小块，用作新建路面的底基层或垫层，并按新建混凝土路面或沥青路面类型进行设计。

2）旧混凝土路面板病害处理

沥青面层加铺层要求旧混凝土面板稳定、清洁，在加铺沥青路面之前，首先必须对旧混凝土板病害进行调查和损坏部分维修。根据水泥混凝土路面调查结果，确定水泥混凝土路面的维修方法。

（1）对破碎的混凝土板块进行翻修。

（2）对局部损坏的混凝土板块进行挖补。

（3）对板下脱空的板块，采取板下封堵的方法进行压浆。

（4）对水泥混凝土路面接缝进行清缝、灌缝。

（5）用压缩空气清洗混凝土面板，必须清除水及杂物。

（6）在错台位置，在下沉混凝土板块上按 0.6kg/m^{2}喷洒黏层沥青，摊铺细粒式沥青混凝土调平层。

3)旧混凝土路面上沥青面层反射裂缝的防治措施

沥青混凝土加铺层的关键作用是减少或延缓反射裂缝的发生。处治反射裂缝通常采取土工布、土工格栅,改性沥青油毡,对应切缝填封橡胶沥青,改性沥青或橡胶沥青应力吸收层(SAMI),铺筑柔性基层,半刚性基层六种方法。

(1)土工布隔离层

①在混凝土面板上喷洒黏层热沥青,沥青温度为150~170℃,沥青用量为1.2kg/m^2,黏层沥青喷洒范围要比土工布宽5~10cm。

②在起始端用垫片加水泥钉固定土工布,然后拉紧。

③将支撑棒插入土工布卷调节制动器,然后提高布卷,展开5~10m土工布,土工布卷一端与路面边缘成一直线,拉紧土工布,然后将土工布放下,铺在黏层沥青上。

④一卷土工布与另一卷土工布连接(首尾连接),沿铺布方向搭接15cm。土工布连接处应喷洒黏层沥青。相邻两卷土工布边与边的搭接也应沿铺布方向搭接,要确保土工布浸透沥青。土工布施工温度要大于10℃。

⑤弯道上摊铺土工布,可用剪刀将土工布剪开,然后再搭接起来。

⑥土工布铺好后,沥青混凝土摊铺应立即开始,每天能铺多少沥青混凝土路面,就铺多少土工布。

⑦应采用全路幅施工,以避免产生纵向施工缝。

⑧严禁非施工车辆在土工布上行驶,沥青混凝土运料车不得在土工布上转弯、调头、制动,只能在土工布上倒行。

(2)土工格栅隔离层施工

土工格隔离层沥青混凝土面层,必须采用玻璃纤维格栅,其施工要求如下:

①在清洁干燥的路面上,按0.6kg/m^2喷洒黏层油。

②目前,常用的玻璃纤维格栅,有带自粘胶和不带自粘胶两种。带自粘胶的可直接在平整清洁的路面上铺设,不带自黏胶的通常采用水泥钉加垫片固定。

③玻璃纤维格栅,可由拖拉机或汽车改装的专用设备进行铺设,也可进行人工铺设。玻璃纤维格栅每卷产品的卷筒两端,各标有橙色和蓝色标记,开始铺设之前,应选择胶面向下,确定上述标记颜色各在某一端,这样能更方便施工,而不致将胶面铺错。玻璃纤维格栅铺设时,应保持其平整、拉紧,不得有起皱现象,使格栅具备有效的张力,铺完一层再用干净的胶轮压路机碾压一遍。

④不带自粘胶的玻璃纤维格栅通常采用钢钉固定法。

a.准备50mm×50mm×0.3mm的固定铁皮垫片,要求平整不翘角,周边宜倒角处理;配备5cm长的水泥钢钉。

b.用铁皮和钉子将玻璃纤维格栅固定在已洒布黏层沥青的结构层上,钉子可用锤击或射钉枪射入。钢钉位置宜设于接缝处。再将玻璃纤维格栅纵向拉紧,并分段固定,每段长度为2~5m。也可按缩缝间距分段,要求玻璃纤维格栅拉紧时玻璃纤维纵横向均处于挺直紧张状态。

⑤格栅搭接:

a.纵向接头搭接距离不小于20cm。

b.横向接头搭接距离不小于15cm。

c.纵向搭接应根据沥青摊铺方向将前一幅置于后一幅之上。

⑥固定格栅时，不能将钉子钉于玻璃纤维上，也不能用锤子直接敲击玻璃纤维，固定后如发现钉子断裂或铁皮松动，则需予以重新固定。

⑦玻璃纤维格栅铺设固定完毕后，必须用胶轮压路机适度碾压稳定，使格栅与原路表面黏结牢固。

⑧禁止非施工车辆在格栅上行驶，严格控制运送混合料的车辆出入，在玻璃纤维格栅层上禁止车辆转向、制动和直接倾泻混合料，以防对玻璃纤维格栅的损坏。

⑨玻璃纤维格栅背胶易溶于水，雨天或路面潮湿时不得进行施工。

⑩玻璃纤维格栅施工时，工人须戴防护手套，以免对人体产生刺激性作用。

⑪在玻璃纤维格栅铺设过程中，若发现路面有较小的坑塘没有填平，可将铺好的格栅在对应坑塘的部分剪开，并用沥青混凝土填平，以便在铺上层沥青混合料时能保证均匀的压实度。

⑫玻璃纤维格栅铺设时，要求气温大于10℃，沥青加铺层的最小厚度为4cm。

(3)聚酯改性沥青油毡

聚酯改性沥青油毡施工技术要求如下：

①将聚酯改性沥青油毡切割成50cm宽的长条带。

②用压缩空气清除接缝及缝两侧各30cm范围内的灰尘及杂物。

③将接缝内灌入接缝材料。

④将油毡放在接缝处及缝两侧各25cm的位置，薄膜面向下，然后用喷灯烘烤油毡底面，当烘烤到薄膜熔化，毡底有光泽并发黑有一层薄的熔融层时，再用推杆压实油毡，使油毡与底层黏结，按此方法铺好第一卷。

⑤在油毡接头搭接部分，结合部搭接宽度为10cm，用喷灯烘烤，熔化后将油毡压紧，要使上、下层油毡紧密结合在一起。

⑥非施工车辆不得在油毡上行驶。

⑦在沥青层摊铺前，要在油毡上覆盖一层沥青砂。

⑧若发现油毡脱皮，应使用喷灯烘烤，用推杆压实。

(4)沥青层锯缝填缝

沥青层锯缝填缝施工技术要求如下：

①按旧水泥混凝土路面平面图，确定水泥混凝土板的接缝位置。

②在沥青层已确定的接缝上方，锯切深1.0cm、宽0.3cm的缝。

③用压缩空气，将锯缝吹干净，并保持干燥。

④将缝内填平橡胶沥青。

(5)柔性基层

沥青碎石基层作为一种柔性结构层，具有很强的黏性和变形能力，作为应力消散层，可以有效地减少路面结构中的应力集中现象，大大延缓路面反射裂缝的发生。另一方面，沥青碎石基层可以与沥青面层黏结牢固，并且由于沥青碎石的模量与沥青混凝土的模量接近，路面结构受力更均匀。沥青碎石的施工技术按《公路沥青路面施工技术规范》(JTG F40—2004)的要求进行。

4)沥青面层加铺层

旧水泥路面上沥青面层加铺层的厚度，根据《公路水泥混凝土路面设计规范》(JTG D40—2011)的有关要求，以连续配筋混凝土和横缝设传力杆的普通混凝土为基础的沥青面层的厚度一般为2.5~8cm；《公路沥青路面设计规范》(JTG D50—2006)中条文说明：刚性基层沥青路面，高速公路的沥青面层最小厚度不宜小于10cm。JTG D40—2011中旧水泥混凝土路面上沥青加铺层按减缓反射裂缝的要求，高速公路和一级公路沥青面层的厚度宜为10cm，一般公路沥青面层厚度不宜小于7cm。

沥青路面加铺层施工应符合《公路沥青路面施工技术规范》(JTG F40—2004)的要求。

9.5 水泥路面改建技术

9.5.1 水泥路面改建方案

旧水泥路面改建方案有：一是利用板的承载能力作为改建路面结构的底基层，但不作为主要承重结构层，如组合式加铺改建、复合式加铺改建；二是不再利用板块的承载能力，而将板块打裂或破碎、稳固作为底基层或垫层，再加铺路面结构层，即破碎稳固加铺改建；三是挖走清除原有水泥混凝土路面板，重新铺筑基层和路面结构，彻底消除混凝土板块的影响。

组合式加铺改建指在旧水泥路面上加铺半刚性基层后再加铺沥青面层或水泥混凝土面层，旧混凝土板利用做底基层，不起主要承重作用；复合式加铺层指在旧混凝土路面上加铺连续配筋混凝土或贫混凝土结构层再加铺沥青面层，旧混凝土板利用做底基层；破碎稳固加铺改建指在旧混凝土板破碎稳固后再加铺半刚性基层后再加铺沥青面层或水泥混凝土面层。

水泥路面改建方案应根据原有水泥路面的结构与材料情况、损坏状况、排水状况、接缝类型和布置、气候条件、交通状况、功能要求等条件来选择。水泥路面改建方案应经过专业、正规的设计，经技术经济比较后确定。

旧水泥混凝土路面板的处理分三种方案：一是换板压浆后作为路面结构层；二是打裂稳固后作为路面结构层；三是挖走废除，不再利用。而旧水泥路面板的利用方式有两种：一是换板压浆与修复，作为具有一定承载能力的结构层利用；二是打裂或碎石化后作为底基层或垫层使用。旧混凝土板废除则是对损坏严重的路段，将旧混凝土板全部挖除废弃，重新铺筑路面结构；但旧混凝土板块可破碎再生利用或做其他用途，如破碎后成为再生集料用于混凝土和基层材料、做“石块”用于砌体工程，而不宜废弃堆放占用土地资源。

旧水泥路面板利用的前提条件为原有路面板状况基本完好，加铺前要求处理的面板数量较少，旧混凝土板具有不小于4.0~4.5MPa的残余弯拉强度，原板底设有稳固和足够厚度的基层，路基稳定无浸水软化、大面积沉陷现象。旧混凝土利用前均应进行路况调查与评价，并对旧混凝土路面板进行处理。当旧混凝土面层损坏状况等级为差时，宜将混凝土板破碎成小于40cm的小块或碎石化，用做新建路面的底基层或垫层，并应按新建水泥混凝土路面或沥青路面类型进行设计。

将原水泥路面打碎作为底基层，实质是将带有伸缩缝的刚性路面板改造为无伸缩缝的块状路面。由于水泥路面混凝土板的整体强度偏高，抗折强度为5.0MPa左右，抗压强度通常是抗折强度的8~10倍，可达到40~50MPa，所以施工中要采用专门型号的重型机器设备才能将旧的水泥混凝土板块破碎到所需的尺寸。目前主要的破碎工艺有：振裂压稳、碎裂压稳和碎石化。振裂压稳和碎裂压稳都是通过特殊设备将水泥混凝土板块纵向破碎成较短长度，然后用较大的胶轮压路机碾压3次以上，使其牢固嵌挤在基层顶面上，然后再进行加铺。振裂压稳和碎裂压稳的主要区别是振裂压稳破碎后的裂缝不明显，这与破碎时机械的冲击作用不同有关。与碎石化工艺相比，振裂压稳和碎裂压稳技术对水泥混凝土路面的结构性破碎得不够彻底。

碎石化工艺是水泥混凝土路面破碎工艺中较为常用、对消除加铺层反射裂缝也更有效的一种施工工艺。碎石化有两种设备可供使用。一种是通过重锤下落进行破碎，主要设备为多锤头破碎机；另一种是通过振动来破碎，主要设备有共振型破碎设备。

9.5.2 旧混凝土板利用改建技术

1）组合式加铺改建

旧水泥混凝土板利用组合式加铺改建是对旧混凝土板进行换板、压浆与修复，作为具有一定承载能力的结构层利用；在修复的旧板上加铺半刚性基层，提高路面结构的承载能力，再加铺水泥混凝土路面或沥青路面。

（1）旧混凝土路面处理

旧混凝土板利用改建要求旧混凝土面板稳定，在加铺半刚性基层之前，首先必须对旧混凝土板病害进行调查和损坏部分维修。根据水泥混凝土路面调查结果，确定水泥混凝土路面的处理方案。

①对破碎的混凝土板块进行翻修，一种是换板，另一种是挖除破碎板回填贫混凝土或水泥稳定碎石半刚性材料。最好是换板，可保持结构强度的均匀性。

②对局部损坏的混凝土板块进行挖补。

③对板下脱空的板块，采取板下封堵的方法进行压浆。

（2）半刚性基层铺筑

在处理好的旧混凝土面板上铺筑半刚性基层，一般宜采用水泥稳定碎石基层或二灰稳定碎石基层，基层厚度根据旧混凝土面板的承载能力、交通量、高程控制要求等条件，通过设计确定。半刚性基层的原材料要求、材料组成设计、施工工艺与质量要求均按《公路路面基层施工技术规范》（JTJ 034—2000）进行。

（3）沥青面层和水泥混凝土面层施工

沥青面层或水泥混凝土面层的厚度按设计要求，施工按《公路沥青路面施工技术规范》（JTG F40—2004）和《公路水泥混凝土路面施工技术规范》（JTG F30—2003）进行。

2）复合式加铺改建

旧水泥混凝土板利用复合式加铺改建是对旧混凝土板进行换板、压浆与修复，作为具有一定承载能力的结构层利用；在修复的旧板上加铺连续配筋混凝土或贫混凝土，提高路面结构的承载能力，再加铺沥青路面，形成复合式加铺结构。复合式加铺结构目前一般采用 CRC + AC 结构。

（1）复合式路面

复合式路面是指面层由两层不同材料类型和力学性质的结构层复合而成的路面，复合式沥青路面一般采用高强度的刚性基层与柔性的沥青混凝土（AC）面层进行复合，刚性基础主要起承重作用、表面沥青面层起功能作用；常用的刚性基层有普通水泥混凝土（PCC）、连续配筋混凝土（CRC）、碾压混凝土（RCC）、贫混凝土（LCC）、横缝设传力杆的普通混凝土（JPC）、钢纤维混凝土（SFRC）等。旧水泥混凝土路面改造工程常用的复合式加铺结构为 CRC + AC 路面结构。

近年来，我国新建与改扩建工程中修筑了较多的复合式沥青路面，首先是早期修筑了少量的碾压混凝土复合式沥青路面，由于当时的技术水平和结构特点（沥青面层较薄），出现了较多反射裂缝和损坏；再次是原旧水泥混凝土路面改造工程中采用加铺沥青面层的方式，在高速公路和国道主干线工程中应用较多;另外是为改善连续配筋混凝土路面的表面性能,湖南、江苏、河北、上海、山西等省市在新建高速公路中采用 CRC + AC 复合式路面;近年来,在重载交通路段开始修筑接缝设传力杆的混凝土复合式路面、贫混凝土复合式路面、隧道中修筑钢纤维混凝土复合式路面等刚柔复合式路面结构,应用越来越广泛,复合式路面的优点也越来越明显,既充分利用了我国的水泥资源、减少了沥青用量和进口,同时又明显提高了道路的承载能力、延长了使用寿命;2003 年湖南京珠高速长潭段修筑了 44.76km 的 CRC + AC 复合式路面,目前已使用 10 年多,效果良好。

CRC + AC 复合式路面结合刚性路面和柔性路面的特点,柔中有刚,刚柔相济,使用中所表现的主要特点是:

①充分发挥不同路面材料的作用、扬长避短,刚性部分作为路面的主要承载结构,为面层提供了可靠的支持,使弯沉、车辙减小,并能相应减少柔性面层所需厚度。

②水泥混凝土材料能充分利用当地材料与资源,如水泥、粉煤灰、碎石、钢筋等,促进当地经济发展并减少对我国相对较缺乏的石油资源的依赖,降低造价。

③沥青层能改善和提高混凝土路面表面使用品质,降低噪声,满足汽车高速行驶性能要求,并且方便养护维修。

④沥青层能降低混凝土板的荷载应力与温度应力(温度梯度),对车辆冲击荷载起到缓冲作用,并加强了结构的防水作用,减少了雨水对混凝土板的影响。

⑤混凝土板的施工技术与质量标准可适当降低,如抗滑、耐磨及平整度等指标,可通过沥青面层来保证。

⑥连续配筋水泥混凝土路面在纵向配置连续钢筋,中间不设横向接缝,不仅提高了路面板的整体性,具有较高的承重能力,还克服了普通水泥混凝土路面容易出现的板角断裂、唧泥等病害,具有较好的耐久性。

(2)复合式路面结构

①CRC + AC 复合式路面结构组成

CRC + AC 复合式路面结构一般由沥青面层、层间界面黏结防水层、CRC 板(隔离层)、基层、底基层或垫层和路基组成。并包括路肩、路面排水、CRC + AC 的端部与接缝、CRC 配筋等。

旧路改建加铺 CRC + AC 复合式路面,一般不需要再设置基层与垫层。旧水泥混凝土路面加铺时,先应对旧混凝土路面板进行处理,如破碎板更换、脱空板灌浆等;为消除旧板对加铺层的影响,应设置隔离层,如 2 ~ 3cm 的细料式沥青混合料,再加铺 CRC 与 AC 结构层。

②CRC 板的平面尺寸与接缝要求

连续配筋混凝土 CRC 板一般采用矩形板。纵向接缝包括纵向收缩假缝和纵向施工缝。纵向接缝的间距按路面宽度在 3.0 ~ 4.5m 范围内确定,一般不宜超过 4.5m。纵缝间距通常按车道宽度确定,带有左右侧路缘带的高速公路和一级公路,板宽可按车道和路缘带的宽度确定,一般四车道高速公路,其左侧路缘带一般为 0.75m,右侧路缘带一般为 0.5m,在板块划分时,左侧板宽为 4.5m,右侧板宽为 4.25m。

CRC 板没有横向接缝,只有横向收缩的随机裂缝,但与其他类型路面或构造物相接时,应设端部处理机构。横向设施工缝时应设置剪力钢筋。

③连续配筋混凝土 CRC 板的厚度要求

现行规范《公路水泥混凝土路面设计规范》(JTG D40—2011)中对于 CRC + AC 结构按普通混凝土板厚进行设计,以板底弯拉应力为控制指标,并考虑沥青面层对荷载应力与温度应力的影响,再确定 CRC 板的厚度。连续配筋混凝土板厚度参考范围见《公路水泥混凝土路面设计规范》(JTG D40—2011)条文说明表 4-3 的要求。连续配筋混凝土面板的厚度不宜少于 180mm。

④沥青面层的厚度要求

复合式路面沥青面层的厚度,根据《公路水泥混凝土路面设计规范》(JTG D40—2011)的有关要求,以连续配筋混凝土和横缝设传力杆的普通混凝土为基础的复合式路面中沥青面层的厚度一般为 2.5 ~ 8cm;《公路沥青路面设计规范》(JTG D50—2006)中条文说明:刚性基层沥青路面,高速公路的沥青面层最小厚度不宜小于 10cm。《公路水泥混凝土路面设计规范》(JTG D40—2011)中旧水泥混凝土路面上沥青加铺层按减缓反射裂缝的要求,高速公路沥青面层的厚度宜为 10cm。

根据 CRC + AC 复合式路面结构层间剪应力的分析结果,沥青面层厚度在 0 ~ 5cm 时,剪应力很大,在 6 ~ 12cm 时,下降较快,在 12cm 以上时,降幅减小,建议沥青层厚度为 8 ~ 10cm,应不小于 6cm,不宜超过 12cm。从沥青层的保温隔热效应来看,沥青层存在一个临界厚度。英国学者认为,当沥青层厚度小于 4cm 时,其隔热作用可能完全没有。日本学者认为,当沥青加铺层厚度为 5cm 时,有无沥青层混凝土面层顶面的温度几乎相同,即沥青层的最小临界厚度为 4cm。

⑤路肩和路面排水

连续配筋混凝土复合式路面的路肩、路面排水应分别满足《公路水泥混凝土路面设计规范》(JTG D40—2011)中 4.6、4.7 条款的要求。硬路肩水泥混凝土面层的厚度通常采用与行车道面层等厚的结构,其基层也宜与行车道基层相同,以提高承载能力和方便施工。硬路肩水泥混凝土路面可不配置纵向钢筋,只需采用纵缝拉筋与行车道 CRC 板相连,纵缝拉筋一般为行车道 CRC 板的横向钢筋外延。滑模施工时,边板纵向拉杆需另外安装。

⑥结构设计

a. 选择和确定 CRC + AC 复合式沥青路面结构方案。

根据公路等级、公路性质与重要性、交通量情况、气候情况、当地材料与施工技术情况等,综合选择 CRC + AC 结构方案,一般宜在国家主干线高速公路,重载交通、大交通量条件下选用。

b. 交通量、自然环境参数确定及材料选择。

根据相关的设计依据和设计资料,进行交通量、轴载分析和轴载换算,计算设计车道标准轴载日作用次数,由此确定设计年限和轮迹荷载分布系数,并计算设计基准期内标准轴载的累计作用次数;确定安全与交通等级。根据公路所处的自然区划,调查当地的气候与温度状况,确定路面结构内的温度梯度;调查当地降雨情况、路基潮湿状况,为路面结构防排水设计提供依据。调查当地材料情况,了解当地筑路材料供应与分布,主要了解水泥、钢材、沥青等材料的质量与供应情况。

c. 进行 CRC + AC 复合式沥青路面结构组合设计,初拟路面结构各层次的类型和厚度,确定路面材料设计参数。

d. 进行沥青面层的厚度设计。

e. 进行 CRC 板的厚度设计、CRC 板的配筋设计。

f. 进行 CRC 板的平面尺寸设计、CRC + AC 结构端部设计与接缝设计。

g. 最终确定 CRC + AC 复合式沥青路面结构。

(3)复合式路面层间结构与材料

①层间结构

复合式路面层间结构目前可采用喷洒式结构、浸渍沥青土工布结构、铺装式结构三种。

a. 喷洒式结构为采用机械或人工喷洒一层沥青质的黏结材料，厚度一般小于2.5mm，为保证施工机械的工作方便，再撒一定数量的单一粒径碎石，一般为满铺碎石的45%～55%。

该结构形式施工简便，层间黏结强度高，不单独形成一个结构层，上下层结合更为紧密，相当于应力吸收层SAMI，能够吸收应力，消减层间剪应力，同时能有效防止雨水下渗，保护CRC板的结构性能。当沥青面层较薄时，为提高高温条件下层间结合强度，宜采用改性沥青或复合改性沥青，提高层间黏结材料的高温稳定性，保证层间的结合强度，而不产生层间滑动、推移破坏。

b. 浸渍沥青土工布结构采用机械或人工喷洒一层沥青或改性沥青，再摊铺一层聚酯长丝无纺土工布，即"一油一布"；为加强土工布中沥青的浸透，也可采用"两油一布"，即先洒一层沥青，摊铺土工布，再洒一层沥青，此时为方便施工，表面需再撒少量米石，结构层厚度一般小于3mm。也可采用类似防水卷材的防水夹层材料，即工厂加工好的浸渍沥青的土工布，胎体材料应采用聚酯长丝无纺土工布，沥青应采用现场材料，结构层厚度一般小于4mm。该结构为层间夹层结构，能有效消减层间剪应力和延缓CRC板裂缝的反射，且防水效果较好；但施工较繁杂，工序多，造价贵。

c. 铺装式结构为机械摊铺一层类似于应力吸收层的薄层结构，如旧水泥混凝土路面上应用的STRATA应力吸收层，或高黏度高沥青用量的细粒式沥青混凝土，或浇注式沥青混凝土，一般厚度2～3cm；目前工程中应用较少，造价较高。

②层间材料

a. 层间界面材料

•喷洒式结构

喷洒式黏结层结构，一般采用沥青质的液体涂料，如橡胶改性沥青、SBS改性沥青、SBR改性沥青、热石油沥青（A－70）、SBR改性乳化沥青、普通乳化沥青等，应根据当地的气候条件、交通荷载条件、沥青面层厚度选用不同的黏结层材料及用量，黏结层材料抗剪性能与材料用量参考表见表9-12。

喷洒式黏结层抗剪性能与材料用量参考表 表9-12

黏结材料	竖向压力（MPa）	材料用量（kg/m^2）	试验温度（℃）	剪切强度（MPa）
橡胶改性沥青	0.7	1.4～1.8	25	0.547
SBS改性沥青	0.7	1.4～1.8	25	0.769
热石油沥青（A－70）	0.7	1.4～1.8	25	0.572

注：加载速度为0.1mm/min，加载速度相当于水平荷载0.25kN/s。

•浸渍沥青土工布结构

一般采用沥青与聚酯长丝无纺土工布结合，也可为类似防水卷材的防水夹层材料，现场摊铺而成。应根据当地的气候条件、交通荷载条件、沥青面层厚度选用不同的浸渍沥青与土工布，黏结层材料抗剪性能与材料用量参考表见表9-13。

浸渍沥青土工布黏结层抗剪性能与材料用量参考表 表9-13

黏结材料	竖向压力（MPa）	材料用量（kg/m^2）	试验温度（℃）	剪切强度（MPa）
橡胶改性沥青	0.7	1.4～1.8	25	0.646
SBS改性沥青	0.7	1.4～1.8	25	0.835
热石油沥青（A－70）	0.7	1.4～1.8	25	0.596

注：加载速度相当于水平荷载0.25kN/s。

b. 层间界面黏结材料要求

•喷洒式黏层结构，一般采用沥青质的液体涂料，如橡胶改性沥青、SBS 改性沥青、SBR 改性沥青、热石油沥青（A－70）、SBR 改性乳化沥青、普通乳化沥青等，应根据当地的气候条件、交通荷载条件、沥青面层厚度选用不同的黏结层材料及用量。沥青材料应满足《公路沥青路面施工技术规范》（JTG F40—2004）的要求规定；采用 SBS 改性沥青，应满足规范 I－D 的要求。

•浸渍沥青土工布结构，一般采用沥青质液体与聚酯长丝无纺土工布结合，也可为类似防水卷材的防水夹层材料，现场摊铺而成。应根据当地的气候条件、交通荷载条件、沥青面层厚度选用不同的浸渍沥青与土工布。

（4）CRC＋AC 复合式路面的端部处理

①CRCP 端部结构

连续配筋混凝土路面 CRCP 存在热胀冷缩变形，当连续配筋混凝土面层与其他类型路面或构造物相连接时，应设置端部处理结构，以约束、消除或调节 CRCP 纵向位移，以免对其他结构产生破坏。一般有两种方式，一是固定，设置端部锚固结构，约束连续配筋混凝土路面端部的膨胀与收缩位移；二是放开，设置端部滑动结构，预留足够的空间满足端部膨胀和收缩时的位移量。

a. 端部锚固结构

设置端部锚固结构，约束连续配筋混凝土板端部的膨胀与收缩位移。主要的形式有凸形钢筋混凝土地锚梁、钢筋混凝土灌注桩锚固等。采用此方法约束纵向位移的措施不是很成功，容易造成 CRCP 与其他路面或构造物的损坏。

b. 端部滑动结构

设置端部滑动结构，预留足够的空间满足端部膨胀和收缩时的位移量。主要的形式有宽翼缘工字钢梁接缝、连续设置胀缝、桥梁伸缩缝等。宽翼缘工字钢梁是一种较好的、经济的方法，且施工方便。目前美国一般采用宽翼缘工字钢梁，使用效果较好。连续设置几道胀缝方法是利用胀缝的工作性能，调节连续配筋混凝土路面的胀缩纵向位移。该方法往往会因胀缝处理不好，造成许多接缝损坏，如接缝处剥落严重，影响行车，使用效果不理想。桥梁伸缩缝采用桥梁结构的伸缩变形机制来调节连续配筋混凝土路面的纵向位移。桥梁伸缩缝是比较成熟的技术，设备和材料都有定型的产品，施工技术成熟，使用寿命长，使用效果好。

在《公路水泥混凝土路面设计规范》（JTG D40—2011）中，列出了端部锚固结构可采用钢筋混凝土地梁或宽翼缘工字钢梁接缝等形式，国外也有采用混凝土灌注桩锚固和连续设置胀缝等形式。端部处理形式目前使用较多的是钢筋混凝土地梁锚固结构和宽翼缘工字钢梁、桥梁伸缩缝等端部滑动结构三种。

②CRC＋AC 端部处理方式

a. 凸形钢筋混凝土地锚梁端部锚固结构

在《公路水泥混凝土路面设计规范》（JTG D40—2011）中，列出了 CRCP 端部锚固结构采用凸形钢筋混凝土地锚梁的结构形式，CRC 板与端部普通水泥混凝土路面相接时，采用凸形钢筋混凝土地锚梁时，有 3 条胀缝过渡，上面加铺沥青面层时，则存在 3 条反射裂缝；CRC 板与端部桥梁、明涵相接时，采用凸形钢筋混凝土地锚梁时，有 1 条胀缝与桥头搭板相接，也存在 1 条胀缝，再加上桥梁端部的伸缩缝，共有两条缝，对路面的使用性能与使用寿命影响较大，因此，采用凸形钢筋混凝土地锚梁，不是一种理想的 CRC＋AC 端部处理方式。

b. 宽翼缘工字钢梁端部滑动结构

在《公路水泥混凝土路面设计规范》(JTG D40—2011)中,列出了 CRCP 端部滑动结构采用宽翼缘工字钢梁的结构形式,在宽翼缘内部预留空间让 CRC 板自由滑动,预留的范围在 25mm 左右,同样在表面宽翼缘的两边需预留宽密封槽,即宽翼缘工字钢梁两边存在两条接缝,而且变形量较大,势必影响上覆沥青面层的使用性能与使用寿命。

c. 桥梁伸缩缝端部滑动结构

桥梁伸缩缝是引用桥梁工程中的变形接缝形式,在湖南省耒宜高速公路 CRCP 路面端部损坏处理、长潭高速公路 CRC + AC 复合式路面等工程中,率先将桥梁变形接缝形式应用到 CRCP 及 CRC + AC 复合式路面结构中。

根据端部位移分析结果,一般变形量为 2 ~ 3cm,选用桥梁伸缩缝中的毛勒缝形式,其适用性较强,可根据变形量选用不同的型号,施工技术也相当成熟,使用质量好,使用寿命较长。CRC + AC 与桥梁、明涵相接时,可取消桥头搭板,将 CRC 板直接延伸至桥台,与桥梁伸缩缝合并,统一采用桥梁伸缩缝相接,不单独设置 CRC + AC 的端部处理,根据梁跨结构的变形量与 CRC 的变形量,选用毛勒缝的型号(变形范围)。

根据 CRC 板的厚度、AC 层的厚度以及桥面铺装、桥面高程进行综合桥台设计,见图 9-20。桥头部位往往不均匀沉降较大,取消搭板后,为减少桥头的变形,一方面加强桥头路基的密实,选择良好的填料、加强压实;另一方面,将路面结构中的基层改为贫混凝土材料,提高地基的强度。使用过程中如发现板下脱空现象,可进行注浆处理。

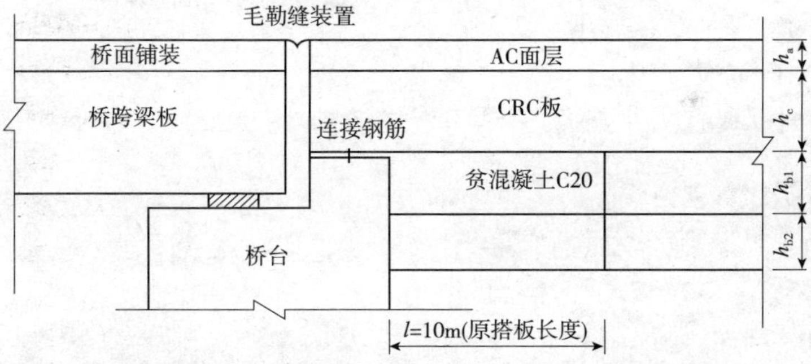

图 9-20　CRC + AC 复合式路面端部与桥梁相接时结构示意图

CRC + AC 刚柔复合式路面与其他路面结构相接时,端部毛勒缝结构见图 9-21,为减少端部两边的变形差异,可参照宽翼缘工字钢梁接缝的做法,在接缝处下设 3m 长的混凝土枕梁。

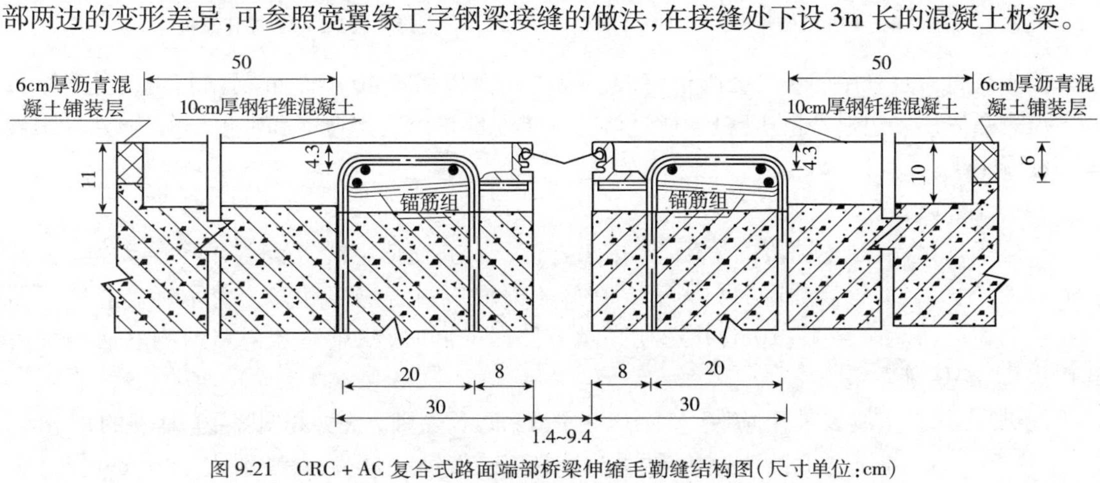

图 9-21　CRC + AC 复合式路面端部桥梁伸缩毛勒缝结构图(尺寸单位:cm)

CRC + AC 路面需进行端部处理的主要是桥梁与明涵(一般是盖板涵,少数是箱涵),采用取消搭板的方式,将 CRC 板直接与桥台对接,将 CRC + AC 的端部与桥梁伸缩缝合并处理,既减少了搭板的工程量,又减少端部处理的工程量,且路表面接缝减少,使用性能提高。为减少桥台不均匀沉降,可将路面基层结构改为贫混凝土,对路面结构进行加强。

CRC + AC 与其他路面结构相接,只是在结构两端,也就两个接缝处,采用桥梁毛勒缝的形式,既保证了端部接缝的质量,又保证接缝的平顺,提高了路面的使用性能。

9.5.3 旧混凝土板破碎改建技术

当旧混凝土面层损坏状况等级为差时,宜将混凝土板破碎成小于 40cm 的小块或碎石化,用做新建路面的底基层或垫层,并应按新建水泥混凝土路面或沥青路面类型进行设计。旧混凝土板破碎改建方案:一是打裂;二是破碎或碎石化。

1)旧混凝土板打裂改建

旧混凝土板打裂改建是将旧混凝土板致裂、稳固后,再加铺沥青面层结构。水泥混凝土路面打裂压稳技术是利用门板式破碎机或冲击压路机将旧水泥混凝土路面板打裂,经压实稳固后在上面摊铺沥青混凝土面层,该技术可以延缓水泥路面反射裂缝的出现,并能充分利用原路面的强度,根据交通量和公路等级的不同,铺筑不同厚度的沥青混凝土面层。该技术具有破碎颗粒大,生产效率高,施工速度快,节约路面改造费用及环境保护的特点。

(1)旧混凝土板致裂方式

旧混凝土路面打裂有两种方式:一是门板式打裂(图 9-22);二是冲击压裂(图 9-23)。

图 9-22 门板式破碎机

图 9-23 冲击压路机

门板式打裂是采用门板式破碎机将旧混凝土路面板每隔 40 ~ 60cm 横向打裂,见图 9-24;冲击压裂是采用多边形冲击压路机,通过调节冲击压路机的行走速度和冲击压实遍数,冲击破碎旧混凝土板。

(2)旧混凝土板致裂施工要求

①施工前,应对施工路段的桥涵、给排水管道、暗沟、通信电缆等查清并标实。施工前清除原有的填缝料、沥青修补罩面材料等。在施工路段应设置隔离和安全警示标志。冲压路段一般要避开桥涵两端 5 ~ 10m,并选在高填方路段。同时,注意避开公路两侧的居民房屋和厂房、上跨桥等建筑物。

②破裂要求。破裂效果应使 75% 以上的路面不规则开裂,相邻裂缝围成的面积为 0.4 ~ 0.6m^2。冲击强度由锤头高度和锤头间距确定,锤头间距一般不大于 60cm。为避

免过度破坏，破裂时不应使路面板产生过大位移，并不应使混凝土板由于破裂产生大量的碎屑。

图 9-24　门板式打裂破碎情况

③破裂尺寸的检查。由于裂缝极为细小，破裂前需在前方路面一定范围内均匀洒水到可以看见自由水的程度，然后破裂施工，应可以看到开裂痕迹并伴有气泡。在路面的水自由消失后，应可看见清晰的裂缝痕迹，并由此鉴别开裂的程度是否满足要求。

④稳压施工。在确定破裂程序满足要求后，应确定稳压程序，一般采用重型胶轮压路机，稳压遍数为 3 ~ 5 遍。控制标准为：在按确定程序施工的试验路段，每 25m 取一点，在破裂完成后对这些点进行水准测量，并在每压稳 1 遍时测量每点的沉降量变化，如果每次压稳后最大沉降变化量小于 5mm，则认为压稳施工达到要求。

(3) 旧混凝土板致裂后处理措施

①清扫。在旧混凝土路面板破裂后，应清除破碎的混凝土尘土和杂物。

②挖补。如果原有混凝土路面局部在施工中发现已不稳定或暴露出软弱或损坏的基层，应清除不稳定路面板和软弱基层，并全深度用适宜材料填充压实。

③钢筋混凝土路面的破裂和压实。钢筋混凝土路面的破裂压稳采用相同的设备和程序。但路面的破裂程度应达到使 80% 的破碎板的尺寸小于 50cm，且最大不超过 60cm。

④清缝和封缝。在洒布黏层油前，应清除接缝中的松散料；如果接缝宽度较大应采用许可的封缝料进行封缝。

⑤洒布黏层油。在沥青面层施工前，在打裂的旧混凝土路面板表面洒布沥青黏层油，数量为 0.2 ~ 0.5L/m^2。如有必要，可以改变材料类型和洒布量，以保证混凝土路面和沥青面层的结合，同时以起到临时防水的作用。

⑥排水边沟设置。在以下情况下必须设置排水边沟。竖曲线底部、原路面翻浆处、平曲线超高低侧和所有存在排水问题的地段。

(4) 沥青面层施工

沥青面层的厚度按设计要求，破裂压稳技术要求的最小厚度为 8cm。一般 8 ~ 12h 后可摊铺沥青混凝土面层，施工要求按《公路沥青路面施工技术规范》(JTG F40—2004) 进行。

2) 旧混凝土板碎石化改建

旧混凝土板碎石化改建是将旧混凝土板破碎、稳定后，加铺沥青面层或半刚性基层与沥青面层结构。碎石化是指在旧水泥混凝土路面大面积破坏已丧失了整体承载能力，并且通过局部的挖除、压浆等处治方式已不能恢复其使用功能，或已不能达到结构强度要求的情况下，为了解决通常情况下的加铺方式存在反射裂缝等问题，而对旧水泥混凝土板块采用的一种最终处理方法。该法一般是利用特殊的施工机械（如多锤头水泥路面破碎机），在对局部破坏严重的基层进行处治后，将旧水泥混凝土板块破碎成较小的粒径(底部不超过 37.5cm,中间不超过 22.5cm,表面不超过 7.5cm),碾压后作为新路面结构基层或底基层,然后再加铺新的路面结构。

(1)旧混凝土板碎石化方式

旧混凝土路面碎石化有三种方式:一是多锤头碎石化;二是共振破碎;三是小型机械(镐凿式)破碎。

旧水泥路面碎石化技术,是指在旧水泥混凝土路面大面积破坏已丧失了整体承载能力,并且通过局部的挖除、压浆等处治方式已不能恢复其使用功能,或已不能达到结构强度要求的情况下,为了解决通常情况下的加铺方式存在反射裂缝等问题,并产生一个用与 HMA 罩面的均匀基层,而对旧水泥混凝土板块采用的一种最终处理方法。该法一般是利用特殊的施工机械(如多锤头水泥路面破碎机,见图 9-25),在对局部破坏严重的基层进行处治后,将旧水泥混凝土板块破碎成较小的粒径(图 9-26),碾压后作为新路面结构基层或底基层,然后再加铺新的路面结构。碎石化起初是为了方便清除水泥混凝土路面和分离路面中的钢筋而进行的。

图 9-25　多锤头水泥路面破碎机外型图

图 9-26　旧水泥路面板碎石化后的情况

共振破碎是采用共振式破碎设备(图 9-27),利用振动梁带动工作锤头振动,锤头与路面接触,锤头的振动频率约 44Hz,振幅为 20mm,通过调节锤头的振动频率,使其接近水泥面板的固有频率,激发其共振,使混凝土内部颗粒间的内摩擦阻力迅速减小而崩溃,即可轻而易举地将水泥混凝土面板击碎。其特点是振动影响范围小,对周边结构与环境影响小,共振式破碎机通过调节振动频率和振幅,可控制被击碎的碎块粒度和破碎深度,不冲击路基,保证路基下的管线设施完好无损。

图 9-27　共振式破碎机

小型机械(镐凿式)破碎是利用装在挖掘机臂架上的液压破碎镐对旧混凝土板进行机械破碎,常用于低等级公路和小范围旧混凝土破碎。

(2)旧混凝土板碎石化施工要求

①在碎石化前,应清除水泥混凝土路面上的沥青修复材料,因为这些材料的存在会影响到破碎的效果。

②破碎前,结合设计图纸及业主单位提供的有关隐藏构造物,如:暗涵、底下管线等情况进行调查,以确定破碎是否会对这些构造物造成损坏。通常,构造物埋深在1m以下的不会由于破碎带来的损坏,不满足以上条件的可以降低锤头高度对水泥路面进行破碎,或采用监理工程师认为可行的其他方案。

③选择试验路段进行碎石化破碎。破碎后进行试坑检查,以确定破碎机施工工艺参数。

④碎石化要把75%的混凝土路面破碎成表面最大尺寸不超过7.5cm,中间不超过22.5cm,底部不超过37.5cm的粒径。

⑤破碎一个车道的过程中,实际破碎宽度应超过一个车道,与相邻车道搭接一部分,宽度至少是15cm。与桥梁连接段应标明破碎的位置,根据实际情况,可以破碎到桥头搭板的后端,或根据路面设计线的高程破碎到监理指定位置。未破碎的路面应铣刨到可以摊铺同样厚度沥青罩面的程度。

⑥不应修整破碎后混凝土路面或试图平整路面以提高线形,这样将破坏混凝土路面碎石化以后的效果。在压实前发现的5cm的凹地应用密级配碎石料回填并压实到要求。破碎时最好是从混凝土路面的高处向低处破碎,以免摊铺沥青混凝土后影响排水。

⑦碎石化后的路面在没有摊铺完沥青混凝土面层之前不允许开放交通,所以对交通管制的要求比较严格,建议在条件允许时一次性全封闭施工段落;若条件不允许,应至少实行半封闭施工。任何与施工期间维持交通无关的路面加宽或路肩修复,也应在施工之前修复到混凝土路面的高程。

(3)旧混凝土板碎石化后处理措施

①在铺筑沥青面层前,所有松散的填缝料、胀缝材料或其他类似物应进行清除。

②用专用压路机(Z型轮压路机)振动压实2~3遍后,再用振动压路机振动压实2~3遍。Z型轮振动压路机见图9-28。

图9-28　Z型轮振动压路机图(专用YZ18A振动压路机外型图)

③施工车辆的通行次数和载质量应降低到最小程度。除了必须开放的横穿交通外,破碎后的混凝土路面的任何路段均不得开放交通(包括不必要的施工运输)。如果破碎后的混凝土路面表面已被运料车辆部分或全部破坏,应进行再次压实。

④为使表面较松散的粒料有一定的结合力,一般在破碎压实后的表面洒布乳化沥青透层油,按2.5~3.5kg/m^2用量洒布50%慢裂型乳化沥青。也可在松散表面均匀撒少量石屑,对表面松散颗粒进行嵌缝,并开放少量交通进行碾压,使表面形成整体。

(4)沥青面层施工

沥青面层的厚度按设计要求,一般交通量较小时可直接加铺沥青面层,碎石化技术要求的沥青面层加铺最小厚度为15cm；交通量较大时宜铺筑半刚性基层，再铺筑沥青面层。施工要求按《公路沥青路面施工技术规范》(JTG F40—2004)进行。

9.5.4 旧混凝土板再生利用技术

道路建设消耗大量的天然资源，同时，道路翻修改建过程中又会产生大量的废旧道路工程材料。特别是混凝土路面，大块的水泥混凝土废料极难处理，通常采用运出到指定地点填埋的方式处理。不仅占用了有限的土地资源，而且对生活环境造成污染，同时也造成了资源的浪费。这些废料是一笔可以加以利用的资源，如果加以利用，不仅可以减少对天然资源的过度开采和依赖，而且可以降低环境负荷，利于保护环境，同时也可以降低工程造价。

当采用旧混凝土面板修复技术来充分利用或延长现有路面的使用寿命并不经济时，回收旧水泥混凝土路面板就成为一种可供选择的方案。将混凝土废料进行外运及处理，不仅污染环境、浪费资源，而且费用较大、成本较高；为了保护环境、降低成本，旧水泥混凝土板废料可再利用。对于大面积破损的旧水泥混凝土路面进行再生利用改造技术，通常采取的改造方案有：旧混凝土板块当石块利用来砌筑挡土墙、边沟等；旧水泥混凝土路面板进行挖除回收，再破碎为集料，用作水泥混凝土集料或作为半刚性基层集料。

1)旧水泥混凝土路面板废料回收与破碎

(1)对旧水泥混凝土路面及地下状况进行调查，并在平面图上标注地下构造物，涵洞、地下管道(自来水管、煤气管、通信电缆、光缆)、排水设施(下水管)、桥头搭板和沥青混凝土修补路段。

(2)用铣刨机或人工清除旧水泥路面板块上的沥青混凝土。用推土机把路肩材料推走，让混凝土路面板边暴露出来。

(3)在地下构造物、涵洞、地下管道(线)、排水设施、桥头搭板位置以及破碎板与保留板连接处的第一块旧混凝土板使用液压镐破碎。

(4)旧混凝土板块的破碎从路中心线开始，用冲击锤交替向路肩进行破碎旧混凝土路面板块，落锤中心距为45cm，经破碎机破碎后的碎块边长约为30cm。

(5)破碎工作结束后，用装载机将水泥混凝土碎料堆积在旧路面的中线附近。

(6)将回收的水泥混凝土路面材料运送到轧石厂，在装车和运输过程中，这些回收旧料还会进一步破碎，应注意及时把暴露的钢筋抽出来。

(7)在轧石机之间的传送带和进料斗的上方，悬吊一块磁铁，以便把钢筋吸出来。

(8)应用碎石厂的轧石机组对旧混凝土块进行破碎与筛分加工。废弃混凝土板块轧石厂再生技术工艺流程见图9-29，废弃混凝土板块再生集料破碎见图9-30。

2)再生集料基本性能

再生集料：旧混凝土板块及构造物解体后的废弃混凝土块经破碎、筛分、配合等工艺加工而成的混凝土集料，称为再生混凝土集料(Recycled Concrete Aggregate，RCA)，简称再生集料(recycled aggregate)。粒径小于5mm的部分被称为再生细集料(recycled fine aggregate)；粒径大于5mm的部分被称为再生粗集料(recycled coarse aggregate)。

再生集料与天然集料相比，组成成分复杂，组分中包含相当数量的硬化水泥砂浆，砂浆体中水泥石本身孔隙比较大，且在破碎过程中，其内部往往会产生大量的微裂缝。再生粗集料颗粒一般为表面包裹着部分水泥砂浆的石子，少部分与砂浆完全脱离的石子，还有极少一部分水泥石颗粒。再生粗集料一般棱角较多，且表面较粗糙、孔隙较多，见图9-31。

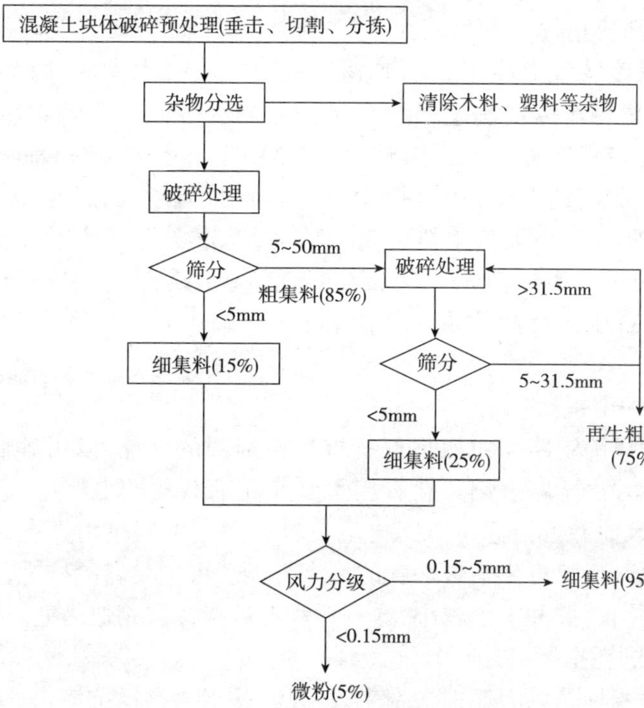

图9-29　废弃混凝土板块轧石厂再生技术工艺流程图

图9-30　废弃混凝土板块再生集料破碎

图9-31　混凝土板块再生粗集料

(1)再生粗集料的相对表面粗糙度

由于混凝土废弃物破碎后的再生粗集料表面附着的废旧砂浆，致使表面比碎石或卵石粗糙。为了定量描述再生粗集料的表面粗糙度，考虑到粗集料在混凝土中的工作状态，应以相对表面粗糙度表示粗集料比表面积。碎石相对表面粗糙度比卵石相对表面粗糙度高，而再生粗集料相对表面粗糙度比碎石相对表面粗糙度高。

(2)再生集料的吸水率和含水率

再生粗集料的吸水率随颗粒粒径的增大呈降低趋势。再生粗集料的高吸水率和低表观密度的特征是由于集料表面附着的废旧砂浆所致，因此，再生粗集料的吸水率与表观密度可能有一定的关系。对于同一批废弃混凝土破碎的再生集料，再生集料的粒径愈大，表观密度愈大，孔隙率愈低，吸水率随之减小。这是由于同一批废弃混凝土破碎的再生粗集料密度基本相同，随着孔隙率的增大，表观密度呈规律性减小，再生粗集料的吸水率呈规律性的增加。

(3)再生集料的压碎指标

再生粗集料的强度特性取决于它的矿物组成、比重、吸水性、孔隙率及孔隙结构。而且原状颗粒、废旧砂浆颗粒以及次生颗粒含量的差异性也同时影响再生粗集料的压碎指标值。再生集料的压碎值明显大于天然碎石，这是由于再生粗集料表面包裹有部分砂浆，少部分为与砂浆完全脱离的石子，还有很少一部分颗粒为砂浆，且在破碎过程中，其内部往往会产生大量的微裂缝，与天然集料相比，其组成成分复杂，孔隙率高，吸水性大。一般现场生产再生集料的压碎指标值满足《公路水泥混凝土路面施工技术规范》(JTG F30—2003)中对粗集料碎石压碎指标的Ⅲ级技术要求(<25%)，可以用做水泥混凝土路面的下面层或基层。

(4)再生集料的冲击指标

集料冲击指标用以测定路面用粗集料抵抗冲击荷载的性能，以击碎后小于2.36mm部分的质量百分率表示。由于路表用集料直接承受车轮荷载的冲击作用，这一指标对道路表层用集料非常重要，因此冲击指标对道路再生集料在面层中的应用具有比较大的作用。再生集料的冲击指标也是反映再生集料强度的一个方面。再生集料的抗冲击指标也明显大于天然集料，并且龄期越长，抗冲击值越小，这一点和压碎指标有相似之处。

(5)再生集料的磨耗指标

再生集料的磨耗指标是以磨耗损失率来表示的，是指集料抵抗撞击、边缘剪力和摩擦的综合作用能力，再生集料的磨耗损失率采用洛杉矶磨耗试验。再生集料的磨耗损失率的确明显大于天然集料值，再生集料抵抗撞击和摩擦的能力比天然集料低。不同强度的原始混凝土中得到的再生集料的耐磨损性不同，随着原始混凝土强度的增大，再生集料的耐磨损性会提高。

(6)再生集料的坚固性

坚固性是指集料抵抗气候或其他物理作用的耐久性，反映集料抵抗气候变化或其他因素作用下导致破损的能力，无论是现场料厂生产的或室内破碎的再生集料，其质量损失明显大于天然碎石，这表明再生集料的坚固性较天然碎石有比较大的减小，其抵抗破坏的能力相对较差。虽然再生集料经硫酸钠循环浸泡后，质量损失较大，但其坚固性仍然满足新规范对路面使用的粗集料坚固性指标的技术要求(Ⅱ级指标为坚固性<8%)，可以在混凝土路面中使用。

3)再生集料混凝土

再生集料混凝土(Recycled Aggregate Concrete，RAC)：采用再生集料部分或全部代替天然集料配制的新混凝土，简称再生混凝土。

(1)再生集料混凝土配合比设计

再生集料混凝土是将废弃混凝土经过清洗、破碎、分级和按一定比例相互配合后得到的“再生集料”作为部分或全部集料配制的混凝土。同时添加外加剂和掺和料进行调节，提高再生集料和再生混凝土的强度，使其硬化后具有良好的力学性能及耐久性能。

再生集料混凝土基本配合比设计是以普通混凝土配合比设计准则为依据，按照《公路水泥混凝土路面施工技术规范》(JTG F30—2003)、《公路水泥混凝土路面设计规范》(JTG D40—2011)的规定设计参数。

再生集料因破碎时留下较多微裂纹，且集料上残存有大量水泥浆，故拌和时吸水严重，通过测定得出其吸水率达3.5%～5.5%。因此水胶比对强度的影响规律与普通混凝土有所不同，用水胶比作比较已不能准确反映其对强度的影响关系，以净水胶比进行配合比设计；净水胶比是指除去再生集料在拌和过程中吸收的部分水后的用水量和胶凝材料的比率。

再生集料混凝土配合比设计在满足经济性的同时，应满足弯拉强度、工作性和耐久性三项技术要求。按照《公路水泥混凝土路面施工技术规范》(JTG F30—2003)中的相关规定，并结合再生集料自身特性，力求使拌和物具有最佳的工作性能，取新拌混凝土的坍落度为45mm。

再生集料的最大公称采用31.5mm，并结合当地的气候条件，冬季路面无抗冻性的要求，路面混凝土含气量控制为3.5%±1.0%。路面混凝土满足耐久性要求的净水胶比定为≤0.44(净水胶比的计算以砂石料的饱和面干状态计，即砂含水率≤1.0%，天然石子含水率≤0.5%)；单位水泥用量定为42.5级≥300kg/m^{3}或32.5级≥310kg/m^3；掺粉煤灰时水泥用量定为42.5级≥260kg/m^{3}或32.5级≥280kg/m^3。

(2)再生集料混凝土性能

强度是混凝土最重要的力学性能指标，混凝土的强度通常被定义为抵抗外力不受破坏的能力，而破坏有时等同于出现裂缝。然而，混凝土与其他工程材料有不同之处，因为在承受外力以前，混凝土内部早已存在微裂缝和其他结构缺陷。

影响普通混凝土强度的因素很多，如：水灰比、孔隙率、水泥的品种与强度等级、混凝土外加剂、集料的选用及配比以及施工时的捣实程度、养护条件与强度试验时的参数等。这些因素同样会影响再生集料混凝土的强度。对于再生集料混凝土，由于其中加入了废弃混凝土再生集料，所以集料的性能成为影响再生集料混凝土强度的一个最重要的因素。

集料对混凝土强度的影响有两方面：一是集料自身强度的影响；二是对界面结合的影响。在普通混凝土中，集料和水泥砂浆的弹性模量相差较大，由于水泥水化、温度变化、荷载作用导致两者变形不一致，产生界面裂缝，成为混凝土强度的最薄弱环节。在再生混凝土中，再生集料表面包裹着水泥砂浆，使再生集料与新的水泥砂浆之间弹性模量相差很小，界面结合得到加强。同时，再生集料的亲水性强，能很快被水湿润，再生集料表面的许多微裂缝会吸入新的水泥颗粒，使接触区的水化更加完全，形成致密的界面结构。

随着净水胶比的减少，再生集料混凝土7d和28d的抗压和抗折均呈增长趋势，并且是波浪式增长，这也近似普通混凝土的水灰比与强度关系规律。在低净水胶比(<0.4)的条件下，降低净水胶比对再生集料混凝土7d的抗折强度有稍微的增加，对28d的抗折强度来说增长不明显，$0.33<\mu_{net}<0.41$段强度还有轻微的减小的现象。因此，依靠降低净水胶比来提高抗折强度的做法效果不明显，增大净水胶比甚至使抗折强度有轻微增长。故在低水胶比的条件下，通过降低用水量来降低净水胶比的做法，达不到提高抗折强度的目的。比较可行的做法是：增大水泥用量，减少粉煤灰用量来提高抗折强度。在净水胶比0.28的位置处存在一个过渡区(0.26～0.30)，此范围内的会有比较明显的变动。因此，可以认为0.26～0.3区间可以作为净水胶比的下限值。

随着砂率的提高，再生混凝土的表观密度相应增加，表明增加砂率，再生混凝土内部间隙相应变小，结构更密实。无论是7d和28d的抗压强度还是7d和28d的抗折强度均在34%的位置处出现峰值，并且通过大量的试验研究也有相同结论。因此，可以认为存在最优

砂率 $\beta_s = 34\%$，在此砂率条件下，可获得最大抗折强度和抗压强度。因此在制备再生混凝土时，特别是高强度再生混凝土时，砂率控制在 32% ~36% 的范围是比较理想的。

随着粉煤灰的取代量增加，7d 的抗折和抗压强度变化比较明显，当取代率减少 30% 时，7d 的抗折强度增加 13.7%、抗压强度增加 6.1%；当取代率减少 25% 的超量时，7d 的抗折强度增加 4.6%、抗压强度增加 4.1%。而 28d 的强度变化不明显，只是轻微的增加。实验结果表明，粉煤灰掺量对混凝土的早期强度影响较大，掺量越大，早期强度下降的幅度越大；粉煤灰掺量对后期强度影响较小，含粉煤灰的再生集料混凝土后期强度增长幅度较大，这和相关资料研究结果类似。

4）再生集料混凝土构造物及路面

再生集料混凝土在当前国内主要应用于：道路建设中的基层、垫层及便道和附属设施；建筑工程中的基础垫层、底板、填充墙及非结构构件等强度要求不高的部位。近年来，也用于旧混凝土换板工程、贫混凝土基层、低等级公路水泥混凝土路面等。

利用废弃混凝土经过加工，制得再生混凝土集料，用于新的工程，不仅可以降低工程造价，节约资源能源，减少污染，而且有利于环境保护，确保建筑业的可持续发展，是一项可持续发展的具有环保优势的新技术，具有很好的经济和社会效益，必能在实践中得到更加广阔的应用。

（1）旧混凝土板块强度达到石料二级标准，可作为再生混凝土集料使用。旧混凝土集料的最大粒径为 40mm，小于 20mm 的粒料不再作为集料。

（2）水泥混凝土路面碎块材料较轻，吸水性强、磨损试验的损失较大，相对密度较小。采用回收集料的混凝土混合料的和易性比采用原生集料差。尤其是细集料有尖锐棱角，采用天然细集料，可解决和易性差和水分控制问题。

（3）粉煤灰可以作为一种提高和易性的掺加剂加入到混合料中，也可用来等量替代一部分水泥。可采用减水剂减少需水量。

（4）做混凝土配合比设计时，粒径小于 5mm 的细集料宜采用天然砂。宜掺加减水剂和二级粉煤灰。

（5）再生水泥混凝土路面施工与普通水泥混凝土路面施工工艺基本相同，应按《水泥混凝土路面施工及验收规范》（GBJ 97—1987）执行。

5）水泥稳定或其他胶材稳定再生集料基层

（1）水泥稳定再生集料

①水泥石强度达到三级以上标准，可作为水泥稳定再生集料基层的集料。集料的最大粒径不超过 30mm，压碎值≤30%。

②要求采用普通硅酸盐水泥、矿渣硅酸盐水泥、火山灰质硅酸盐水泥。水泥剂量宜为 5%。路面基层宜采用强度等级较低的水泥，要求水泥各龄期强度达到相应指标要求，安定性要好，初凝时间 3h 以上，终凝时间不小于 6h。可以适当添加一定数量的外加剂。水泥进场入罐时，要了解其出炉天数。刚出炉的水泥要停放 7d 才能使用。夏季高温作业时，散装水泥入罐温度不能高于 50℃，高于这个温度，若必须使用时，应采用降温措施。冬季施工，水泥进入拌缸温度不低于 10℃。

③路面基层一般应采用人畜能饮用的水。如果要用采用其他用水时，必须符合下列要求。硫酸盐含量小于 $2.7mg/cm^3$；含盐量不得超过 5mg；pH 值不得小于 4。

④混合料组成设计。建议水泥剂量按 4.5%、5%、5.5% 三种比例进行试验，水泥稳定再

生集料的抗压强度代表值为4～5MPa。做不同水泥剂量混合料的击实试验,确定各种混合料的最佳含水率和最大干密度。按规定压实度(98%)分别计算不同水泥剂量的试件的干密度。接最佳含水率和计算得出的干密度制备试件。进行密度试验时,作为平行试验的最小试件数量应根据试验结果的偏差系数加以确定。每组试件个数:偏差系数为10%～15%时9个,偏差系数为15%～20%时13个。

⑤基层试验项目。进行重型击实试验,求得最佳含水率和最大干密度。检验水泥稳定再生集料抗压强度是否达到设计要求。用水量要有区别,要按温度变化及时调整。发现干湿不均、有离析的混合料要废弃。

⑥水泥稳定再生集料混合料施工。应尽快将拌成的混合料运送到铺筑现场,车上的混合料应覆盖,减少水分损失;运输车辆一定要满足拌和出料与摊铺的需要。拌和机与摊铺机的摊铺能力应相互匹配,摊铺机应连续摊铺;清除底基层表面浮土等杂物;水泥稳定再生集料的松铺系数为1.20～1.30;在摊铺机后应设专人消除混合料离析现象,应铲除局部粗集料"窝",并用新拌混合料填补;严禁用薄层贴补法进行找平。应在混合料含水率处于或略大于最佳含水率(气候炎热干燥时,基层混合料可大1%～2%)时进行碾压,直到达到要求的压实度;碾压过程中,水泥稳定粒料的表面应始终保持湿润,如水分蒸发过快,应即时补洒少量雾状水;碾压宜在水泥终凝前及试验确定的延迟时间内完成,并达到要求的压实度,同时没有明显的轮迹。

⑦基层横缝设置。横缝应与路面车道中心线垂直设置,其设置方法为:末端含水率合适混合料整理整齐,紧靠混合料放两根方木,方木的高度应与混合料的压实厚度相同,整平紧靠方木的混合料。方木的另一侧用砂砾或碎石回填约3m长,其高度应略高出方木。将混合料碾压密实。在重新开始摊铺混合料之前,将砂砾和碎石或方木撤除,并将下承层扫干净。摊铺机返回到已压实的末端,重新开始摊铺混合料。如摊铺施工中断超过2h,而又未按上述方法处理横向接缝,则应将摊铺机附近及其下面未压实的混合料铲除,并将已碾压密实且高程和平整度都符合要求的末端挖成与公路中心线垂直向下的断面,然后再摊铺新的混合料。

⑧养生。每一段碾压完成且压实度检查合格后应立即开始养生。用湿草袋覆盖洒水养生。洒水车的喷头要用喷雾式,每天洒水次数应视气候而定,养生期间应始终保持稳定粒料表面湿润,养生期不少于7d。养生期间应封闭交通。

(2)石灰粉煤灰稳定再生集料基层

①混合料组成设计。石灰∶粉煤灰=1∶2～1∶4;石灰粉煤灰∶级配碎石=20∶80～15∶85;石灰∶粉煤灰∶级配碎石=5∶13∶82。

②配合比设计步骤。确定石灰粉煤再生集料的最佳含水率和最大干密度(用重型击实试验法)。按最佳含水率和计算得到的干密度制备试件。试件在25℃±2℃下保湿养生6d,浸水1d后,进行无侧限抗压强度试验。石灰粉煤灰混合料7d浸水抗压强度不小于0.8MPa。

③石灰粉煤灰稳定旧混凝土集料的施工与二灰碎石施工工艺基本相同。二灰稳定再生集料基层混合料应在中心拌和站用机械进行集中拌和,石灰必须过筛,再生集料应用防雨布覆盖;二灰稳定再生集料的含水率应略大于最佳含水率,拌成混合料的堆放时间不超过24h。

采用摊铺机摊铺二灰稳定再生集料基层混合料。当摊铺厚度大于20cm时,应分层施工,上基层二灰稳定再生集料基层厚度不小于15cm,两层二灰稳定再生集料基层可连续施工。二灰稳定再生集料基层松铺系数为1.20～1.30。

二灰稳定再生集料基层应采用12t以上的三轮压路机或14t以上的振动压路机碾压8遍。三轮压路机在不便碾压的局部路段,采用10t的二轮压路机进行碾压。碾压过程中,如有“弹簧”、“车辙”、起皮等现象,应及时翻开重新拌和碾压。

二灰稳定再生集料基层工作缝位置,在开始摊铺新混合料之前,应将接缝位置斜坡挖除,并挖成一横向且垂直向下的断面。然后摊铺新的二灰稳定再生集料基层。二灰稳定再生集料基层碾压完成后的第二天开始洒水养生,保持表面潮湿;养生期7d;二灰稳定再生集料基层养生期间禁止车辆行驶。二灰稳定再生集料基层施工时遇雨,应立即将二灰稳定再生集料基层堆放、尚未碾压密实的二灰稳定再生集料基层进行覆盖。若二灰稳定再生集料基层遭雨淋,须检查石灰含量,若石灰含量不足,应将二灰稳定再生集料基层混合重新掺石灰搅拌,碾压密实。

9.6 本章小结

水泥混凝土路面一旦发生功能性和结构性损坏,路面维修需要封闭交通。由于混凝土强度达到设计强度具有一定的龄期,因而维修时间较长,对道路交通往往造成严重的干扰。因此,加强对水泥混凝土路面的养护与维修,延长水泥混凝土路面的使用寿命,是公路交通养护部门面临的刻不容缓的任务和非常重要的工作内容。

本章针对水泥混凝土路面的病害类型,在分析原因的基础上,结合《公路水泥混凝土路面养护技术规范》(JTJ 073.1—2001)、《公路技术状况评定标准》(JTG H20—2007)、《公路水泥混凝土路面设计规范》(JTG D40—2011),总结了目前水泥混凝土路面技术状况调查、评价方法与标准,内容包括:路面破损状况、接缝传荷能力、行驶质量、抗滑能力、交通状况、路基和路面排水状况、路面修建和养护历史。总结了目前公路养护部门经常使用的养护维修措施,并分析了养护维修措施的适用性和养护维修方案选择的原则。

针对公路水泥混凝土路面的常见病害,总结了水泥混凝土路面裂缝与断板维修、接缝损坏与板角修补、错台处治、沉陷与拱起处理、坑洞修补、换板修补、表面功能恢复等常用水泥混凝土路面病害维修技术。

目前国内外水泥路面常用的预防性维修措施有:日常养护、冬季养护、接缝填缝料更换、排水构造物维护与边缘排水设施增设、板底脱空压浆、增设传力杆等;在实际应用中需要根据路面的主导损坏类型与严重程度,结合各措施的适用条件来进行预养护对策选择。

旧水泥混凝土路面上加铺改造方案有:水泥混凝土加铺层、沥青混凝土加铺层等。水泥混凝土加铺层有:结合式和分离式两种,混凝土加铺层材料可采用普通混凝土、钢筋混凝土、纤维混凝土和连续配筋混凝土;沥青加铺层有:单层式、双层式和多层式;加铺层包括防水层、防裂层、表面功能层等。加铺方式应根据原有水泥路面的结构与材料情况、损坏状况、排水状况、接缝类型和布置、气候条件、交通状况、功能要求等条件来选择。加铺层结构应经过专业、正规的设计,经技术经济比较后确定。

当旧混凝土面层损坏状况等级为差时,宜将混凝土板破碎成小块或碎石化,用做新建路面的底基层或垫层,并应按新建水泥混凝土路面或沥青路面类型进行设计。旧混凝土板破碎改建方案:一是打裂;二是破碎或碎石化。

旧混凝土板打裂改建是将旧混凝土板致裂、稳固后,再加铺沥青面层结构。水泥混凝土路面打裂压稳技术是利用门板式破碎机或冲击压路机将旧水泥混凝土路面板打裂,经压实稳固后在上面摊铺沥青混凝土面层，该技术可以延缓水泥路面反射裂缝的出现，并能充分利用原路面的强度，根据交通量和公路等级的不同，铺筑不同厚度的沥青混凝土面层。

旧混凝土板碎石化改建是将旧混凝土板破碎、稳定后，加铺沥青面层或半刚性基层与沥青面层结构。碎石化是对旧水泥混凝土板块采用的一种最终处理方法。旧混凝土路面碎石化有三种方式：一是多锤头碎石化；二是共振破碎；三是小型机械（镐凿式）破碎。

当采用旧混凝土面板修复技术来充分利用或延长现有路面的使用寿命并不经济时，回收旧水泥混凝土路面板就成为一种可供选择的方案。保护生态环境，推动水泥混凝土再生利用技术在道路工程中的应用，实现废旧水泥混凝土路面的高效回收和再生利用，需做到技术先进、安全适用、经济合理、确保质量。

对于大面积破损的旧水泥混凝土路面进行再生利用改造技术，适用于水泥混凝土路面、公路排水工程、防护工程以及通道连接线、施工便道等附属工程中再生混凝土及其制品的设计、生产和施工。通常采取的改造方案有：旧混凝土板块当石块利用来砌筑挡土墙、边沟等；旧水泥混凝土路面板进行挖除回收，再破碎为集料，用作水泥混凝土集料或作为半刚性基层集料。

水泥路面养护维修技术的基本原则为防治结合，预防贯彻始终，治理公路水泥混凝土路面存在的病害和隐患，以保证路面使用质量，延长路面使用寿命；应遵循因地制宜、合理选择养护技术、节约资源、保护环境的原则；应积极推广应用有效、先进、经济的养护技术，重视综合治理和养护机械化，改善养护施工手段，提高养护维修技术水平和路面服务水平。

参考文献

[1]中华人民共和国行业标准.JTG H10—2009　公路养护技术规范[S].北京:人民交通出版社,2009.

[2]中华人民共和国行业标准.JTJ 073.2—2001　公路沥青路面养护技术规范[S].北京:人民交通出版社,2001.

[3]中华人民共和国行业标准.JTJ 073.1—2001　公路水泥混凝土路面养护技术规范[S].北京:人民交通出版社,2001.

[4]中华人民共和国行业标准.JTG H20—2007　公路技术状况评定标准[S].北京:人民交通出版社,2007.

[5]中华人民共和国行业标准.JTG D40—2011　公路水泥混凝土路面设计规范[S].北京:人民交通出版社,2011.

[6]中华人民共和国行业标准.JTG D50—2006　公路沥青路面设计规范[S].北京:人民交通出版社,2006.

[7]中华人民共和国行业标准.JTG E60—2008　公路路基路面现场测试规程[S].北京:人民交通出版社,2008.

[8]中华人民共和国行业标准.JTG F30—2003　公路水泥混凝土路面施工技术规范[S].北京:人民交通出版社,2003.

[9]中华人民共和国行业标准.JTG F40—2004　公路沥青路面施工技术规范[S].北京:人民交通出版社,2004.

[10]中华人民共和国行业标准.JTG F41—2008　公路沥青路面再生技术规范[S].北京:人民交通出版社,2008.

[11]交通部公路科学研究院.微表处和稀浆封层技术指南[M].北京:人民交通出版社,2006.

[12]交通部公路科学研究院.公路冲击碾压应用技术指南[M].北京:人民交通出版社,2006.

[13]交通部公路科学研究院,北京新桥技术发展有限公司.水泥混凝土路面再生利用结构设计与施工工艺指南[M].北京:人民交通出版社,2008.

[14]美国沥青再生协会.美国沥青再生指南[M].深圳海川工程科技有限公司,译.北京:人民交通出版社,2006.

[15]刘朝晖,秦仁杰,范永丰.高速公路改扩建工程旧路检测与评价技术[M].长沙:湖南科技出版社,2012.

[16]刘朝晖.连续配筋混凝土复合式沥青路面[M].北京:人民交通出版社,2012.

[17]姚祖康.路面管理系统[M].北京:人民交通出版社,1992.

[18]资建民.路面管理和管理系统[M].广州:华南理工大学出版社,2002.

[19]潘玉利.路面管理系统原理[M].北京:人民交通出版社,1998.

[20]赵怀志,李强,程珊珊,潘玉利.公路技术状况评定指南[M].北京:人民交通出版社,2008.

[21]陆键,张国强,项乔君,马永锋.高等级公路综合养护评价与预测技术[M].北京:科学出版社,2010.